国学经典文库

图文珍藏版

阅华夏千年风云变幻 观峥嵘岁月人物风流

中国古代逸史

中国逸史

马昊宸◎主编

线装书局

名人逸史

蔡文姬弦断知琴音

蔡文姬,名蔡琰,是东汉末年著名女琴家、女诗人,史书说她"博学而有才辨,又妙于音律"。她的父亲蔡邕是曾操的挚友。

蔡文姬16岁时嫁给卫仲道,卫家当时是河东世家大族,卫仲道更是出色的大学子,夫妇两人恩爱非常,可惜好景不长,不到一年卫仲道便因咯血而死。蔡文姬不曾生下一儿半女,卫家的人又嫌她克死了丈夫,当时才高气傲的蔡文姬不顾父亲的反对,毅然回到娘家。

后来蔡邕死于狱中,文姬被匈奴人掠去,这年她才23岁,被左贤王纳为王妃,居南匈奴12年,并育有二子,此间她还学会了吹奏"胡笳"及一些异族的语言。

建安十三年(208)曹操感念好友蔡邕之交情,得知文姬流落南匈奴,立即派周近做使者,携带黄金千两,白璧一双把她赎了回来。这年她35岁,在曹操的安排下,嫁给校尉董祀。

蔡文姬嫁给董祀,起初的夫妻生活并不十分和谐。蔡文姬饱经离乱忧伤,时常神思恍惚;而董祀正值鼎盛年华,生得一表人才,通书史,谙音律,自视甚高,对于蔡文姬自然有些不足之感,然而迫于丞相的授意,只好接纳了她,在婚后第二年,董祀犯罪当死,她顾不得嫌隙,蓬首跣足地来到曹操的丞相府求情。曹操念及昔日与蔡邕的交情,又想到蔡文姬悲惨的身世,倘若处死董祀,文姬势难自存,于是宽宥了董祀。

从此以后,董祀感念妻子之恩德,对蔡文姬重新评估,夫妻双双也看透了世事,溯洛水而上,居在风景秀丽,林木繁茂的山麓。若干年以后,曹操狩猎经过这里,还曾经前去探视。蔡文姬和董祀生有一儿一女,女儿嫁给了司马懿的儿子司马师为妻。

蔡文姬一生三嫁，命运坎坷，与蔡文姬同时代的丁廙在《蔡伯喈女赋》描述了她的婚姻：伊大宗之令女，禀神惠之自然；在华年之二八，披邓林之曜鲜。明六列之尚致，服女史之语言；参过庭之明训，才朗悟而通云。当三春之嘉月，时将归于所天；曳丹罗之轻裳，戴金翠之华钿。羡荣跟之所茂，哀寒霜之已繁；岂偕老之可期，庶尽欢于余年。

文姬博学多才，音乐天赋自小过人，她6岁时听父亲在大厅中弹琴，隔着墙壁就听出了父亲把第一根弦弹断的声音。其父惊讶之余，又故意将第四根弦弄断，居然又被她指出。长大后她更是琴艺超人。她在胡地日夜思念故土，回汉后参考胡人声调，结合自己的悲惨经历，创作了哀怨惆怅，令人断肠的琴曲《胡笳十八拍》；嫁董祀后，感伤乱离，作《悲愤诗》，是中国诗史上第一首自传体的五言长篇叙事诗。

相传，当蔡文姬为董祀求情时，曹操看到蔡文姬在严冬季节，蓬首跣足，心中大为不忍，命人取过头巾鞋袜为她换上，让她在董祀未归来之前，留居在自己家中。在一次闲谈中，曹操表示出很羡慕蔡文姬家中原来的藏书。蔡文姬告诉他原来家中所藏的四千卷书，几经战乱，已全部遗失时，曹操流露出深深的失望，当听到蔡文姬还能背出400篇时，又大喜过望，于是蔡文姬凭记忆默写出400篇文章，文无贻误，可见蔡文姬才情之高。

杜夔听钟辨清浊

汉末音乐家杜夔，字公良，他"善钟律，聪思过人，丝竹八音，靡所不能"；汉灵帝时任雅乐郎。汉末天下大乱，杜夔依附荆州牧刘表，与孟曜合作"为汉主合雅乐。"

东汉献帝建安二十四年（219）前，曹操平荆州，任杜夔为军谋祭酒，参太乐事，令其创制雅乐，《魏志》记载"夔总统研精，远考诸经，近采故事，教习讲肄，备作乐器，绍复先代古乐，皆自夔始也"。因此，杜夔对于因长期战乱而散失的古乐的恢复做出了一定的贡献。

黄初年间（220~226），杜夔任太乐令协律都尉。当时有一铸钟工柴玉，心灵手巧，所铸之钟多为达官贵人所喜爱。一次，杜夔令他铸钟，觉得他铸的钟

"声均清浊多不如法"，多次令他重铸，柴主反说杜夔"清浊任意"，两人都到曹操那儿告状，曹操经过反复试听，确定是柴玉妄作，就打发他去喂马了。

但曹丕却喜欢柴玉，因铸钟一事对杜夔耿耿于怀。他登基后，在一次宴会上令杜夔"于宾客之中吹笙、鼓琴，夔有难色，于是帝意不悦"。杜夔遂被黜免以死。

杜夔也是一位出色的琴家，据《琴史》《琴议》记载：杜夔最擅长演奏的是《广陵散》，嵇康就是从他的儿子杜猛那里学得此曲的。他所传的旧雅乐四曲《鹿鸣》《驺虞》《伐檀》《文王》到了晋代时还有人能弹奏。

司马懿装病骗曹操

司马懿是晋武帝司马炎的祖父，在世时是魏国重臣权倾天下。他之所以成功，也来源于他善于伪装的处世之道。他很善于以假象示人，故意迷惑对方，使其放松戒备，然而他却在暗中行事，等时机成熟后就可以实行其计划了。

司马懿出身于士族地主家庭。在曹操刚刚掌权的时候，曾经征召司马懿出来做官，那时候司马懿嫌曹操势力太小，不愿意投其麾下效命，但是又不敢得罪曹操，就假装得了风瘫病。但这下却引起了天生就疑心过重的曹操的怀疑，他便派了一个刺客深夜闯进司马懿的卧室去察看，没想到司马懿预料到两种的这一招，知道躲也躲不过去，便真的直挺挺地躺在床上，看上去像是真的得病了。

但这个刺客当时并不真的相信，就拔出佩刀，架在司马懿的身上，装出要劈下去的样子。他以为司马懿如果不是风瘫，一定会吓得出声。司马懿也真有一手，只瞪着眼望了望刺客，身体纹丝不动，刺客这才相信，便收起刀走了出去。

可是，一向深知曹操为人的司马懿，知道曹操是不会轻易放过他的。过了一段时期，他就让人传出消息说风瘫病已经好了。等曹操再一次召他的时候，他就会应召。曹操也正是用人之际，听说司马懿病好了，便召他前来做官。这时的曹操怎么也没想到他辛辛苦苦窃来的东西最后竟被这个人窃走了。

山涛交友由妻子品评

魏晋时"竹林七贤"之一的山涛是一位质朴而又有雅量的名士。后人品评他"通简有德""雅素恢达,度量弘远"。

　　山涛推荐嵇康去当官,嵇康写了一篇《与山巨源绝交书》,除了公开地与山涛划清界限之外,还意在表明山涛是个居心叵测之人。这封信给山涛带来的负面效应是显而易见的,那就是人们很容易将山涛与嵇康对比:嵇康多有骨气!而山涛为了升斗之禄,蝇营狗苟,何等悲哀!

山涛

　　这就大大误解了山涛,山涛其实是个好男人——至少在情场上是。山涛的妻子姓韩,两人感情一直非常好。韩氏的爱很有点爱屋及乌的味道,对于丈夫交往的朋友,她也十分感兴趣。

　　《世说新语·贤媛》里记载,山涛和嵇康、阮籍一见面,就情投意合。韩氏觉得山涛和这两位的交往超出了寻常的友谊,于是问他怎么回事,山涛就说:"眼下能做我的朋友的,就只有这么两位了!"这句话更激起韩氏的好奇心。她对丈夫说:"从前僖负羁的妻子也曾亲自观察过狐偃、赵衰,我也想看看他们,可以吗?"

　　这个典故是说,春秋时,晋公子重耳流亡到曹国,国君对重耳不礼貌,曹国大夫僖负羁的妻子却发现重耳身边的狐偃、赵衰气宇非凡。听了夫人的话,僖负羁就格外礼遇重耳。韩氏以僖负羁的妻子自比,看来对自己识人的智慧是相当自信的。

　　有一天,嵇康和阮籍又来了,韩氏生怕观察的时间不够充裕,生怕观察得不够仔细,就劝山涛留宿两人,然后,韩氏"夜穿墉以视之,达旦忘返。"有人据此断定嵇康和阮籍共住一屋,是同性恋。荷兰汉学家高罗佩在《中国古代房内考》中,就对这段记载考证了一番,认为嵇康和阮籍都是同性恋。但这只是猜测,证据也太不充足了。

　　后来,当山涛问起韩氏的感受时,韩氏心直口快地对丈夫说:"君才致殊不如,正当以识度相友耳!"你呀,才智情趣比他们差远了!以你的见识与气度和他们交朋友，还差不多！

山涛大约有点吃醋，听到后半句话总算找到一点自尊，就说："是啊，他们也总认为我的气度胜过他们啊！"看来，韩氏的眼光还是很准的。

山涛的"识度"不仅在于他识天文、察地理、懂人情，还在于他谙悉处世之道，处世圆滑，工于心计，故在官场上能左右逢源。山涛出身贫寒，故对功名利禄有一种强烈的欲望。他曾对其妻韩氏说："忍饥寒，我后当作三公，但不知卿堪做公夫人不耳！"在当时朝代更迭的险恶环境里，要保持中庸是难以做到的。嵇康因拒绝与司马氏合作而殒命；阮籍对司马氏政权态度暧昧也隐晦终身。山涛要摆脱饥寒，追求功名利禄，只得入仕效命于司马氏。

早前，山涛见司马懿与曹爽争权，乃隐身不问事务。司马氏执政后，欲倾心依附，被举秀才，除郎中，累迁尚书吏部郎。司马昭以钟会作乱于蜀，将西征，任涛为行军司马，镇邺。昭晋爵晋公，涛主张以司马炎为太子。炎代魏称帝时，任山涛为大鸿胪，加奉车都尉，晋爵新沓伯。出为冀州刺史，甄拔隐屈，搜访贤才三十余人。入为侍中，迁吏部尚书、太子少傅、左仆射等。每选用官吏，皆先秉承晋武帝之意旨，且亲做评论，时称《山公启事》。曾多次以老病辞官，皆不准。后拜司徒，复固辞，乃归家。有集十卷，亡佚，今有辑本。王戎曾称涛为"璞玉浑金，人莫知其器。"

山涛与司马氏的亲信大臣钟会、裴秀十分亲近。钟、裴二人仗势争权夺利，互不相容，而山涛却能平心静气地处于二人之间，游刃有余。这套本领使他能够上下讨好，官运亨通。山涛善于识别人物。他任吏部尚书时，从朝野所选上来的官员都很有德才。但他选人多看司马氏眼色行事，凡司马氏所欲任用之人，山涛必优先推荐。由于山涛生性谨慎，又兼才识过人，故深得司马氏的赏识。

山涛是个有分寸的男人，他当了大官之后，没有一阔脸就变，既清廉又节约，还将工资"散于邻里"，时人谓其"璞玉浑金"。他每次喝酒都是量到为止，从不喝醉。据说，韩氏为山涛生了五个儿子，后来都当了官。

在"竹林七贤"中，山涛年纪最大，官也当得最大，也差不多是最长寿的人，终年79岁。

国学经典文库

中国古代逸史

·三国两晋南北朝逸史·

图文珍藏版

嵇康不授徒致《广陵散》绝迹

嵇康是魏晋时期的音乐家和文学家，字叔夜，谯郡銍县（今安徽宿县）人。"竹林七贤"的领袖人物。三国时魏末著名的思想家，诗人与音乐家，是当时玄学家的代表人物之一，为人耿直，他幼年丧父，励志勤学。后娶曹操曾孙女（曹林之女）为妻，在曹氏当权的时候，做过中散大夫的官职。

嵇康后来家道清贫，常与向秀在树荫下打铁谋生，贵公子钟会有才善辩，但嵇康瞧不起他的为人。一日，钟会前来拜访，嵇康没理睬他，只是低头干活，钟会待了良久，快快欲离，这时嵇康发话了："何所闻而来？何所见而去？"钟会没好气地答道："闻所闻而来，见所见而去"，说完就拂袖而去，后来钟会深恨嵇康，常在司马昭而前说他的坏话。

嵇康

嵇康喜爱音乐，他在《琴赋》序中说："余少好音声，长而习之，以为物有盛衰而此无变，滋味有厌而此不倦。"他对传统及当代的琴曲都非常熟悉，这一点在他的《琴赋》中可见。

嵇康所作琴曲有《长清》《短清》《长侧》《短侧》四首，被后人合称为"嵇氏四弄"，和蔡邕所做的"蔡氏五弄"被合称"九弄"，在中国音乐史上备受推崇，隋炀帝曾将弹奏"九弄"作为取士的条件之一。宋代的杨瓒向民间搜此四弄曲谱，结果应征十多种，可见其流传之广。《玄默》《风入松》据传也是他的作品，《玄默》反映的是老庄思想。这些作品见于明代刊传的谱集，但未必是原作。

嵇康的有关其音乐思想的著作《声无哀乐论》是我国第一篇音乐理论著作，书集中了他的音乐美学思想，直到现在，仍有很高的研究价值，他在文章中探讨了音乐与感情，创作与演奏，演奏与乐器、欣赏，欣赏与习惯等问题，通过

"秦客"和"东野主人"之间的反复辩驳,提出了声无哀乐的观点(即音乐是客观存在,哀乐是主观宣泄),这是中国音乐史上"自律"论美学最早的典型表达。《声无哀乐论》中提到的许多音乐美学问题,具有创始的意义。鲁迅曾指出:"嵇康的论文,比阮籍更好,思想新颖,往往与古时旧说反对。"

《琴赋》也是他的一篇音乐评论文章,在文中他肯定了音乐的作用:"可以导养神气,宣和情志,处穷独而不闷者,莫近于音声也"。《琴赋》中提到了许多琴曲,包括传说中师旷演奏的《白雪》《清角》以及古代的《渌水》《清徵》等曲目,他还将当时流行的作品分为"曲引所宜"的雅曲及"下逮谣俗"的通俗琴曲两类。此外,他还具体细致地分析了琴曲从开始到结尾的发展过程及表现特点。

但嵇康最为人知的应该是他的《广陵散》。据刘籍《琴议》记载:嵇康是从杜夔的儿子杜猛那里学得《广陵散》的。嵇康非常喜爱此曲,经常弹奏它,以致招来许多人前来求教,但嵇康却概不传授。

司马氏掌权后,嵇康不苟合于其统治,与阮籍、向秀、山涛、刘伶、阮咸、王戎号称"竹林七贤",与司马氏相对抗,后被司马氏杀害,死时才40岁。临刑之日,有3000太学生为其求情,司马氏终不许。嵇康便在死前索琴为大家弹奏此曲,并慨然长叹:"《广陵散》如今绝矣"。

嵇康人缘极好,王戎说与他交往20年,未见其有不好的脸色。因此留下"意趣疏远,心性放达"之美名;然而嵇康更有"刚肠疾恶,轻肆直言,遇事便发"的一面,他的名篇《与山巨源绝交书》及对《广陵散》的喜爱便是他愤世嫉俗、桀骜不驯的性格的表现,而蔑视司马昭,进而招致杀身之祸更是这种刚正不阿的先例。

嵇康为不做官与朋友绝交

嵇康性格刚烈,疾恶如仇,"轻肆自言,遇事便发",著文直抒胸中感愤而无所忌讳。嵇康曾在苏门山遇见一位隐者孙登,从游3年,问其所图,总不言语。直到临别之际,孙登才开口对嵇康说:"君性烈而才俊,其能免于今世乎!"

性格刚烈的嵇康对司马氏集团针锋相对,公开采取了不合作的态度。司马氏集团标榜"以孝治天下",而嵇康却公然反对礼法。尽管他内心并不是这样想的,但却公然宣称"越名教而任自然"。司马氏以暴力和阴谋手段夺取了曹魏的天下,却打着名教的旗号,颂扬历史上的商汤、周武王、周公、孔子等,嵇康对司马氏打着名教的旗号篡曹的行径非常愤怒,于是就"非汤武而薄周孔",借否定汤、武、周、孔以表达他对司马氏强烈的鄙薄和否定。

嵇康为了表明他与司马氏决裂的坚决态度,甚至与昔日好友山涛绝交。山涛比嵇康年长20岁,以识度和才气而闻名。司马氏发动高平陵政变以前,山涛就躲进了山里的竹林。以后又重入仕途,为司马氏集团效力。山涛原为选曹郎,升为散骑常侍后,便向朝廷推荐嵇康接任他原来的职务。选曹郎是一个重要官职,山涛也是出于对朋友的一片好心。但是与司马氏集团水火不相容的嵇康,却感到受到了莫大的侮辱,于是愤而作《与山巨源绝交书》,予以公开发表。其实,与山涛绝交并非嵇康的真情,就一般情势而言,与朋友断交也大可不必公开发表绝交书。嵇康之所以这样做,根本的目的便是借此表明自己拒绝与司马氏合作的坚决态度,同时也向世人宣泄自己积年累月的愤懑。

嵇康虽然公开发表了《与山巨源绝交书》,但他在死前却对儿子嵇绍说:"巨源在,汝不孤矣。"他并没有向山涛托孤,但他知道山涛一定会照顾自己的儿子,因为嵇康在内心深处是始终视山涛为知己的。他的《与山巨源绝交书》只不过是表明自己不愿与司马氏政权合作的态度而已。

嵇康被害后,果然不出他所料,山涛开始悉心照料嵇绍,在他的训育下,嵇绍没有学习父亲的那种反对礼法,与当政者针锋相对的个性,而是成了对司马氏皇室最忠诚的大臣。

嵇康冷落钟会遭其陷害

嵇康有一个很奇怪的嗜好,那就是打铁。他的好朋友,也是"竹林七贤"之一的向秀则为他拉风箱。当时司马氏集团中有一位正受宠信的贵族公子名叫钟会,官任侍郎。他非常仰慕嵇康,多次想去拜见,有一次听说嵇康正与向秀在洛阳城外打铁,于是便邀集一班人高车饰马蜂拥而来。

嵇康见钟会一班人"乘肥衣轻,宾从如云",心中陡然生起一股敌忾之气,便旁若无人，只管自己打铁，向秀也埋头拉风箱，火光熊熊，锤声叮当。钟会万万也没有想到，嵇康和向秀对自己连瞧也不瞧一眼，他感到无比尴尬，只好悻悻地注视着嵇康和向秀二人一丝不苟地打铁。

他站在那里看了很久，见嵇康仍没有与他谈话之意，只好向宾从挥挥手打道回府。偏偏在这时，嵇康发话了："何所闻而来，何所见而去？"颇有奚落之意。钟会愤然答曰："闻所闻而来，见所见而去。"钟会遭此羞辱，决心对嵇康进行报复。

嵇康有一位好友吕安。吕安之兄吕巽是一个道貌岸然的衣冠禽兽，竟然奸污了吕安的妻子。吕安义愤填膺，欲上表朝廷揭露吕巽的兽行，嵇康为吕家的声誉着想，力劝吕安不要这样做，且容吕巽自己反省悔过。哪知吕巽任大将军以后，却恶人先告状，向朝廷上书，诬告吕安违背孝道，殴打母亲。司马氏集团一向标榜"以孝治天下"，哪能容忍这种罪行，于是便将吕安逮捕下狱。嵇康得知消息后，便挺身而出，为朋友仗义执言，公开阐明事件的真相。

而一心想报复嵇康的钟会却趁机进谗言，对司马炎说："嵇康，卧龙也，不可起，公无忧天下，顾以康为虑耳。"又捏造事实说嵇康欲协助毋丘俭反叛，只是由于山涛的劝阻，才未成事。他进一步煽动说：嵇康"言论放荡，非毁典谟，帝王者所不宜容，宜因衅除之，以淳风俗"。就这样嵇康被捕下狱，随即又被判死刑。嵇康刚直不阿的性格虽然导致了个人的悲剧，但他顶天立地的气节、视死如归的气概，千百年来一直受到人们的敬仰。

阮籍大醉两月拒司马昭谈婚事

魏晋时期的阮籍是"建安七子"中阮瑀的儿子，字嗣宗，陈留尉氏（今河南）人。"竹林七贤"之一，文学家，音乐家。

史书记载阮籍"容貌瓌杰，志气宏放，傲然独得，任性不羁，而喜怒不形于色。或闭户经书，累月不出；或登山临水，经日忘归。博览群籍，尤好庄老。嗜酒能啸，善弹琴，当其得意，忽忘形骸。"他做过司马氏的步兵校尉，但实际上又跟司马氏集团有相当的矛盾。乱世之中，他常以"醉酒"保身。

有一回，司马昭知他之名，想与他联姻，阮籍不想高攀皇族，也不便正面拒

阮籍

绝,于是当司马昭亲自登门为爱子求婚时,却见阮籍手里抱着酒瓮醉卧在地。其后司马昭派使者接连 60 天前往阮府求婚,都见阮籍沉醉未醒,司马昭知道了他的意思,便也不再为难他。

阮籍嗜烈酒、善弹琴,喝酒弹琴时还喜欢扯着嗓子大喊,得意时忽忘形骸,甚至即刻睡去。实可谓"我今欲眠君且去,明朝有意抱琴来"。其痴狂之态,可见一斑,故也不为朝廷所喜。

相传著名琴曲《酒狂》是阮籍感怀之作:全曲以三拍节奏,大跳音程,轻重拍颠倒的韵律,淋漓尽致地刻画了醉意朦胧、步履蹒跚的形象。音乐理论著作有《乐论》。主要观点是"律吕协则阴阳和,音声适而万物类",强调圣人作乐为的是"自然之道",这便是"乾坤易简,故雅乐不烦。道德平淡,故五声无味。不烦则阴阳自通,无味则百物自乐",具有老庄思想。

阮籍佯狂不服礼教

阮籍生性放达,任性不羁,他常常借此与名教、礼法作对,与司马氏的虚伪名教、礼法进行斗争。在一次朝会上有人奏称,一个儿子杀死了自己的母亲。阮籍却笑道:"呵!杀父都可以,杀母又有何不可?"同座者无不大惊失色。司马昭当即就批判他说:"杀父,乃天下之极恶,而你怎么认为可以杀母呢?"

不料阮籍话头一转,说道:"禽兽知母而不知父,杀父,禽兽之类也。杀母,连禽兽都不如。"他的话既尖锐地讥刺了标榜"以孝治天下"的司马氏,又巧妙地掩饰了过去,于是"众乃悦服"。

按照当时的礼法,父母死,要服三年丧。三年之内不准喝酒吃肉,不能离家远游,不准大笑,只准穿黑色的粗麻布衣服等。阮籍幼年丧父,与母亲相依为命,性情至孝。当母亲去世的消息传来时,他正与人对弈。对方说这局棋就不下了吧。可阮籍不同意,非要一决胜负。下完棋后,他又饮酒一升,大声哭号,吐血数升。母亲下葬时,他叫家人蒸了一头小猪,又饮二斗酒,大声哭号,吐血数升,然后与母亲诀别。

裴楷前往吊唁,见阮籍形销骨立,散发箕踞,两眼木然地直视前方,也不招呼裴楷。裴楷认为阮籍是方外之人,故不崇礼典,不必与他计较法度,于是也不理会阮籍,自己径直吊唁完毕便去,阮籍也不相送。

阮籍"失礼"的行为非常多,常常引起"礼法之士"的惊噪和责难。阮籍却以蔑视的口气说:"礼法岂是为我而设!"按封建礼法规定,叔嫂之间授受不亲。可阮籍的嫂子回娘家,阮籍总要与她相见告别。阮籍的邻居有一少妇,长得非常美丽,当垆沽酒。阮籍经常前往饮酒,醉了便卧于少妇之侧。少妇的丈夫知道阮籍的为人,绝没有什么杂念,对他也毫不怀疑。还有一位老兵士家的女子,才貌双全,未出嫁就死了。兵家的地位十分卑贱,阮籍与她家也不相识,但他可怜这位貌美女子而早夭,竟前往老兵士家哭之,尽哀而还。

司马昭的亲信大臣何曾非常痛恨阮籍的这些"非礼"行为。何曾是一个十足的伪君子,他对个性率真的阮籍有一种莫名的排斥心理。阮籍对何曾之流的假名士十分鄙视,常以白眼视之,而对嵇康等清流派名士则代之以青眼,故阮、何二人如泾渭分流,清浊分明。何曾就公开声色俱厉地威胁阮籍说:"足下恣情任性,败俗之人也。今司马公执政,综核名实,若足下之流所行之事,何可长也。"

阮籍在母丧服孝期间曾出席司马昭举行的一次宴会,而且在宴席上毫无顾忌地喝酒吃肉。何曾见了,心中好不愤然,他对司马昭说:"明公正倡导以孝治天下,阮籍竟然在重孝期间当众饮酒吃肉,公然蔑视礼法,应将他流放海外,以正风教。"

司马昭却很宽容地说："嗣宗（阮籍字嗣宗）如此毁顿，君不能共忧之。吾既以酒食招嗣宗，岂因丧礼而为难嗣宗也。"

司马昭之所以能容忍阮籍违背封建礼法的一些行为，首先，最根本的原因在于阮籍对司马氏政权并没有构成威胁；其次，阮籍生性放达，诚如裴楷所说，他是"方外之人"，而当时放达任性已成为名士风流的时尚，司马氏出生门阀士族，并非真正讲究礼法，所以即使阮籍做出违礼之事也能容忍；再次，阮氏世代习儒学，名高当世，与司马氏门第相当，他需要借重阮籍来为自己装点门面。

阮籍审慎处事保平安

阮籍容貌超群，学问渊博，志气豪放，任性不羁。当他自得其乐时，每每忘乎所以，旁若无人，时人多谓他痴。

阮籍家世代代有名宦，他的家世背景使他对曹魏政权怀有同情心，而对司马氏则十分反感，他认为司马氏世代服膺儒学，标榜君臣名分，却又欺凌孤儿寡母，夺其政权，于是决心不与司马氏合作。但是，"天下多故，名士少有完者"的险恶的社会环境，使他又不像嵇康那样"刚肠疾恶"，更不敢公开与司马氏决裂。

为了保全自己，他在司马氏集团统治之下，曾先后担任过大司马从事、中郎、散骑常侍、东平相等官职，还曾被封为关内侯，47 岁时，曾做过步兵校尉。当然他做官只是迫不得已，在任上也只是虚应故事而已。他出任步兵校尉，就是在朝廷上当面向司马昭请求的。当时满朝文武大臣都感到非常惊讶，因为这一官职向来是由骁勇善战的武官担任的，而阮籍是一位弱不禁风的文士，哪能担当此任。司马昭问他："卿何以担当此任？"阮籍回答说："臣听说兵营的厨房里储存有三百斛美酒，既然步兵校尉一职尚无合适人选，臣请担任此职。"司马昭答应了他的要求。阮籍走马上任以后，草草应付完公务，便前往厨房清点存酒，据为己有，与朋友刘伶等人直喝得天昏地暗，酒醉不醒，把随侍的士卒都吓坏了。

司马氏一心觊觎皇位，阮籍被迫写了一篇劝司马昭晋封晋公的《劝进笺》，几个月后就与世长辞了，终年53岁。

就阮籍处世方式而言，他为了在乱世中以求自全，主要采取了两种策略：一是佯狂避世，沉醉酒乡；一是"言及玄远，口不臧否人物"。钟会数次追问阮籍对时政的看法，欲趁机抓住其把柄而治之以罪，阮籍都以沉醉获免。阮籍虽然与司马氏政权保持一定距离，常常攻击名教，攻击"礼法之士"，但就是闭口不谈时政，不议论朝廷是非。司马昭对阮籍的这套本领也十分佩服，说："天下最审慎之人，要数阮嗣宗了。每每与他交谈，总是言及玄远，而未曾评论时政，臧否人物。"唐代李贤在评论阮籍的诗作时曾说："嗣宗身仕乱朝，常恐罹谤遇祸，因此诗作之中每每有忧生之嗟。虽志在刺讥，而文多隐避，百代之下，难以猜测。"

顾荣明做"酒鬼"暗保身

西晋开国后没多少年就发生了"八王之乱"，朝廷中争斗不断，后宫也一直干政，地方各王独断专权，刚刚统一不久的国家又渐渐陷入动荡不安的局面。那些在乱世中希望保全自己的人就得依靠自己的智慧从纷乱的时局中保护自己了。

有个叫顾荣的吴地人在当时很有名气，也很有才干，他家是江南一带的名门望族。在西晋"八王之乱"前，顾荣担任的是齐王府的主簿，基本上相当于"管家"的职责。但是齐王十分骄横，他曾一度擅权，却毫无治国之才，只是一味地为自己敛财专权。从齐王的骄横暴虐中，顾荣断定他终将败亡，就很担心自己会受到株连，便希望赶快离开齐王府，但他又不敢直言，无奈之下整天借酒浇愁。

一次，他将自己的苦衷告诉了朋友冯熊。冯熊也认为顾荣想得很对，就决定帮助好友离开齐王府。冯熊找到齐王的长史葛纪说："当初让顾荣当主簿，本来为的是选拔人才，不再计较南北士人的亲疏，想以此平缓天下士人的心。可是，如今顾荣整天狂饮，不务正业。齐王府事务繁多，这样下去恐怕会有碍齐王的威名。倒不如趁早再选拔一名称职的主簿总理府政，为齐王解除后顾之忧，不能让顾荣这样的酒徒再占据这个职了。"

葛纪说："你说的的确很有道理，只不过顾荣出身江南望族，现在任职时间不长，就这样轻易撤换了他，恐怕会引起江南士族的不满啊。"

冯熊微微一笑，说"长史大人又何必为这个担心呢。你可以调他去担任中书侍郎，这样顾荣既不失显名，又可以为齐王府换一位既有真才实学又能勤政实干的主簿。"葛纪听从冯熊的建议，他向齐王汇报后，就将顾荣调任中书侍郎，与齐王不再有大的瓜葛。

顾荣得遂所愿，从此再也不无度纵酒，在公事上还尽职尽责。一日，冯熊来到公署看望顾荣，只见他埋于各种文案，忙得不亦乐乎。冯熊不禁皱起了眉头，他转身到公署的厨下拿了一壶酒，又来到顾荣那里，美美地喝上一口，对顾荣说："咦？这酒好像和齐王府的佳酿没有多大差别啊，为什么先生以前常醉不醒，现在却如此清醒呢？"

顾荣闻言，立时惊出一身冷汗，想了一下他哈哈一笑，随手把公文往桌上一推，从冯熊手里拿过酒壶，喝了一大口，说："因为公署里没有肯拿酒灌我的朋友啊！"从此，顾荣又像以前那样狂饮无度。

经常烂醉如泥，总会耽误公务，时间久了，顾荣的行为引起了齐王的厌弃和不满，原本想调回顾荣的心早就丢到九霄云外去了。就这样一直等到齐王因反叛被杀时，顾荣不但没有受到牵连，反而因为讨伐有功得以升迁。

顾荣的联盟之处就在于以"饮酒"恶习为掩护成功地保全了自己。嗜酒不是出于满足自身欲望，也不是为了麻痹自己，而是表现给同僚与上级看的，也是迷惑他人心理的手段。他以此制造胸无大志、不务正业的假象，来欺骗齐王，达到了脱离齐王府的真正目的。

王羲之睡觉时成东床快婿

王羲之是东晋时期的大书法家，他出生于一个书墨飘香的世代豪门，自幼酷爱书法，几十年来锲而不舍。他的伯父王翼、王导，堂兄弟王恬、王洽等都是当时的书法名手，他这位中国历史上的书圣更世袭并且发扬了世代的"家风"。

在王羲之7岁那年就拜女书法家卫铄为师研习书法，12岁就已读过前人的书法论述。王羲之练习书法很刻苦，没有纸笔，他就在身上划写，久而久之，衣服都被划破了，甚至连吃饭、走路都不放下，可说是到了无时无刻不在练习的地步。

有一次，他练字竟忘了吃饭，家人把饭送到书房，他竟不假思索地用馍馍蘸着墨吃起来。当家人发现时，已是满嘴墨黑了。王羲之常临池书写，就池洗砚，时间长了池水尽墨，人称"墨池"。现在绍兴兰亭、浙江永嘉西谷山、庐山归宗寺等地都有被称为"墨池"的名胜。

王羲之的书法艺术和刻苦精神很受世人赞颂，传说王羲之的婚事就是由此而定

王羲之

的。王羲之的叔父王导是当时的宰相，与当朝太傅郗鉴是好朋友，郗鉴有一位如花似玉、才貌出众的女儿，名叫郗浚，年方二八，待字闺中。

太傅郗鉴想选女婿，他知道王导门下的几个子弟都是俊才，便想从中选一个，就写了一封信给王导，说自己想在他的儿子和侄儿中为女儿选一位满意的女婿。

王导当即表示同意，并答应由他挑选。回到家中，他将此事告诉了诸位儿侄们，而这些年轻人早就耳闻郗家小姐德贤貌美，都想自己被选中。

郗家几日后来人选婿，宰相的诸侄儿都忙着更冠易服，精心打扮自己。只有王羲之好像没事人似的，仍然一副旧打扮，并且还躺在东厢房床上睡觉，他敞开衣服，露出肚皮，一手吃烧饼，一手当笔在衣服上比画着，一幅邋遢而又满不在乎的样子。

当郗家来人看过王导诸儿侄之后，向郗鉴回话说王家儿郎个个不错，只是知道是选婿有些拘谨。只有东厢房那位公子躺在床上毫无奉迎之意，只顾用手在衣服上比画着什么。

这郗鉴一听，就高兴地说："东床那位公子，必定是在书法上学有成就的王羲之。此子不露内涵，潜心学业，正是我意中的女婿。"

于是，郗鉴便把女儿嫁给了王羲之。王导的其他儿侄都十分羡慕，称他为"东床快婿"，从此"东床"也就成了女婿的美称了而流传至今了。

郗鉴选择女婿的方式虽然颇有喜剧色彩,但他的眼力是不错的,挑选了一个最具有魏晋风度的名士。

而王羲之的夫人郗浚竟为他生下了七子一女,且个个都成了东晋社会的名流。王羲之更以书法冠绝古今,称为"书圣",他的儿子王献之传其衣钵,功力虽然略逊其父,但也颇得真谛,后世合称"二王"。

风流倜傥的周瑜

在战争频繁的三国时代,周瑜英俊洒脱,颇有杰出的军事才干,是时代的弄潮儿,诚为风流倜傥的一代青年才俊。

周瑜(175~210年),字公瑾,庐江舒(今安徽庐江)人,从祖父及其子均为汉太尉,父亲为洛阳令。周瑜爱好音乐,早年与孙策最为友善,曾娶当时名士桥公女儿、美女小桥为妻。周瑜相貌英俊,时人呼为周郎。据《三国志·吴书·周瑜传》注引《江表传》记载:东吴大将程普认为自己是东吴的一员有功老臣,屡次轻侮年轻的周瑜,而周瑜虽然位在程普之上,却"折节容下",并不与程普计较个人得失,令程普十分钦佩,于是告诉人说:"与周瑜交,若饮醇醪,不觉自醉。"由于周瑜"性度恢廓"(《三国志·吴书·周瑜传》),气度不凡,因此,吴主孙权称"公瑾雄烈,胆略兼人","器量广大";吴国士大夫也认为周瑜"谦让服人"。

曹操对少年英俊的周瑜早有所闻,认为可以游说使其心动,为魏效力,于是就密下扬州,派名士蒋干去见周瑜。蒋干一表人才,尤以能言善辩著称,江淮一带无人能对。蒋干便扮作百姓模样,假称有私事拜访周瑜。周瑜见面便一语道破:您用心良苦,不顾远涉江湖的疲劳,难道为曹操做说客吗? 蒋干说:我与你同乡,好久未见,远闻英名远播,特来叙阔别之情,顺便看一下您的治军情况。您说我是说客,无异于诈乎我吗? 周瑜接着说:我虽不及闻弦知音的师旷,但也有能力识得阳春白雪。于是设酒款待,宴毕,周瑜对蒋干说:我有重要事情,暂离馆驿,办事结束后,另当相请。三天后,周瑜请蒋干巡视军营,尔后,出示服饰珍玩,对蒋干说:大丈夫处在世上,遇到名主,外示君臣之义,内结骨肉之恩,言行计从,祸福共之。即使苏秦、张仪再生,郦食其复出,也无可奈何。难道您能够让我改变吗？蒋干只是微笑，无言以对。蒋干回去后，对曹操称周瑜"雅量高致，非言辞所间"（《三国志·吴书·周瑜传》注引《江表传》）。魏国士大夫对周瑜这番谈吐也多有赞美之辞。

周瑜宽宏雅量，善待人才。据《三国志·吴书·鲁肃传》记载：周瑜认为吴主孙权，"亲贤贵士"，并现身说法，要鲁肃去东吴效力，同时，又向孙权极力推荐鲁肃，即使后来二人政治主张有所差异，但仍能在病重时，举荐鲁肃代替自己职务。这体现了周瑜的大度和甘为人梯的精神。周瑜这一优良品质后来在东吴形成了传统，鲁肃推崇吕蒙，吕蒙举荐甘宁、陆逊等，因此，东吴虽偏处东南，仍然人才辈出。周瑜还善于采纳部下建议，在与曹仁争夺南郡中，先接受甘宁建议，兵取夷陵，当甘宁被围后，又用吕蒙计，亲率军队救援甘宁，接着回师与曹仁会战，终于夺得南郡。

周瑜对待竞争对手兼友军刘备时，也体现了风流洒脱的个性特征。由于刘备在赤壁之战和南郡之战中与周瑜联合作战，因此，周瑜在获胜后，表现了宽于待人的风格，他有感于刘备没有立足之地，"分南岸地以给备"，开了"借荆州"的先河，刘备从此有了根据地。同时，周瑜考虑周密，深知南郡之战中，东吴伤亡很重，南郡得之不易，因而十分重视尺寸土地，将当时不太重要的南岸地让给刘备。但对后来孙权采纳鲁肃建议借荆州数郡给刘备，不以为然，是"让刘备蛟龙得云雨"，后来刘备从此走向壮大，并有能力与东吴分庭抗礼。反映了周瑜周密而有远见的一面。

周瑜认为，刘备是枭雄，关羽、张飞是熊虎之将，"必非久屈为人用者"（《三国志·吴书·周瑜传》），建议孙权将刘备留在吴地，以宫殿园林、美女歌舞、古玩字画陪伴他，供其娱乐，让刘备与关羽、张飞天各一方，这样，无论挟持刘备，还是与关羽、张飞相战，东吴均处于十分有利的地位。周瑜这一主张颇有特点，与其独特个性特征密切相关，是比较潇洒和周到的，可惜孙权没有采纳，导致养虎为患，后来与刘备进行了数次较大规模的战争。在战争时代，军事才能有着突出的重要性。周瑜作为东吴最重要的将领，在战争中，既挥洒自如，又功绩卓著，为建立和保卫东吴政权立下了汗马功劳。

汉献帝建安三年(198年)，孙策率军队到达历阳准备东渡江东，24岁的周瑜便率领军队迎接，孙策大喜："吾得卿，谐也。"（《三国志·吴书·周瑜传》）于是,进攻横江、当利,首战告捷,接着渡江作战,一路势如破竹。进击秣陵,转下湖孰、江乘,进入曲阿,已有众数万人。后来孙策便以此为基础,基本扫平吴会和山越。不久,孙策先后授周瑜为建威中郎将,中护军、领江夏太守。周瑜破刘勋,平豫章,下庐陵,一路顺风,所向披靡,特别在丹杨一战中,周瑜率领军队,装载大量船粮,在关键时刻增援孙策,起着决定性的作用。因此,孙策特别赏赐周瑜,称赞周瑜"英俊异才",并说:"论德酬功,此未足以报者也。"(《三国志·吴书·周瑜传》注引《江表传》)

汉献帝建安十三年(208年),面对曹操率领的得胜劲旅,东吴大多数文臣武将均认为难以为敌,以为曹操挟天子以征四方,名正言顺,曹操得荆州,东吴已无长江之险,而且敌强我弱,不如投降。而周瑜则坚持抗敌,周瑜对孙权斩钉截铁地说,曹操有四败:曹操托名汉相,实为汉贼,吴主神武雄才,兵精足用,英雄乐业,正应横行天下,为汉家除残去秽;曹操北土未安,马超、韩遂在关西为曹操内患;曹操舍弃鞍马,依靠舟楫,非其所长;又值盛寒,马无藁草,曹军远涉江湖,不习水土,必生疾病。一番合情合理的分析,坚定了孙权抗曹的决心。接着他又满怀信心地对孙权说:只要精兵三万人,保证为将军破敌。周瑜采纳部将黄盖建议,火烧曹操战船,一举击溃曹操数十万兵马,战争结局正如周瑜所料。

陈寿称赞周瑜"建独断之名,出众人之表,实奇才也"。司马光评论周瑜面对强敌,军容整肃,指挥若定。苏东坡更称赞周瑜"雄姿英发,羽扇纶巾,谈笑间,樯橹灰飞烟灭"。周瑜是何等的风流与潇洒!

大气磅礴的鲁肃

三国时代鲁肃与众不同,难觅其二,其大智大勇,尤其豪爽大气的个性特征,鲜明而独特,其大气磅礴风格无出其右。

鲁肃(172~217年),字子敬,临淮东城(今安徽定远)人,生而失父,与祖母居,为殷实之家,体貌魁奇,少有壮节,好为奇计。面对天下将乱,鲁肃学习击剑骑射,招聚少年,给其衣食,往来于南山射猎,并暗地里统率部队,讲武习兵。不久天下大乱,豪杰并起。在为袁术的东城长时,鲁肃对属下说:"中原法纪不行,贼寇横行,此地不能久居,而江东民富兵强,你们愿意相随,一起到好的地方,等待机会吗?"手下无一不听从鲁肃的。谁知州里骑兵追到,鲁肃慢行,率领强壮之士,拈弓搭箭,说:你们是大丈夫,应当识时务,今天下兵荒马乱,有功不赏,不追无罚,为什么还要相逼? 鲁肃理直气壮,开弓射之,箭箭射中。州兵认为鲁肃言之有理,而且考虑也不能制服鲁肃,便引兵而还。鲁肃能言能武,崭露头角。

鲁肃代周瑜领兵后,为奋武校尉,初住江陵,后屯陆口,威恩并举,士兵由四千人增至一万余人,被孙权用为汉昌太守、偏将军。鲁肃对于刘备借荆州数郡不还,也持强硬态度。在益阵与关羽相拒。鲁肃邀请关羽相见,各驻兵马百步。各自身佩短刀,单刀

鲁肃

俱会。鲁肃义正词严指责关羽,反映了鲁肃勇敢和严肃的一面。鲁肃说:"今已得益州,既无奉还之意,但求三郡,又不从命。"话未说完,关羽手下有人说:"夫土地者,惟德所在耳,何常之有!"鲁肃面对无名之辈的蛮不讲理,厉声呵斥,"辞色甚切"。关羽一面操刀,一面解劝:"这是国家大事,此人哪里知道!"让其人退下。从此看出,关羽也自知理屈。据《三国志·吴书·鲁肃传》注引《吴书》记载:鲁肃单刀俱会时,对关羽不谬还荆州,只谈刘备出力破曹之事,据理驳斥,讲得有情有理有义,使关羽"无以答"。

鲁肃具有大战略的智慧。汉献帝建安五年(200 年),孙策去世,张昭、周瑜拥立孙权继位,曹操表孙权为讨虏将军。鲁肃"始为宾客"(《三国志·吴书·吴主传》)。据《三国志·吴书·鲁肃传》记载:孙权问鲁肃:"今汉室倾危,四方云扰,孤承父兄余业,思有桓文之功,君既惠顾,何以佐之?"鲁肃从古论今说:汉高祖刘邦想尊奉义帝而不成,是因为项羽的为害,今天的曹操如同项羽,您哪里能够成为尊奉王室的齐桓公和晋文公呢? 曹操是不能尽快地被除掉的,您的战

略应该"鼎足江东,以观天下之衅",等到北方多事之时,便率军进军荆州击刘表,全据长江天险,这样便称帝以图天下。这就是汉高祖的伟业。鲁肃此论,很有见地,层层推理,论说透彻,为孙权勾画出一统天下的宏伟蓝图。此论比诸葛亮《隆中对》早七年。比《隆中对》更具可操作性。从结果看,东吴最终占有全部长江防线,含五个郡的荆州。在《隆中对》实施中,蜀国曾占有两个半郡的荆州。此论大气磅礴,高谈阔论,有囊括四海之意,并吞八荒之心。

在具体大战战略方面,鲁肃也很有建树。赤壁之战是三国时代最著名的战争,是我国古代以少胜多的典型战例。战前,面对强大的曹军,东吴投降之声叫嚣一片,而鲁肃独抒胸臆,坚决反对,指出投降派为一己之利的误国行径,主张抗击曹军。体现了鲁肃大公无私和深谋远虑。鲁肃言众人之不能言,众人之不敢言,深得孙权赞赏:"今卿廓开大计,正与孤同,此天以卿赐我也!"

早在刘表去世时,鲁肃便建议孙权早做打算,与荆州相连,并不惜生命危险,亲赴战场,体现了鲁肃为国家舍身为义的精神和有胆有识的个性。而在赤壁之战胜利庆典上,孙权看到了鲁肃到来,起身相迎:"子敬,孤持鞍下马相迎,足以显卿未?"鲁肃答道:"未矣。"众人听说,无不惊讶!鲁肃从容说道:"愿至尊威德加乎四海,总括九州,克成帝业,更以安车软轮征肃,始当显耳。"反映了鲁肃的机智、幽默和见识广阔。孙权鼓掌而笑。

鲁肃的豪爽大气堪称三国第一,在我国历史上也不多见。陈登有"湖海之士,豪气未除"的评语,鲁肃与之相比,有过之而无不及。

鲁肃个性喜爱施舍行善。他大散家财,卖去田地,用以赈济穷困之人,结好士人,甚得人心。周瑜为居巢长时,曾求鲁肃接济粮食,鲁肃家仅有两仓库粮食,各五千斛,鲁肃当即指一仓给周瑜。周瑜对鲁肃慷慨十分钦佩,便与其成为亲密朋友。当然,鲁肃如此,与其大的智慧密切相关,因为在战乱时代,财产随时都会失去,不送周瑜这样一代英雄人物,更送何人?

正因为鲁肃大智大勇和豪爽大气,为了联合刘备,抗击强大的曹操的军队,鲁肃敦促孙权,借荆州数郡,即武陵、长沙、零陵、桂阳四郡给刘备。此举在周瑜生前,周瑜都是持反对态度的,也遭到很多人的反对。鲁肃是冒着很大风险向孙权建议的。而在周瑜去世后,孙权与刘备又进行了一场讨荆州的大战。在和谈中,孙权和鲁肃仍然为了东吴战略需要,将南郡(含江陵)划出,当然,此次并非借出，是双方进行谈判时的妥协。鲁肃豪爽大气，一次借出四个郡在我国历史上极为少见。就连孙权多年后对此耿耿于怀，后悔不已，说鲁肃劝"我借玄德地"，是一短。

鲁肃的大气磅礴的特征，不易被人接受和理解，在别人看来未免粗鲁，甚至狂妄。乡里父老对鲁肃早年的所作所为，不能理解，都说："鲁氏世衰，乃生此狂儿！"张昭就曾说鲁肃是"谦下不足""粗疏"，对于鲁肃借出荆州没有索回荆州，更没有打下荆州而言"帝王之起，皆有驱除，羽不足忌"。孙权很有看法，认为鲁肃"内不能办，外为大言耳"。当然，孙权评价鲁肃成帝王之业和主张抗曹是二长，一短不足以损其二长，并称赞鲁肃，"屯营不失，令行禁止"，是"奇才也"。

屡次蒙混的吕蒙

东吴吕蒙在讨荆州中，极尽"兵不厌诈"之能事，屡次蒙骗关羽，达到了"不战而屈人之兵"的奇特效果，在其一生中抒写了浓墨重彩的一笔。然而，令人奇怪的是关羽每次都全然不知，没有吸取历史教训，既丢了性命，也丢了荆州，着实令人费解和惋惜！

借荆州问题由来已久，东吴在久索未果的情况下，便诉诸武力，与刘备进行了一场较大规模的战争，吕蒙的蒙骗术也就粉墨登场。

吕蒙（178～219年），字子明，汝南富陂（今安徽阜南）人。汉献帝建安二十年（215年），为了夺回荆州，孙权命令鲁肃率万人屯巴丘，吕蒙督孙规等率兵二万取长沙、零陵、桂阳三郡，孙权率军进驻陆口，节制诸军。吕蒙当即写信要求长沙等三郡投降，长沙、桂阳二郡相继望风而降，只有零陵太守郝普坚持守城，不予理睬。此时，刘备率兵五万屯公安，命令关羽率兵三万屯益阳，于是，孙权即刻派人送信吕蒙，让其放弃进攻零陵，赶到益阳增援鲁肃。

在时间紧迫的情况下，面对软硬不吃的郝普，吕蒙一面保守秘密，不让外界知晓；一面假戏真做，当夜召开军事会议，分配诸将各自任务，于次日早晨一齐攻城。让郝普的老朋友邓玄之参加，使其信以为真，因为只有邓玄之相信，才能在再次劝降时说得真切，让郝普信服。据《三国志·吴书·吕蒙传》记载，吕蒙说：郝普想做忠义之士，不是时候。其一，刘备在汉中被夏侯渊所围，关羽又被吴将孙规所破,他们自顾不暇,哪有力量来此相救?这就打消了郝普等待援助的念头。其二,我方兵精将勇,我主(孙权)又调兵遣将赶来增援。这就对郝普产生强大的心理压力。吕蒙知道,这还不能使郝普彻底放弃守城,因为郝普还依仗自己将士来负隅顽抗。接着,吕蒙说:你能够做到众志成城,守住孤城,哪怕守住几天,等待机会也行。我考虑过只需一天便可攻破。进一步打消郝普的希望。吕蒙乘胜追击,环环相扣,步步紧逼说:你最后得到了什么结果呢? ①你难免一死。②你老母白发人送黑发人(这两点郝普或许还不在乎)。③你老母难免被杀。吕蒙实施了"釜底抽薪"之计,彻底摧毁了郝普的守城意志。吕蒙在攻城不利的形势下,编造了如此天衣无缝的谎言,真是十分了得。这样郝普在邓玄之劝说下,只有乖乖投降。当看到吕蒙展示孙权的书信时,郝普才恍然大悟,可是为时已晚。在此战中,关羽部将郝普的表现是:①忠义;②勇敢;③疏于防范。颇与关羽相似,可以称为"小关羽"。从此可以看出关羽的言行对其的影响,当然,在关键时刻,郝普的投降却与关羽有天壤之别。这是吕蒙第一次蒙骗行为,令人防不胜防,很像是后来吕蒙骗取荆州的一次练兵和尝试,虽说是蒙骗郝普,却犹如蒙骗关羽,因为关羽与郝普言行相似,郝普又是关羽部将。虽然此次关羽未在零陵前线,可以开脱被骗责任,但事后理应吸取深刻教训。后来关羽做到了吗?

早在吕蒙代鲁肃领军当权之前,就曾向孙权陈述东吴战略:"羽君臣矜其诈力,所在反复,不可以腹心待也","今不于强壮时图之,一日僵仆,欲复陈力,其可得邪?"孙权深纳其策。说明孙权已经准备改变鲁肃和蜀主张,有了袭取荆州的打算。不久,又与吕蒙讨论取魏国徐州的可行性,吕蒙建议"不如取羽,全据长江,形势益张",认为取了蜀国荆州,便可占据整个长江天险,增强国势,孙权听后,特别认为此战略正确。所以,东吴早就有了取荆州的计划。

后来,吕蒙统领吴国军队,与关羽"外倍修恩德,与羽结好",以待机会。正值关羽进军襄樊,多留将士守卫公安、南郡(江陵),吕蒙便与陆逊商议以治病为名,回到都城建业,让当时没有名气的陆逊领兵,屯扎陆口,并暗地里实施"远交近攻"之计,与魏联合取荆州。陆逊对关羽假献殷勤。此时关羽看吕蒙已离荆州,便放松警惕,撤走一部分守军,增援樊城。于是,吕蒙乘关羽后方空虚,率领精兵,穿上百姓衣服,藏于大船之中,昼夜兼行,赶到荆州江边。荆州江边防守的士兵没有准备,沿江烽火台来不及举火,向前方发信号,便全部被东吴精兵活捉。接着,乘荆州混乱,主将关羽不在的有利时期,给公安将军士仁、南郡太守糜芳施以强大的军事压力和攻心战术,终于成功地进行了"混水摸鱼"之计,降服了所有的守城将士。吕蒙再次蒙骗了关羽部将。灯谜"吕子明白衣渡江(成语)蒙混过关",这里"蒙"为吕蒙,"混"为蒙混,蒙混是手段,"过关"即为拿下烽火台,直取荆州是目的,突出了吕蒙的蒙混手法。这也说明关羽防备程度不高,再次让吕蒙钻了空子。

吕蒙蒙骗关羽部将,蒙骗关羽,取下荆州后,又来"蒙骗"百姓等:①对关羽及将士家属皆安抚慰问;②对荆州之民"疾病者给医药,饥寒者赐衣粮";③有一士兵因取民间物品,而被吕蒙所杀。正因为吕蒙善于做作,因而降服了荆州之民。

这时,关羽在前方对魏国陈述孙权偷袭荆州之信,将信将疑,犹豫不决,证明关羽对东吴吕蒙蒙骗术认识不清。接着,关羽被魏国名将徐晃打败,在撤退回荆州的路上,对吕蒙还抱有幻想,多次派使者与吕蒙交涉,丧失了撤退蜀中的最佳时机。结果又被吕蒙蒙了一把,吕蒙一面与关羽虚与周旋,蒙蔽关羽,一面与陆逊准备许多伏兵,正张着"口袋",并切断了蜀国增援道路。对关羽实施了"关门捉贼"之计,同时,让关羽使者遍视荆州家属和百姓,让其传话关羽士兵,因而关羽军队将士丧失斗志,全部溃散,关羽等数人只得束手就擒。

《鬼谷子·谋篇》曰:"圣人之道阴,愚人之道阳……智用于众人之所不能知,而能用于众人之所不能见。"吕蒙在取荆州过程中,运用了远交近攻等四个混战计,蒙骗关羽,玩关羽于股掌之中,这在三国历史上极其罕见,堪称我国古代战争史上的奇观。陈寿评价吕蒙:"勇而有谋,断识军计,谲郝普,禽关羽,最其妙者。"

胆识过人的甘宁

东吴名将甘宁颇有智慧,义勇冠三军,特别是其大无畏的勇往直前的精神,在三国名将中首屈一指,堪称孤胆英雄,深受孙权、周瑜、吕蒙的赏识。

甘宁,字兴霸,巴郡临江(今重庆忠县)人。甘宁少有气力,好游侠,善射箭,经常率领狐群狗党招摇过市,不管遇到什么人,态度好的就交朋友,不然就抢劫,"轻侠杀人,藏舍亡命,闻于郡中。其出入,步则陈车骑,水则连轻舟,侍从披文绣,所如光道路"(《三国志·吴书·甘宁传》注引《吴书》)。甘宁年轻时,可谓胡作非为,也讲些哥们义气。这与后来的甘宁义勇和粗猛好杀也不无关系。

据《三国志·吴书·甘宁传》注引《吴书》记载:黄祖军队被东吴打败,甘宁率领士兵在后,射杀了东吴将领凌操,黄祖得以逃脱。都督苏飞数次举荐甘宁,黄祖仍然轻视甘宁。于是,苏飞劝甘宁另投明主,并为甘宁讨得邾长一职,甘宁便得以脱身,投奔东吴。后来孙权打败黄祖,将要杀苏飞,"宁下席叩头,血涕交流,为权言飞畴昔旧恩",孙权问甘宁:不杀苏飞,他跑了怎么办?甘宁说:苏飞获得性命,感恩不及,赶他都不会走,怎能逃跑,如果逃跑,我以人头担保。孙权被甘宁有情有义所感动,赦免了苏飞。

甘宁开朗有智慧,轻财散士,能够厚待勇士,因而勇士也乐意卖命,并顾全大局,不计前嫌。凌统因为甘宁杀其父凌操,常想报仇。甘宁也加以防备。一次,在吕蒙主持的宴会上,酒至半酣,凌统要舞刀助兴。甘宁立即说:你能舞刀,我能舞双戟。这时吕蒙操刀持盾,将二人隔开。后来,孙权在逍遥津被张辽所追。甘宁引弓射敌,与凌统等率领将士死战,使孙权安然无恙。

甘宁虽为勇将,却具有战略头脑,在三国名将中也不多见。甘宁曾读诸子百家,具有实战经验,因而其战略战术颇具操作性。

甘宁初投刘表,住在南阳,不见重用,后投奔江夏黄祖,仍被轻视。不久,甘宁投奔东吴,在周瑜、吕蒙举荐下,为孙权所器重。甘宁即向孙权陈述大计。首先,论述当时形势:汉室衰亡,曹操弄权。接着,谈及荆州山川地形,刘表父子情况,建议孙权乘在曹操之前,先拿下黄祖,便可乘胜打下荆州。甘宁认为黄祖必败:其一,黄祖年老昏庸,部将贪赃枉法;其二,下层将士怨声载道;其三,不重视农业生产,粮食缺少;其四,军纪不振,军备匮乏。并且论述占荆州的意义:"西据楚关,大势弥广,即可渐规巴蜀。"张昭听后不以为然,说:如果这样,必会招来祸乱。甘宁反击道:国家以萧何之职务任用您,您只居守而担心祸乱,又如何做到像古人那样?孙权认为甘宁战略得当,并举酒对甘宁说:"今年行讨,如此酒矣,决以付卿,卿但当勉建方略,令必克祖,则卿之功。"于是,孙权讨伐黄祖,果然获胜。周瑜乘赤壁之战的胜利，进攻南郡曹仁，双方相持不下，为打破僵局，甘宁设计先径取夷陵，"往即得其城"，这样，对曹仁的后方形成强大压力。曹仁即派兵五千余人围甘宁。当时甘宁只有数百兵，连新得士兵，仅满千人。曹军建高楼，居高临下，接连数天向城中射箭如雨。吴兵恐惧，而甘宁却谈笑自若。后来，周瑜亲自率兵增援，将曹仁派去的军队杀得大败，接着，立即回军，与曹仁对阵，将士人数加倍，形势便有利于吴军，不久，就打下南郡。

甘宁作为东吴名将，在多次战争中，经常在重要时刻甚至是危急时刻，不论进攻或防守，均身先士卒，勇往直前。甘宁胆识过人，是以其智慧和义勇为后盾的，有智便判断准确，有勇便可一马当先，为士兵表率，有义便能调动群体，拧成一股绳。所以，甘宁虽然每战带兵不多，却能以一当十，实现战争目的。

在鲁肃与关羽争夺荆州之战中，鲁肃有一万余人，驻扎益阳，关羽有三万人，孙权即令吕蒙率部增援，而此时援军未至，关羽自选五千精兵，投益阳上流千余里浅滩，准备夜里渡河。鲁肃商讨对策。甘宁说只需八百兵，与其对阵，"保羽闻吾咳唾，不敢涉水，涉水即是吾禽"。表态可谓豪言壮语，反映了甘宁有胆有识。鲁肃即让甘宁率兵千余人乘夜前往。听说甘宁已到对岸，关羽停住不渡河，而扎下营寨，建立寨栅。所以，后来此地便叫"关羽濑"。

在随吕蒙攻打皖时，"宁手持练，身缘城，为吏士先，卒破朱光"，甘宁任折冲将军。《三国演义》说甘宁手执铁练（有的版本为铁链），"一练打倒朱光"。罗贯中将"练"字理解为"铁练"。其实，在十八般兵器中，没有"铁练（或铁链）"，"练"也不作"铁练"解释，将"练"说成"铁练"，与文学创作没有关系，只能是理解的错误。甘宁的兵器是双戟，这里"练"字作"白绢"解，"缘"作"沿着"解，原句意思是，甘宁手持白绢，沿着城墙，攀援而上。终于破了朱光的皖。后来，曹操出濡须，号称四十万步骑，孙权率众七万应对，甘宁接受命令，夜袭营寨。孙权特赐酒肴，甘宁选出健儿百余人，先自饮两碗，于是向部下都督敬酒，都督伏地不敢接酒。甘宁见都督胆怯，大声呵斥："卿见知于至尊，孰与甘宁？甘宁尚不惜死，卿何以独惜死乎？"都督看见甘宁色变气壮，即接酒，每人依次一碗，至二更时分，"衔枚出斫敌"，"斩得数十级，北军惊骇鼓噪，举火如星，宁已还入营，作鼓吹，称万岁"（《三国志·吴书·甘宁传》注引《江表传》）。孙权十分高兴，看甘宁有胆有识，说："孟德有张辽，孤有兴霸，足相敌也"。

用兵如神的陆逊

三国时代陆逊用兵如神,堪称第一,这表现在其料事如神,攻守得心应手,既是三军主帅,又谋出于己,且常战常胜,更有夷陵之战的骄人战绩。曹操用兵多谋士献计,虽有官渡之战的战果,却有赤壁之战的败绩,另有多次大战的胜败。周瑜虽有赤壁大战的辉煌,但由于其英年早逝,没有陆逊有充足的时间展示其才能。诸葛亮既无三国三次最著名大战的业绩,也无其他大战的功勋,却有街亭之失。

陆逊(183~245年),字伯言,吴郡吴(今上海松江)人。陆逊虽然常年驻守在外,仍心系国家大事,他认为法律严峻,违法的人就多。虽然有的将士偶尔违法,由于天下尚未统一,应当以进取为重,减轻处罚,以使臣僚安心从政,只要不是不赦之罪,都应当予以重用。这是神明之主"忘过记功"、成就大业的办法。汉高祖不计较陈平的德行,用其奇谋,功垂千载。应该说陆逊的用人观,类似曹操唯才是举的政策。因此,孙权对潘璋等大将犯科违法也未深究,因而孙权时期人才济济,事业兴旺。

孙权准备让军队攻取夷州(台湾)和朱崖(海南)。陆逊认为:①万里涉取,风波难测;②迁民于内地,不服水土,必生疾疫;③经涉不毛之地,损伤国力,有害国家;④得到朱崖的民众,无济于事;兵力不够,又不能获胜。要求孙权注重农桑,宽其租赋,强化内政,这样便能一统天下。可是孙权不听,派兵征伐夷州,结果得不偿失。陆逊目光敏锐,深谋远虑,因此,当孙权又想讨伐公孙渊时,陆逊再次劝阻,孙权便采纳其建议。

在军事行动被动时,陆逊也判断准确,措施得当,变被动为主动。嘉禾五年(236年),孙权率领陆逊与诸葛瑾攻襄阳。陆逊与孙权的信使被魏截获,这时孙权已退军,形势对吴极为不利。陆逊种豆、下棋,表现异常镇静。陆逊对诸葛瑾说:敌方已知我主退军,会全力对付我们,今又守住要害,我们应当以静待之,施设变术,然后再动,如果立即退兵,对方必认为我们害怕,便加强攻势,那么我们非败不可。于是,诸葛瑾由水路,陆逊由陆路继续阿襄阳进发。敌方一贯惧怕陆逊,立即还军,退守襄阳。陆逊、诸葛瑾趁此机会,乘船而还。

在吕蒙蒙骗关羽,袭取荆州中,陆逊是料事如神,配合默契。吕蒙称病还建业,以蒙蔽关羽,让其防备松懈。陆逊以其敏锐目光指出关羽弱点:①勇而自大;②盛气凌人;③骄傲松懈;④只顾北伐魏国,不会猜疑东吴,听说吕蒙生病,必然更加没有防备。有此弱点,吴军如果出其不易,必然可以擒获关羽。吕蒙当即向孙权推荐当时没有名气的陆逊,代替自己屯驻陆口。陆逊便实施韬晦之计:①赞美关羽,"小举大克,一何巍巍",擒获于禁,远近赞叹,千古流芳;②要关羽关注曹操,"恐其增众,以逞其心",又担心关羽胜利后轻敌思想,"军胜弥警",说自己"虽未合策,犹可怀也",俨然是关羽心腹之人,替关羽高兴和担忧。关羽在陆逊"谦下"态度面前,是"意大安,无复所嫌"。因此,孙权便率领军队让陆逊与吕蒙为前部,随即拿下公安、南郡。

在石亭之战中,孙权指导,周鲂用计,陆逊全权指挥,配合得当。黄武七年(228年)孙权派鄱阳太守周鲂,假降于魏国大司马曹休。曹休立即率步骑十万,进入皖城。孙权让陆逊为大都督,假黄钺,迎战曹体。曹休后来虽知周鲂有假,仍然依仗自己兵强马壮,与陆逊交战。陆逊居中路,朱桓、全琮为左右路,各路三万人,三路同时进发,在石亭大败曹休,斩杀曹军万余人,尽获魏军军资车马。此战双方共投入二十万兵力,在三国后期规模少见。

夷陵之战是三国历史上最著名的战争之一,也是三国时代持续时间最长和范围最广的一次战争,在战争中,作为吴军大都督的陆逊充分展示其高超的军事才能。

首先,指导思想正确。陆逊向吴主孙权指出,夷陵的战略地位重要,"夷陵要害,国之关艰,虽为易得,亦复易失。失之非徒损一郡之地,荆州可忧。今日争之,当令必谐"。陆逊真正做到了在战略上藐视敌人,对孙权说:"寻备前后行军,多败少成,推此论之,不足为戚"(《三国志·吴书·陆逊传》)。在战术上重视敌人,面对诸将自大轻敌,陆逊说:"刘备天下知名,曹操所惮,今在境界,此强对也。"

其次,判断与众不同,准确得当。①东吴大将孙桓与刘备前锋战于夷道,被蜀军包围,求救于陆逊。诸将对陆逊未救孙桓,提出质疑:"见围已困,奈何不救?"陆逊说:孙桓"得士众心,城牢粮足,无可忧也。待吾计展",孙桓被围自解。后来,果如陆逊所言。孙桓称陆逊调度有方。②蜀将吴班率领数千人在平地建起营寨,以此挑战,诸将都想迎战,陆逊果断阻止:"此必有谲,且观之。"刘备见计谋不可行,便率领伏兵八千从山谷中而出。陆逊说,所以不让诸将攻击吴班,我考虑对方必有巧计。③刘备逃往白帝城,大将徐盛、潘璋等竞相表示,可以擒获刘备,要求进攻,而陆逊认为"曹丕大合士众,外托助国讨备,内实有奸心,谨决计辄还",没有多长时间,魏军果然出动,东吴早有防备。

再次,陆逊能找到刘备的弱点。①"备干天常,不守窟穴而敢自送",吴军以顺讨逆,最后必然获胜。②陆逊认为刘备"舍舟就步,处处结营,察其布置,必无他变",要孙权放心,不要挂念。③诸将以为,进攻刘备应在初期,现在连营数百里,经过七个月,再来攻打是不利的。陆逊却说:"刘备狡诈,开始时精神集中,今不能随愿,士兵疲惫,精神沮丧,没有新的好计。扳倒蜀军,正是时候。"于是,为作试探,先攻一营,不利。诸将都说:"空杀兵耳。"陆逊说:"我已有破敌的方法。"接着,命令士兵各持一把茅草,以火攻之,拔去营寨,一下火势而成。率领诸军同时进攻,斩杀了蜀国大督冯习、前部张南等将,连破四十多营,死者一万余人,刘备夜里逃走,"其舟船器械,水步军资,一时略尽,尸骸漂流,塞江而下"。

《孙子兵法·虚实篇》说:用兵作战,没有固定的方式方法,犹如水没有固定的形态一样,能根据敌情变化而取胜的,就叫用兵如神。战争初期,刘备来势汹汹,陆逊根据敌众我寡,采取防御坚守,使刘备无法决战,渐趋疲惫,又无计可施,逐渐丧失了优势。在战争中,白面书生陆逊,既要面对富于实战经验的刘备和声势浩大的蜀军,又要面对与自己意见相左的东吴名将和公室贵戚。陆逊的忍辱负重,心理压力可想而知,而陆逊凭着用兵如神的才能,"以火佐攻"(《孙子兵法·火攻篇》),终于赢得了战争。正如刘备所说:"吾乃为逊所折辱,岂非天邪!"

陈寿"奇逊之谋略",称陆逊是"忠诚恳至,忧国亡身",为"社稷之臣"。

颜良文丑徒有虚名

三国时代颜良、文丑并称袁绍名将,不仅当时有史料予以确认,而且历代不少著作也有记述,一直相传至今。然而通过仔细分析《三国志》,不难发现,结论截然不同：颜良、文丑，徒有虚名。

颜良、文丑之所以成为名将，这与袁绍重用不可分开。袁绍四世三公，门生故吏遍于天下，有很大的社会影响；再者，袁绍是当时最大的割据者，拥有较强的军事武装。由于袁绍宠信颜良、文丑（重要的战役让他们挂帅），所以，颜良、文丑名声大扬，就连当时名士孔融也称其为勇冠三军。

可是，袁绍个性外宽内忌，好谋无断，执行着一条任人唯亲的用人制度，这与曹操唯才是举政策形成鲜明对照。谋士田丰计筹得当，于汉献帝建安五年（200年），劝袁绍乘曹操东击刘备之机，袭击曹操后方，不为采用。后又献扰敌（曹操）之策，反被治罪下狱，接着事实证明其策正确。袁绍知而杀之。足智多谋的沮授屡献重要策略，诸如最早提出挟天子而令诸侯，但"弗能用"（《三国志·魏书·袁绍传》注引《献帝传》）；认为袁绍四儿各据一州，是祸乱的开始，但"绍不听"（《三国志·魏书·袁绍传》）；对于颜良进攻白马，又向袁绍劝谏，"'良性促狭，虽骁勇，不可独任'，绍不听"（《三国志·魏书·袁绍传》）；在官渡之战中，又向袁绍提出正确的作战方针，均不为采纳。终因直言而被废黜不用。《三国志·魏书·袁绍传》注引孙盛曰："观田丰、沮授之谋，虽良、平何以过之？"将军张郃智勇足备，却屡遭轻视，最后被逼降曹。袁绍与曹操战于官渡。张郃说：曹操兵精，必往屯粮之所乌巢，攻打大将淳于琼，应当派兵增援，不然，则战争大局不保。而郭图却说：这不是好方法，不如进攻曹操大本营，曹操必然回兵，这样可保乌巢无事。张郃认为：曹操营寨坚固，料难攻下。如果乌巢陷落，那便全完了！结果，袁绍用郭图计谋，乌巢果然陷落，袁军大败。郭图心里害怕，便进献谗言：张郃因军队失败而高兴，并且出言不逊。张郃没法，只得投降曹操，后来成为一代名将。田丰为逢纪所谗害，沮授、张郃被郭图所诬陷，而袁绍重用文臣"审配专而无谋，逢纪果而自用"（《三国志·魏书·荀彧传》），郭图是诽谤高手。由于袁绍是非不分，善恶莫辨，由此，便可窥见被袁绍器重的颜良、文丑的本领。

汉献帝建安五年（200年）二月，袁绍进军黎阳，派大将军颜良进攻白马，曹操率兵奔延津，引诱袁绍率兵向西救应，然后，曹操率轻骑袭击白马。颜良大惊失措，仓促迎战，被关羽所杀。接着，曹操回军西进至延津，命令将士解鞍放马，辎重放在道路上，作为诱饵。文丑率五千多骑果然中计，下马抢夺战利品。于是,曹操仅五百多骑,"遂纵兵击,大破之,斩丑"(《三国志·魏书·武帝纪》)。这里"纵"字作"发"解,因此,并未说明杀文丑的将领是谁。罗贯中《三国演义》谈文丑被关羽所杀,虽为文学,但由于罗贯中对《三国志》有较深的研究,因此,这里也反映出他的观点;央视《百家讲坛》易中天品三国时说:文丑可能是关羽所杀,因为文丑被杀是在关羽离开曹营之前。《三国志·蜀书·关羽传》用较多文字叙述了关羽刺杀颜良一事,而文丑与颜良齐名,如果被关羽所杀,那么此传能只字不提吗?

　　既然如此,那么文丑究竟是被谁所杀呢?据《三国志·魏书·徐晃传》记载:徐晃曾经"从破刘备,又从破颜良,拔白马,进至延津,破文丑"。从"从破""破"这些字中,可以看出:徐晃与刘备、颜良相战时处于从属地位,而与文丑相战时却是主将。《三国志》其他人物传也没有提到杀文丑的其他将领。根据人物传记事"互见"的特点,再结合《三国志·魏书·武帝纪》便可得出:曹操发徐晃率兵迎战,将袁军打得大败,斩杀了文丑。也正因为如此,徐晃被提为"偏将军"。

　　再说颜良、文丑在战争中的表现。颜良个性促狭。《现代汉语词典》解释"促狭"是方言词刁钻、喜捉弄人的意思。沮授是河北人,袁绍是河南人,当时在场的或许还有其他地方的人,所以,沮授不可能用方言来说让人不可理解的话。而且,按方言解释也不太符合"不可独任"的语意和语气。又据《古代汉语词典》,促能作"急促""急躁"解,狭作"窄"解,又特指心胸狭窄。因此促狭是指性情急躁,气量狭窄。这样解释与"不可独任"和颜良"大惊"意思一致。颜良作为名将性情急躁,气量狭窄;作为名将不能独当一面,事先预料;作为名将不能临危不乱,急中生智;作为名将面对不利形势,不能暂避,待机而动。却先是大惊失措,接着硬着头皮迎战,岂能不败?文丑不吸取颜良失败的教训,在率兵追击曹军中,军队纪律如此之差,已达极致,竟然忘掉了歼敌任务,只顾拾取战利品,导致大败。这是名将带出来的纪律严明、作战勇敢的队伍吗?

　　颜良、文丑在唯一一次战争机遇中,表现如此之差,充分证明其与名将相距甚远,是"货真价实"的假名将、假"李逵",当其遇到真名将、真"李逵"时,便原形毕露,连一个回合也不支,分别被关羽、徐晃轻而易举地杀掉了。

　　三国名将必须具备如下条件:首先必须有勇气和力量,即武艺,同时必须有一定的谋略,即使有军师或谋士筹划,还需将军的临阵发挥。其次,必须有重要战绩。再次有名气和名声,即名誉和评价。名将张辽威震逍遥津,甘宁百骑劫魏营,关羽威震华夏,张飞据水断桥,均为赫赫有名的战功。就是较有名气的将领,也有辉煌战果。王平在街亭兵败时,能够鸣鼓自持,率军顺利而还,颇有谋略和军事才干。丁奉雪中脱去衣甲,只带短刀等,使魏兵猝不及防,以少胜多,大败魏兵,令人称颂。

可是,以上诸将形象在颜良、文丑身上,找不到一点影子。颜良、文丑在三国史的舞台上,上场突然,而且时间短暂,接着先后被杀,这也更好地说明颜良、文丑名不符实。难怪曹操重要谋士荀彧称颜良、文丑只是一勇之夫,"一战而禽也"(《三国志·魏书·荀彧传》)!

是不是颜良、文丑有功绩而由于其主袁绍事业未成,《三国志》便未予记载呢?否。吕布部将高顺不是名将却有事记载。袁绍文臣武将田丰、麴义等均有事可查。名将没有名迹,甚至没有事迹,这在三国断代史上是绝无仅有的,就是在中华历史长河中,也是极其罕见的,这也更说明颜良、文丑徒有虚名。

大智若愚的荀攸

如果说起"斩颜良,诛文丑,古城又斩老蔡阳的头"这句话,人们一般会认为是关羽所为,其实不尽然,文丑非关羽所杀,蔡阳为刘备所杀。如果改成"斩颜良,诛文丑,乌巢又斩淳于琼的头",联系一人,便非曹操军师荀攸莫属。是荀攸设谋,先后除此三人,使得袁绍军队兵败如山倒,直接导致大将张郃的倒戈,袁绍输掉了官渡之战。

荀攸(157~214年),字公达,颍川颍阴(今河南许昌)人,为荀彧侄子,但比荀彧大六岁。荀攸初投曹操,曹操十分高兴:"吾得与之计事,天下当何忧哉!"(《三国志·魏书·荀攸传》)遂以荀攸为军师,深为倚重。其随曹操驰骋天下二十余年,尤其在官渡之战中,立下了卓越功勋。曹操上表汉献帝:"自初佐臣,无征不从,前后克敌,皆攸之谋也。"于是封荀攸为陵树亭侯,后似荀攸为尚书令。

汉献帝建安五年(200年),曹操与袁绍两大军事集团在官渡展开决战。荀或从政治上、军事上、理论上和思想上解决了能不能战胜袁绍的问题,而在具体战争的层面上,荀攸解决了如何战胜袁绍的问题。战争初期,袁绍先发制人,派大将军颜良进攻东郡太守刘延于白马。曹操准备前往救应。荀攸劝说曹操:"今兵少不敌,分其势乃可。公到延津,若将渡兵其后者,绍必西应之,然后轻兵袭白马,掩其不备,颜良可禽也。"(《三国志·魏书·武帝纪》)曹操听从荀攸建议。袁绍听说曹军渡河,于是分派军队向西救应。曹操率军加快速度进军白马,未到十余里。颜良大惊失色,仓促应战。曹操派张辽、关羽为前部,关羽一矛刺中颜良,遂解白马之围。荀攸先后设围魏救赵和声东击西之计,曹军直捣袁军弱点,调开袁绍主力,减轻白马之围。曹军兵贵神速,又回兵白马。这样,白马的袁军由强转弱,曹军由弱转强。颜良没有提防,怎能相敌,所以"大惊"被杀。曹军掌握战争主动,先声夺人,折其锐气,开辟了决战的良好开端。

斩颜良后,曹军再次沿河而西,引得袁军大队人马的追击。到了延津南,敌骑越来越多,步兵不可胜数。曹操命令解鞍放马,辎重塞于路上。诸将认为应该退还保营。此时荀攸独抒己见:"此所以饵敌,如何去之!"曹操目视荀攸而笑。此时,袁绍骑将文丑率五六千骑前后蜂拥而来,竞相争抢"战利品",阵形大乱。于是,曹操派徐晃率五百多骑,立即出击,大败袁绍,斩杀了文丑,动摇和震撼了袁军军心,再次摧毁了袁军的有生力量。

不久,袁绍运谷车数千乘到官渡。荀攸再次献计,让徐晃、史涣进击,大败袁军,尽烧其车上粮谷。曹操与袁绍相拒数月,虽然多次斩将获胜,但众少粮尽,士卒疲劳。袁绍又派大将淳于琼等率五万人护送运粮,驻扎袁绍营寨以北四十里的乌巢。此时袁绍谋士许攸因贪财家人被收审,既怒又怕,来投奔曹操,献策进攻淳于琼。在场的人都持怀疑态度,唯独荀攸与贾诩力劝。于是,曹操率步骑五千,乘夜进发,大破袁军。名将乐进斩杀了淳于琼,火烧屯粮之所乌巢。同时,进攻曹营的袁绍大将张郃听说淳于琼被杀,便投降曹军。当时,守营的曹操大将曹洪怀疑不敢接受。荀攸说:"张郃计谋不被采纳,气愤而来,你为什么还要疑惑呢?"于是,曹洪接受了张郃的投降。至此,袁绍四员大将全被摆平。袁军的战斗力从根本上被摧毁了,溃不成军。袁绍及其长子袁谭等只得逃过黄河。

后来,曹操准备南下荆州,征讨刘表,荀攸又以敏锐的眼光指出:刘表"无四方志可知也",所以须暂时放弃荆州,应乘袁谭、袁尚弟兄反目之际,扫平北方。"今兄弟遭恶,此势不两全。若有所并则力专,力专则难图也。及其乱而取之,天下定矣,此时不可失也"。于是,曹操答应袁谭和亲要求,打败了袁尚。不久又斩杀了反叛的袁谭,从此平定了冀州,基本上统一了北方。

荀攸具有鲜明的个性特征。首先,经常以寥寥数语,奉献计策,表现出其足智多谋。在与袁军作战中如此,其他战争亦然。早在汉献帝建安四年,曹操讨伐徐州吕布。吕布失败后坚持防守。曹操无奈,准备率领疲惫将士撤军。荀攸分析形势:吕布有勇无谋,三战都败,已经没有锐气。三军以将为主,主将锐气衰竭,军无斗志。陈宫有智而来得迟,今吕布没有恢复士气,陈宫没有定谋,如果急攻,便可战胜吕布。于是,曹军决沂、泗河水灌城,终于擒杀吕布。其次,自幼丧父,聪慧内涵。荀攸七八岁时,其叔父荀衢曾经酒醉,误伤荀攸耳朵,后荀攸出入,游戏玩耍,常回避荀衢,不让其看见。荀衢后来知道此事,对其早慧感到惊奇。荀攸祖父广陵太守荀昙去世,故吏张权请求守荀昙墓地。当时,荀攸13岁,对荀衢说:"此人脸色不正常,可能是干了坏事!"荀衢醒悟,于是推问。果然,此人是杀人逃犯。再次,遇事若无其事。何进执政,征海内名士荀攸等二十多人。荀攸为黄门侍郎,时年33岁,后与议郎何颙等谋杀董卓,事泄入狱。何顾忧惧自杀,而荀攸言语、饮食自若,后来,因董卓被诛而出狱。汉献帝建安三年,曹操讨伐张绣。荀攸认为:张绣与刘表相互依仗,张绣以机动的军队,依赖刘表的粮草。刘表若不能供应,张绣必然离开。不如暂缓进军,便可达到目的;如果急攻,刘表必然相救。曹操没采纳此计。不久,刘表果然出兵救应张绣。曹军失利,果如荀攸所言。后来,曹操改变战略,获得成功。

荀攸的个性特征与谋士贾诩、程昱和郭嘉明显不同。曹操屡次询问贾诩并采纳其计。贾诩遇到曹操方案不妥时,勇于劝谏。程昱个性刚戾,胆子更大,在遇到与曹操意见相异时,敢于据理力争,常被曹操所采纳。郭嘉"深通有算略,达于事情"(《三国志·魏书·郭嘉传》),每次献计均合曹操想法,语言细致入微,口若悬河,其聪明才智溢于言表。而荀攸则是大智若愚,与世无争。在历次战争中,这一个性特征得到了充分展示。

荀攸德行与智谋,深为时人赞赏。曹操评价为"外愚内智,外怯内勇,外弱内强"。陈寿评价荀攸"算无遗策,经达权变"。裴松之说荀攸与贾诩相比,"犹夜光之与蒸烛乎！其照虽均,质则异焉。"。"夜光"是以美玉为材质的夜光杯（传说夜间发光）。裴松之说荀攸与贾诩如同夜光杯和蜡烛,虽光芒相似,但本质却截然不同,美玉与蜡有着天壤之别。

美哉,子龙!

《三国演义》中赵子龙（赵云）是最受人们欢迎的三国将领,这主要是罗贯中成功塑造人物形象的结果,那么罗贯中为何对赵子龙倾注心血来刻画人物形象呢？究其原因是:赵子龙原型几乎十全十美:忠、义、智、勇、慎、顺、俊、寿、善终。赵子龙是最为完美的三国名将。

在跟随刘备作战的蜀汉名将中,关羽和张飞比赵子龙跟随刘备稍早,但均为 50 多岁遇害,马超投蜀不久便于 47 岁病逝,黄忠跟随刘备也只干了 12 年,赵子龙在较长的时间里,比较完美地展示其才能。但由于《三国志》没有明确记载赵云生于何年,因此,赵云的年龄至今仍是一个谜,无人知晓,特在此予以探寻一番。

据《三国志·蜀书·赵云传》注引《云别传》记载:"云身长八尺,姿颜雄伟,为本郡所举,将义从吏兵诣公孙瓒。时袁绍称冀州牧,瓒深忧州人之从绍也,善云来附,嘲云曰:'闻贵州人皆愿袁氏,君何独回心,迷而能反乎？'"据此可知:①赵子龙是堂堂八尺男儿,相貌英俊,在三国时代,具有比较完美的武将形象;②为本郡所举,说明赵子龙不仅有外貌,而且具有一定的武艺和威望;③赵子龙带领的是一支像样的军队,这里有官吏参加,这支军队是起义部队;④时间是袁绍称冀州牧时,为汉献帝初平二年（191 年）。赵子龙是常山真定（今河北正定）人,属袁绍辖区,根据以上情况,可以判断,赵子龙在部队中最少干了不止三年,不然不会有如此威望和郡一级官吏参加的部队,由于袁绍在 191 年取得冀州刚一年,所以赵子龙应原属冀州牧韩馥。按照弱冠（20 岁）时当兵算起,其实际年龄

赵子龙

应在 23 岁 (虚岁) 以上, 并且离 23 岁不会太远, 在 169 年前的几年里出生。

在封建社会里, 名或字为"龙"者是属龙的人占绝大多数, 而赵子龙字为龙, 名为云也跟龙相关, 云从龙, 风从虎, 因此, 赵子龙名和字特别强调龙, 基本可以断定其就是属龙。再看 169 年前的龙年。黄巾起义为甲子年, 即 184 年, 那么 160 年为壬子年, 刘备生于 161 年, 为癸丑年, 属牛; 164 年为丙辰年, 属龙年, 即赵子龙生于 164 年, 卒于 229 年, 享年 66 岁。赵子龙与刘备相见, 是在刘备为平原相时, 即 191 年, 时年赵子龙 28 岁, 刘备 31 岁。赵子龙是最为长寿的蜀汉将领之一, 仅次于廖化、邓芝, 也是最长寿的三国名将之一, 仅次于张郃。

作为蜀汉高级将领, 赵子龙最大特征是有勇有谋。据《三国志·蜀书·赵云传》注引《云别传》记载: 曹操在失去定军山后, 率领大军来争汉中之地, 运米于北山下。黄忠认为可以夺取, 赵子龙的士兵随黄忠取米, 可是黄忠过期未还。赵子龙便率领数十骑接应, 并救出黄忠。这时, 曹兵蜂拥而来, 赵子龙遂突破其阵, 且战且走。曹军被击溃, 复又组合起来, 赵子龙再次突围还寨。接着, 又换马将受伤的蜀将张著救出, 曹操于是追至赵子龙营寨。当时沔阳长张翼想闭门拒守, 而赵子龙却大开寨门, 偃旗息鼓。曹操疑有伏兵, 率军而退。这时, 鼓声大震, 蜀军众多士兵一齐放箭。曹兵大惊, 坠入汉水, 死者甚多。刘备事后视察营寨, 称"子龙一身都是胆", 军中号为虎威将军。

从这则战例可以看出: 其一, 黄忠虽然英勇, 其勇其谋与赵子龙相比, 逊色不少; 其二, 赵子龙连续作战, 不畏艰险的英雄气概, 在蜀汉将领中并不多见; 其三, 赵子龙颇有智慧, 灵活运用了兵法"虚则实之"的原理, 以少胜多。

赵子龙北山之战发生在建安二十四年 (219 年), 当时赵子龙已经 56 岁, 此战记载显然有失实部分。其一, 当时黄忠取得了定军山之战的煌辉胜利不久, 其战功、官位、实战能力胜于赵子龙, 怎么突然变得碌碌无为? 其二, 面对曹操亲自带领的众多曹兵, 赵子龙连续作战, 不符合其 56 岁的年龄。其三, 赵子龙如此突出战绩, 《三国志·蜀书·赵云传》只字未提。当然, 北山之战也在一定程度上反映了赵子龙的智慧和武艺。陈寿评论黄忠、赵云强挚壮猛, 便可为证。赵子龙完美人生是与其"义"字密不可分, 义是赵子龙事业成功的重要保证。赵子龙最初是率义兵投奔公孙瓒的, 这是赵子龙仕途的首次选择。《三国志》虽未记述赵子龙为何弃袁投奔公孙, 但从 191 年前所发生的大事便可找到蛛丝马迹。袁绍在何进谋诛宦官中，在讨伐董卓中，名播天下，可是，其后来的所作所为，便令天下人逐渐认清其本质：欲另立刘虞为帝；兼并韩馥，自称冀州牧。赵子龙以义闯荡天下，向人们展示了一位正直的武将形象。这是赢得人们认可的首要条件，也为赵子龙在今后的仕途上提供了一批可靠的部下（义兵）。随着对公孙瓒的深入了解和观察，赵子龙感到公孙瓒也不是值得追随的人，进行了人生为"义"的第二次的抉择，跟随刘备打天下，实现了仕途转变的新时代。

由于赵子龙以"义"选择其主，因此，即使在困难时期，也矢志不渝。对待先主刘备：①在刘备失败时展示其"忠"。当刘备败于当阳之际，有人说赵子龙投奔曹操而去。刘备是赵子龙认好的主子，所以，"知人待士"的刘备斩钉截铁地说："子龙不弃我走也！"君臣之间如此信赖，真是十分难得。也为赵子龙仕途的顺当提供了保障。赵子龙在曹兵追击的战乱中，保护了阿斗（即后主刘禅）和甘夫人。赵子龙时年45岁，因功升迁为牙门将军。②在刘备不顾大义时，极力劝谏。刘备面对孙权袭取荆州，欲进行征讨，赵子龙极力劝说刘备，要考虑大义："国贼是曹操，非孙权也，且先灭魏，则吴自服。"（《三国志·蜀书·赵云传》注引《云别传》）可惜刘备不听，导致惨败，使蜀汉国力受到重创。

赵子龙面对田园、房产等，也毫不动心，颇讲大义。刘备攻取成都后，赵子龙力排众议，要求将房屋、田园归还人民，以恢复生产，安定人心。蜀后主建兴六年（228年），65岁的镇东将军赵子龙仍奔赴前线，因敌强己弱而失利于箕谷，不至于大败。诸葛亮要赏赐赵子龙财物，被赵子龙拒绝，要求等到冬天赐予士兵。同时，在被贬为镇军将军时，也毫无怨言，危难之中愈显美好的品德。

赵子龙赢得刘备、诸葛亮的喜爱和放心，其谨慎严整也是重要原因。汉献帝建安十三年（208年），赵子龙随刘备与曹操将军夏侯惇战于博望，生获其部将夏侯兰。夏侯兰是赵子龙同乡，赵子龙力劝刘备不杀夏侯兰，并根据夏侯兰懂得法律的特点，用为军正，但不用在身旁。刘备平定江南四郡后，赵子龙代赵范为桂阳太守。"范寡嫂曰樊氏，有国色，范欲以配云。云辞曰：'相与同姓，卿兄犹我兄。'固辞不许。时有人劝云纳之，云曰：'范迫降耳，心未可测，天下女不少。'遂不取。范果逃走。"从《三国志·蜀书·赵云传》注引《云别传》这段记载中，充分反映了赵子龙顾全大局，不图私利和谨慎从事。如此，一来为了对自己负责，二来作为主骑（相当于刘备的卫队长）出身，更重要的是对先主刘备及其国家的负责。后来的大将军费祎就与赵子龙不一样,竟然将魏降人郭修提拔到很重要的左将军官位,还用在身旁,最后果然被其所害。赵子龙的谨慎与王平也有所不同,王平谨慎过头,成了疑心重重。

同时,赵子龙严守法纪,严格执法,对于掌管内事,对孙夫人骄横,放任吴国吏兵纵横不法的管理,也颇为得法,并曾与张飞截江夺回阿斗。

后来,在大将军姜维的提议下,后主刘禅追谥赵子龙。柔贤慈惠曰顺,执事有班曰平,克定祸乱曰平,谥曰"顺平侯",给予赵子龙一生以十分准确的高度评价。

怪哉,蒋琬!

《三国演义》对于蒋琬的描写着墨不多,蒋琬是一位平淡无奇、顺从办事和待人平和的蜀汉文臣,而历史上的蒋琬待人厚道,政绩平平,却屡出怪招,让人丈二和尚摸不着头脑。

蒋琬,字公琰,零陵湘乡人。蒋琬最早是以书佐身份随刘备入川的文臣。"豫州入蜀,荆楚人贵"(《华阳国志》)说明身为荆楚之地的蒋琬是春风得意、官运亨通,没有花费多大力气便为广都长。可是,蒋琬到广都后,不理政事,并且经常酩酊大醉,不然不会被游观庵的刘备所查到。按理说,蒋琬既没有资历,又无战功,不应倚老卖老,而应该踏踏实实,按部就班,履行职责。可是,蒋琬不仅不作为,而且喝得大醉,既没有文臣起码的基本行为规范,也严重违纪违法,所以,"知人待士"的刘备十分愤怒,要按法杀他,也就顺理成章。蒋琬如此,或许是经验不足,或许是不检点,还是有其他目的,不得而知,但起码不是对此职务的小觑和心理不满。按说刘备处罚有其合理性,可是诸葛亮的出现,颇具戏剧性,使得平常之事突起波澜。诸葛亮以"峻法"著称,以往从未为被杀之人求情,只有敦促刘备杀掉刘备未打算杀的违法之人,而力劝刘备刀下留人是头一次。时任军师将军的诸葛亮挺身相救,"蒋琬,社稷之器,非百里之才也,其为政以安民为本,不以修饰为先,愿主公重加察之"(《三国志·蜀书·蒋琬传》)。诸葛亮不杀蒋琬,理由并不充分。其一,蒋琬有才,当时并未反映出来,只是将来可能有才,而根据后来表现,也并非社稷之大才。其二,蒋琬不理政事,喝得大醉,既是不注意仪表,也更谈不上是安民。刘备查处蒋琬并不是查处其有无"形象工程",而是查其诸事不理,查其喝得大醉。诸葛亮说蒋琬安民为本,不注意形象工程,既然不理政事,何来安民为本? 又何来修饰? 其三,蒋琬与庞统不应相提并论。从"非百里之才",自然让人联想诸葛亮是将蒋琬比作庞统。刘备占有荆州后,以庞统为耒阳令,因治县不当免职。吴国大将鲁肃写信荐于刘备。"庞士元非百里才也,使处治中、别驾之任,始当展其骥足耳"。(《三国志·蜀书·庞统传》)诸葛亮也夸赞庞统。刘备看庞统健谈,于是特别器重,用为治中从事。后来,庞统在随刘备人川中,立有大功,证明庞统确具大才。庞统治县不当是指小事处置能力不到位,说明在理政;蒋琬在县众事不理,这就是主观态度问题,而不是才干方面的问题。诸葛亮让蒋琬与庞统相比,显然有欠妥当,二人本不是一回事。总之,蒋琬做得奇怪,善于说理的诸葛亮包庇得不在道理,颇有王顾左右而言他的味道,也令人奇怪。

蒋琬在待人接物方面也屡次出人意料。东曹掾杨戏素性简略,时为大司马(相当于相位)的蒋琬与其谈论,问而不答。有人对蒋琬说,您与杨戏说话,不见应声,杨戏怠慢上级,太过分了! 这一说法按正常思维,合乎情理,以下犯上在蜀汉是有悖常理的。刘备当初为庆祝夺得葭萌关,斩杨怀、高沛,一路高奏凯歌,"于涪大会,置酒作乐,谓统曰:'今日之会,可谓乐也。'统曰:'伐人之国,而以为欢,非仁者之兵也。'"由于庞统语言相犯,遭到刘备的驱逐,即使不久就和好如初,但这反映出以仁著称的刘备对待以下犯上的态度。诸葛亮对待违拗的手下更是严厉,甚至不能宽宥其罪,而作为诸葛亮的接班人蒋琬是萧规曹随。以此推之,决不会轻饶;更何况旁人又推波助澜。可是蒋琬却出人意料说:人心不同,如同每人相貌不一样,杨戏要赞扬我,则不是他的本性,要反对我的观点,则反映出我的不足。所以最好的办法是默不作声,这是他反应灵敏的表现。

又有一次,督农杨敏曾经诋毁蒋琬说:"做事愦愦,诚非及前人。"有人告诉蒋琬。有掌管法律的人主张治罪杨敏,可是蒋琬说:"吾实不如前人,不可推也。"主张治罪的人听说不追究杨敏,便问:"何为愦愦?"蒋琬说:如果不如前人,则不理事务,事不当理,则愦愦也,再问为何? 后来杨敏因事犯法,众人担心其必死。以前彭羕、刘封平时对诸葛亮不恭,后来因事违法,在诸葛亮的坚持下,为刘备所杀;廖立对诸葛亮颇有微词,而被废为庶人。无论根据事态发展,还是蒋琬"承诸葛之成规"，众大臣都认为杨敏此次在劫难逃。可是蒋琬并未将此当回事，杨敏得免重罪。这反映蒋琬的宽容态度和与众不同的思维。

马谡为诸葛亮所杀，蒋琬反应也颇为奇怪。诸葛亮在汉中杀马谡后，蒋琬来到汉中，按蒋琬与诸葛亮的关系及蒋琬对诸葛亮的顺从态度，就是在马谡被杀前，要么表示赞成，要么不会表态，万万不敢持反对态度，更何况就是反对也无济于事。可是在马谡被杀后，蒋琬却出人意料地表示，不应该杀马谡，杀马谡实在可惜。蒋琬的态度，既不能挽救马谡性命，又违背了诸葛亮的意愿，不知胆略从何而来？其目的用意何在？令人匪夷所思。

蒋琬认为诸葛亮兵出祁山，道路艰险，运输困难，所以不能成功，不如乘水东下，多造战船，准备由汉水、沔水征伐魏国的魏兴、上庸一带。这一方案明显不通，也很奇怪。其一，比陆路更具风险，虽然进军快捷，但一旦失利，很难退回，是兵家之大忌，是有进无退的方案。先主刘备伐吴失败已经有了惨痛的教训。诸葛亮正是基于此考虑，一直从陆路北伐魏国。

当时蜀汉不少大臣对蒋琬方案一直持反对态度。就连吴国丞相步骘、将军朱然都怀疑蒋琬造船是准备伐吴，可见动作之大，蒋琬方案之奇怪。而蒋琬却一意孤行，劳民伤财。其二，按照蒋琬思路，既然认为此法正确，又花费大量人力、物力，一旦战船建成，此战便不可避免，可是，蒋琬的所作所为却在情理之外，也在意料之外，用巨资建成的战船却撂在原地不动，伐魏也就此作罢。那么是何原因呢？让人没有想到的是蒋琬旧病复发，仅此原因，是否荒唐？诸葛亮出师未捷身先死，可以说是多次带病打仗，而其出兵前的准备也没有蒋琬一次性投入的费用大。况且，蒋琬之病不是卧床不起，也不是大病缠身，他在多年后才死去。再说，蒋琬也认为姜维懂军事，自己不能上前线，可以让姜维率军伐魏，如此大规模方案的确定和实施，不是一朝一夕就定下的，怎么能说停就停呢？蜀国国力弱小，经济凋敝，是经不住折腾的。所以，蒋琬此举不知是出于何种考虑，颇令人感到诧异。

既然陆路不行，水路又不通，那么只能以守为上，况且自己生病。可是，蒋琬又别出心裁，让人难以预料，选择比诸葛亮行军路程更长的陆路伐魏。此方案存在更为明显的错误：①后勤补给线更长；②千里奔袭，是兵家之大忌，很有可能被对方截断退路；③把胜算寄托在羌人和姜维身上，而把羌人作为第一依

国学经典文库

中国古代逸史

·三国两晋南北朝逸史·

图文珍藏版

靠对象,这是历史上任何兵家所没有的思维,岂能以他人为主来制定战略呢?

综上所述,蒋琬思维颇怪,执政能力平平,待人还算厚道。陈寿评价蒋琬"未尽治小之宜",即没有完全懂得治理小国的办法,是比较恰当,符合实际的。

刘隗弹奏不畏强

刘隗(273~333年),字大连,东晋彭城(今江苏徐州)人。他初为秘书郎,稍迁彭城内史。"八王之乱"后,刘隗避乱渡江,受到晋元帝司马睿的赏识,任以从事中郎,不久迁任丞相司直。这是一个丞相手下的属官,职掌监察百官。刘隗上任之后,即以整齐天下、惩治贪黩为己任,并首先从丞相府的官员开始,大张挞伐,用以警诫满朝文武。

丞相府参军宋挺,原系扬州刺史刘陶的门人,刘陶亡故,宋挺强娶其妾,又曾以职权窃得官布六百余匹,攫为己有,为法司判了死刑,后被皇帝赦免。既而,奋武将军阮抗举荐他作丞相府长史。对这样一个目无法纪、道德败坏的人,竟还有人举荐他作丞相的属官之长,刘隗实在不可思议。于是,他上疏参劾,说:"宋挺不顾朋友之恩而占人妾,有伤义礼,又贪赃枉法,攫六百匹官布为己有。此人理当除去名籍,禁锢终生。而阮抗居然要让这个没有德行的人出任长史,实在是良莠不分,应当免官,并下狱按问。"刘隗的建议得到了元帝的批准,但这时宋挺突然病逝,有人提出异议,刘隗又上奏称:"昔日郑人破子家之棺,汉明帝追讨史迁,经传褒贬,皆追究到数百年以前,非但为了眼前,而是要使后世有以效法,怎么能早晨人死了,晚上就没了是非曲直? 宋挺虽死,也应将其除籍,以告诉世人这是一件不可为的坏事。"元帝也以为是,并照他的意见办了。

东晋王朝是南渡士族和当地的吴姓士族联合起来,支持司马氏称帝的政权。王导、王敦为首的琅邪王氏,是拥立司马睿的主力,形成了一个势力相当庞大的王氏政治集团。南中郎将王含就是这个集团的重要一员,他以"族强显贵,骄傲自恣",一次选拔了二十多个高级官员,都是他的私人,而且大都没有真才实学。刘隗身为"邦之司直",他不能容忍这种公然结党营私的行径,便上疏论劾王含,措辞十分激烈。晋元帝自然不敢得罪王氏,将事情压下。但刘隗敢于纠劾王氏集团,的确让朝野震惊,也使王氏集团中人衔恨不已,并由此与刘隗结下了宿怨。

建兴年间，王导的丞相府里，发生了一起骇人听闻的残杀官员事件。督运令史淳于伯因接受使役的贿赂，被逮下丞相府按问，他身受酷刑，血流如注，被活活打死在杖下。当他的尸体被拖出时，围观的百姓十分惊恐，都为他的惨死喊冤。其子淳于忠上诉称枉，说其父纵然受贿，也罪不至死。但是法司都惧怕得罪王室集团，不敢受理这桩案子。刘隗得知此事，非常气愤，他上疏论道："古时断狱必多方听取意见，尤其重视民情，即使为政再精明的人，亦不敢妄断公案，因为死者不能复生，伤者难有完肤，所以明主都慎用刑法。淳于伯督运军粮两个多月，事毕待还，没有发现短少什么，他收受了使役的此微贿赂，罪不至死。而丞相府竟以短少军需论罪，实在于理为枉，这分明是一起冤案。在这件事中，从事中郎周莛、法曹参军刘胤、属官李匡，不胜其任，均应免官。"刘隗的奏疏一上，立刻博得了朝中舆论的支持，皆指斥丞相府草菅人命。在外界舆论压力下，王导不得不上疏谢罪，还欲引咎辞职。晋元帝自然不会因为错杀一个令史，而与王氏集团决裂。他下诏称："丞相府行刑失误，皆因言路不畅，朕亦愧惧。今闻刘隗忠告，似可补阙，而王导等引过求退，绝非朕之所愿。"虽然事后没有给王导等人以任何处罚，但王氏集团的声誉大损，而刘隗则声名大振，不久，即被擢为御史中丞。

周颉此时已经成了大权在握的吏部尚书。此人素好饮酒，尝因醉酒为有司所纠，以"白衣领职"。就这样，他也不知收敛。他的侄女出嫁，周家又大摆威风。周颉的门生一路上仗势欺人，不法行凶，竟持刀砍伤两个过路行人，建康左尉前去解救，也被这群暴徒砍伤。路人都非常惊恐，躲避不迭。刘隗素知周颉深得晋元帝的眷宠，但对周家这种残害百姓、横行霸道的做法，他不能坐视不问。于是他上疏劾奏周颉，称："周颉多蒙殊宠，位列上卿，理应率先守法，使上下一心，以利于家国。今反而纵容门客小人，聚众为害，公然在光天化日之下行凶伤人，使远近闻之者惊恐，百姓喧哗不安，有损朝廷风望。既然周颉已经丧失了大臣之节，即不可在位，应予贬黜，以肃法纪。"这位还在"白衣领职"的吏部尚书，终被彻底罢免了。不过，他始终改不了嗜酒如命的秉性，后来官至尚书左仆射，能饮酒一石，简直就"略无醒目"，时人都号之为"三日仆射"。

太兴初年，刘隗出丹阳尹。那时，他与尚书令刁协均为晋元帝的亲信，成为他牵制王氏集团的左膀右臂。刘隗和刁协为了排抑豪强,制定了许多"刻碎"之政,用以限制王氏集团的势力。这一矛盾终于激化成一场"王敦之战",大伤了东晋的元气。

王敦是王导的从兄,晋武帝女襄城公主之夫,此人性情极其残忍。当年王恺、石崇"斗富"时,王恺设家宴,女伎吹笛,稍失声韵,就被殴杀。时王敦、王导皆在座,客人们尽皆失色,独王敦神色自若。石崇每宴宾客,常令美人行酒,客饮不尽者,则杀美人。王导素不能饮,但酒至则勉强饮尽,而王敦坚不肯饮,眼看石崇连斩三人,不饮如故。王导责备他不该如此,王敦则说:"他杀自家人,与你何干!"时人称他是"蜂目豺声"。他镇压杜弢领导的农民起义后,进位镇军大将军,司马睿称帝后,又进征南大将军,侍中、大将军,权位日重,专擅之迹日彰。刘隗认为,王敦威权太盛,终不可制,劝晋元帝派心腹去镇守四方。大兴四年(321年),晋元帝以戴若思为征西将军,都督司兖豫并冀雍六州军事,镇合肥;刘隗为征北将军,都督青徐幽平四州军事,镇淮阴。他们都持节领兵,"名为讨胡,实备王敦"。王敦十分仇恨刘隗,他曾致书刘隗,说:"承蒙圣上器重足下,今大乱未定,中原鼎沸,欲与足下为振兴王室,共静海内而效力。如果相安,则国运隆;如果不能相安,则天下永无宁日。"刘隗于是作书回答说:"鱼相忘于江湖,人相忘于道术。竭尽股肱之力,效之以忠贞,吾之志也。"表明他服从道义、效节朝廷的决心。王敦得书,更加震怒,遂于次年(322年),以"诛刘隗"为名,起兵作乱。晋元帝闻奏,急召刘隗、戴若思还卫京师。刘隗抵京的这一天,朝中文武官员迎于道旁,皆神色忧惧,而刘隗不失往日风度,他一路上侃侃而谈,意气自若。当王敦的部队进抵建邺,前锋攻石头城时,右将军周札开门揖盗,使王敦轻易地占据了石头城。刘隗等率兵久攻不下,知道大势已去,遂进宫与晋元帝拜别,投奔了后赵。他被石勒拜为太子太傅,在北方消磨了自己最后的岁月。刘隗自任丞相司直以来,"弹奏不畏强御",相继纠劾权臣戴若思、王含、王导、周颚,都是最为晋元帝所亲近的人,有的不过暂时被罢斥了,有的元帝还百般为之回护,却不见史载迎合人主之处。

中国古代逸史

隋唐五代十国逸史

马昊宸⊙主编

线装书局

帝王逸事

李渊善射得良妻

李渊的妻子窦氏是京兆平陵（今陕西兴平）人，窦氏就是李建成、李世民、平阳公主的亲生母亲。窦氏的父亲窦毅是北周的八大元帅之一，官封上柱国。母亲是北周武帝的姐姐襄阳长公主。窦氏从小就很聪明，深受武帝喜爱，把她留在宫中当自己的女儿抚养。当时天下三分，北周是最弱小的一个。为了取得外援，武帝娶了一名突厥公主当皇后，但是武帝对这个政治婚姻很不满意，经常让突厥公主守空房。窦氏就经常劝说舅舅多忍耐，搞好和突厥的婚姻可以消除北方的威胁，全力对付南方的陈和东面的北齐。

不久，隋文帝杨坚篡夺北周皇位。窦氏恨恨地说："我恨自己不是男子，无法为舅舅家扫除祸患。"吓得父亲赶紧捂住她的嘴："不要胡说！这是灭门之罪！"不过窦毅由此认为自己的女儿不是等闲之辈，当然不能随便嫁人。于是到了女儿谈婚论嫁的年纪，就搞了个比武招亲的办法。当然，这个比武招亲可不是像武侠小说里那样摆个擂台让大家上去和窦氏对打。窦毅让人在大门上画了两只孔雀，有意招亲的必须在百步外射两箭。凡是两箭各射中一只孔雀眼睛的，就招为女婿。根据现在的正史记载，李渊是相当平庸的一个人。但是他别的好处没有，箭法倒是相当高超的。几十人来应试，只有李渊两箭都射中了。

窦氏嫁给李渊后成了他的贤内助。李渊的脸上皱纹多，隋炀帝便戏称李渊"阿婆"，李渊回到家很不高兴。窦氏问清原因，马上安慰他："这是吉兆啊，你做的是唐国公，唐和堂谐音，阿婆是一家之主也就是堂主啊。"当时，天子的金銮宝殿也叫作明堂。窦氏指的是李渊将来要做皇帝，取代隋炀帝。

由于长在宫廷，窦氏对宫廷政治颇多心得。李渊养了不少骏马，窦氏就劝他献给爱马的隋炀帝："皇上喜欢鹰和马，您是知道的，现在应该把骏马献给皇上，不该自己留着，否则会招人诬陷。"李渊开始还舍不得他的骏马，后来真的被隋炀帝责问，才赶紧献了上去。

窦氏在45岁时去世，李渊这才细细琢磨亡妻的话，觉得很有道理，于是就经常给隋炀帝送骏马鹰犬，隋炀帝果然异常高兴，很快升李渊为将军。于是李渊流着泪对儿女说："我如果早点听你们母亲的话，早就做上这种官了。"

李世民嗜马成癖

一代明主贤君、杰出的政治家和军事家唐太宗李世民，在位二十三年，政治修明，经济繁荣，出现了中国历史上著名的"贞观之治"。唐王朝建立之后，李世民挂帅出征，削平群雄统一全国，先后消灭了薛举、刘武周、王世充、窦建德等强大的军阀势力和农民起义军。李世民领兵作战取胜的重要一点就是身先士卒，用自己奋勇作战的榜样力量来鼓舞士气。每次作战，他都亲率精骑，冲入敌阵，由于他武艺高强，机智灵活，胆气过人，虽然身经百战，却从未被敌人的刀剑砍伤，军中将士都叹为神奇。李世民在马上得天下，这其中自然也包含着无数战马的功劳。他一生喜马、爱马、嗜马成癖，为我们留下了许多逸闻趣事。

李世民生长在边地，自幼练就了一身骑射功夫。从晋阳起兵到登基称帝，他的生涯几乎是和弓马伴在一起的。东征西讨，出生入死，强弓和骏马从未离身。

在李世民率军与薛举的儿子薛仁杲作战时，他骑乘宝马"白蹄乌"，一天一夜连续奔驰了两百里，乘胜追击，直捣折庶城，迫使薛仁杲率残部投降。在与刘武周的主力宋金刚部作战时，李世民骑着骏马"特勒骠"，猛插敌后，宋军阵营顿时大乱，溃不成军，向北逃窜而去。在与王世充对阵时，李世民骑着"飒露紫"，仅率十余精骑，突袭敌阵，杀开一条血路直冲敌后。与窦建德在虎牢关作战时，李世民乘"青骓"冲入敌营，只经过四五回合的交战就大败敌军。"什伐赤""拳毛骢"也都为他冲锋陷阵立了大功。唐太宗李世民临死之前，遗命雕刻"白蹄乌""特勒骠""飒露紫""青骓""什伐赤""拳毛骢"六匹骏马来装饰自己的陵墓——昭陵，号称"昭陵六骏"。这六匹石马生动逼真雄健有力，造型粗犷，质感强烈。六骏形象各具风采，或原地待命，或轻步徐行，或驰骋战场，或腾空飞跃。这一杰作正是李世民驰骋沙场与嗜马成癖的真实写照。

战事结束后全国统一，李世民骑射的豪兴仍不减当年。《出猎》一诗就充分反映了他那娴熟的骑射技术："弮戈夏服箭，羽骑绿沉弓。怖曾潜幽壑，惊禽散翠空。"唐太宗对骏马感情深厚，还写了一些咏马诗，他的《咏饮马》一诗写道："骏骨饮长泾，奔流洒络缨。细纹连喷聚，乱荇绕蹄萦。水光鞍上侧，马影溜中横。翻似天池里，腾波龙钟生。"可见对马的观察和喜爱之深。

公元647年，突厥人派使者向唐朝献良马百匹，其中十匹尤为健硕，唐太宗称它们为"十骥"，分别给他们起了十分贴切的名字，如"腾白云""凝露白""发电赤"等，并予以精彩评论。

据说在贞观后期，李世民心爱的一匹叫作黄骢骠的战马病死，他痛惜不已，特诏令乐工作《黄骢叠曲》进行演奏，以表哀思。还有一次，唐太宗特别喜爱的一匹骏马突然死亡，他不仅为之震怒，竟要将养马人处死。幸亏长孙皇后用春秋时期晏婴劝齐景公不要因为马死了就杀养马人的历史典故提醒他，才使唐太宗饶恕了这个养马人。

当时，大臣虞世南和魏征等对唐太宗李世民喜欢围猎都加以劝谏，一是为了他的安全着想；二是怕他兴师扰民，但唐太宗仍围猎不断。只是在游猎时，尽量克制自己不妨农事，不踏稼禾。他认为，围猎是为了布阵练兵，强军防敌，因此，在鱼龙川、黄泉谷、骊山、少陵原、广成泽等地都留下他跨骏飞驰、轻捷矫健的身影。

更为有趣的是，唐太宗竟在文成公主嫁人的大事上，出了一个关于马的难题让婚使猜。据说难题是这样的：要婚使把杂处的一百匹母马和一百匹小马驹的母子关系准确的识别出来。吐蕃赞普松赞干布的使者禄东赞才智过人，巧妙地把母马和小马驹分别圈起来，暂时断绝了马驹的草料和饮水。过了一天，他把母马和马驹同时放出，饥渴的马驹迅速地奔向自己的母亲，寻求母乳，依偎不离——难题迎刃而解，令太宗非常高兴，不但允诺禄东赞迎娶文成公主入藏，还将琅琊公主的外孙女嫁给了他。

唐太宗嗜马成癖可见一斑，其实中国古代帝王在马上打天下的数不胜数，他们对于自己的爱骑，怎能没有深厚的感情呢？唐朝时著名的唐三彩马匹，享誉海内外，是否因为当时从皇帝到百姓都对马情有独钟呢？不管怎样，唐太宗对马的偏好是无人能及的。

唐玄宗、肃宗重视上清宝珠

唐玄宗当政的时候,终日忙于国事,加之治国有方,用人得当,使得大唐王朝政治清明,天下太平,国家富强,百姓安定。正所谓"稻米流脂粟米白,公私仓廪俱丰实。九州道路无豺虎,远行不劳吉日出。齐纨鲁缟车班班,男耕女桑不相失……"大唐帝国出现了盛世景象,远近各国,纷纷与大唐通商通好,各国间使节往来不断。

这一天,玄宗正在当朝议事,忽听值日官来报:"外面有罽宾国使者求见!"玄宗看看左右,左右群臣均不知罽宾国在何处,玄宗只好命值日官先将使者带上殿来。不一会儿,值日官领上一人,后面还跟着两名随从。玄宗见来人穿了一身宝蓝色布制官服,上绣两只朝天的仙鹤。五短身材,脸庞瘦小,面色黝黑,目光沉静。身材虽不高,却也不失使节风采。

唐玄宗

来人见玄宗,行了君臣大礼。玄宗命赐座,来使谢座。待那人落座后,玄宗问:"贵使出使我大唐有何贵干?"使者起身施礼道:"我国君王素闻大唐政通人和,国泰民安,故派小臣前来,愿与大唐永世通好。"玄宗道:"我大唐一向广交天下朋友,今日贵使亲来商议通好之事,朕正求之不得,不知贵使可曾带有国书。"来使道:"这个自然。"忙命手下人呈上国书,又道:"小臣这里还有上清珠一枚,是敝国国君的国礼,请您过目。"玄宗见来使的随从托着一只银盘,上面盖着一块绛红色的丝盖。走到龙案前,随从揭去丝盖,只见托盘正中有一颗鸡蛋大的珍珠,照得满殿生辉。玄宗心想:果是宝物。但转念一想,堂堂一国的国礼竟然只是一颗珠子,未免过于寒酸,心中不快,但又见那使者身着布衫,便想那罽宾国定然国小财微,如此大的一颗珠子,恐怕已是大礼了,玄宗也不说什么,便吩咐左右:"收入库中。"不料那来使却叫："且慢!"玄宗问："还有何事?"那使者道："这上清珠可非同一般的宝珠,此乃我阄国传世之宝,有了它便可以定国安邦,使江山永固。"玄宗问："此话怎讲?"那使者道："请圣上您仔细看那上清珠,便可知其中奥妙。"玄宗不信,命人将上清珠呈上。左右将宝珠呈上,玄宗将其托在掌中,细细观瞧。透过珠光,但见上清珠内庙堂楼阁,玉树琼花,别有一番洞天,宛若仙境一般,还有数十名舞女在其中翩翩起舞。正中一人,头戴天子冠,身穿龙袍。一看之下,玄宗便觉得有些眼熟,但一时又想不出是谁,忙问使者："这中间端坐的是何人?"使者道："那便是贵国未来的君主。"玄宗听罢,将信将疑,又仔细看了看珠中之人,更觉得十分眼熟。而且那人的左额上还有一块明显的伤痕,玄宗实在想不出这是何人,想那使节不过是故作神秘罢了。但大唐与各国之间向来是平等往来,广交朋友,便也不计较,只当作戏言,将宝珠收库,安顺来使不提。

　　时光飞逝,转眼已是十余年。玄宗做惯了太平天子,也渐渐有些居功自傲。后来又宠爱杨玉环,任用奸相李林甫、杨国忠,"此君王不早朝"终日不问国事。各地节度使乘机扩充自己的军队和地盘,和中央分庭抗礼。天宝十四年,终于爆发了安史之乱。安禄山带兵逼近长安,玄宗无奈,带百官及皇眷逃亡四川。逃难途中,多有磨难。大队人马入川之时,天降大雨,道路狭窄泥泞。皇儿李亨被从马上一掀到地,摔得满脸是血。虽经御医及时救护,保得性命,但左额上却留了一块疤痕。

　　一日,玄宗去李亨处看望伤情,一见左额这块疤痕,猛然想起当年上清珠一事,心中这才明白阄国使者之话并非戏言。回来后对武惠妃说："儿子李亨将来定是一个有道的明君,大唐复兴的希望就在他身上了,这是天意呀!"忙命人取来上清珠,用一块绛红色的纱巾裹好,亲自系在皇儿李亨的脖子上,并正式封李亨为太子,对他说："好好保存着它,有了它,大唐便可万世长存,这可是享国之宝啊!"李亨叩头谢恩。

　　几年以后,李亨登基,就是唐肃宗。做了皇帝之后,他便叫人将上清珠收好,放入国库之中。上清珠入库之后,每到夜晚,国库官总看到库中有白光闪耀,知道一定有神灵之事,不敢怠慢,连忙禀报肃宗。肃宗醒悟道："肯定是上清珠。当年先王赐我此珠时,曾告诫我说,这上清珠乃是享国之宝,教我千万好好珍惜。我不该如此怠慢了它。"他赶紧命人从库中取出上清珠,只见当年的那块绛红色的纱巾还在。睹物思人，肃宗怀念起先王，不禁痛哭流涕，手捧宝珠遍示群臣道："这还是我年轻的时候，先王所赐……"说到此处已是泣不成声，满朝文武无不动容。肃宗令宫中总管取来一只翠玉宝匣，将上清珠连同纱巾一起放入匣内，安放在寝宫之中，每日祭拜。

肃宗期间，安史之乱虽已平复，但天下并非太平，天灾人祸不断，开元盛世的局面再也没有出现过。每遇水旱灾害，刀兵之乱，肃宗都要对着上清珠虔诚膜拜，以求天助，竟然真能解燃眉之急。肃宗并非一位善于治国的君王，但仰仗上清珠，却也做了一世太平天子。到了唐朝末年，国家更加混乱，宫中也不安宁。一日宫中失窃，上清珠被盗，不知去向。也许真是上天之意，不久，唐王朝也就灭亡了。

唐高宗信奉佛教

唐高宗李治是太宗皇帝的第九子，字为善，小名雉奴，他在二十多岁就登上了皇帝的宝座，在位三十四年。高宗做太子时，就依玄奘法师受过了菩萨戒。玄奘法师请太宗皇帝作三藏经教序时，有一篇菩萨藏经序后，就是高宗在太子时奉诏所做的，内中有"余以问安之暇，证以妙法之宝，奉述天旨，微表赞扬，或命有司缀于卷末"。其实这两篇序文皆冠于经首。

贞观二十二年，皇太子住在东宫，当时天气阴晦，他的身体一直都很疲倦，由于追念母仪，内心深感难过。后来，李治就鸠材择地，创建了一所大慈寺，为文德皇后追崇冥福。这项工程从春天开工，一直到十二月方才竣工。后来，在寺旁又建了一座雄伟的佛塔，诏选京城德高望重的沙门五十位，各度六人，同居新寺。那一次晋山典礼的仪式特别隆重，太子备了宝车五十乘，迎接五十位大德，并有采亭宝刹数百具、新请到的梵本诸经以及瑞像舍利等，一同迎到寺内奉安，演奏的乐队是太常九部乐与长安万年音乐。华幡导引入寺，京城差不多每一寺都参与了这一游行盛会。太宗皇帝在安福门楼上执炉致敬，等待经像等行列走过，对此盛况，太宗皇帝颇为高兴。

高宗登位后，又制大慈恩寺碑。有一次高宗谒大慈恩寺上香礼佛，慈恩寺沙门做了一首五言律诗道："皇风扇祇树，至德茂禅林，仙草为日彩，神幡曳远

唐高宗雕像

阴,绮殿笼霞影,飞阁出云心,细草希慈泽,恩光重更深。"高宗皇帝也做了首五言诗和慈恩寺沙门道:"日宫开百仞,月殿耸千寻,华盖飞圆影,幡虹拽典阴,绮霞遥珑帐,丛珠细纲林,寥廓烟云表,超然物外心。"

显庆元年正月,皇太子在慈恩寺斋僧五千人,与玄奘法师谈起翻译经典的事。太子询问前代译经的经过,玄奘法师答道:"晋宁以来,译经都要设置监阅、详辑之类的官员。前秦苻坚时昙摩难提译经,黄门赵整执笔;姚兴时罗什法师译经,兴及姚崇执笔;后魏菩提流支译经,侍中崔光笔授。以至梁陈周隋各王朝,也都是如此。就是在本朝贞观初年,波颇那罗译经,先帝文皇帝也敕令赵郡王孝、詹事杜正伦为监护。如今大慈恩寺,极其庄丽轮奂,是为今古罕俦,可是尚未建碑,贫道住守此寺,关于建碑的事,我想启禀皇上知道。"

不久,黄门侍郎薛元超将玄奘法师与太子所谈译经以及建碑之事,奏闻皇上,高宗欣然同意。数日后,高宗命中书令崔敦礼宣读敕旨诏曰:"大慈恩寺玄奘法师,新翻经论,今特令左仆射于志宁、吏部尚书来济、礼部尚书许敬宗、黄门侍郎薛元超、中书侍郎李义府、杜正伦协助看阅,或有不妥的地方,随笔润色。"

朝罢后,高宗又派遣内给事王君德前去告诉玄奘法师,说他已经诏令多人来协助其翻经的事项,至于慈恩寺碑的事,他想自己撰作,不知法师意下如何?玄奘法师接到王君德的报告后,马上率领大众,上朝陈请。不久高宗亲制的大慈恩寺碑文撰好。

四日八月,玄奘法师率领京城缁素,盛备幢幡宝辇、香花梵仪,来迎接皇帝的御碑,皇上也特派太常九部音乐,以及长安、万年二县的乐戏。同时,京城的戚里候王们,也都全部参加了迎送的行列。高宗皇帝自己站在安福门上观看。玄奘法师迎迓大慈恩寺碑的导从,采用天竺的法仪,隆重庄严,皇帝见此盛况,龙心大悦不已。

显庆四年九月间,有智琮、弘静二法师,奉诏入内宫与皇帝谈经论道。他们在谈话中说起阿育王塔的故事,因为年岁久远,虚假弘护。高宗说:"莫不是童子施上的阿育王吗? 如近处有之,那就是八万四千佛塔之一了。"智琮法师答道:"未详虚实,不过古老传说,名阿育王寺言不应虚,又有传说三十年一次出现,前在贞观初,已经出现一次,大有感应,今已期满,请皇帝开一次如何?"皇帝说:"能得舍利这是莫大善因,你可以先去佛塔的地方,行道七天,有了瑞应,方可开发,寡人御施钱五千,绢五十匹,以作供养。"于是智琮法师与给使王长信等,于十月五日出发,六日夜晚到达。智琮法师一到就进入塔内,专精苦修,精修了将近七日,仍然没有看见什么光明瑞现,到了十三日的晚上三更,法师在自己臂上,剜肉燃灯供养,专注一念,心无异想,忽听塔内佛像的下面有振裂之声,智琮法师闻声往下看时,但见瑞光流溢,渐渐上涌,塔内三尊佛像,各个放光,智琮大喜,想要叫僧众来看时,又见塔内走出很多僧徒,合掌而立,说是同一寺的人,过了一会儿光盖渐歇,冉冉而下,去地三尺不见群僧,这时方知是圣者隐现,因此赶快将来使召来同看瑞相。他们到了塔内,余光薄地,流辉满布,百千种光,若有旋转,久久方才消失。到了第二天早上,他们再进去看时,在地上寻得舍利一枚,光明鲜洁,又细心的在地上找到了七粒舍利,放在盘内,一枚独自转绕,余下舍利,各放光明,炫人眼目。智琮法师将所见的瑞应,奏闻皇上,高宗派常侍王君德等人,送绢三千匹并造阿育王像。

高宗皇帝敕封智琮法师住持会昌寺,并修饰舍利塔,供奉舍利以开众生的福慧。初开塔的那天,有二十多人共同下塔,获得的舍利,大家共见。其中有一人看不见舍利,他恨自己业障太重,气得拔自己的头发,哀哭号叫,十分凄惨,然而还是看不见。有人将舍利放在他手掌上,虽然他自己也觉得手中有东西,但是还是看不到什么。当地的人民,在圣旨未来前几天,就看到寺塔上,现出红色的光华,周照远近,有的看见一条长虹,直上天际,有的看见光照寺域,丹赤如画,寺僧们就知道舍利不久就可以出现了。

这塔内的那粒舍利,形状如小指,骨长一寸二分,内外孔口方正,下平上圆,内外光净,它的光相的变异也没有标准,各人所见的颜色不同,舍利开出后,前往参拜的道俗人等,连接二百里间往来不绝。佛法的感应,实在不可思议,同时也看出盛唐时代佛法的兴旺了。

唐中宗一生与僧人有缘

唐朝有一个皇帝,在他出世刚满一个月时,就举行了出家落发剃度的仪式,他就是佛光王唐中宗皇帝。

高宗在位时,与玄奘法师的私谊很厚,则天皇后又是曾经出过家的,当然对玄奘法师的才德很是钦佩。有一天,高宗皇帝在玄奘法师面前以开玩笑的口吻,指着则天皇后说:"皇后怀孕若生男子,听其出家,拜你为师。"就像两家通好,指腹为婚似的。

永徽六年十一月间,则天皇后难产,高宗即命宫人在佛前上香,祈求平安。果然,上香不久,则天皇后就分娩了。唐中宗诞生时,神光满宫,自庭烛天,因此号名佛光王。高宗生了皇子,君无戏言,玄奘法师真的来向他要佛光王出家,并请求高宗实现诺言,让佛光王出家,绍隆三宝。可是真正向高宗要人出家时,高宗又舍不得了。于是十二月五日,高宗下令为佛光王度僧七人,代表佛光王出家,不过婴儿满月的那一天,仍请玄奘法师为佛光王举行剃发皈依出家礼。

因此佛教中有寄名出家沙弥,多是因为父母恐怕幼儿多灾难,长不大,就把小儿送到佛寺内,拜一师父寄名出家。到了此子长大成人,要娶亲结婚前,一定要去寺内向师父赎身,举行一次还俗的仪式。此时,寄名出家的假和尚要跪在佛前,由他的师父责骂一顿,说他如何不守佛家的清规,犯了不容宽恕的戒法,再假意打他两下,逐出佛门,这样寄名子才能够结婚。

还有一种是用金钱买人替自己出家的有钱的人。由于生病而许下愿望——待病愈后出家,可是病好后又舍不得出家,就拿钱买一个人,替他出家。这个人在寺内一切生活费用,都由还愿人负责。因此有些有钱有势的替身出家后,也就仗势欺人,连寺内住持对他也没有办法,因为他是某某大人的替身。寄名出家、替身出家的先例,大约就是从佛光王开始吧?

唐中宗即位后,因为他从小就皈依三宝,寄名出家,因此对佛教的信仰始终不退。就是逊位在房州时,仍然不断持诵药师如来名号,并请义净法师,翻译药师经两卷,其他如实叉难陀、菩提流志、义净法师等译经场所,中宗都曾参加协助。对于有道高僧,也都曾迎请到宫中供养,如慧安神秀二禅师。在高僧面前,中宗都以弟子之礼相待,尤其对六祖惠能大师的仰慕特别突出,屡次派专使诏请。中宗在神龙元年四月间,又特降御札,召请六祖。中宗虽然如此的诚心邀请,可是六祖仍然以有病推脱,坚辞不去。

后来,中宗召请神僧万回入宫,赐号法云公圆通大士,住在集贤院内,并派两个宫女侍奉他。万回出生在贞观六年五月,幼小时,他的哥哥在数千里外当兵,他常常代妈妈送东西给哥哥,早去晚回,万里路程,一天往回,因号万回。高宗闻其名,诏他入宫,度他出家为僧,则天在位时,常常把他迎到宫内,赐其锦衣,派有宫人侍奉。有一天,万回忽然要吃他出生地阌乡河的水,左右的人一时仓皇不知所措。万回说:"掘堂前地下有穴,你们掘地可以得水。"侍从们立即掘地,果然得水,万回大师饮水后,就安然而逝。中宗为其赐号国公,并葬在集贤院内。

景龙元年,中宗遣专使到泗洲将僧伽大师迎来宫中供养,度惠、俨惠、岸木叉三人作为大师侍者同来,中宗亲笔为大师所居住之寺题额曰"普光王"。不久,僧伽大师又迁往荐福寺。第二年京城大旱,中宗下旨请僧伽大师祈雨,只见大师用瓶水向空中散洒,不久就看到浓云从大师住的地方涌出天空,骤然间大雨倾注而下。不久,僧伽大师圆寂,世寿八十岁,神采如生,皇上本想为大师在荐福寺塑像建塔,但当圣旨下达后不久,就有秽气满城。中宗不得已,在大师灵前焚香允诺,将大师的灵柩送回泗洲,祝祷后马上就异香郁然。

神龙二年八月,中宗下诏,凡天下童子,举行试经义,如考试经义通顺,就合格度之出家为僧。试经度僧就是从这里开始的。沙门智严是于阗国王子,不过他从小就来唐为官,到了中宗登位时,已经授为将军,封为郡公。可是就在他高官厚禄之时,忽然看破红尘,在景龙二年,请求舍家为寺,中宗允诺了,但坚持让其在家中为僧。

景龙元年,中宗又诏请道岸法师入宫,为妃嫔们传授三皈五戒,并留住禁中。有一天中宗到来,诸法师们见到万岁驾临,大家都避席而起,独有道岸法师长揖而已,皇帝也不以为忤,反而认为其德量很高,并将其容貌外形绘画在林光宫的墙壁上。在图形上,皇帝还亲笔题字赞道:"戒珠皎洁,惠光清净,身局五篇,心融八定。学妙真宗,贯通实性,维持法务,纲纪得政。律藏冀兮传芳,像教因而光盛。"道岸法师能得到大唐天子为其绘画题句,实为难得,难怪道岸法师的门徒皆以此为荣。

后来,高宗的旧宅同圣寺,有一颗在天授年中就枯死了的柿子树,这时忽然重荣复活,中宗因此大赦天下,赐封百官爵禄,普度僧尼道士数万人出家。中宗的身边,一直都有僧人为伴,而其一生,更是与僧人结下了不解之缘。这也许是当时大唐佛教盛行的表现吧!

武则天爱才不计被骂

武则天是中国历史上唯一的一位女皇帝,于武后天授元年至武后长安四年(690~705)在位。她才智非凡、聪慧过人,小时候因人长得美,被唐太宗召入宫为才人。唐太宗死后为尼姑,后被高宗李治封为昭仪。永徽六年(655),她被立为皇后。此后高宗改称天皇,武后也改称天后。

唐高宗死后,中宗即位,武则天临朝称制。她就给自己发明了一个字"曌",作为自己的名字,意为"日月当空",喻义自己称帝,犹如日月经天。第二年,她废中宗为庐陵王,立睿宗,但是却让他居住在别殿里,不得干预政事。与此同时,她又迁庐陵王于房州,严厉惩治反对者,唐朝宗室诸王也相继被杀殆尽,冤死无数。于是,她的所作所为日益引起唐朝旧臣的愤怒。柳州司马徐敬

武则天

业首先起兵谋反,几天之内,响应的就有十几万人。

　　"初唐四杰"之一的骆宾王也参与了这次反对武则天的义举,骆宾王是浙江义乌人,尤其精于五言诗,7 岁时就写了一首脍炙人口的《咏鹅》诗。唐高宗的时候他因人栽赃,仕途不顺遂辞官而去。徐敬业造反时便邀请他参加,他欣然同意,并做了著名的《讨武曌檄》。徐敬业传檄至京师,历数武则天罪恶:"虺(huī)蜴为心,豺狼成性,近狎邪僻,残害忠良,杀姊屠兄,弑君鸩母。人神之所同嫉,天地之所不容。犹复包藏祸心,窥窃神器。君之爱子,幽之于别宫;贼之宗盟,委之以重任。……"此檄文气势磅礴、文辞犀利,数其罪行揭其隐私,表达得淋漓尽致。

　　可是,尽管檄文把武则天骂得如此凶恶,她看了之后不仅不怒,反而连连称赞文章的精彩。在读到"一抔之土未干,六尺之孤安在"与"试看今日之域中,竟是谁家之天下"时竟然拍手称赞,夸不绝口地说道:"真是好文章啊!"接着便问道:"这是何人所做的?"左右回答说:"这是反贼骆宾王做的。"武则天无不感慨地说:"这样的人才,怎能使之流为叛逆! 这是宰相的过错啊!"

　　武则天责备宰相不用此人,足见她把人才看得比自己的声誉还重要。在骆宾王死后,武则天找人寻访他的作品,找到了 10 卷,使之"盛传于世"。骆宾王曾在任侍御史时入狱，写过《在狱咏蝉》说："无人信高洁，谁为表予心？"没想到他死后，"表"他"心"的竟是他的头号敌人！一个令他不愿臣服的女人。由此亦可见，武则天的度量也是很大的。

这也说明，武则天之所以能当上皇帝，是与她爱惜人才，善用人才，并能委以重任分不开的，如狄仁杰、张柬之、姚崇、娄师德、郭元振等都是一时之人杰。而一旦让她发现埋没了人才，就感到非常地懊悔。因此据史载，在她的整个掌政其间，朝廷上下可谓是人才济济，群英荟萃。她当政时期的社会经济也迅速地向前发展，为后来的"开元盛世"奠定了坚实的基础。

武则天"特务统治"

中国历来就反对女人干预政治，武则天不只是干预了政治，而且明目张胆地把李氏政权夺了过来，唐皇旧臣纷纷起兵，勤王之师风起云涌，四海沸腾。武则天从临朝称制到称帝前期，为了对付潜在的政治势力，运用其铁腕政策、残忍手段，实行了十余年的酷吏政治。

在斩杀李唐宗室的同时，武则天又创造了一个惩治政敌的绝招：告密。通过告密来捕杀一切异己。唐中宗被废后，朝中多有不平者。有一次，有十多个人在一起饮酒，其中有一人说："庐陵王太冤枉了，我们应该支持他。"在座者中就有一人告了密。结果那个说话的被斩首，其余八个人以知情不报被绞死，告密者被授予五品官。从此，告密之风遍于全国。

为了更多地收集人们对自己的意见，武则天于686年在朝中专门设立了四个大铜缸，以收集各种告密文书，并规定：任何人都可以告密，并授五品官。对于这些堆积如山的告密文书，武则天专门提拔一批酷吏来处理。如索元礼、周兴、来俊臣等二十七人是专门负责办理此类案件的，其中以来俊臣最为著名。

来俊臣本是一个乡间无赖，他见告密可以升官，就上书武则天，说刺史东平王李续谋反。武则天正要铲除宗室，就认为来俊臣对自己一片忠心，提拔他做侍御史、加散朝大夫，不久，又擢升为左台御史中丞。来俊臣为了显示自己很能干，就与御史侯思上、王弘义、郭霸、李仁敬等人勾结，招集流氓数百人，让他们去告密。如他们想陷害某人，就几个人同时从几个地方告发，事情大同小异，然后由来俊臣办案。

当时武则天在景丽门设立了堆事院,令来俊臣任院主,掌管重大案情。百姓称这堆事院为"新开门",凡是被告入新开门的,一百人中,难得一二人保全的。来俊臣每次审问囚犯,不论轻重,都拿醋灌进犯人的鼻子里去,或把犯人装在大瓮中,审问时候,拿炭火在瓮的四周熏炙起来。还断绝犯人的粮食,犯人到十分饥饿的时候,拿秽恶的棉絮给犯人吃下。他造了十号大枷,一名定百脉,二名喘不得,三名灾地哮,四名著即承,五名失魂胆,六名实同反,七名反是实,八名死猪愁,九名求即死,十名求破家。十号大枷另配上铁笼头,犯人被枷压着,被铁笼闷着,立刻便死。每有罪犯捉到,先让他在刑具前走一遭,便魂飞魄散,没有不含冤屈招的。武则天在位期间共杀李唐宗室数百人,大臣数百家,刺史郎将以下更是不可胜数。

来俊臣不仅审案有一套,而且还写了一本叫《告密罗织经》的书,就是教人如何去告密、审案。其中有十种主要的审案刑法,与他造的十号大枷同名。一听到这些名字,就令人毛骨悚然。因此,许多人都枉遭冤死,人们对来俊臣这些酷吏恨之入骨。大臣上朝时都与家人诀别:"不知还能不能再见面。"武则天知道后,不禁大喜。

武则天不仅对异己手段残忍,别出心裁,不可一世,就是在日常生活中,也是一副唯我独尊的神气。相传有一年冬天,长安大雪纷飞,武则天携上官婉儿游上苑。见千峰银妆、万簇素裹,上官婉儿道:"雪是好看,要是有花就好了。"也许是多喝了几杯酒,武则天想显示一下皇帝的威严,既然人说自己是弥勒佛下凡,当然是言无不应,就冲口而出:"明天我令上苑中百花盛开。"并亲自写一诏书挂在树上:明日游上苑,火速报春知。花须连夜发,莫待晓风吹。

这个玩笑开得太过分了,万一不开花,这个女皇帝的脸往哪儿搁?说来也巧,第二天,武则天来游上苑时,只见苑中各种花卉都争相吐艳,一片万紫千红的景象,只有牡丹花傲然不开。武则天大怒,命人把牡丹拔出来用火烧。奇怪的是,火越烧,牡丹开花就越艳。武则天气坏了,就命人把牡丹送去洛阳。从此,洛阳的牡丹胜长安。

看到朝廷一片恐怖之气,大臣何泊对武则天说,如此残杀,还有人当官吗?有人为朝廷出力吗?武则天指着面前的铜香炉说:"炉里有火,晚上的飞蛾还是要往里面找死。你放心,我有的是爵位和金钱,不愁没人当官。"

不过,武则天还是很注意收揽民心,比如当酷吏滥杀无辜,到了局势过度紧张的时候,她也陆续杀一些酷吏来缓和形势。她称帝的第二年就杀索元礼,流亡周兴到岭南,表示滥杀之罪在别人。679年杀来俊臣,来俊臣的仇家争咬他尸体的肉,挖出眼珠,剥去面皮,剖腹取心,踏成泥浆。她看到群情激愤,即下诏书,列举来俊臣的罪恶,并且加以灭族罪,说"以雪苍生之愤"。

有一次,天久不下雨,武则天命人祭天,并下令在祭祀期间,全国不准吃肉。大臣常进生了个小孩,因高兴,就忘了禁令,杀了一只羊,请几个朋友喝喜酒。第二天,武则天问:"昨天的肉好吃吗?"常进一听,吓得半死,连忙磕头谢罪。武则天道:"你违反规定是要罚的,但不会死。"停一下,当着告密者的面说:"以后交友要注意,人家吃了你的酒肉还告发你,多划不来。"常进听了,从心里十分佩服武则天的统驭才能。

对于武则天的用人进谏,司马光在《资治通鉴》中说:"虽滥以禄位收天下人心,然不称职者,寻亦黜之,或加刑诛。挟刑赏之柄以驾驭天下,政由己出,明察善断,故当世英贤亦竞为之用。"由于有一批愿为武则天效力的能臣,所以她成为成功的皇帝,她在位期间,唐朝社会经济继续发展,开元盛世的局面就是她打下的基础。

武则天立"无字碑"

唐载初元年(689年)九月九日,都城长安大明宫里含元殿上钟磬齐鸣,百官舞拜,一位头戴冕旒,身穿黄袍的女子宣布改国号为周,自称"圣神皇帝",她就是中国古代历史上唯一的女皇帝武则天。武则天在三十二岁时以皇后身份参政,直到八十二岁,一共执政五十年,在她执政期间,国家经济稳步发展,为后来的"开元盛世"做了充分准备。这样一位远见卓识、精明强干、雄心无比、胆识过人的女政治家,于公元705年11月病逝了。临终遗命除去帝号,仍以高宗皇后的名义和高宗埋在一起,叫乾陵,但由于武则天的影响远远大于高宗,人们多称之为武则天墓。

整座墓是一座完整的山,山像一个躺着的女人,看她的墓室要花两个小时左右才能走到。山势雄伟,墓室巍巍,盛唐风貌,毕竟不同。据说她的墓是唯一没有被盗的唐朝墓室,唐末黄巢起义时,她在此显灵,保有她的子孙。她的墓碑,通高7.53米,宽2.1米,厚1.49米,但碑中不见唐代所刻一字。后人所加的文字,也斑驳若离,若明若暗,模糊不清。武则天为什么在自己的墓碑上不刻一字?历代学者为此争执不休,众说纷纭。

有人认为武则天自知自己执政中,篡权改制,滥杀无辜,荒淫无道,罪孽深重,无功可记,无德可载,与其贻笑后世,不如一字不镌。他们将武则天说成是暴君,并历数其罪状:

一是狐媚惑主。武则天十四岁入宫时已出落得一表人才,身体丰满,容貌端丽,但在太宗面前,只封为"才人",列后妃第六等,与一个侍女的身份差不多。到了李治身边之后,她的才干与姿容才发挥了作用。她看透了李治的好色多情、体弱多病、优柔寡断、多愁善感的弱点,她以传情的眉目、婀娜的体态,征服了李治,使他神魂颠倒,一往情深。她成了"昭仪",不久又升为"宸妃",后来她精心策划废了王皇后,自己当上了皇后。不到一年,她就登上了权力的顶峰。

二是严酷专横。高宗疾病缠身,政事全由武则天处理,臣子们称其为"天后"。高宗死后,武则天更是独揽大权。她废了太子,正式登基,成了名副其实的女皇帝。她任用酷吏屡兴大狱、刑讯逼供、囚禁亲生儿子。宗室、朝臣被冤杀者数不胜数。武则天晚年更是豪奢专断,弊政很多。

三是秽乱后宫。武则天不满足富丽庄严,煊赫铺张的排场;不满足锦衣玉食、乘车坐辇的生活,她还蓄面首、宠男妾。先是宠幸薛怀义,让他入侍。这个街头卖膏药的家伙后来竟被封为左威卫大将军、梁国公。后又有御医沈南和张易之、张昌宗兄弟。张氏兄弟毫无才能,只因相貌俊美,取悦于武则天,并为张易之设立控鹤府,聚集一些青年男子供她淫乐。薛怀义入侍时,她已三十九岁,张氏兄弟入侍时,她已年满七十三岁,后人非议不绝于耳。

也有人认为武则天自知自己在位时,扶植寒弱,打击豪门,发展科举,奖励农桑,继贞观之治,启开元盛世,政绩斐然,彪炳史册,远非一块碑文所能容纳,留下空碑一座,以示自己功盖过世。

持这种观点的人高度评价武则天,他们认为武则天是一位刚强机智的政治家。显庆五年(公元660年)以后,武则天参政,唐高宗虽是个昏君,但腐朽势力并没有在她的扶植下滋长起来，也没有因帝王易位而引起危害民众的祸乱，贞观时期取得的成就——统一和强盛，在武则天统治下的半个世纪里，得到了切实的巩固，这是她对历史的贡献。同时，自武则天死后，乾县百姓，每逢麦收之际，纷纷来到无字碑前焚香祭奠，追念武则天的功德，正如明代一位无名诗人在无字碑上题的诗中写的那样："乾陵松柏遭兵燹，满野牛羊春草齐；唯有乾人怀旧德，年年麦饭祀昭仪。"

还有的人认为武则天一生聪颖机警，常常做出惊人之举，立无字之碑，意在千秋功过，让后人评说。

持这种观点的人指出，从唐中宗起，陆贽、李绛、宋代的洪迈、清人赵翼等人都很尊重武则天，对她评价很高。他们认为唐太宗打下的盛唐基础，建立了规模，而武则天则巩固和发展了这一基础，没有武则天起作用的五十年，也就没有唐玄宗的"开元盛世"，武则天对唐朝的历史和祖国的历史都起了重要作用，这是应该肯定的，但也不能以偏概全，武则天的错误也是很严重的，尤其是其统治后期，朝政腐败，新贵形成，对历史的前进起了阻碍的作用。由于功过相掺，这些人认为武则天是个聪明人，立无字碑立得很聪明，功过是非，让后人去评论，这是最好的办法。正如胡戟在一书中写道："这座闻名于世的无字碑栉风沐雨，千余年来，昂然挺立，它似乎象征着武则天对自己一生事业的信心，是有意留下空白，任凭世人评说吧！"

因此，至今关于武则天为何立下无字碑仍然没有定论。她的无字碑，大概是纵有千言万语，也难以倾诉吧！

唐武宗重道抑佛

会昌五年(公元845年)八月的一天上午，京城长安皇宫正殿里一片肃穆。唐武宗李炎端坐在大殿正中，文武百官分列在殿的两旁，中官正高声宣读皇帝诏旨，声音清悦有力："佛教败坏国风，蛊惑人心；佛寺耗费人力，浪费人财；一个农夫不种地，就要忍饥挨饿，一个农妇不养蚕，就要挨冷受冻。现在天下僧尼，多不可数。为革出积弊，自今以后，拆毁佛寺，僧尼还俗。"中官宣读完毕，大臣们交头接耳，有的摇头叹气，有的点头称是。散朝后，几匹快马立即从长安城出发,分赴各地,把武宗的这一旨意传到全国各地。不久,一场大规模的抑佛运动开始了。全国许多寺庙被拆毁,很多僧尼遭驱逐。一时间社会沸腾,人人惊恐。

那么,武宗为什么要灭佛呢?本来,武宗是没有资格当皇帝的。最初,敬宗有五个儿子,长子晋王李晋,次子梁王李休复,三子襄王李执中,四子纪王李言杨,五子陈王李成美。敬宗死后,传位给自己的弟弟李昂,是为文宗。文宗考虑到帝位是从长兄那里继承来的,想将皇位还给兄长的儿子,所以,就想立李晋为太子。不料,大和二年(公元828年)李晋病死。

在内宫妃嫔们的怂恿下,大和六年(公元832年)十月,文宗册立自己的儿子鲁王李永为太子。李永的母亲王昭仪,被封为德妃,因为后来逐渐失宠,郁闷而死。与此同时,杨昭容越来越讨文宗宠爱,她害怕李永将来即位对自己不利,便常常在文宗面前说太子的坏话。李永不能辩解,心情非常烦躁。开成三年(公元838年)九月一天夜里,李永回到东宫少阳院,又听说杨昭容唆使父亲废他,便一气之下,杀死了十几个宫人。不久,他也得暴病而亡。李永死时,文宗曾前去察看,见他五官流血,四肢青紫,认为是被人毒死,但考虑到没有证据,又害怕杨昭容乘机闹事,只好不作声,把太子李永埋葬了事。

开成四年(公元839年),文宗又和大臣讨论立储问题,在宰相李珏支持下,决定立陈王李成美为皇太子。一天,文宗在会宁殿宴请百官,演剧作乐,有个杂技节目是"小儿爬杆"。只见一个儿童爬杆而上,一个中年男子在杆下走动,神情极为惊惶。文宗不知道是什么原因,便向左右大臣询问。大臣们告诉文宗,那个中年男子是孩子的父亲,担心孩子掉下来,所以表现紧张。文宗听后,想起了自己死去的儿子李永非常感慨,哭着对大臣们说:"我贵为天子,还不能保全一个儿子。"宴会散后,文宗越想越心烦,便命人把乐官刘楚材、宫人张十十等召来,斥责他们陷害太子,并且把他们杖杀。

开成五年(公元840年)正月初二日,文宗得了暴病,宰相李珏、知枢密刘弘逸奉密旨,以皇太子李成美监国。但是,左右神策军中尉仇士良、鱼弘志却假传圣旨,迎立穆宗第五子颖王李炎为皇太弟,李成美仍为陈王,并在一天夜里,仇士良等人带领军队到颖王住处十六宅,把李炎迎进少阳院。四日,文宗被害,仇士良等拥立李炎继承了帝位,随后又把陈王李成美杀害。李炎就是唐武宗,当皇帝时二十七岁。

国学经典文库

中国古代逸史

·隋唐五代十国逸史·

图文珍藏版

因为武宗李炎当皇帝是在很偶然的情况下被仇士良、鱼弘志等人拥戴实现的，所以，他称帝以后，就想永远保住皇位。可是，怎样才能永远保住皇位呢？他想，那就只有长生不死，而要长生不死只有成仙才行。就这样，修道成仙成了武宗日夜向往的目标。为此，他开始和道士密切接触。

开成五年九月，武宗即位刚八个月，就把道士赵归真等八十一人召入宫中，在三殿修金箓道场。他还亲自到三殿，在九天坛亲受法箓。当时，左拾遗王哲上疏，认为王业之初，对道教不应当崇信过分。然而，武宗不听，甚至对王哲的上疏看也不看。此后，武宗一心向道，大修道观，拜请道士讲法。赵归真命手下的小道士们为武宗修炼长生不老仙药。武宗每次服后，都感到精神振奋。但时间长了，他的身体渐渐枯瘦。对此，武宗才人王氏曾劝他："皇上日服丹药，无非是想求得长生不老，现在却日益消瘦，形似枯槁，应当小心谨慎，少服才好。"武宗回答她说："我要的就是换骨。"这样，武宗身边聚集了大批道士，他们日夜在武宗周围大讲佛教的坏话，说他不是中国本教，白白地蠹耗生灵，应当排斥、铲除。武宗听后，很以为是，于是下令裁减全国佛寺，废除佛寺原有的特权。

武宗抑佛，而他却深信道教。会昌六年（公元 846 年）三月，由于他吃合金丹中毒日深，损害了中枢神经，得了神经错乱症，口吐白沫，不能说话。当月二十三日，武宗身死，年仅三十三岁。可怜的武宗，终于死在深信不疑的道教术士手中。

唐懿宗奢侈无度

唐懿宗李漼即位时，国势衰败，时称"国有九破，民有八苦"。"九破"是指：终年聚兵；蛮夷炽兴；权豪奢僭；大将不朝；广造佛寺；贿赂公行；长吏残暴；赋役不等；食禄人多而输税人少。"八苦"是指官吏苛刻；私债争夺；赋税繁多；所由乞敛；替逃人差科；冤屈不得申理；冻无衣，饥无食；病不得医，死不得葬。

在这种情况下，国内不断爆发农民起义，南诏也不断派兵侵扰。后来，在初步平定了内乱和外患之后，昏庸的李漼却看不到老百姓的忍耐是有限度的，以为天下太平，连天下都是他家的，想怎么干就怎么干，于是他的心思就大都用在吃喝玩乐上了。

唐懿宗迎佛像

　　李漼的宴游是出了名的,那种挥霍无度、奢侈腐败,实在令人咋舌。他酷好音乐,殿前常年供奉的乐工多到五百人,每月举行大型的宴会不下十余次,山珍海味无不收集,美酒歌女,八方贡献。据说有一个叫李可及的乐工,善于作新曲,深得李漼宠爱,竟被封为左威卫将军。大臣刘蜕见此事如此荒唐,一再进谏,李漼不但不听,反而将刘蜕黜为华阴令。

　　李漼又不惜兴师动众,出游长安附近的名胜古迹和离宫。出游的时候,警卫和内外诸司随从前呼后拥,多达十万人,浩浩荡荡绵延数十里,耗费钱财无法统计。这还不算,他每次出游大多是临时灵机一动,事先并不通知当地官员。因此,京师周围的州郡,只得常年花费巨资养着一批仪卫、歌女,并准备车马、粮草、服装等物资,以免皇帝突然驾到而无法供应,招致贬官甚至丧命的下场。

　　李漼如此荒淫,官僚们也竞相效仿,于是贪污成风,专以害民为能事。宰相路岩及其下属生活奢靡,弄权纳贿,他的心腹亲信边咸的家产可供全国军队两年的军饷。至德令陈蟠叟上书奏报边咸的种种恶行,李漼不但没有惩办边咸,反而是非不分,把陈蟠叟流放到边远地区。李漼的昏庸简直到了黑白不分的程度。朝野上下,一片乌烟瘴气。皇帝身边的禁军将士中一些刁钻之徒,以成倍的利息向京都长安的富室贷款,然后贿赂皇室的亲信宦官,打通关节,可以卖到节度使的职位。当就职以后,便疯狂搜刮民财,除了偿还高利贷之外,还积蓄了大量钱财。

据说,定边的节度使李师望搜刮的财富以百万计,手下士卒特别痛恨他,恨不得生吃了他。后来,李灅以窦滂代替李师望,而窦滂的贪残又甚于李师望。还有一个小小长葛县令严郜,罢任之后,在当地建造豪宅,里面有林泉花木,简直是个大花园,他还兼并良田万顷,大置庄园,而百姓被榨干了血汗,只能生活在水深火热之中。真是富者田连阡陌,穷者无立锥之地。朝廷这样腐败,统治怎能继续下去? 百姓无法生活只有起来反抗了。

咸通九年,终于再次爆发农民起义,这就是历史上著名的桂戍兵起义。起义不久,队伍便发展到二十万人,动摇了朝廷的统治。后来,虽然朝廷派重兵镇压了这场起义,但李灅并未从中接受教训,奢侈无度的恶习仍没有改变,并且愈演愈烈。

李灅的女儿同昌公主下嫁韦保衡时,他陪送的妆奁里有好几斛用金子制成的麦粒和用银子制作的米粒。公主的家里,井栏和药臼等用具都是金银制品,门窗枕扇和壁上全部装饰着珍宝。至于衣饰、陈设等,更是穷奢极侈,耗费约五百万缗。所行婚仪的豪华程度超过唐朝以前的任何一个公主。一年之后,同昌公主病死,李灅自制挽歌,饬群臣奉和,令宰相以下所有官员都去吊祭。李灅还诬陷给公主治病的医官用药不当,把二十多个医官处死,把医官家属三百多人投入狱中。一些大臣见事不公,劝谏李灅别滥杀无辜,竟被李灅贬为地方官。同昌公主的葬礼也非同一般,仅护丧仪仗就长达数十里。乐工李可及作叹百年曲,率几百人为地衣舞。殉葬的物品全用珠玉制成,大臣们也都以金贝、车马和华服等致祭,每种祭品都是一百二十车。这么多的贵重物品,在墓地上却一把火烧掉了。后来人们把灰烬收集起来,用水冲洗,竟淘出许多金银珠宝来。

李灅在位十四年,只活了三十二岁,就一命呜呼到阴曹地府宴游去了,死后留下的是万世洗不掉的骂名。

唐僖宗听命于宦官

宦官原本是宫中地位低下的奴仆,但是在唐朝中后期,宦官开始得势,甚至连天子的废立也常常由他们来决定。可以说,唐朝后期八十余年的国君都是被宦官所掌握。

懿宗共有八个儿子,唐僖宗是懿宗的第五个儿子,受封为晋王,十二岁时即位。据记载,当时懿宗病危,下诏立其为太子,还称赞他温顺谦和,宽厚孝敬,有天子的风范,仿佛他继承天子之位是由于人才出众而被父王赏识。其实,僖宗是在懿宗驾崩之后,由宦官神策军左军中尉刘行深、右军中尉韩文约所立,僖宗即位当天就封两人为国公,负责处理一切军国政务。

少年继位的僖宗多少有点贪玩,不安心呆在皇宫之中,常常到兄弟们的王府里玩耍、斗鹅,使得鹅价上涨到五十万钱一只。僖宗还与宫中的小太监们打得火热,使得他们恃宠而骄、横行霸道。对于跟他一起玩的伙伴,高兴起来就大肆赏赐,几乎每天都要支出上万两。

同僖宗最亲近的宦官是田令孜。田令孜是四川人,本姓陈,唐懿宗时跟随义父田某进入内侍省当了宦官。由于他读书识字、且有谋略,还在僖宗当晋王时就负责侍候僖宗,两人关系十分亲密,经常同床共眠。僖宗即位后,称呼田令孜为父亲,并任用他为左神策军中尉,把政事都委托给他处理。田令孜知道僖宗十分昏庸,因此对其玩乐不但不加劝阻,反而大肆助长。例如僖宗赏赐无度、国用匮乏时,田令孜让僖宗身边的小太监们劝僖宗没收长安的中亚商人和国内商人的宝货,如有反抗者,送到京兆府打死。得来的钱财,又用于僖宗的玩耍享乐。

田令孜摸清了僖宗的性格,完全不把他放在眼里。国家大事全由田令孜代办,因此他卖官鬻爵、胡作非为,根本不同僖宗交代,直接打着僖宗的名义,下发诏旨。当时朝中几乎没有人敢提出反对,连当朝宰相也对田令孜阿谀奉承,什么事情都顺着田令孜的主意行事。唐末王仙芝、黄巢起义爆发后,田令孜和官员们竟然瞒着僖宗,使他依然沉迷于享乐。左拾遗侯昌蒙嫉恨这样的朝政,于是上书痛斥宦官专权,结果被赐死在内侍省。

后来,黄巢率领大齐军进入长安,唐僖宗仓皇出逃,有几十个天真的军士不让僖宗离去,说黄巢是帮助皇帝清除田令孜这些奸臣的,结果田令孜立即将这伙人全都杀死,带着僖宗逃往四川。当年玄宗在安史之乱时避难于蜀中,没想到僖宗步此后尘,也来到四川避难。除了四川地理条件优越,还因为田令孜本是四川人,他的兄弟陈敬瑄担任四川节度使。这样,僖宗来到四川,就便于他们兄弟二人的控制。

僖宗逃到四川,田令孜由于保驾有功,晋升为左金吾卫上将军、晋国公。田令孜下令犒赏从驾诸军,却不给当地的"黄斗军"(因戴黄帽而得名)任何好处,导致黄斗军叛乱。田令孜下令将其首领毒杀,以为这样就可以平定了事,结果激起黄斗军更加强烈的不满和反叛。这时,田令孜下令关闭宫门,禁止百官出入。后来,黄斗军失败,左拾遗孟昭图上书说,从长安出发时,不带百官,只带宦官,这是不合祖制的,皇帝是九州天子,不只是宦官天子,希望皇帝罢黜宦官,重用百官。结果,田令孜根本不把奏疏交给僖宗,而是假传圣旨,贬斥孟昭图为嘉州司户参军,又派人在路上把他害死。

由于成都驻跸之处比长安狭小很多,僖宗十分不高兴,每日都与嫔侍喝酒赌钱来麻醉自己,有时回想起在长安的生活,不禁泪流满面。每到这时,田令孜就说些宽慰的话,赞美皇帝的圣明,一定可以很快将黄巢小贼消灭掉。僖宗也真是昏庸,听到赞美的话,居然信以为真,又接着玩耍起来。

后来,黄巢起义被镇压,唐僖宗又回到长安,田令孜以为全靠他运筹帷幄才取得胜利,于是更加恣意放肆,根本不听从僖宗的命令。说起这种情形,僖宗自己也流泪不止。但是,此时田令孜已经担任左右神策十军使,指挥的军队有新军54部,每部1000人,左右神策军各27都,总数在10万人以上。

由于长安官员众多、兵士繁杂,财用经常不足,田令孜为了增加财源,准备在安邑、解县的盐税上打主意。原来这两处归盐铁使管辖,黄巢起义时唐朝把它交给河中节度使王重荣带管,由王重荣向中央交一部分食盐。田令孜派义子匡佑来到河中,由于他态度傲慢,引起河中军士的强烈不满。匡佑回到长安,劝说田令孜削除王重荣的盐铁利权,于是田令孜将河中盐利收归中央,以便用盐税补养他的军队和打击王重荣。王重荣满腹愤怒,他既不愿意放弃利益,也为了向田令孜表示抗议,于是联合河东节度使李克用的沙陀部,起兵反叛。田令孜亲自率领左右神策军反击,结果溃败长安,只好带着唐僖宗再度出逃,到了凤翔,又要逃往兴元,僖宗不愿再走,田令孜派兵挟持强迫僖宗前行。

后来僖宗回到长安,内外文武官员纷纷上奏请求赐死田令孜,但僖宗不忍心,只是任命他为剑南监军使,仍然留在身边。后来田令孜内外交困,不得人心,只好称病回乡,后被下令流放到儋州(今广东儋县),但他却依靠兄弟陈敬瑄并不前往流放地。由于僖宗的昏庸无能,导致田令孜这样的宦官在唐朝后期无比猖狂,这也预示着唐朝正在走向灭亡。

钱镠制"警枕"保持警惕

唐朝末年天下动荡不已,军阀朱温废唐建立梁朝。朱温即位不久,原唐朝的镇海(治所在今浙江杭州)节度使钱镠首先派人到汴京祝贺,表示愿意称臣。朱温十分高兴,马上封他做"吴越王"。

钱镠出身贫穷人家,自小练就了一身好武艺,年轻时候为生计还做过盐贩,后来到浙西守将董昌手下当部将。黄巢起义军攻打浙东的时候,钱镠用小股兵力保住了临安(今浙江杭州)。唐朝廷因功封他为"都指挥使",后来又提拔为镇海节度使。

钱穆当上节度使以后,就摆起阔绰来。他把临安城扩大了30里,大造亭台楼阁,在临安盖起豪华的住宅,把自己的王府造得像龙宫一样,出门的时候坐车骑马都有兵士护送。这样做自然加重了百姓的负担。他的父亲对他这样的做法,很不满意。每次听到钱镠要出门,就有意避开。

钱镠得知父亲回避他,心里不安。有一次,他不用车马,不带随从,步行到他父亲的家里,问老人为什么要回避他。

老人说:"我家世世代代都是靠打鱼种庄稼过活的,没有出过有财有势的人。现在你混到这个地位,周围都是敌对势力,还要跟人家争城夺池,但你却在自己的地盘上摆架子讲阔气,这样做定会失去人家的信任和爱戴,所以我怕我们钱家今后要遭难了。"

钱镠听了心下忏悔,表示一定要记住父亲的嘱咐。从那以后他做什么事都小心翼翼,只求保住这块割据地区。

当时,吴越是个小国,北方的吴国比吴越强大,吴越国常常受他们的威胁。钱镠长期生活在混乱动荡的环境里,养成了一种保持警惕的习惯。他夜里睡觉,为了不让自己睡得太熟,用一段滚圆的木头做枕头,叫作"警枕",倦了就斜靠着它休息;如果睡熟了,头从枕上滑下,人也惊醒过来了。他又在卧室里放了一个盛着粉的盘子,夜里想起什么事,就立刻起来在粉盘上记下来,免得白天忘记。

他不但自己保持警惕,对他的将士要求也挺严。每天夜里在他住所周围,有兵士值更巡逻。有一天晚上,值更的兵士坐在墙脚边打起盹来。忽然,隔墙飞来几颗铜弹子,正好掉在兵士身边,把兵士惊醒过来。兵士们后来知道这些铜弹子是钱镠从墙里打过来的,在值更的时候,就不敢打盹了。

又有一天夜里,钱镠穿了便服,打北门进城。城门已经关闭了。钱镠在城外高喊开门,管门的小吏不理他。钱镠说:"我是大王派出去办事的,现在急着要回城。"小吏说:"夜深了,别说是大王派的人,就是大王亲自来,也不能开。"钱镠在城外绕了半个圈子,打南门进了城。第二天,他把管北门的小吏找来,称赞他办事认真,并且给他一笔赏金。

钱镠就是靠他的谨慎小心,将吴越治理得很好。吴越国虽然小,但是因为长期没有遭到战争的破坏,经济渐渐繁荣起来。

钱镠还征发民工修筑钱塘江的石堤和沿江的水闸,防止海水往里灌;又叫人凿平江里的大礁石,方便船只来往。因为他在兴修水利方面做了一点事,所以民间给他起个外号,叫"海龙王"。

后宫逸闻

独孤皇后驭夫有术

1.杨坚发誓不和第二个女人生孩子

隋王朝建立后,地域广阔,威震八方,家家户户都殷实富裕。但就是这样一个富强的统一王朝,只存在了三十多年就灭亡了,是为什么呢?

独孤皇后在其中起着重要作用。独孤伽罗是公认的历史上较有作为的皇后,她最大的能耐是使他的丈夫杨坚完全按照她的意志行事。

独孤皇后不但长得好,而且办事能力极强。丈夫之所以能当上皇帝,她出了不少力。她个人修养也很好。史称她"多嫉",其实是有失公允的。她提倡男女平等,一个男人只能有一个妻子,应该说她是一个早期的女权主义者。但是,她同样也有缺点,晚年对于次子杨广过分溺爱,以至于让一个名实不符的伪君子当了皇帝,使隋朝迅速败亡。九泉下若有知,她一定也十分后悔。

独孤皇后

可以说中国老百姓因为一个女人的缺点而遭受了近十几年的残暴统治,历史的进步亦大大受阻。

北周明帝宇文毓于公元 557 年登基,京城长安有一件婚事引起了全国上下的关注:官拜柱国大将军的杨忠,聘娶独孤信的幼女独孤伽罗给长子杨坚。两家都是地位显赫的家族。杨忠是汉代名相杨震的后代,他助宇文泰起兵,为国家的建立立下了汗马功劳。长子杨坚沾了他父亲的光,十七岁时就由骠骑大将军一直封到大兴郡公。独孤信也和杨忠差不多,宫拜上柱国,爵封卫国公。当今皇帝宇文毓的皇后是她的长女。

独孤信一共生了七个女儿,最喜欢的便是幼女独孤伽罗,他决意为她选一名才貌双全的丈夫。长安城内,公子王孙到处都是,个个都想升官发财,因此上独孤家求婚的人来来往往,非常热闹。但是,独孤信偏偏选中了杨忠的长子杨坚。杨坚的各个方面都让他非常满意。几次慎重考察之后,他满意地定下这门亲事。

婚事热闹而隆重。花烛之夜,一对新人缠缠绵绵,恩爱有加,新娘新郎彼此有情有义,为找到彼此的伴侣而高兴万分。新娘正值青春年少,新郎亦是意气风发。

婚后的生活幸福快乐。生长于权贵之家的独孤氏,谦虚温柔,有很好的家教、修养。她不但聪明美丽,而且通晓书史,博古通今,因此,杨坚十分敬重她。

有一天，杨坚下朝回家后，正在跟夫人一起聊天说话，忽然同僚赵昭求见。赵昭是奉皇帝的密旨而来的。皇帝听人传说杨坚有帝王之相，便想方设法要杀掉他。一见面之后，赵昭不由地被杨坚的长相吓了一跳。他告诉杨坚，他的长相实在是帝王之相，世所罕见。

杨坚听了十分害怕，忙阻止赵昭，不让他继续往下说。杨坚生怕赵昭是皇上派来试探自己的，忙装作不在意的样子，说道："我只不过是一个普通人，只想以父亲为榜样，报效国家，并不想别的事情。"这时的赵昭，已决心投靠杨坚，希望日后能加官晋爵，享受荣华富贵。他说："我绝不是在奉承您，将军日后一定可以称王于天下，但是为达到这个目的，必须除掉大批人才能平定天下。请一定记住我的话！"他还嘱咐杨坚说，执掌朝政大权的宇文护嫉恨贤能，迫害有才华的人，要沉住气，深藏不露，等待时机。

赵昭回报明帝时故意说，杨坚虽然面貌不同于凡人，但将来至多做一个柱国之类的大官，"天子之相"只是胡说八道。明帝这才放下心来。

再说杨坚送走赵昭，回到上房，把刚才赵昭的话告诉了妻子。独孤氏听后十分高兴，丈夫既有做天子的命，那么，自己将来就能当上皇后。作为一个女人，还有什么比当皇后更大的梦想呢？凭着她对于当前形势的判断，以及对丈夫的了解，她相信丈夫是有可能打倒北周而成为天下的新君主的。但同时，出于一个女人的本能，她又担心起来：做皇帝的人，哪个不是三宫六院，佳丽成群，到那时，丈夫还会像现在这样爱自己吗？她把自己的担心告诉了杨坚。杨坚哈哈大笑，说："不必担心这些，我杨坚怎么会是个负心郎？将来无论如何富贵，我都担保不会背叛和抛弃你！"独孤伽罗还是不放心，她说："夫妻之间只有真心相爱，用情专一，才有幸福可言。但是古往今来，哪一个男人不把妻子看作一件衣服一样，总是三妻四妾，朝秦暮楚，更不要说做皇帝的了。我希望你能始终只爱我一个人，不再娶别的女人。"她满怀深情地对丈夫提出自己的希望。杨坚当即答应下来，而且，为了表示对妻子的忠实，还发誓：不和第二个女人生孩子！

2.独孤氏助夫夺帝位

在杨坚的政治活动中，独孤氏始终积极支持丈夫，为他出谋划策。对朝政大局她有着清醒的认识，有自己的见解，因而杨坚很信赖她。当时，宇文护独掌朝中大权，连明帝宇文毓也掌握在他手中。宇文护考虑到先朝老臣会妨碍自己的权势，逼独孤信自尽，又屡次想致杨坚于死地，但每次杨坚都能化险为夷。不久，杨忠死，杨坚袭爵隋国公。为躲避宇文护的迫害，杨坚听从独孤氏的建议，主动要求外放出任随州刺史，另一方面，又暗中广交贤能的朝臣，以期将来共谋大业。

明帝不甘心作宇文护的傀儡，很想除掉他，不幸反被宇文护毒死。临死前，他口授遗诏，把皇位传给英明有为的四弟宇文邕。即位以后的周武帝宇文邕表现得相当沉着而有作为，他委曲求全，隐蔽锋芒，十一年后才除去宇文护。此后，又重用杨坚，让杨坚替他南征北战，消灭了中原一带实力强大的北齐，统一了北中国。杨坚得到武帝的信任，地位和声望日益显赫。在皇太子宇文赟十六岁那年，武帝又选杨坚的女儿杨丽华做太子妃。

齐王宇文宪担心杨坚的权势日益扩张，会危及武帝的权力，劝谏武帝道："杨坚相貌奇特，不同凡人，每次见他总有种莫名的惶恐，此人必不肯久居人下，望陛下及早设法除之。"武帝不以为然。内史王轨也对武帝说："恕臣斗胆，皇太子缺乏执掌天下的气度，杨坚则有取而代之的倾向，我们一定要对杨坚多加防范。"武帝很不高兴地说："如果杨坚是注定要取代我的天下的人，那我即使处处防备，又有什么用呢？"这些话传到杨坚耳里，引起他深深的恐惧，于是，他对武帝格外小心恭谨，唯恐引起猜忌。

宣政元年（公元578年），周武帝集中大量兵力以讨伐投降突厥的北方残余势力，不料还未出兵，竟一病不起，满心忧虑地离开人世。继位的周宣帝宇文赟，与父亲完全不一样，是个荒淫无道的昏君，朝中上下对其很不满。杨坚身为国丈，时常对皇帝的种种荒唐无道的行为加以规劝，于是宣帝开始讨厌杨坚。不久，杨坚一家大祸临头，几乎满门抄斩。只因杨皇后规劝皇帝不要过分胡来，宇文赟竟逼杨皇后自尽，还要夷灭皇后全家。杨坚听到消息，带了独孤夫人在宫门外跪了整整一夜，向皇帝苦苦哀求。其好友，内史、上大夫郑泽也向宣帝苦苦求情。郑泽当过太子宫尹，颇得宣帝信任。经他一番劝说，宣帝才消了气，饶恕了杨皇后及杨坚一家。

这场风波使杨坚夫妇心存余悸，感到如坐针毡，身家性命时时受到威胁。他俩商量之后，感觉只有外放，才能得到安全。大象二年（公元580年）五月，在杨坚挚友郑泽的帮助下，杨坚终于得到了外放扬州总管的任职书。正要动身，郑泽突然从宫里传出消息，说宣帝喝酒中毒，已昏迷两天了，怕有变故。杨坚得到消息后举棋不定，是去扬州上任，还是留在京都以观变化？他只有同妻子独孤氏商量。独孤氏不愧是个有智谋的女中豪杰，她劝杨坚不要走。她认为：太子不是杨皇后所生，万一皇上驾崩，太子即位，女儿的地位必不保。因此，杨坚是否在宫里，同女儿能否保持太后地位很有关系。

"但是，要是不走，有什么托词呢？只怕有人会攻击我，逗留观变，图谋不轨。"杨坚虽然认为夫人的话有道理，却又十分为难。

独孤氏脑筋一转，有了办法，她说："有了，你可以假装不小心扭伤，不便行走，公开宣布延迟行期，再找郑泽、刘贽商量，如果皇上不起，就由他俩当内线随机应变。"杨坚听了很高兴，连连称赞"好主意"。

宣帝昏了整整十天，郑泽见他已没有时日，便利用职权，假拟一道诏书，以宣帝的口气让杨坚进朝佐政，并都督内外军事。又取得杨皇后的默许，就在宣帝床前宣读，算是口传遗旨，使朝廷内外都知道。两天以后，宣帝去世，杨坚便以辅政大臣的身份，扶七岁的皇太子宇文阐即位，便是周静帝。杨坚被任命为左大丞相，把丞相府搬进皇宫。

杨坚独揽大权，必然令宇文氏诸王嫉妒和不满。皇族中资历最老的赵王宇文招早就听说关于杨坚的各种谣传，担心皇位将会被杨坚所夺，便设下鸿门宴，想谋杀杨坚。幸亏随从的护卫将军舍命相护，才未遇害。独孤氏知道以后，力劝杨坚："对付这些反对者，你要狠下心来除掉。常言道，无毒不丈夫，你不除掉别人，别人必除掉你。今已成骑虎难下之势，你不能放弃，退后一步，就是必死无疑。"

妻子的提醒，使杨坚记起以前赵昭的话："须经过一番大诛杀才能夺得天下。"于是，他不留情面地放手大干起来。先命人告发赵王与相州总管尉迟迥狼狈为奸，企图叛乱，株连九族，一口气杀了五个亲王及其家属，又除去六个反对他的大将，对凡是不支持他的朝臣，一一除掉，毫不手软。就这样，铲除了一切障碍。

杨坚辅政两年，见时机已到，就在大定元年，也就是开皇元年（公元581年），逼静帝退位，自己当上了皇上，建立了隋王朝，史称隋文帝。对只有九岁的小皇帝宇文阐,杨坚也没放过,秘密将他害死。接着,又毫无人性地除掉了宇文氏的十六个亲王,几乎将宇文氏的后人斩尽杀绝。

"无毒不丈夫",独孤氏的这一主张,帮助杨坚顺利地当上了皇帝。

3.坚决反对丈夫纳妾

杨坚登基后,封独孤氏为皇后,大儿子杨勇为皇太子。独孤氏共生了五个儿子,杨勇、杨广、杨俊、杨秀、杨谅,以及两个女儿,杨丽华和兰陵公主。杨坚总是得意地说:"我没有嫔妃,五子同母,算得上真兄弟。不像前代帝王,宫内太多宠爱,兄弟间互相争权夺利,亡国之道,没有比这更严重的。"他当然不会料到,几年之后,一母所生的亲兄弟,也闹出了骨肉相残的悲剧。至于他"别无姬妾",却是实情。

杨坚做了一统全国的大皇上,对于皇后的感情,依然如故。他对妻子于敬重之中略带惧怕,简直是言出必从。凡军国大事,全都是同独孤氏商议之后再作决定。杨坚日日临朝,独孤氏总是陪他乘坐同一辆御车,杨坚去前殿听政,她坐在后殿倾听。杨坚处理政事如有差错,她听见后,就让宦官随时前去进谏纠正。杨坚退朝,她也一同坐车回寝处。每次谈到国事,帝、后二人观点看法总是一致的,宫中称之为"二圣"。

独孤皇后不仅辅佐杨坚执政,而且把后宫管理得井然有序,后宫也设"六部"组织系统。据史料记载,她还有很多让人赞赏的品德言行,如敬重朝廷大臣的父母等。

她因从小失去父母,对有父母的公卿,非常羡慕。有大臣建议皇后有任命百官妻子职衔的权力,她拒绝了,说:"也许妇人干预国家大政会由此而生,这样做对国家不好。"独孤皇后经常对公主说:"周家公主缺少作为妇人应有的品德,常对舅姑失礼,离间亲人的骨肉,你们一定要记住不要这样做。"她崇尚节俭朴素,不喜铺张浪费。当时在突厥同中国的交市上,幽州总管阴寿买到了一箱子珠宝,价值八百万,当作礼物送他,她却拒绝接受,说道:"我不需要这些东西,如今戎狄多次侵犯我们边疆,将士们防御敌人入侵非常辛苦,不如将这些珠宝分别奖赏给有功的将士吧!"史书还说她"很仁慈,每次听说朝廷处决犯人,没有一次不为他们流泪的"。

但是，由于她十分在乎丈夫与她之间的感情，所以她要求杨坚遵守一夫一妻的约定，在这方面对杨坚控制得非常紧，因此这些举动招来嫉妒的评价。根据史书上记载"独孤氏多嫉"，就是这个道理。对杨坚来说，不是每次都心甘情愿地受妻子控制。"别无姬妾"，是独孤皇后与其他女人争宠而导致的结果。

　　开皇十九年（公元599年），隋文帝的别宫仁寿宫建造完毕。画栋雕梁，金碧辉煌，杨坚因此"饱暖思淫欲"。他想，自己是当朝帝王，后宫佳丽多如天上的云朵，却不能与她们亲近，因此心情低落。这天，独孤皇后身体不舒服，隋文帝一个人来到仁寿宫打发无聊时光，当他在宫苑中一边散步一边观赏花草树木时，忽然看见一个年轻的女子，长得十分漂亮。只见她弯眉似黛山，樱桃小嘴，体态丰满，有一种高贵的气质，令人勾魂。文帝看后非常喜欢，便开口问道："你姓什么，进宫已有多长时间了？"那宫女跪着回答说："奴婢复姓尉迟，是罪臣尉迟迥的孙女，被牵连在宫里服罪已有四年。"杨坚听后有些吃惊，这个他所喜爱的美人，竟是尉迟迥的孙女，尉迟迥当初一直坚决反对他。但是，他不能抵制美色的引诱，而且尉迟氏娇声柔语，曲意奉承，杨坚最后忍不住把她抱在怀里，把独孤皇后和海誓山盟的誓言扔在了一边。之后的几天里，他下朝后就匆忙赶到仁寿宫同尉迟氏偷偷见面，再也不去看望生病的皇后了。

　　几天之后，独孤皇后的身体痊愈了，她对一连几天不见皇帝的身影感到奇怪，问内侍，得知皇帝住在仁寿宫，觉得奇怪并有所怀疑，便派内侍去探听消息。不一会儿，内侍急匆匆地回来，一五一十向她诉说了隋文帝与尉迟氏之间的风流事。独孤皇后非常生气，立即赶到仁寿宫兴师问罪。

　　"好哇，你竟忘了我们以前的誓言，在我生病的时候同别的女人在一起鬼混。"她生气地斥责杨坚。

　　"我不过是一时来的兴致，皇后不用如此认真。"杨坚一脸不经意的样子。

　　"既然如此，你打算如何解决这件事？"她进一步逼问。

　　"这……我撵她出宫去。"杨坚虽然不舍得让尉迟氏离他而去，但慑于独孤皇后的威势，只能忍痛割爱。

　　但是，独孤皇后知道，凭着尉迟氏的美貌，不久之后皇帝还会背着自己去与她约会，以后皇帝还会与其他更多的女人有私情，她不能让其他女人夺走自己的丈夫。于是，悲剧发生了。

第二天,杨坚上朝后回宫,却不见独孤皇后的身影,问内侍,内侍吞吞吐吐不肯告诉他到底发生了什么事。杨坚大发脾气,内侍才向他禀告,皇后在皇帝走后去仁寿宫了。杨坚一听,知道大事不好,忙骑上一匹快马在最短时间内赶到仁寿宫。隔着窗户向屋里看,顿时伤心欲绝,地上躺着一具女尸。浑身鲜血淋淋,正是他最喜欢的美人尉迟氏。还坐在上头高声怒骂的独孤氏,真像一个母夜叉,杨坚大吃一惊,怒不可遏,再加上悲痛万分,于是,掉转马头,便直向宫门外狂奔而去。

独孤皇后见杨坚骑马离开皇宫,知道大事不好,想要阻拦,便大叫几声,杨坚却不回头,也不理睬,直出长安北门飞奔而去。她连忙叫内侍去请高颎和杨素,他们是杨坚最信任的两个大臣,将事情原委简略交代了之后,命他们出城去找皇帝的下落。

隋文帝从长安北门出宫,扬鞭策马狂奔,一口气跑了二三十里,最后停在一片山谷前。此时,他心情复杂,既为惨遭杀害的爱人感到痛心,也痛恨独孤氏的心狠手辣;并且作为皇帝,他为自己的尊严受损而异常愤怒。他很想借机处罚骄横的皇后,又怕朝廷中的大臣们议论"皇帝好色,皇后好妒",传出流言蜚语,有损皇室尊严。他不知道自己下一步该如何是好。

不久,高颎和杨素骑马追上来,君臣见过面后,高、杨二人极力劝告皇帝,尽快消气回皇宫,以免在野外遭遇不测。杨坚叹了口气说:"我虽然贵为皇上,却连这点自由都被剥夺,这皇帝当着还有什么用!"高颎赶紧劝道:"皇上这就不对了,怎么可以为一个女人而看轻国家?"杨素也说道:"皇后非常焦急,正在宫中恭候皇上回宫。"规劝了很久,杨坚才有点消气,掉转马头,同高颎、杨素一起赶回宫中。

这时,已快半夜了,独孤皇后仍在阁门前等着,杨坚一回来,泪水立刻夺眶而出,忙跪下谢罪道:"臣妾一时发脾气,让皇上生气了,希望皇上念我们夫妻的情分,原谅臣妾这一回吧!"高、杨二人也马上说:"皇上还没有吃晚饭,皇后就赐我们在此吃顿饭吧!"他们想让独孤皇后借机摆脱困境。并借晚饭使帝、后二人和好如初。

这次冲突,终于在一顿饭后烟消云散。

独孤皇后不但坚决反对杨坚纳妾,也极力反对大臣们纳妾。她知道臣子和亲王纳妾的事，肯定要让皇上骂他，也不会重用他。杨坚的宠臣高颍本是独孤皇后的父亲独孤信的朋友，独孤皇后一向很尊重他，后来，听说高颍在劝杨坚时，曾说过"怎么可以为一个女人而看轻国家"的话，便很不高兴，觉得高颍看不起自己。后来又听说高颍的夫人死后，他的妾生了儿子，所以对高颍怀恨在心。

到晚年，独孤皇后更加强烈地反对纳妾，以致对大儿子产生不满，使二儿子杨广争夺太子地位的阴谋获得成功。隋朝经过两个皇帝就灭亡，同她的偏见是分不开的。

4.独孤皇后被儿子杨广欺骗

杨坚的几个儿子，个个都俊美无比。特别是太子杨勇和次子杨广，文武双全，商议国家大事时很有见解，杨坚夫妇非常看重他们。杨勇性格宽厚坦率，不做作；杨广很有心机，很会看人脸色，奉承父母。在五个儿子中，独孤皇后最喜爱杨广，而杨坚由于重视皇位继承人，对太子杨勇总是严加管教。

杨勇的太子妃元氏，出身北魏皇族，地位高贵，独孤皇后很是喜欢。但元氏并不漂亮，杨勇也不很喜欢，却很宠爱一个叫云氏的妾。为此，独孤皇后很不满意。后来，元氏得急病两天后死了，恰巧云氏此时生了一个儿子，独孤皇后伤心过后，怀疑元氏是云氏同太子合谋害死的，便不给杨勇好脸色。偏偏杨勇太没有心计，不但一点不收敛，反而让云氏管理东宫事务，像对待正妃那样对待她，独孤皇后更加愤恨。她就派了贴身仆人暗察杨勇的行为，只要有一点过错，就到杨坚面前说杨勇的坏话，好像杨勇非她所生。慢慢地，杨坚也不太满意太子，尤其有两件事让杨坚大为不满，其一是有一次朝廷阅兵，杨勇用珠宝装饰了自己的铠甲，而杨坚朴素勤俭，于是大骂杨勇："自古的皇帝，奢侈的肯定亡国，你是太子，更应知道勤俭节约，才能对得起宗庙。"其二是一年的冬至，杨勇在太子宫接受文武百官的贺节，场面过于铺张浪费。独孤皇后得知此事后便告诉了杨坚，杨坚很是生气，第二天命令群臣道歉，以后不准擅自去向太子贺节。

杨勇逐渐不得父母欢心，杨广看在眼里，喜在心上。他早就有争夺皇位的野心，看到这种情景，觉得机会来了，于是马上行动起来。

杨广为人奸诈阴险，擅长讨父母欢心。首先，他知道父皇很反感奢侈，于是把自己的晋王府布置得极为简陋,留几个又老又丑的丫头仆人供使唤,自己与妻子萧妃只穿旧衣服,车马等生活用品都极为简陋。父皇母后来到晋王府,见到这一切当然很满意。其次,他知道母后不喜人纳妾忘妻,虽有妾数人,却故意装出与萧妃恩恩爱爱、相依相伴的样子,即使姬妾生了儿子,也不让养育。他还极力与朝臣结交,努力使自己显得谦逊有礼。只要是宫中派来的太监宫女,他全都待若上宾。这些人回去极力称赞晋王的贤德。所以,无论宫中还是朝廷,杨广口碑都很好。

隋文帝平定陈国之后,命令杨广为扬州总管,掌管南方。杨广入宫与母后辞行,故意装出恋恋不舍地样子,还说些感人的话给独孤皇后听,让她极为感动。"儿臣这次到江南,远离母后,不能陪伴母后身边,心中十分伤心。"杨广跪在母后脚下,哭着说道。

独孤皇后也很留恋他,一番嘱咐过后,又问他有没有到其他地方辞行。当说起太子杨勇的时候,杨广假装一声长叹,装出一副愁容,想说又不敢说的样子。独孤皇后顿时起了疑心,问他有什么烦心的事。杨广请母后让左右退下,趴在地上哭着说:"母后已经问起,儿臣就不得不直说了。儿臣向来尊敬太子,可不知道怎么回事,太子对我非常不满意,认为我假装好人,心怀不轨,将来他总有一天要报复我。儿臣远居藩外,太子常在父皇身边,若父皇相信太子谗言,儿臣天高地远无法解释,恐怕死无葬身之地了!"说到这儿,他泣不成声。

独孤皇后又是怜爱又是怨恨,说道:"阿伐(杨勇小名)简直太不像话了!我给他娶了元氏,向来没有疾病,却突然暴病身亡,他却与那个云氏日夜寻欢作乐,我就怀疑这里面有问题。好了,现在他竟然连自己的兄弟都要谋害,这怎么了得?我现在还活着,他就敢这么做,我要是去世了,你们岂不就是他的案板上的肉?另外,东宫到现在为止还没有正妃,一旦皇上千秋万岁之后,你们兄弟几个,岂不要向那姓云的问安跪拜?这像什么话!"说到这里,她又气恼又伤心,也哭泣起来。

杨广见已达到目的,马上劝说道:"都是儿臣不孝,让母后伤心,让儿臣怎么心安?"

通过这次谈话,杨广明白母亲对哥哥已极不满意,觉得取代太子的地位为时不远了。他秘密召集心腹张衡、宇文述两人商量,决定由宇文述拜托好朋友杨约,请杨约求哥哥杨素帮忙,为杨广谋取皇储之位。杨素开始不敢,后听说独孤皇后讨厌太子,也有废他之意,便有所动心。他知道皇帝对皇后言听计从,如果不依从晋王,万一晋王真的成了太子,自己就会灾祸临头。不过,老奸巨猾的杨素仍不敢轻易相信,决定自己去试探独孤皇后的真意。

不久,在一次内廷宴会上,杨素故意在帝、后面前称赞晋王。

独孤皇后听了立刻就说:"我这个儿子的确很孝顺,一说到要远远地离开父母亲,就两眼泪汪汪。我和皇上派遣的使者,他和萧妃都亲自迎送,而阿伐却不一样,成天只知道和一班小人亲近,我和皇上派去的使者,他总是无所谓地置之不理,眼里哪还有父母至尊?"

杨素一听,知道独孤皇后真的有所偏私,便也借机讲了一通太子的不是。过了几天,杨广派人送来很多珍奇古玩、无价之宝,令杨素十分开心,他决心见风使舵,帮助杨广打倒太子。

杨勇逐渐察觉到自己的太子地位已开始动摇。惊慌失措之下,别无办法,只能在自己后园内设一简陋草屋,称为庶人村,粗衣草床,住在里面,以示改过自新。杨坚知道后,命杨素去东宫打探太子的言行。杨素来到太子门前,递上名刺。太子不敢怠慢,连忙整理衣冠,站在台阶下面迎候。杨素故意停留在门外,许久不进去,以此让太子生气。太子等候很久,才见杨素姗姗而来,不禁怒形于色,言语中也有不悦。杨素回去禀报杨坚说,太子心里存有怨恨,恐怕有变心。杨坚还有些将信将疑,独孤皇后却已派人去察看了太子的过失,芝麻绿豆大的一点小事,也报告给杨坚,无不构成罪名。更狠毒阴险的一招是,杨广命人用黄金买通了太子的近臣,让他捏造莫须有的罪名,诬陷太子谋反。

对太子不利的流言从四面八方传来,杨坚也开始相信了。他十分生气,一天,他在大兴殿升朝,召集东宫所有的官员,怒气冲冲地训斥:"仁寿宫离此不远,但朕每次出行返回京城,都要严加防范,好像是身在敌国一样。最近我得了腹泻,半夜到后房上厕都不敢停留,生怕有什么意外发生。没想到朕开创帝业这么多年,竟然天天提心吊胆恐怕生变!"

他命杨素当众陈述太子的罪行,杨素于是胡编乱造,把太子说得一无是处,不仅淫乱奢侈、好杀好嫉,甚至有不轨密谋、诅咒皇上早死等事。杨坚听到这里,气得流下老泪,说道:"此儿罪恶,我早已听说。皇后每每劝我把他废掉,改立贤能,我念此儿是长子,总希望他改过自新,不料他怙恶不悛,反而心怀怨恨。我岂可将国家社稷交给这不孝子呢?"

开皇二十年(公元600年)十月,隋文帝决定废掉杨勇的太子身份。这天,他在武德殿上朝处理公事,穿着龙袍,金光闪闪非常威严,文武百官排列在朝堂的东面,宗室亲王站在朝堂的西面,台阶下站着持戈士兵,让人不寒而栗。杨勇被叫上了大殿,见此情景,很害怕,以为皇帝要杀他,立刻趴在台阶上,不住叩头。文帝叫任内史职的薛道衡当着大家的面宣读废掉他儿子的诏令,将杨勇及其十个儿子都降为老百姓,并看管在内史省。读完后,武士们走进朝堂,把杨勇和他的儿子们的官服都脱了。

杨勇很庆幸没被杀死,诚惶诚恐地谢道:"儿臣有罪,应当把我的尸体扔到街上,让大家有个警示。因为父皇可怜我,才能保住小命。"说完,泪流满面,又谢了父皇然后出去了。文武大臣见了,都可怜同情他,但谁都不敢多说什么。

两个月后,杨广被立为太子。这件事令皇帝、皇后十分满意,都以为有杨广当以后的皇帝,不会有后顾之忧。在这中间听从皇后的命令,把握大权,造成废掉太子悲剧的杨素,升官到左仆射这一职位,进一步执掌朝廷大权。最可怜的是杨勇,他知道自己并没犯多大的错,还不至于被废掉,总希望有一天能再见到父母,当面说明自己是冤枉的。但是父母却不再理会他,他常常在被关的地方,爬上大树,高喊:"父皇、母后,可怜可怜我,让我出来吧!我冤枉啊!"但是,监管杨勇的正是新太子杨广,怎么会让他再见父母呢?可恨的杨素,当文帝有时问到杨勇时,他却说:杨勇已经疯了,好不了了。杨坚便命令杨广严加看管杨勇。这样,杨勇一直同父母离得很远,再无见面的机会。

仁寿二年(公元602年)八月,皇后病死。直到死前,她还以为自己替杨家选了一个理想的继承人。她哪里知道,就在她的棺材前,杨广也扮演了双重角色:当着众人,他手扶棺材,大声地哭,痛不欲生;回到家里,喝酒作乐,好像平时一样。倒是她丈夫杨坚,在临死前的一瞬间才后悔,可惜已经晚了。

皇后死后,杨坚得到了"贵为皇帝一样的自由",得以放纵声乐。先是陈后主的妹妹"江南第一美女"陈宣华,后是容华夫人蔡氏,但他毕竟是六十多岁的人了,白天工作很忙,夜间要和两个美人在一起,总是心有余而力不足,因此才一年多,就得了一身病,起不了床。病中的杨坚,对贴身佣人叹息道:"若是皇后在世，我就不会变成这个样子。"在他病得快死时，杨广已露出好色的本性，甚至有急于做皇帝的野心，使重病中的杨坚更加生气。

一天，杨坚昏睡很久后醒来，迷糊中听见门帘一动，好像响声不太对，睁开眼睛望去，见一个人迅速地进来，神色慌张。仔细一看，是陈宣华，忙问发生了什么事。陈宣华哭着说："太子太不懂事了！"杨坚又惊又气，大骂："他怎么能做大事呢？是独孤皇后害了我！"说着赶紧让侍从叫兵部尚书柳述和黄门侍郎元岩来见他。原来，太子杨广早就垂涎宣华夫人的美色。这天他在父亲休息的地方伺候，走到偏殿，刚好遇见陈宣华在换衣。他见左右无人，便上前调戏，想非礼她，结果陈宣华逃走了，杨广则只好急忙溜回东宫。

柳述和元岩奉命进宫，杨坚喘着气道："快……快，赶快叫我儿来！"柳述说："太子现在东宫，我这就去叫他。"杨坚连连摇头，喘着说："勇……勇……"两人明白了，走出来商量，觉得原太子杨勇已被看住了，必须有特别允许的命令才能让他进宫，忙去找来纸笔，又想着诏书的用词。还没有写完，忽听外面人声嘈杂，进来好多卫士，将两人抓到了大理监狱中。这边，杨广亲自带领东宫卫士，分头把守宫门，禁止任何人出入，他自己直接闯进杨坚卧室。命两夫人退出。不一会儿，就传出皇帝去世的消息。显然是杨广见情况不妙，怕失皇帝地位，便亲手杀死了父亲。

接着，就由杨素写遗诏，以隋文帝的口气，将帝位传给太子杨广，这便是历史上有名的隋炀帝。

长孙皇后谏唐太宗爱良臣

有人说：一个成功的男人背后站着一个伟大的女性。唐太宗大治天下，盛极一时，除了依靠他手下的一大批谋臣武将外，也与他贤淑温良的妻子长孙皇后的辅佐是分不开的。

长孙皇后是隋朝骁卫将军长孙晟的女儿，母亲高氏之父高敬德曾任扬州刺史。长孙皇后生长在官宦世家，自幼接受了一整套正统的教育，形成了知书达礼、贤淑温柔、正直善良的品性。在她年幼时，一位卜卦先生为她测生辰八字时就说她"坤载万物，德合无疆，履中居顺，贵不可言。"

唐太宗李世民与长孙皇后

长孙氏 13 岁时便嫁给了当时太原留守李渊的次子、年方 17 岁的李世民为妻,她年龄虽小,但已能尽行妇道,悉心事奉公婆,相夫教子,是一个非常称职的小媳妇,深得丈夫和公婆的欢心。

李世民当上皇帝后,长孙王妃也随即立为母仪天下的长孙皇后,应验了卜卦先生说她"坤载万物"的预言。

做了至高无上的皇后,长孙氏并不因之而骄矜自傲,她一如既往地保持着贤良恭俭的美德。对于年老赋闲的太上皇李渊,她十分恭敬而细致地侍奉,每日早晚必去请安,时时提醒太上皇身旁的宫女怎样调节他的生活起居,像一个普通的儿媳那样力尽着孝道。对后宫的妃嫔,长孙皇后也非常宽容和顺,她并不一心争得专宠,反而常规劝李世民要公平地对待每一位妃嫔,正因如此,唐太宗的后宫很少出现争风吃醋的韵事,这在历代都是极少有的。

当初隋文帝的独孤皇后虽然也曾把后宫治理得井然有序,但她靠的是专制的政策和手腕;而长孙皇后只凭着自己的端庄品性,就无言的影响和感化了整个后宫的气氛,使唐太宗不受后宫是非的干扰,能专心致志料理军国大事,难怪唐太宗对她十分敬服!

长孙皇后虽然出身显贵之家,如今又富拥天下,但她却一直遵奉着节俭简朴的生活方式,衣服用品都不讲求豪奢华美,饮食宴庆也从不铺张,因而也带动了后宫之中的朴实风尚,恰好为唐太宗励精图治的治国政策的施行做出了榜样。

因为长孙皇后的所作所为端直有道,唐太宗也就对她十分器重,回到后宫,常与她谈起一些军国大事及赏罚细节;长孙皇后虽然是一个很有见地的女人,但她不愿以自己特殊的身份干预国家大事,她有自己的一套处事原则,认为男女有别,应各司其职,因而她说:"母鸡司晨,终非正道,妇人预闻政事,亦为不祥。"唐太宗却坚持要听她的看法,长孙皇后拗不过,说出了自己经过深思熟虑而得出的见解:"居安思危,任贤纳谏而已,其他妾就不了解了。"她提出的是原则,而不愿用细枝末节的建议来束缚丈夫,她也十分相信李世民手下那批谋臣贤士的能力。

李世民牢牢地记住了贤妻的"居安思危"与"任贤纳谏"这两句话。当时天下已基本太平,很多武将渐渐开始疏于练武,唐太宗就时常在公务之暇,招集武官们演习射技,名为消遣,实际上是督促武官勤练武艺,并以演习成绩作为他们升迁及奖赏的重要参考。按历朝朝规,一般是除了皇宫守卫及个别功臣外其他人员不许带兵器上朝,以保证皇帝的安全,因此有人提醒唐太宗:"众人张弓挟箭在陛下座侧,万一有谁图谋不轨,伤害陛下,岂不是社稷之大难!"李世民却说:"朕以赤心待人,何必怀疑自己左右的人。"他任人唯贤,用人不疑的作风,深得手下文武诸臣的拥护,由此属下人人自励,不敢疏怠,就是在太平安定的时期也不放松警惕,国家长期兵精马壮,丝毫不怕有外来的侵犯。

关于任贤纳谏一事,唐太宗深受其益,因而也执行得尤为到家,他常对左右说:"人要看到自己的容貌,必须借助于明镜;君王要知道自己的过失,必须依靠直言的谏臣。"他手下的谏议大夫魏徵就是一个敢于犯颜直谏的耿介之士。魏征常对唐太宗的一些不当的行为和政策,直截了当地当面指出,并力劝他改正,唐太宗对他颇为敬畏,常称他是"忠谏之臣。"但有时在一些小事上魏徵也不放过,让唐太宗常觉得面子上过不去。

一次,唐大宗兴致突发,带了一大群护卫近臣,要表郊外狩猎。正待出宫门时,迎面遇上了魏徵,魏徵问明了情况,当即对唐太宗进言道:"眼下时值仲春,万物萌生,禽兽哺幼,不宜狩猎,还请陛下返宫。"唐太宗当时兴趣正浓,心想:

"我一个富拥天下的堂堂天子,好不容易抽时间出去消遣一次,就是打些哺幼的禽兽又怎么样呢?"于是请魏徵让到一旁,自己仍坚持这一次出游。魏徵却不肯妥协,站在路中坚决拦住唐太宗的去路,唐太宗怒不可遏,下马气冲冲地返回宫中,左右的人见了都替魏徵捏一把汗。

唐太宗回宫见到了长孙皇后,犹自义愤填膺地说:"一定要杀掉魏徵这个老顽固,才能一泄我心头之恨!"

长孙皇后柔声问明了缘由,也不说什么,只悄悄地回到内室穿戴上礼服,然后面容庄重地来到唐太宗面前,叩首即拜,口中直称:"恭祝陛下!"

她这一举措弄得唐太宗满头雾水,不知她葫芦里卖的什么药,因而吃惊地问:"何事如此慎重?"

长孙皇后一本正经地回答:"妾闻主明才有臣直,今魏徵直,由此可见陛下明,妾故恭祝陛下。"

唐太宗听了心中一怔,觉得皇后说得甚是在理,于是满天阴云随之而消,魏徵也就得以保住了他的地位和性命。由此可见,长孙皇后不但气度宽宏,而且还有过人的机智。

长孙皇后不仅是口头上称赞魏徵,而且还派中使赐给魏徵绢四百匹、钱四百缗,并传口讯说:"闻公正直,如今见之,故以相赏;公宜常秉此心,不要转移。"魏徵得到长孙皇后的支持和鼓励,更加尽忠尽力,经常在朝廷上犯颜直谏,丝毫不怕得罪皇帝和重臣。也正因为有他这样一位赤胆忠心的谏臣,才使唐太宗避免了许多过失,成为一位圣明君王。

杨玉环听小人之言疏远李白

唐玄宗自从得到杨玉环后,便开始只顾享乐,再也不想过问国事。

有一年,宫中牡丹盛开,唐玄宗与宠爱的杨玉环一起趁着月夜赏花,顺便召翰林学士李白作了《清平调》三首。皇上和贵妃十分赞赏,从此尤其厚待李白。

唐玄宗有一位名叫高力士的人也很得宠,这人是一位"长舌妇"式的人,专营投机取巧,诽谤好人,李白看不惯他,有一次在宫宴上醉酒,便让他给自己穿了次鞋,高力士一直记恨在心里,便寻找机会说李白的坏话。

杨玉环雕像

一天，贵妃正在吟诵"一枝红艳露凝香，云雨巫山挂断肠。借问汉宫谁得似，可怜飞燕倚新妆。"想到李白把自己比作汉朝美女赵飞燕，不由得意非常。

高力士见状，觉得这是个诽谤李白的机会，便在旁说道："我还以为娘娘深恨李白，谁知娘娘还如此喜爱他的诗。"

杨贵妃很惊异地问："难道李白说了什么令我不堪的话吗？"

高力士说："李白以飞燕来比娘娘，是有所指啊。"杨贵妃猛想起赵飞燕后来恃宠被杀，李白把自己比作赵飞燕，岂不是指自己会落得与赵飞燕一般，盛极而衰，死于非命的下场吗？因而十分恼恨李白，便开始阻止玄宗对李白的提升。

而李白之所以赋此诗，其实也应该是有意在警告杨玉环，不能只顾享乐，而最终落得赵飞燕一样的下场，但结果还是被李白言中了，"安史之乱"爆发后，杨玉环在马嵬坡被缢死。

李白性格放荡不羁，虽有诗才为玄宗所喜，但个性却不为人所爱，故玄宗也渐渐地疏远了李白。

上官婉儿"聪明反被聪明误"

一代女皇武则天的心腹上官婉儿素以才女著称。她不同于那些酷吏、诸武和男宠,仅仅一时充作武则天镇压反对派的工具;也不同于那些治国能臣、忠勇将帅,多是武则天政策的执行者。她是武则天的心腹、笔杆子,长期生活在武则天身边,一面精心侍奉武则天,一面在宫中执掌制命,为武则天代笔草拟敕诏,活跃于政治舞台上。朝中文武臣官无不对她另眼相看。她虽一生未嫁,仍丑闻缠身。因此,她的私生活也和她的身世一样,引起后人的注目。

上官婉儿

上官婉儿还在襁褓中时,因其祖父上官仪的案子牵连而籍没入宫。那还是麟德元年,当时高宗对武则天的专横牵制甚为不满,与宰相上官仪密谋废后。上官仪附和高宗之意说道:"皇后恣意专权,天下极为不满,应当废掉以顺人心。"高宗即令其起草废后诏书。武则天听到密报后,慌忙赶到高宗身边,一把抢过诏书,瞪起眼睛看了一遍,恶狠狠地把脖子伸到高宗面前嚷道:"你杀了我算了！杀呀！杀呀！"高宗久处积威之下，对撒泼的武则天毫无办法，只得支支吾吾地说："这不是我的意思，都是上官仪教我的。"只一句话就嫁祸于人，让上官仪成了替罪羊。武则天竟不肯轻易罢休，指使亲信许敬宗诬陷上官仪勾结前太子李忠图谋叛逆。结果，上官仪与其子上官庭芝被下狱处死，上官庭芝之女上官婉儿也随其母没入宫中为婢。

上官婉儿在宫中渐渐长大，她天资聪慧，又肯用功学习，对宫中万事都了如指掌。十四岁就会作诗，众人都夸她是才女。后来，武则天见她才华出众，善解人意，就封她为婕妤，协助她拟敕制诏。上官婉儿也不计较武则天杀父之仇，死心塌地地与武则天在国事上密切合作，这种不计前嫌的雅量在一般人中是鲜见的。据说当年她母亲怀她的时候，曾梦见神人送来一杆大称，占梦的说这预示着上官婉儿将掌握大权衡量天下大事，那时她家是罪臣孤子。谁也不相信，想不到竟然成真。

上官婉儿对武则天唯命是从，很受武则天的宠信，但也有一段时间屡遭训斥。不是因为她办事不力，而是因为独身半生的她，理解不了武则天的情态心理。时年七十多岁的武则天因男宠薛怀义死后，御医沈南身心虚弱满足不了自己，整天陷入寂寞无聊的烦闷之中。她喜怒无常、脾气暴躁，动不动就责骂侍女。上官婉儿虽然善解人意，但从来没尝过男欢女爱的滋味，对武则天的变态只能感到惘然。后来张易之、张昌宗两位美少年入宫侍寝，武则天才又精神焕发，精力充沛起来，上官婉儿这才似有所悟。据说上官婉儿额头上的一道创伤还是她与武则天的男宠张昌宗调情时，武则天醋劲大发，一剑砍伤的。

武则天死后，武三思是中宗与韦后最亲密、最信赖的知己，官至司空，并和韦后勾搭成奸，成为操纵中宗的"真天子"。武三思的再度猖獗得益于上官婉儿鼎力相助。其时上官婉儿由正三品女官婕妤，升为正二品昭仪，她虽然已有四十多岁，但风韵犹存，看起来不过三十出头的年纪。她容貌艳丽、风度袅娜、举止大方、才华横溢，令男人们为之倾倒，中宗也垂涎欲滴。但韦后专横，中宗不敢觊觎，众大臣也惧于上官婉儿的声望可望而不可即。由于武三思和韦后的亲密关系，他可以随时出入宫廷。出于政治需要，武三思想尽办法取悦上官婉儿，挖空心思勾引上官婉儿，使她深深地陷入情网。面对权势显赫又对自己体贴入微的男子，体验了床笫之欢，欲壑难填，遂与武三思频频幽会于后宫，后来竟成为宫中公开的秘密。为了更方便地与武三思苟合，上官婉儿便要求在宫外建立私宅，把母亲沛国夫人接来同住，每天早出晚归到后宫侍奉帝后。闲暇时，她则与武三思在一起厮混。许多女官纷纷效仿，竟开了宫廷史的一个先例。

上官婉儿最爱的还是唐宗室诸王中的李逸，而李逸却爱着武则天的侄女武玄霜，最爱上官婉儿的又是长孙泰，长孙泰的妹妹恰好是李逸的妻子，这几人都是朋友知交，在这种不可言说的困境中，上官婉儿对远在天山的李逸写道：

叶下洞庭秋，思君万里余；

露浓香被冷，月落锦屏虚。

欲奏江南曲，贪封蓟北书；

书中无别意，惆怅久离居。

中宗回宫五年后，五王发动政变，逼迫武则天将政权交还给中宗。当五王之一的张柬之率领大队人马冲进宫时，武三思正在太子宫与韦后歪躺在床上下棋。只听见屋外人声鼎沸，却不知发生了什么事，这时上官婉儿敏捷地冲进屋来，拉着武三思仓皇躲入阁楼之中，这才避过了一场大祸，事后只是被削去王爵而已。武三思侥幸躲过一劫，以后便千方百计消灭"五王"势力，在朝中权倾一时。

后来，武三思被杀，韦后专权，毒死了中宗，引起了李隆基发动政变。当李隆基率众进入宫中杀死韦后及安乐公主后，上官婉儿心存侥幸，率领宫人秉烛出迎。她拿出一纸诏书的底稿让李隆基过目，说当初是她亲拟诏书立温王李重茂为帝，以相王李旦辅政的，不过韦后不肯。这个未实现的"功劳"没有打动李隆基，上官婉儿当场被李隆基的部下一刀杀死。这个聪明一生的才女佳人终究没有逃脱厄运，竟惨死于这场流血的事变之中，死时年仅四十七岁。倘若她生前有先见之明，与武三思和韦后等人拉开距离，或许不会遭此下场。

金城公主不嫁儿子嫁父亲

西藏吐蕃王朝时期，赞普赤德祖赞的妃子赤尊生了一位王子，长得威武英俊，如天神降临人间，因为其母是羌族姑娘，所以给他取名"姜擦拉温"，意思是羌族的外甥，天神的子孙。

金城公主

　　随着时间的流逝，王子渐渐长大，转眼间到了该娶亲的年龄。于是赞普召集文武大臣商议选王妃之事，他说道："先祖松赞干布，雄才大略，娶大唐之女文成公主为妻，使两国和睦相处、吐蕃繁荣稳定。如今王子长大成人，也应该有一位美丽贤惠的姑娘作其妃子。我听说大唐中宗之女金城公主美貌贤淑，想要为我儿迎娶她。"于是派使臣携重礼前往长安请婚。

　　唐中宗看过奏函和聘礼，决定将金城公主许配给吐蕃王子。金城公主知道后，不知是喜是忧，吐蕃遥遥千里，远离家乡，更不知王子人品如何。据说，公主有一面宝镜，可照未来和远方的事物，她从镜中看到吐蕃雅砻河谷美丽富饶，王子英俊潇洒，于是满心欢喜地答应嫁给姜擦拉温。

　　不久，金城公主带着皇帝的嘱咐，以及大量物品前往西藏。但是行至半路，不幸的事情发生了。吐蕃王臣、百姓听到金城公主要嫁到吐蕃的消息后，大家都非常高兴，尤其是善擦拉温他骑上骏马，带着随从，高高兴兴地前去迎接金城公主。谁料想，王子在途中策马奔驰时，不小心从马上摔下来，命丧黄泉。

　　也许是心有灵犀吧，公主行至汉藏两族交界处，突然心绪烦躁，就拿出宝镜观看，谁知镜中原来年青英俊的王子不见了，代替他的是一位满脸胡须的老头。公主迷惑不解，内心悲痛，不觉宝镜从手中滑落，摔成两半，变成两座山，人们说，就是今天青海境内的日月山。

　　俗话说：嫁出去的姑娘，泼出去的水。金城公主心想即已嫁到吐蕃，虽然王子死了,怎可再回故里,更何况父皇再三叮咛,一定要为汉藏两国人民的友好团结做些事情,于是到了吐蕃,就嫁给了赞普赤德祖赞,即姜擦拉温的父亲。

后来,金城公主生了一个儿子,赞普听到喜讯,急忙从外地赶回。不料,他回来时,金城公主的儿子被纳囊家族的妃子喜登抢去了。当喜登来抢婴儿时,金城公主又气又急,哭着喊道:"这是我的孩子。"同时还拿有奶的乳房证明,谁想到,纳囊妃子早已存心抢走孩子,于是事先在乳房上涂了药,也挤出奶汁来,因此闹得大家搞不清孩子到底是谁生的。最后,还是被纳囊妃子恃强抢去了。

为了判断孩子到底是谁生的,赞普想出了个办法,把孩子放在宫殿的另外一头,让两个妃子去抱,谁先抱到,孩子就是谁的。金城公主拼命先跑到那儿,把孩子抱到怀中,喜登后到,见孩子被金城公主抱去,又急又恨,心想:孩子死就死了,也不能让你抱去。便不管死活地向公主怀中去抢。扯来扯去,金城公主害怕把孩子抢伤了,便大声说:"孩子本是我生的,你这泼妇,别把孩子抢伤了,让你抱去吧。"就这样,孩子被喜登抱走了,大家看在眼里,心里也就清楚了,但纳囊家族权大势众,谁也不敢明说,又没有很好的解决办法。

过了一年,王子已经周岁,要举行庆祝会,赞普心想要趁这个机会,判明王子的亲生母亲。于是,就把汉族亲友和纳囊氏亲友都邀来参加,等大家坐定,赞普拿起一只金杯,杯中盛满美酒,然后交给王子,并说道:"把这杯美酒献给你的真正的舅家亲,由此来判定谁是你的亲生母亲。"纳囊家族的人手中拿着各种令孩子喜欢的东西逗引小王子,但小王子连看都不看一眼,说道:"赤德祖赞,我是汉家的好外甥,纳囊家族怎能当我的亲舅舅!"说完,举起酒杯,坚定的走向汉家舅亲一边。金城公主见此情景,不禁流下了激动的眼泪,连声叫到:"我的好儿子!"小王子终于回到了金城公主的怀抱。

很明显,年仅一岁的小王子,怎么能如此聪明地分辨出自己的亲舅舅呢?因此,这个故事带有很强的传说成分。金城公主入藏,是带着两族人民友好相处的美好愿望,关于她的这些传说,也许是根据许多小事,以讹传讹而演变来的。

万春公主梅开二度

万春公主是唐玄宗李隆基的小女儿,母亲杜美人在后宫粉黛中品级十分低微,也不很受唐玄宗的重视。但杜美人的女儿万春公主,小小年纪便被父皇视为掌上明珠,获得格外恩宠,并成为后宫中的一位活跃人物。

万春公主天资颖慧,跟着老师读书,很善于举一反三,触类旁通,人们都称她是"女才子",十二三岁的年纪,她便能作一手绝妙的诗文。除了读书外,她似乎更喜欢音乐歌舞,曾跟从当时的琵琶圣手张野狐研习音乐,又随宫中著名的舞伎谢阿蛮学习舞蹈,都能很快地达到出神入化的境界。

万春公主的青春年华正值唐玄宗开元盛世的顶峰时期,唐玄宗喜爱文学歌舞,因此在宫中设置了左右教坊,专门教习和演奏器乐歌舞;还设有丽正书院,广聚文学之士,作诗论文,宫廷内外文学和音乐气氛极浓。这种气氛正合万春公主的心意,她时常随父皇出入教坊和书院中,参加音乐演奏和歌舞,与知名文人切磋诗文。长安城中谁都知道有这么一位美慧而多才多艺的公主,虽然倾慕者甚多,但竟没有人胆敢攀折,因此已到婚嫁年龄的万春公主的亲事竟耽搁了下来。

天宝四年秋天,原为寿王妃的杨玉环,在经过了一段短暂的女道士生活之后,终于被老当益壮的唐玄宗册封为贵妃。杨贵妃也是一个慧黠的女子,通晓音律,擅长舞蹈,除了学问稍逊之外,其他方面大致都和万春公主相似。虽说论辈分杨贵妃要长一辈,但实际上两人年岁相仿,加之爱好和性情相近,所以成了宫中的一对密友。据说流传后世的"霓裳羽衣曲"与"霓裳羽衣舞"就是根据唐玄宗的构思,由杨贵妃和万春公主揣摩编排而成的,后世多把它们作为杨贵妃的功劳,其实里面也包含了万春公主的不少智慧和心力呢!

深得唐玄宗恩宠的杨贵妃,自然忘不了一直无人敢折的名花万春公主,由她引线撮合,二十三岁的万春公主终于嫁给了二十五岁的杨煍。杨煍是杨贵妃的哥哥杨国忠的次子,在一门显贵的杨氏家族中的风仪绝佳,不但气度雍容,而且才情横溢,算得上是顶尖的人物,所以杨贵妃认准了只有他才配得上万春公主。

国学经典文库 中国古代逸史 ·隋唐五代十国逸史· 图文珍藏版

当时杨灿任职于鸿胪寺,掌理涉外事务及典礼事宜。大唐皇朝国力强盛,威名远播,常有四方番邦前来进贡、朝觐、留学、贸易和游历,鸿胪寺则负责这些番邦和外夷人士的接待、交涉和赏赐工作。杨灿因经常接触性情直爽活泼的番邦外夷人,所以性格和生活习惯上颇受他们的影响,这倒恰好与万春公主的特点相合了。

娶了万春公主,杨灿便被冠上了"驸马都尉"的头衔,在鸿胪寺的职务也顺势上迁,成为鸿胪寺卿。鸿胪寺卿是三品大员,位高权重,类似现在的外交部长,以他一个二十五岁又缺乏资历的年轻人,一下子担此重任,实属破格之举,这当然还是托了万春公主和杨贵妃的福。万春公主与杨灿性情相投,才貌匹配,自然成了一对恩爱夫妻,这对快活的小夫妻,在长安城内总显得与众人不同。因为杨灿担任鸿胪寺卿,所以时常要举办款待番邦来使及外夷商人的宴会,番邦与外夷文化传统与中国截然不同,他们没有男女授受不亲一类的礼教,因此前来赴宴的都是夫妻双双手挽手而至。万春公主与杨灿见了,开始不习惯,后来也感到很能体现夫妻的恩爱,因此也如法炮制,两人亲密地挽着手站在门前接待宾客。外来人士对杨灿和万春公主夫妇都留下了美好的印象,觉得他们漂亮大度又热情爽朗,与一般中国人的恭谦含蓄大不尽相同;但朝廷里那些思想保守的大臣们听到了风声,都摇头叹息,频呼:"简直是不成体统!"但他们依然是我行我素,无视耳边的议论。

万春公主的思想非常新潮开放,她与番人及夷人的妇女交往,彼此交换各种见闻与观点,她发现汉族人一味地认为番邦四夷都是野蛮之族的观点,不但太过武断,而且甚至是愚昧。在许多学术和技艺方面他们都有很多独到之处,例如:天文、地理、历法、采矿、造船、建筑、医药等各方面,都有很多值得汉人借鉴的优点。万春公主把她的发现告诉了丈夫,杨灿经过调查印证,果然如此。于是杨灿便把这一情况向他做宰相的父亲反映,并建议允许外籍人士入籍中土,甚至出任朝廷官职,以便有计划地引进外夷的学术和科技。宰相杨国忠慢慢也接受了儿子的观点,并准备付诸实践,不料正在这时,安史之乱爆发,杨家一夜之间失势,这些合理化的计划也就搁置下来了。但至少有一点是可以肯定的,由于万春公主和的坚持与努力,外籍人士在唐都长安有了一定的生存地盘和地位,建立了各自的居驻点,相当于"大使馆"的雏形。

天宝十四年,安禄山在范阳起兵叛乱,挥军南下,所向披靡,很快攻下了长安的防卫潼关。消息传到长安,朝廷上下惊慌失措,唐玄宗带着杨贵妃和一批大臣悄悄逃向西蜀。万春公主与杨灿自认为对长安城中的外籍人士有一份保护的责任,于是自愿留下来安置这些人,没有随同皇帝的队伍一起逃命。留在长安的万春公主和杨灿在妥善安顿了外籍人士之后,本想去追赶父皇唐玄宗的队伍,猛然传来了杨贵妃被逼自杀的消息,他们当然不敢作飞蛾扑火了,只好随着长安城中逃难的民众仓皇离城。混乱之中,万春公主不幸与丈夫失散,她一路历尽艰辛,翻越秦岭逃到汉中,才停下了疲惫的脚步,一路上尽力打听,但始终没得到丈夫的消息。

大乱之后,唐玄宗失去了皇位,虽然回到长安宫中,但只能做一个没有实权的太上皇。当年随同杨贵妃鸡犬升天的杨家亲族,这时已成了过街的老鼠。长安兴复后,万春公主也辗转回到长安,但仍然没有丝毫杨灿的音讯,有人说他在长安城破时被叛军所杀,有人说他已随着外籍人士逃往日本去了。失去了恩爱相伴的丈夫,万春公主深深陷入愁苦之中,一改往日乐天派的模样,过着整天以泪洗面的日子。

就在这时,万春公主家门上来了一位客人,此人便是杨家唯一未受累而死的人——杨锜。杨锜是杨灿的堂叔,又是唐玄宗与武惠妃的女儿太华公主的丈夫,太华公主已在大乱中丧生,杨锜同样落入孤寂之中,于是经常来探望万春公主。论起关系来,若按万春公主夫家的辈分算,杨锜是叔父辈;若以她娘家的关系来看,他又是她的姐夫。此时两人同病相怜,互相慰藉,也算给彼此的生活添了一丝温情;慢慢地,一种互相眷恋的情愫在两人之间滋生了。

也许是万春公主对于丈夫杨灿还存有一丝希望,也许是杨锜对自己的身份还有一些顾虑,总之,一直拖过了几年,两人的关系并没有实质性的进展。直到唐玄宗与唐肃宗父子相继病死之后,万春公主与杨锜才二度梅开,男娶女嫁,彼此填补了对方生活中的空缺。

天宝年间的杨家风光已不复见,前代的恩恩怨怨也逐渐被时光冲淡。杨锜虽与杨国忠是堂兄弟,但关系并不亲密,所以大乱之时得以保住了一条性命。中间赋闲了一段时间,如今朝代更替,他又被任命为太仆寺卿,掌管了朝廷要务,生活又可以恢复往日的繁华。

经过了世事的沧桑,年逾不惑的杨锜与将近四旬的万春公主,性情已由热烈归于平静,彼此互相关怀着,没有激越的情兴,也没有无聊的猜忌与怨尤,只是平平淡淡地生活着,一如极平凡的一对夫妻。

大约万春公主始终抹不掉与杨灼当年恩爱火热的记忆,杨锜也忘不了昔日的风光与繁华,两人不免各怀心思,虽然彼此尽量地加以掩饰,但终究解不开心中的那一个结。只不过五年时间,万春公主便在悒郁中去世了。第二次花开,毕竟没有了第一次的冲动与激情,淡淡地来,又淡淡地去了。

同昌公主死后掀起轩然大波

同昌公主温文娴雅,既不放荡娇纵,也不结私弄权,只因体虚多病而年华早逝,却不料无端地给朝中留下祸患。因为她的死,二十多位御医惨遭斩刑,亲族三百余人牵连入狱,朝中数十位大臣横遭贬谪,弄得朝廷中一时乌烟瘴气。而遭到这一切的缘由,竟然是她皇帝父亲的一片爱心。

唐懿宗李漼共有八个女儿,同昌公主居长,也是最受懿宗疼爱的一个公主。同昌公主闺名李梅灵,母亲是号称长安第一美人的郭淑妃。在李漼为郓王时,郭氏是郓王府中的一位侍姬,因美俏绝伦,蒙郓王垂青,生下了女儿梅灵。李漼贵为大唐天子后,水涨船高,郭氏被封为淑妃,梅灵则成了同昌公主。同昌公主从母亲身生禀受了天生丽质,明眸秀靥,玲珑可爱,而且性格温顺,善解人意,从小就被父亲视为掌上明珠,母亲郭淑妃也不服老,与二八佳龄的女儿站一起,竟像两朵娇艳的姊妹花,有了这两朵花儿,唐懿宗心满意足,朝事之余,几乎全部时间都与这母女俩腻在一处,据笑逗趣,乐不知疲。

毕竟女大不中留,唐懿宗无论怎么钟爱同昌公主,也不能把她永远留在身边。咸通七年秋天,在皇父的百般不舍中,同昌公主还是离开了皇宫,嫁进了名门之后——新科进士韦保衡府中。出嫁时,唐懿宗赐下的嫁妆简直可以在韦驸马家开一个百宝库。这些东西搬到韦家后,韦家原本宽敞的府第竟装摆不下,只好请来工匠,日夜扩建府第,才算把这一切安置下来。唐懿宗对同昌公主的宠爱,由此可见一斑。

　　韦保衡娶了这金枝玉叶的妻子,算是三生有幸,沾尽了光彩。两年之中,几乎不停的升迁,由翰林学士开始,升到郎中、中书舍人、兵部侍郎承旨、开国侯,一直到集贤殿大学士,年纪轻轻的就职于宰辅的高位了,这一切自然要归功于他有一个好妻子,确切地说,是有一个好岳父。同昌公主本身也还算是一个不错的妻子,不但容貌美丽,而且性情温婉,乖巧宜人,绝没有一般皇家公主那般刁蛮任性。韦家见娶进了这么一位能给自家带来无限荣耀和好处的高贵媳妇,自然上上下下乐不可支,在生活上尽量安排得极尽奢华、舒适,以免亏待了公主。出入有车辇,行止有仆人,简直不让她走动一下,生怕累着她、摔着她;吃的是难以想象的山珍海味,一道日常菜"灵消炙",就是用喜鹊舌、羊心尖烹制出来的,吃一回就不知要斩杀多少喜鹊和肥羊,而这还算不了是顶好的菜;喝的则更为讲究,如玫瑰露、凝霜浆、桂花酒,真是数不尽数,单说"玫瑰露"一样,必须是清晨在盛开的玫瑰花上收集的露水,十几个人一早晨才能收到一小瓶,而同昌公主一口就喝下了;穿的则是珍珠衫、狐白裘、火蚕衣,据说"珍珠衫"夜里能发光照亮周围三尺远的地方,"狐白裘"则夏日炎炎可着裘衣消暑,"火蚕衣"则冬日凛冽能穿单御寒;外出时乘的是"七宝车",行走起来风驰电掣,而车内却不感颠簸,且阵阵异香飘逸,车过半日不散。

　　在这么一种人间少有的境况下生活,同昌公主却并不舒畅,因她自幼体弱,在韦家养尊处优,饱食终日,无所事事,玉体自然消受不了,反而养出许多病来。三天两头倒卧病榻,日渐消瘦,这可急坏了韦家老老少少,他们到处寻访名医奇药,不惜巨金全力保住这棵庇荫大树。什么白猿骨、红蜂蜜、雪山莲、灵芝草等稀奇贵重药吃了不少,宫中数十个有名的御医也不停地穿梭于公主床前,但一切都无济于事,同昌公主的病始终未见好转,拖到咸通十一年初秋,可怜的玉人儿同昌公主终于撒手人寰。

　　如花似玉的皇家公主,活灵鲜透地嫁进韦家,还不到四年时间,就竟然香消玉殒,这可急坏了韦家的人,他们顾不上哀悼死去的同昌公主,而是全家聚首商议对策。为了摆脱责任,韦家派驸马韦保衡到宫中禀报公主死讯,韦保衡一副伤心欲绝的神情,一边婉述公主临终前的情形,一边痛斥御医们诊断不当,误投药石。

唐懿宗猛听得爱女的死讯，简直有些支撑不住，趴在龙椅上大放悲声，哀痛中，对驸马的话全单照收，把女儿的死一股脑地归责于御医头上。当即，唐懿宗宣旨上朝，一边不停地流泪，一边下旨将翰林医官韩宗邵等二十几个给同昌公主诊治过疾病的御医全部斩首。二十几颗头颅含冤落地，他们的亲族三百多人也牵连获罪，全部收入京兆大牢之中。

唐懿宗悲痛之中的不仁之举，引起了朝廷内外的纷纷议论，举国上下为之愤愤不平。中书侍郎、同平章事刘瞻认为皇帝此举引起了众人的不满，终必给朝廷带来灾难。虽然二十几位御医已死不能复生，但那三百多位御医的亲族如果释放出来，或可安抚一下不平的民心。于是刘瞻召来谏官，怂恿他们上奏进谏，据理力争功谏懿宗；无奈这些谏官们都深知懿宗喜怒无常的脾气，在这个时候进谏，无异于飞蛾扑火，自取灭亡，所以一个个都噤若寒蝉。刘瞻见这帮人无用，只好亲自以宰辅的身份向懿宗启奏道："生命长短，在于天定。公主有疾，深触陛下慈怀。宗邵等人为公主疗疾之时，唯求疾愈，备施方术，非不尽心；而祸福难移，人力难以回天，致此悲剧，实可哀矜。今牵连老少三百余人入狱，天下人议论纷纷，多有不平。陛下仁慈达理，岂能被人妄议，还当居安思危，安抚天下民心。伏愿陛下少回圣虑，宽释牵连者！"

刘瞻的奏词有理有节，无可挑剔。然而唐懿宗已认定是御医药杀了爱女，决不肯宽容他们的家族，因而对刘瞻的话十分不悦，但碍于他宰辅的身份，总算忍着没发作，对他的启奏却置之不理。

见没有结果，在第二天上朝时，刘瞻又联合了京兆尹温璋犯颜直谏，措辞更加激烈。这下惹怒了唐懿宗，他大声叱责二人的犯上，当即降旨，刘瞻调为荆南节度使，温璋贬为崖州司马，责令三日内离京赴任，免得他们再在朝堂上啰唆个没完没了。

温璋是个性情耿直的有才之臣，被贬南蛮之地，着实心有激愤，叹道："生不逢时，死何足惜！"当天夜里就在家中服毒自尽。唐懿宗听到温璋的死讯，还狠狠地说："恶贯满盈，死有余辜！"

事情并没有就此结束，在刘瞻离开长安赴任以后，驸马韦保衡已经大权在握，他与另一宰辅路岩串通一气，罗织了各种莫须有的罪名，把刘瞻的门生故旧三十多人，一股脑地贬往遥远荒僻的岭南。为了进一步压制刘瞻，以防再生事端，韦保衡又与路岩合谋，硬说是刘瞻与御医同谋，乱投药石害死同昌公主。昏庸的懿宗竟也信以为真，又把做荆南节度使的刘瞻贬为康州刺史。

为了同昌公主的死，唐懿宗在朝廷里折腾了好几个月，弄得朝廷上下乌烟瘴气，待这一切稍稍平定下来之后，懿宗才想到为爱女举行盛大的安葬仪式。陵墓自然是十分豪奢壮观，陪葬的服饰器皿更是琳琅满目，填满了墓坑，送葬场面之大，绝非历代公主可比。

只因天年有限，一个美丽娴雅的同昌公主过早离开了人世，谁知作为父亲的唐懿宗竟以这种方式悼念亡女，杀死二十余御医，关押三百多亲族，数十忠臣流放异地，把个朝廷内外搅得沸沸扬扬，怨声载道。同昌公主若地下有知，难道会安心吗？

唐代公主出家为道

"女冠夜觅香来处，唯见阶前碎玉明。"女冠亦称女黄冠，又称女冠子，即女道士。唐代女冠分为修真女冠及宫观女冠两类，后者即专指公主女冠。自高祖至昭宗，唐代公主总计二百一十位，其中入道者有十二位。

宫观女冠的出现及其发展情况，大体与唐代皇室对道教的态度相一致，李唐皇室对道教的崇奉是影响公主入道的关键。一般而言，道教在唐代是始终为皇室所尊奉的。李唐皇室之所以支持道教，一来因为道教教主老子姓李，李唐皇室遂加以攀附，自谓老子后裔。二来因道士能制丹药，可以满足一般人祈求长生的心理。唐代皇帝喜食丹药者不乏其人。此外，道家超逸不拘之习亦颇合深受胡化的唐皇室的喜好。

唐代公主的入道，正标志着唐代诸帝的崇道与道教内部逐渐形成的制度，相互呼应。高祖、太宗两朝，还不见有公主入道的记载，至高宗，公主入道始兴，它成为公主舍离俗世、遁入另一方世界的途径。公主贵为天子之女，身份尊崇，公主选择入道，在民间掀起入道风气，而公主养尊处优的闲适入道生活，也不同于民间道士的苦修清冷，它使女冠生活成为唐代的一种时髦。

太平公主一度入道，这是已知最早的公主入道之例。而睿宗第九、十女出家,号金仙、玉真,则是公主入道的最正式记录。而后风气一开,公主曾为女冠者凡有十六位:万安公主,天宝时入道;楚国公主,兴元元年(784)请为道士,赐名上善;华阳公主,大历七年(772)以病丐为道士,号琼华真人;文安公主,丐为道士;浔阳公主,大和十二年(829)与平恩、邵阳公主并为道士;永嘉公主,为道士;永安公主,大和中丐为道士;义昌公主,为道士,乾符四年(877)诏还南内;安康公主,与义昌公主同为道士。此外,新昌公主因驸马萧衡去世,奏清度为女冠;天宝七载,永穆公主出家,舍宅置观。

唐代公主的入道动机,简而言之,可归纳为慕道、追福、延命以及夫死舍家与避世借口等。这些都与宗教意识的皈依强度有关。慕道是较积极地向道动机,追福则具有还愿、祈福的现实利益,至于因病延生或夫死出家,则是视道教为祈求、逃避的目的地,略显消极。

公主出家的因缘,基本上与修真女冠的动机相同,只是由于公主异于常人的身份,才使其入道别有意趣。道教的本质,基本上以神仙不死为核心,它具有关怀他界,却又不完全舍离现世的特质。而公主既不能完全舍弃贵主出身及特权,又不愿真实地度过其修真生涯,与其他宗教相比,道教最适宜于公主,而以公主为主体的宫观女冠就成为特殊的女冠形象,她们有别于修真女冠,也异于鱼玄机等风流女冠。

在道教制度史上,唐朝是其建立规模的阶段。这一时期综合了六朝的宫观建设,并将其组织化,纳入国家的管理体系中。开元时,天下宫观凡一千六百八十七所,其中道士所住一千一百三十七所,女观所住五百五十所。这显示开元时,女冠制度已颇具规模。

诸公主既是舍家入道,就需要在帝苑之外,另外营建宫观,宫观建设因而成为道教史上的大事。道教官观在唐以前只有初步发展,大规模的修道置观至唐始兴。两京中宫观约有五十五所,其中长安约四十三所,其余在洛阳。长安著名的女冠观凡有太平观(在大业坊)、咸宜观(在亲仁坊)、金仙观(在辅兴坊)、玉真观(在辅兴坊)、三洞观、万安观、宗亲观、新昌观、开元观、昭成观、九华观、元真观、玉芸观。可见,仅长安城中,与公主有关的官观就有十余所,自能容纳相当数目的女冠。长安,洛阳两京为贵主的主要活动区域,因此入道所立宫观也集中于此,这是宫观女冠观的一大特色。公主立观在当时是一创举,立观工程浩大,颇引时人非议。

公主入道以后的宫观生活,涉及道观的经济来源问题。玉真公主舍家意愿极为坚决,称不愿叨主第,食租赋,且愿去公主号,罢邑司。但出家公主势必面临实际生活的问题。尤其宫观女冠装饰考究。此外,公主其他的日常所需,尤其举行斋戒,庞大的排场需要豪华的道场,盛壮的女乐,凡此均需固定的经费以支付。以延命为目的的宫观女冠,其实需诸多条件配合,才能实现养生成仙的理想。宫观的营造、设备、日常所需,对于不事生产的公主而言,必要朝廷按期封赏,方能维持宫观运转。

唐代公主的舍家入道,不仅开前朝风尚,就是以后历朝,鲜此风气,唐代宫观女冠是道教制度史上的特例。因此而衍生的宫观文化对唐代文化具有特别的意义。

政坛趣话

李勣免遭杀身之祸

李勣是唐代初年的大将,原名徐世勣,曹州离狐(今山东省东明县)人,为人机巧,行事谨慎。他参加过瓦岗军,失败后投奔唐朝,因功受到李渊和李世民的赏识,赐姓李,为避唐太宗李世民之讳而改单名"勣",为大唐凌烟阁二十四开国功臣之一。

唐太宗死后,唐高宗李治继位,李勣任司空之职,为高宗的辅政大臣。一天议政时,唐高宗说想立太子,便向大臣们征求意见。

唐高宗的正妻王皇后没有儿子,妃子武媚娘(武则天)却有,他就想废掉王皇后,立武媚娘为皇后。对此,尚书右仆射褚遂良提议说:"王皇后是世家之女,是先帝为陛下娶的,先帝临终前拉住陛下的手对大臣们说:'我的好儿子好媳妇,现在托付给你们了。'臣听到过这话,至今如在耳畔,没有听说王皇后有什么过错,怎么能轻易将她废除了呢? 陛下如果一定要变更皇后,恳请好好选择天下的望族,何必要选武氏呢?武氏曾经跟随过先帝。这是众所周知的,天下众人的耳目,怎么能遮挡得住呢?"

韩瑗、来济等大臣也上书李治,力主不选武媚娘,但唐高宗也听不进去。

后来,唐高宗问李勣的看法,李勣心想若在这个关键时刻超越自己本分发表意见,可能招来杀身之祸,废立皇后成功与否,都与性命有关。同意废除王皇后,要是不成功,就将得罪王皇后;不同意废除王皇后,如果武媚娘被选中,无疑是自投罗网,而即便武媚娘不被选中,以她在高宗面前的受宠程度而言,自己若说不利于她的话,日后迟早会吃上大亏的。

左思右想,李勣都认为不能发表有利于任何一个人的意见,就含糊其词地对高宗说:"这是陛下的家事,有什么必要问外人呢?"

唐高宗听了这话便下定决心,将褚遂良降职为潭州都督,马上废除王皇后和肖淑妃,下令将武媚娘立为皇后。

武则天当上皇后之后,任用大臣许敬宗排斥打击不同意拥立她为皇后的大臣,长孙无忌、褚遂良、韩瑗等一批人,或者被贬逐,或者被诛杀。李勣却因为应付巧妙,避免了祸及自身,并且受到重用,负责审理长孙无忌等人的案子。

李勣以不在其位不谋其政含糊其词的回答,避免了杀身之祸,可谓方圆处世之高手。

姚崇以哭避祸得平安

唐代的姚崇原名元崇,字元之,陕州硖石(今河南省三门峡市)人。开元元年,因避年号讳,又改名崇。姚崇是三朝相国:女皇武则天统治时,姚崇官至凤阁侍郎;武周统治结束后,姚崇又被唐睿宗拜为兵部尚书;玄宗李隆基登位初期又诏封姚崇为兵部尚书,后又加封为梁国公。

姚崇自幼为人豪放,崇尚气节。他才干出众。进入仕途后,一帆风顺,青云直上。武则天时,官做到了夏官(即兵部)郎中。

在当时纷乱的政治时局中,姚崇之所以能佐政三帝,就在于他有很高的生存自保能力。

在唐中宗时期,女皇武则天身患了重病,这时宰相张柬之等人企图利用这个机会诛杀宠臣张易之、张宗昌兄弟，并胁迫武氏退位。当时姚崇任灵武道大总管，刚从驻地返回京城，张柬之等人就劝他也加入这次政变行动。

姚崇身为老臣，对李氏江山深有感情，于是就答应了这件事。

后来政变成功，姚崇因此被封为两县侯。武后被迫禅让后在上阳宫被软禁了起来，唐中宗率领朝中大臣前去请安。这时，曾参加密谋的张柬之等几个有功的人都乐得兴高采烈、穿着华丽的官服，在武则天面前显尽了威风。唯独姚崇躲在一边，痛哭流涕地大哭了起来。

姚崇

张柬之等人感到奇怪，说现在逆贼已被铲除，高兴还来不及呢！你哭什么啊？姚崇却仍旧哭而不答。

落魄而被人奚落的武则天也在一旁说姚大人，有什么可哭的呢？

姚崇听武则天问话，哭得更伤心了，他哭泣着说为臣参与了讨伐行动，不足以论功图报。只是以前侍奉皇太后久了，而今将要离别旧主，便越想越伤心啊。这也是为臣尽的最后一次孝心了，您就让我痛痛快快地哭吧。

姚崇说完又痛哭起来，哭声甚悲，以至铁石心肠的武则天不禁也因之流下泪来。

后来，武则天的侄子武三思与韦后等勾结起来乱政，张柬之等5人皆被害，唯独姚崇幸运地活了下来。这时，人们这才理解姚崇当年之所以要在武则天面前痛哭的良苦用心。

狄仁杰棉衣藏信得活命

唐朝高宗时期，皇后武则天手握大权，唐高宗死后，她更进一步当上了皇帝。对于反对她掌权的人，她进行了无情的镇压。但她又是个十分爱惜人才的人，特别重视任用贤才，经常派人到各地去物色人才。只要发现谁有才能，就不计较门第出身、资格深浅，破格提拔，大胆任用。所以在她当政时期也涌现出一批有才能的大臣。其中最著名的是宰相狄仁杰。

狄仁杰，字怀英，并州太原（今山西省太原市南郊区）人，本在豫州任刺史之职，办事公平，执法严明，受到当地百姓的称赞。武则天听说他有才能，就把他调到京城当宰相。

狄仁杰

一天，武则天召见他说："听说你在豫州的时候名声很好，但是也有人在我面前揭你的短。你想知道他们是谁吗？"

狄仁杰说："别人说我不好，如果确是我的过错，我应该改正；如果陛下弄清楚不是我的过错，这是我的幸运。至于谁在背后说我的不是，我并不想知道。"

武则天听了，觉得狄仁杰大度有容，更加赏识他了。

武则天手下有个酷吏叫来俊臣，他得势的时候诬告狄仁杰谋反，派人把狄仁杰打进了大牢，来俊臣还逼他招供，诱骗他说："只要你招认了，就可以免你死罪。"

狄仁杰坦然说："如今太后建立周朝，什么事都重新开始。像我这种唐朝旧臣，理当被杀。我招认就是了。"

另一个官员偷偷告诉狄仁杰说："你如果供出别人来，还可以从宽发落。"

狄仁杰听了顿时火冒三丈，对他说："上有天，下有地，叫我狄仁杰干这号事，我可干不出来！"说着便用脑袋猛撞牢监里的柱子，直撞得满面流血。那个官员害怕起来，连忙把他劝住了。

来俊臣根据逼供的材料，胡乱定了狄仁杰的案，对他的防范也就不那么严密了。狄仁杰趁狱卒不防备，偷偷地扯碎被子，用碎帛写了封申诉状，又把它缝在棉衣里。

接着便是开春时节，天气转暖。狄仁杰对狱官说："天气暖了，这套棉衣我也用不上了，请通知我家里人把它拿回去吧。"狱官就让前来探监的狄家人把棉衣带回家去。狄仁杰的儿子心知父亲定有安排，便拆开棉衣，发现父亲写的申诉状，就托人送给武则天。

武则天看了狄仁杰的申诉状，才下令把狄仁杰从牢监里放了出来。武则天召见狄仁杰，说："你既然申诉冤枉，为什么要招供呢？"

狄仁杰说："要是我不招，早就被他们拷打死了。"

武则天免了狄仁杰死罪，但还是把他宰相职务撤了，降职到外地做县令。直到来俊臣被杀以后，才又把他调回来做宰相。

狄仁杰不迷信妙语服人

唐朝武则天执政时期，狄仁杰曾先后任大理寺丞相、侍御史等职务，一生破获无数冤案、奇案，他为官刚正廉明执法不阿，兢兢业业，在刚刚升任大理丞相的一年中竟然判决了大量的积压案件，涉及近两万人，竟使京城无冤可诉者，一时名声大振，成为朝野推崇备至的断案如神、摘奸除恶的大法官。

为了维护封建法律制度，狄仁杰甚至敢于冒犯龙颜直谏。因而后人对他的评价极高，而关于他的传说也有很多。

狄仁杰任度支员外郎的时候，有一次皇帝将要巡视汾阳，狄仁杰奉命前去筹办皇上旅途中的供应，因为古代皇帝出巡时，沿途需要不断供给各种食物、水果等。正当狄仁杰忙着准备的时候，并州长史李玄冲前来报告，说："狄大人，我们事先安排皇上所走的路线要经过妒女祠。"

狄仁杰不明白这有什么不妥，疑惑地问："怎么，有何不妥？"

李玄冲继续说："民间传说凡是穿着华贵衣服的人和大队车马路过妒女祠的，一定要遭到雷轰风袭的。所以以往如果有结婚的队伍或者达官贵人回乡省亲的大队，都会绕过这妒女祠，以防不测啊。如今不如我们赶快通知皇上的卫队，改路而行吧。"

狄仁杰听到这里，知道这民间传说不足为信，肯定是不怀好意的人在麻痹百姓而造的谣言，以吓唬人们。于是就对李玄冲说："天子外出巡幸，千军万马，声势浩大，皇上乃是上天的儿子，天上的神仙都要对他十分尊敬，风伯要为皇上清除前行的灰尘，雨师要为皇上清洒前行的大道，这妒女只不过是个普通的小仙，哪敢跑出来加害皇上，所以皇上根本不需要回避什么啊！"

李玄冲听后,也觉得狄仁杰说的有道理,就不再坚持己见了。后来皇上巡幸经过此地的时候,果然相安无事。

狄仁杰荐才无数称"国老"

唐代名臣狄仁杰当宰相之前只是个地方小官,有个叫娄师德的将军曾经在武则天面前竭力推荐他;但是狄仁杰并不知道这件事,他认为娄师德不过是普通武将,在当上宰相后还不大瞧得起他。

有一次武则天和狄仁杰谈国事,问他说:"你看娄师德这人怎么样?"

狄仁杰说:"作为一名将军,娄师德守卫边境小心谨慎,工作做得还不错!至于有什么才能我就不知道了。"

武则天说:"你看娄师德是不是能发现人才?"

狄仁杰说:"我以前跟他一起工作过,没听说过他能发现人才。"

武则天微笑说:"我能发现你,就是娄师德推荐的啊。"

狄仁杰听了才知原委,细看一下,觉得娄师德的为人厚道,做事低调,踏实谨慎,自己在这方面还真不如他。后来,狄仁杰也努力物色人才,随时向武则天推荐。

一天,武则天问狄仁杰说:"我想物色一个人才,你看谁行?"

狄仁杰说:"不知陛下要的是什么样的人才?"

武则天说:"我想要找个能当宰相的。"

狄仁杰早就知道荆州地方有个官员叫张柬之,年纪虽然老了一些,但办事干练,是个宰相的人选,就向武则天推荐了。武则天听了狄仁杰的推荐,提拔张柬之担任洛州(治所在洛阳)司马。

过了几天,狄仁杰上朝,武则天又向他提起推荐人才的事。狄仁杰说:"上次我推荐的张柬之,陛下还没用呢!"

武则天说:"我不是已经把他任用了吗?"

狄仁杰说:"我向陛下推荐的,是一个宰相的人选,不是让他当司马的啊。"

武则天这才把张柬之提拔为侍郎,后来,又任命他为宰相。

像张柬之那样,狄仁杰前前后后一共推荐了几十个人,后来都成为当时有名的大臣。这些大臣都十分钦佩狄仁杰，把狄仁杰看作他们的老前辈。有人对狄仁杰说："天下桃李，都出在狄公的门下了。"

狄仁杰谦逊地说："这算得上什么，推荐人才是为了国家，不是为了我个人的私利啊！"

狄仁杰一直活到93岁。武则天很敬重狄仁杰，把他称作"国老"。他多次要求告老还乡，武则天总是舍不得他走，狄仁杰死后，武则天十分悲伤，常常叹息说："老天为什么这样早夺走我的国老啊！"

郭子仪大开家门不受诽谤

郭子仪是唐玄宗和肃宗时期的大将，因为平定"安史之乱"居功至伟，被唐肃宗晋封为汾阳郡王，唐德宗即位后，他又被尊为尚父。

郭子仪身居高官，其府第也在京城最繁华的地段，来往的行人很多。但郭府的大门总是大开着，不论是自家人还是过往行人都可以随便出入。

有一次，郭子仪手下将军即将出征，特意前来向郭子仪辞行。由于不需要通禀，这位将军就直接来到郭子仪的房前。这时郭子仪的妻子和女儿正在梳妆打扮准备出门，郭子仪则在一旁伺候，夫人叫道："拿毛巾来。"郭

郭子仪

子仪就拿着毛巾递给夫人；一会儿女儿又说："父亲，我要洗脸。"郭子仪就连忙端过洗脸水；还没等伺候完女儿洗脸，夫人又叫："快过来帮我梳梳头！"郭子仪又立刻跑到夫人那里伺候，十足一个仆人的形象。

来拜见郭子仪的将军一时不知道该怎么办，心想自己看到郭大将军伺候妻子、女儿梳妆，这对郭将军来说是多么难堪的一件事啊。因而不敢上前，只在门前不停地来回踱步。

过了好大一会儿，待夫人和女儿梳洗完毕准备出门时，郭子仪才发现了这

位将军。将军不好意思地说:"郭将军,小人特地来向您辞行。"

看到他难以启齿的样子,郭子仪就明白了,一定是他觉得不应该看自己给夫人女儿梳洗,认为这是有辱我大将军的尊严。就哈哈大笑,将他请进屋里,说:"哈,没什么,习惯了,平时我都是这么伺候她们的。"

这位将军拜别了郭子仪,心里越想越觉得不妥:这郭子仪乃天下英雄,身为郡王还像仆人一样伺候夫人和女儿,这太不像样了,更不像话的是他还开着大门,让来人都看到了,这有辱我大唐将军的威严啊。于是他召集郭子仪的弟子们,说了自己看到的"不该看到的一幕",其他人也都说自己也碰到过这样的情况。大家都觉得郭子仪身为国家的大将军,实在不应该过那样的生活。

大家商量了一下,便决定一起说服大将军不要这样不顾身份。一天他们来到郭府,进行苦口婆心的劝阻,可是无论他们怎么说郭子仪仍旧坚持己见。弟子们急得团团转,甚至流下泪来说您功名显赫、德高望重,但却不知道自重、自爱。不论什么人都可以在您的寝室里随便走动,我们认为就是伊尹、霍光那样贤德的大臣也不应该如此啊!

郭子仪听了,却呵呵一笑说:"我的做法不是一般人所能够理解的,我们家现在有四五百匹马吃公家的粮草,一千多人吃公家的粮食,于进于退都没有余地。如果我围起高墙,紧闭大门,一旦有人与我结仇,诬陷我不守臣子的法度。那时我们全家就要遭受灭族之灾啊。现在我胸怀坦荡,四门大开,纵然有人想诋毁我,也找不到什么理由啊,这样我不就安全了吗?"

弟子们听了恍然大悟,不由得都非常佩服郭子仪的做法,也就不再劝他了。

郭子仪为官几十年,深知官场险恶。虽然已经官至郡王,但难免有和自己结仇的人伺机抱负或遭那些爱嫉妒之人的眼红,若想躲避暗箭伤人,最好的办法就是不给别人以借口。因此,他才将家门大大敞开,表明自己心中没有什么见不得人的地方。这样做既消除了别人对他的猜测心理,同时也向别人证明了自己的内心是光明正大的,使他人没有下手的机会。

杨绾因节俭而众人服从

杨绾是中唐时期的宰相,在职期间政绩突出,最让人称道的是他的节俭之风。唐肃宗时,他任中书舍人之职,按照惯例,他因为年龄大而被尊为舍人中的"阁老",而且中书省的办公官署及官员俸禄等款项,杨绾可以分得4/5。但他却不这样认为,他觉得同一个品级的官员应该享受同样的待遇,不应再以年龄排出等级,这样不利于年轻的人发挥才干,也不利于国家,所以他便把办公官署及其他俸禄平均分给所有的中书舍人,以示公允。这样使中书省的所有人对他极为尊重,大家齐心协力,效率明显高于其他部门,而且杨绾的为人也受到朝廷上下一致赞誉。

到了唐代宗年间,杨绾又因政绩突出升至吏部侍郎,专门负责考核官吏,以决定是提升还是降低官职,实权很大。但杨绾却从不居官自傲,而是公平考选所有官员,精选能人干才,受到众人称赞。

当时有个叫元载的权臣掌握朝廷大权,满朝文武官员都去迎合巴结他,唯独杨绾不畏权贵,也不怕孤立受到排挤,从来不去私访拜会元载。而元载对他也存有戒心,虽然表面很敬重他,实际在心里对他极为疏远,后来还找了个机会将杨绾明升暗降,让他做了国子监祭酒这个没实权的官职,但社会舆论却更加倾向于杨绾。等到元载因为犯罪被诛杀后,杨绾又被拜为中书侍郎,同中书门下平章事,这便是宰相之职。诏令公布之日,朝野上下一片庆贺之声。

因杨绾素来俭朴,品德高尚,所用车马的装饰也极为简单,并且他品德高尚,从不居官自傲,在选择官吏时也不徇私情,公平合理。由于杨绾的威信和俭朴美名,他出任宰相没有多长时间,朝廷中俭朴办事的风气就形成了。

当时的御史中丞崔宽,是剑南西川节度使崔宁的弟弟,家中有万贯财产,不仅平时吃穿用行极为豪华奢侈,而且他还在皇城南边修了一栋别墅,园中亭台楼阁无数,式样也十分讲究,人称天下第一。但在杨绾上任这天,因为杨绾的简朴作风在朝廷的影响,崔宽意识到自己的行为和当时丞相的作风相差太大,就默不作声地把别墅拆掉了。

当时有个叫黎干的京兆尹很受皇帝宠信,每次出门都要带一支很壮观的随行队伍,光马夫就达100多人。在杨绾拜相的诏书下达后,黎干马上下降到了10多人。

在军事上也是如此,当时唐朝国力还算强盛,军队在很多方面都很豪奢,军中的娱乐活动非常多。但管军事的中书令郭子仪听说杨绾拜了宰相,便也下令将军营中的音乐减掉4/5，以示节俭。

其他官员也因为杨绾拜相而自觉地节俭起来，可见杨绾的影响之大。其实，杨绾拜相本身就是一道下令节俭的诏书，他以身作则，直接引来了一个国家的倡俭作风。

李泌保友人为国出力

唐朝德宗时期，有人向德宗李适上奏说检校左仆射韩滉乘皇帝外出之际，命令一些士兵修筑石头城，企图谋反叛乱。皇帝对此产生了怀疑，就此请教近臣李泌。

李泌答道："陛下恕臣直言，韩公一向忠诚清廉，自从圣驾在外，韩公的贡献不少。他亲自坐镇安抚江东15个州，从此那里的盗贼不敢轻举妄动，这都是韩公的威力所在。韩公之所以修筑石头城，是因为考虑到中原一带动荡不安，认为陛下将要巡视永嘉一带，正为保驾而做准备罢了。这是他作为人臣对陛下您的一片忠心，怎么反而成了他的罪过。当然，韩公的性格刚正不阿，不愿意附于权贵势力，因此对他的诽谤自然就很多，恳望陛下认真地考察，臣敢以性命担保他此举没有恶意。"

皇帝说："外边的议论纷纷扬扬，呈上的奏折多如丝麻，你没听说吗？"

李泌答道："陛下，臣当然听说过这些事情，韩公的儿子韩皋为考功员外郎，至今都不敢请探亲假回家，正是考虑到外面的流言蜚语太多，而不能不避嫌罢了。"

皇上接过话头说："你看，他的儿子还这样害怕，你为什么还要担保他呢？"

李泌答道："陛下，韩公的用心良苦，臣非常了解，臣愿上奏担保韩公没有二心，恳请陛下将臣的奏折批转给中书省，使朝野大臣都知道。"

皇上看了看他那副严肃的神情，叹了口气说："爱卿，朕正准备重用你的，你怎么可以轻易担保韩滉呢？你下去后要慎重考虑考虑啊，不要违背大多数人的意愿，朕恐怕这件事情因此会连累你啊！"

李泌告辞皇帝后立即上奏，愿以全家百来人的性命做担保，保证韩滉不会叛乱。过了几天，皇上召见李泌，责备他说："爱卿，你怎么竟然还在为韩滉打抱不平？朕已把你的奏折扣下来没批发，朕知道你与韩滉为世交，但不管怎样也要爱惜一下你自己吧！"

李泌诚惶诚恐地答道："陛下，臣怎敢因为袒护世交而有负于陛下呢？只是考虑到韩滉实在是冤枉的。臣所以上奏折，并不是考虑臣自身的名誉，而是为了朝廷啊！"

皇帝不解的反问道："怎么说是为了朝廷呢？"

李泌答道："陛下，现在天下旱灾、蝗灾四起，关中一带一斗米已涨到一千缗钱，国库的粮食也已经枯竭，而江东一带幸获丰收，如果不能尽快地扭转这种缺粮的状况，臣恐怕又要闹事了。恳望皇上早日批微臣的奏折，以解除朝野对他们的疑惑，并且诏谕韩皋回家探亲，以使韩滉感激陛下的信任，从而打消被世人所误解的疑惑，迅速组织运进粮食，以解关中缺粮之危，这难道不是为了朝廷着想吗？"

皇上这才明白了李泌死保韩滉的良苦用心，点头称许道："爱卿的心意朕都明白了，朕同意你的意见。"随即马上批发了李泌的奏折，同时诏谕批准韩皋回家探亲，并当面赐给他一件绯衣，还对他说："告诉你父亲，朝野进来有些不利于你父亲的流言蜚语，朕现在已知道是为什么了，疑虑已经消除了，朕也不会相信的。现在关中急缺粮食，请你父亲马上到江东一带去组织调运。"韩皋点头称谢。

韩皋辞别皇上后，便马不停蹄地赶到润州，将皇上的意思转告给父亲，韩滉对此感激涕零。当天就赶到渡口，向朝廷发送大米 100 万斛，留韩皋住了 5 天便叫他返回京城。韩皋进屋同母亲告别时，母子的哭泣声传出屋外，韩滉发脾气将韩皋叫了出来，狠狠地鞭打一顿，并且亲自送到江边，顶着风浪将他送走了。

不久，淮南节度使陈少游听说韩滉进贡大米一事，也立即向朝廷进贡了大米 20 万斛。皇上召见李泌，并对他说："爱卿，韩滉竟然能感化陈少游也进贡大米吗？"

李泌骄傲地回答说："陛下，岂止一个陈少游，全国各地都将要竞相进贡大米呢！您等着吧！"事后果然如此，粮食短缺之急迅速得到解决，从此皇帝也更信任李泌和韩滉了。

白居易诗才高"居天下也不难"

唐代著名文学家、诗人白居易,字乐天,从小就聪慧异常,少年时便极有诗才。

唐德宗贞元初年(785),白居易刚十五六岁时,他拿着自己写作的诗文,到长安谒见著作郎(官职名)顾况。顾况初次见到白居易,觉得他的名字很好玩,便开玩笑说:"长安米价正贵,'居'亦不'易'。"

虽说是句玩笑话,可也包含着一点点不信任。及至顾况看过他的诗作《赋得古原草送别》,其中写道:"离离原上草,一岁一枯荣。野火烧不尽,春风吹又生。……"看过后大为赞赏,又对他说:"能做这样的好诗,居天下也不难啊!"

白居易

顾况此后在人前极力称道白居易,因而使他在诗坛上获得了一些名声。然而就是有了虚名,白居易在长安也确实"居亦不易",他不得不离开"米贵"的长安,在羁旅漂泊之中,过着贫困的生活。

后来他决定下苦功夫,走科举之路。唐德宗贞元十五年(799),他29岁时,以第四名进士及第,随即当上了周至县尉。据他自己讲,为了科举及第,他终日伏案读、写,以至手臂上都磨出了胼胝(pián zhī)(硬块),可见他确是下了苦功夫的。

魏征敢谏唐太宗

魏征字玄成,魏州(今河北大名县东)曲城人。少年时孤苦伶仃,飘游四方。虽然不营家产,但人穷志不短,目光远大,通晓经史谋略。隋朝末年,天下大乱。魏征装扮成一个道士,周游四方。后来武阳郡太守元宝藏举兵响应李密的起义,魏征起草告示檄文。李密得到元宝藏的文书后,赞不绝口,听说是出自魏征的手笔,便连忙将魏征召至军中,加以重用。

窦建德的军队攻陷黎阳后,俘获了魏征,任命他为起居舍人。后来窦建德被唐军打败,魏征与裴矩奔走关中,被太子李建成招为洗马。魏征见秦王李世民的功名日益显赫,才华又在建成之上,便给建成出主意,要他早点除掉李世民。玄武门之变后,李世民质问魏征:"你挑拨离间我们亲兄弟,是什么意思?"魏征却回答说:"太子如果早听从了我的话,就不至于落到今天这个下场。"李世民听完魏征这番话,不但不生气,反而更加器重魏征的朴直。李世民即位后,便任命魏征为谏议大夫。贞观三年(629年),魏征以秘书监身份参与朝政。

以前,李世民常常在大臣们面前长吁短叹:"国家现在是大乱之后,真是很难治理啊!"魏征回答说:"其实,大乱容易达到大治,就像饥饿的人容易喂饱一样。"李世民频频点头。接着又问:"古人不是说过能人治理百年江山?"魏征又回答说:"这些话不是论圣人君子的。圣人君子治理江山,上行下效,来得如同回声一样快,一个月即可实现,是不会很困难的。"坐在一旁的守旧派封德彝却说:"实际情况不是像魏征这样说的。夏、商、周三代以后,社会风气日益轻浮欺诈。秦王朝任用严刑酷法,汉朝采用霸术,都是想治理好却做不到,并不是可以治理好而不去做。魏征只不过是一介书生,好说空话,恐怕要白白地耽误国家大事,皇上您千万不能听他的。"魏征听了,十分生气,马上反驳道:"五帝三王,统治人民并没什么不同,行帝道则称帝,行王道则称王。皇帝战蚩尤,打了七十次仗终于战胜了蚩尤,从而达到了无为而治的境地。古代南方黎族部落破坏了德政,颛顼征服了他,并达到了大治。夏桀敢倡乱道,商汤将他放逐到边远的地方;商纣王昏聩无道,武王便推翻了他。如果是像你说的人是越来越奸诈,不能返璞归真,那么发展到现在,人都将要变成鬼怪了,那还怎样施行德政教化呢!"

魏征的这一番话说得封德彝哑口无言,但是他心里却不服输。唐太宗对魏征的这番话十分欣赏,深信不疑,并采纳了魏征等人治国安邦的锦囊妙计。因此,在贞观年间,国内歌舞升平,天下大治。周边少数民族的首领们也学习汉人习俗,穿衣戴帽,入朝称臣,在宫中带刀值宿,担任警卫。东到大海,南过岭南,人们晚上睡觉都不需关上门窗,没有人来偷窃;旅行的时候不必带干粮,随时随地都有饭吃。面对如此盛世气象，唐太宗当然踌躇满志，喜笑颜开，他对朝臣们说："之所以出现今天这种政通人和的局面，都是因为我听了魏征的话，施行仁义的结果。可惜封德彝死得早，看不到这种繁荣景象了。"

有一天，唐太宗在皇宫里大宴群臣。太宗在酒酣耳热之际，无比兴奋地说："贞观以前，跟随我定天下，出生入死，礼尽艰险，同甘共苦，是房玄龄的功劳。贞观之后，采纳忠良的谏议奏疏，修正我的过错，为国家生财长利，就要首推魏征了。即使是古代的名臣，又有谁能比得过他们呢？"于是唐太宗缓缓走下龙椅，亲自解下身上得两把随他征战了多年的精美佩刀，赏赐给房玄龄和魏征。李世民曾经不止一次地这样问他的大臣："魏征与诸葛亮相比，谁更贤能？"大臣岑文本回答说："诸葛亮才能卓越，出将入相，非魏征所能比。"唐太宗从容反驳道："魏征通晓仁、义、礼、智，辅佐我处理政务，治理国家，使我大唐臻于尧、舜时代的气象，即使是文武双全的诸葛亮也无法与他相媲美。"

当时，地方上许多臣下给太宗写密封的奏章，其中所反映的情况，很多都不合乎实际。李世民看了非常讨厌，不禁眉头一皱，要谴责贬黜这些人。魏征连忙劝阻说："古时候，贤君明主们立谤木，让百姓在上面提意见，是想了解自己的过错。写密封的奏章，不正好是立谤木的遗风吗？陛下要知道自己的得失，就应当撇开胸怀，对臣下畅述己见。他们说得对，就采纳，这对江山社稷有好处；他们说得不对，对朝政也没有什么损害。"唐太宗听了魏征这番话，心中的气也顺了，紧锁的眉头也舒展开了，并勉励那些上密封奏折的大臣们。

贞观十七年（643年），魏征患了重病，不久就去世了。唐太宗后来上朝总是叹息道："以铜为镜，可以正衣冠；以古为镜，可以知兴废；以人为镜，可以明得失。我曾经有这三镜来经常地反省自己，以防出现差错。现在魏征去世了，我失去了一面镜子。我最近遣人到魏征的家里，得到了魏征生前写的一篇奏折，只是一半草稿，其中可以辨认出来的字是这样说的：'天下的事情，有善有恶。任用善人则国家长治久安，恶人当道，则国家面临险恶。仁君对于那些公卿大臣感情上有爱憎之分，憎恶他，就只见到他的缺点的一面，爱他，就只见到他优点的一面。仁君对于自己的爱憎要审慎详察。如果一个君主了解所爱的大臣的缺点，了解所憎恶的大臣的优点，除去邪恶时毫不犹豫，任用贤才时毫不猜忌，那么国家就可以兴旺发达。'我前思后想，总担心我的这一方面出现了差错。

公卿大臣们可以将魏征的这段话写在记事的手板上，知道什么就及时谏诫我。"

唐太宗在位期间，正是能够兼听百官的意见，知人善任，才出现了大唐开国之初的太平盛世。魏征凭借自己的才能，勇于劝谏，将个人安危置之不顾，充分显示其为国为民的大无畏思想。也正是有了唐太宗这样贤明的君主，魏征这样的贤臣才能充分发挥自己的才智，两者互相配合，终于出现历史上著名的"贞观之治"。

房玄龄被称为"一代贤相"

房玄龄自幼就很聪明，他博览经史，工于草书隶书，善写文章，曾跟随父亲前往京城。当时天下安宁，大家都认为隋朝国运长久。房玄龄避开左右对父亲说："隋朝皇帝本无功德，只会迷惑黎民，不做长远打算。他混淆嫡亲和庶出，让他们互相争夺，皇太子与诸王，又竞相奢侈，早晚会互相残杀。靠这些人国家将难以保全，现在天下虽然清平，但其灭亡却指日可待。"房彦谦听后很吃惊，从此对他刮目相看。房玄龄十八岁时，本周举荐他应进士考，及第后被授羽骑尉。吏部侍郎高孝基颇有知人之明，见到房玄龄后深加赞叹，对裴矩说："我阅人无数，还未见过这样的郎君。他日必成大器，但恨我看不到他功成名就，位高凌云了。"后来，房玄龄的父亲久病百余日，他尽心侍奉药膳饮食，总是和衣而睡。父亲去世后，他曾五天不吃不喝。后来房玄龄被任命为隰城县县尉。

李渊举义旗入关内后，秦王李世民率军向渭北拓地，房玄龄驱马前往军营。李世民一见房玄龄，如同旧友相逢，属任他为渭北道行军记室参军。房玄龄既遇知己，就竭尽全力，知无不言。每当讨伐贼寇时，众人都竞相搜求珍玩，唯独房玄龄先去网罗人才，送到秦王幕府。遇有猛将谋臣，他就暗中与他们结交，使他们能尽死力。

不久，太子李建成见秦王伟德功业比他更盛，产生猜忌。秦王曾到太子住所吃饭，中毒而归。秦王幕府人人震惊，但又无计可施。房玄龄对长孙无忌说："现在怨仇已成，祸乱将发，天下人心无主，各怀异志，灾变一作，大乱必起。不但祸及幕府，还怕会倾覆国家，在此关头，怎能不再三深思呢！我有一计，不如准从周公诛杀兄弟的故事，就能对外抚宁天下，对内安定宗族社稷。古人曾说

'治理国家的人不能顾及小节',说的就是这个道理。这比家国沦亡、身败名裂不是要好得多吗?"长孙无忌回答:"我也早有这种打算,一直没敢披露出来。您现在所说的,与我的想法深深相和。"长孙无忌于是入见秦王献策。李世民召来房玄龄对他说:"危险的征兆已呈现迹象,应该怎么办呢?"房玄龄回答说:"国家遭逢患难,古今没什么不同,不是英明的圣人,不能平定它。大王功盖天地,符合君临臣民的预兆,自有神助,不靠人谋。"

房玄龄在秦王府十余年,每当撰写奏章时,他驻马路边,一蹴而就,行文简介,道理充分,不打任何草稿。高祖李渊曾对侍臣们说:"此人深知事理,完全可以委任。每当他代秦王向我陈述事情,我就像与我儿子对面谈话一样。"太子李建成看到房玄龄、杜如晦被秦王信任,十分厌恶,便在高祖面前进谗言,于是房玄龄与杜如晦一起被贬斥。

后来,李世民命长孙无忌召来房玄龄和杜如晦,悄悄带他们入府议事,帮助自己成功策划玄武门之变,入主东宫成为皇太子。为了感谢房玄龄的协助,太宗提拔他为太子右庶子。贞观元年,又升任中书令。太宗论功行赏,以房玄龄、长孙无忌、杜如晦、尉迟敬德、候君集五人为第一。房玄龄晋爵邢国公。太宗对诸位功臣说:"朕奖励你们的功勋,给你们划定封邑,怕有不当之处,现在你们可以各抒己见。"太宗叔父淮安王李神通进言说:"高祖刚举义旗,臣就率兵赶到。现在房玄龄、杜如晦等一帮刀笔吏功居第一,臣有些不服。"太宗说:"义旗初举,人人追随,叔父虽然举兵前来,但不曾身经战阵。山东没有平定时,叔父受命出征,窦建德南侵,叔父全军覆没。刘黑闼叛乱,叔父随军前往,方才破敌。房玄龄等有运筹帷幄之策,安邦定国之功。汉朝的萧何,虽然没有征战的功劳,但他指挥谋划,助人成事,因此功居第一。叔父是皇家之亲,对你的确没有什么可以吝惜,但朕却又不可因此私情而让你与功臣接受同等的赏赐。"于是,李神通也不再说什么。居功自傲的将军丘师利等,听到太宗重赏房玄龄等人,有的便挽袖指天,以手划地,陈说怨愤,等见到李神通理屈后,他们便互相议论说:"陛下赏赐极为公正,不徇私情,我等怎能妄加陈述呢?"

贞观三年,太宗任命房玄龄为太子太师,房玄龄坚持不受,改任代理太子詹事、兼吏部尚书,后又代替长孙无忌任尚书左仆射,改封爵为魏国公,并兼修国史。房玄龄既已总管百官事务,就虔诚恭谨、日夜操劳,尽量做到事事处理恰当。听到别人的长处,就像自己有长处那样高兴。他精通吏事,审定法令意在宽平,用人不求全责备,从不以自己的长处来衡量别人,随才录用,不拘贵贱,被时人称为良相。有时因事被皇上指责,他就连日在朝堂上磕头请罪,惶恐不安,似无地自容一般。

贞观十三年,太宗加封房玄龄为太子太师。房玄龄表示,若要自己接受,先要解除尚书左仆射的职务,太宗下诏书说:"选用贤能的根本,在于无私;侍奉君上的道义,责在当仁不让。你若拘泥这点小事,难道就是平常所说的辅佐朕共定天下吗?"房玄龄不好再推迟,只得带官加任太子太师。

后来,房玄龄的女儿封为韩王妃子,儿子房遗爱娶高阳公主,实在是显贵一时。他自己又官居宰相达十五年之久,于是多次请求辞官。太宗下诏宽慰,但并不批准。贞观十七年,房玄龄和司徒长孙无忌的画像被永久地刻在凌烟阁上,并赞词说:"才能兼有辞藻,思虑化入神机。为官励精守节,奉上尽忠忘身。"

长孙无忌的结局

大唐贞观年间,唐太宗依靠身边的一班文臣武将,把国家治理得井井有条。为表彰这些大唐功臣,让他们得以流芳百世,并为后世官员树立榜样,贞观十七年(公元643年),唐太宗特令人在凌烟阁画上了他们的肖像,共有二十四人。其中位列榜首的便是大唐名相长孙无忌。

长孙无忌,字辅机,河南府洛阳人。他的先人是北魏皇室。父亲长孙晟,曾任隋朝右骁卫将军。长孙无忌虽是唐太宗李世民的妻兄,但两人却是"布衣之交"。隋炀帝时期,李世民就娶了长孙无忌的妹妹为妻。

唐高祖李渊即位后,封长子李建成做太子,次子李世民为秦王,四子李元吉为齐王。但三子当中,李世民的功劳最大,太原起兵是他的主意,以后又屡建奇功。更重要的是,李世民在几年的南征北战过程中,身边聚集了一大批谋臣猛将。李建成自知无论是战功、威信还是实力,都不如李世民,就联合李元吉一起排挤他。

唐高祖武德九年(公元626年)夏天,突厥兵南犯。李建成借机请求高祖让李元吉带兵出征,李元吉接着又请求高祖把秦王府尉迟敬德、秦叔宝、程咬金三员大将和全部精兵划归他指挥。他们想调走秦王府精兵强将之后,再把李世民给除掉。情况危急,李世民赶忙找长孙无忌和尉迟敬德商量对策。长孙无忌力劝李世民先发制人。终于,李世民下定决心,发动了玄武门之变。玄武门之变后不久,李世民正式登基当了皇帝。长孙无忌在事变中发挥了重要作用,李世民以他功拔头筹,晋封为齐国公,任吏部尚书。贞观元年,又迁升右仆射,居相位。

长孙无忌

长孙无忌深知江山来之不易,身居相位,自然要尽心尽力辅佐唐太宗。贞观初年,有些大臣看到突厥已经衰落,就建议唐太宗趁机兴兵攻取。唐太宗征询朝臣意见时,长孙无忌极力反对,说:"突厥已经衰落,不会骚扰边塞。如果我们深入他们境内,既违背了和盟,又不一定就能取胜。"唐太宗采纳了他的建议,从而避免了一场不必要的战争。

贞观十一年(公元637年),唐太宗诏令长孙无忌等十四位大唐功臣世袭刺史。长孙无忌认为世袭刺史会贻害地方的治理,不利于唐王朝的中央集权和社会的长治久安,便联合房玄龄等上表反对,终于让唐太宗收回成命。

贞观十七年(公元643年),原太子承乾谋反被废。在重立太子的问题上,唐太宗犹豫不决。长孙无忌主立三子晋王李治为太子。他说:"晋王仁孝,将来为政能爱民,安定社会,是个守成之主。"太宗于是决定立晋王为太子。

贞观时期,长孙无忌前后执政二十余年,为"贞观之治"局面的形成立下了汗马功劳。长孙无忌有大功于唐室,又有治国治民的才能,官居相位,本来也是自然的事。可长孙无忌却担心别人会说他是靠裙带关系上去的,心里常常为此感到不安,并几次力辞相职。贞观二年(公元628年)正月,刚居相位才半年的长孙无忌,就主动要求辞去相职。唐太宗在他固辞之下,被迫同意。贞观七年(公元633年),唐太宗要封他做司徒、知门下尚书省事,他又力辞不受。他上奏唐太宗说:"我以外戚的身份,位致三公,恐怕人家会说皇上照顾皇后的家人。"

这一次，唐太宗没有允许他辞职，并对别的大臣说："我任官以才为标准。我是看中了无忌的才干，才委他以相职的。"贞观二十年（公元646年），唐太宗要授他太子太师之职，又被他谢绝了。

长孙无忌屡辞相职，固然是因为他能谦虚自律，同时也与他妹妹长孙皇后的影响分不开。长孙皇后是中国历史上少有的贤后，为防止外戚干政，她曾多次劝哥哥不要就任宰相。她还常常提醒唐太宗注意吸取历代外戚专权作乱的教训，请求他不要委政于自己娘家的人。

贞观二十三年（公元649年）五月，唐太宗一病不起。临终前，他嘱咐长孙无忌和褚遂良两人辅佐太子。高宗即位后，长孙无忌身为辅政，尽力辅佐这个新皇帝。一般朝政大事都由他决断，实际上是他在统治着整个国家。由于天下太平、人民安居乐业，长孙无忌在政事之余，又主持修撰了《唐律疏议》三十卷，系统疏证诠解《唐律》的各项条文。这部法典不但对完善唐朝法规起了重要作用，而且也是我国现存的一部最完整的古代法典。

然而，在一场皇后的废立斗争中，长孙无忌这位初唐忠臣，终于因忤主而遭陷害致死。原来高宗因宠爱武则天，想要废掉王皇后。据说武则天为了陷害王皇后，竟暗中掐死自己亲生的女儿，然后嫁祸给王皇后。她很有手段，在宫里时间不长，就拉拢收买了不少人，作为自己的耳目和羽翼。

永徽六年（公元655年），高宗执意要立武昭仪为后，长孙无忌、褚遂良认为武则天出身寒族、身份不明，极力反对。武则天被立为皇后，褚遂良被贬为潭州都督，长孙无忌也不再受到重用。

显庆四年（公元659年），已经当上皇后的武则天，为报复阻挠立她为后的长孙无忌，就叫党羽中书令许敬宗诬陷长孙无忌谋反。高宗竟信以为真，遂将长孙无忌贬流黔州。不久，长孙无忌被逼死于流放地。长孙家人几乎尽被处死。

长孙无忌为大唐王朝呕心沥血三十余年，最终仍旧没有逃过"否极泰来"的规律，死于宫廷斗争之中。

来俊臣恶有恶报的下场

武则天在平定徐敬业叛乱之后，决心除掉那些反对她的唐朝宗室和大臣。

可是,谁在暗中反对她,用什么办法才能知道呢?于是,她就下了一道命令,发动全国告密。不论大小官吏,普通百姓,只要发现有人谋反,都可以直接向她告密。地方官吏遇到有人告密,不许自己查问,一定要替告密的人备好车马,供给上等伙食,派人护送到太后行宫,由武则天亲自召见。如果告密的材料属实,告密人可以马上做官;查下来不符事实,也不追究诬告。这样一来,四面八方告密的人当然越来越多了。

武则天收到许多告密材料,总得有人替她审问。有一个胡族将军索元礼,就是靠告密起家的。武则天派他专门办谋反的案件。索元礼是一个极端残忍的家伙,审问案件,不管有没有证据,先用刑罚逼犯人供出同谋。犯人受不住刑,就胡乱招了一些假口供,这样,他审问一个人就会牵连到几十个几百个人。株连越广,案情就越大。索元礼向太后一汇报,太后直夸他办事能干。

有些官吏看到索元礼得到太后赏识,就学起索元礼的样儿来。其中最残酷的是周兴和来俊臣。他们每人手下养了几百个流氓,专门干告密的事。只要他们认为谁有谋反嫌疑,就派人同时在几个地方告密,捏造了许多证据。更奇怪的是,来俊臣还专门编了一本《告密罗织经》,传授怎样罗织罪状的手段。

周兴、来俊臣办起案来,比索元礼还要残忍。他们想出各种各样惨无人道的刑罚,名目繁多,花样百出。他们抓到人,先把各种刑具在"犯人"面前一放,"犯人"一看,就被迫招认了。周兴、索元礼前前后后一共杀了几千人,来俊臣毁了一千多家,他们的残酷天下闻名。

有个正直的大臣对太后说:"现在下面告发的谋反案件,多数是冤案、假案,也许有人阴谋离间陛下和大臣之间的关系,陛下可不能不慎重啊!"可是,武则天不愿听这种劝告。告密的风气越来越盛,连她的亲信、掌管禁军的大将军丘神勣,也被人告发谋反,被武则天下令杀了。

有一天,太后接到告密信,说周兴跟已经处死的丘神勣同谋。太后一听,大吃一惊,立刻下密旨给来俊臣,叫他负责审理这个案件。说巧也巧,太监把太后的密旨送到来俊臣家,来俊臣正跟周兴在一起,边喝酒,边议论案件。来俊臣看完武则天密旨,不动声色,把密旨往袖子里一放,仍旧回过头来跟周兴谈话。来俊臣说:"最近抓了一批犯人,大多不肯老实招供,您看该怎么办?"周兴捻着胡须,微微笑着说:"这还不容易!我最近就想出一个新办法,拿一个大瓮放在炭火上。谁不肯招认,就把他放在大瓮里烤。还怕他不招?"来俊臣听了,连连称赞说:"好办法,好办法。"他一面说,一面就叫公差去搬一只大瓮和一盆炭火到大厅里来,把瓮放在火盆上。盆里炭火熊熊,烤得整个厅堂的人禁不住流汗。

周兴正在奇怪,来俊臣站起来,拉长了脸说:"接太后密旨,有人告发周兄谋反。你如果不老实招供,只好请你进这个瓮了。"周兴一听,吓得魂飞天外。来俊臣的手段,他是清楚的。他连忙跪在地上,像捣蒜一样磕响头求饶,表示愿意招认。来俊臣根据周兴的口供,定了他死罪,上报太后。

武则天想,周兴毕竟为她干了不少事;再说,周兴是不是真的谋反,她也有点怀疑,就赦免了周兴的死罪,把他革职流放到岭南(在今广东、广西一带)去。周兴干的坏事多,冤家也多,到了半路上,就被人暗杀了。后来,武则天发现索元礼害人太多,民愤很大,就借个因由把他杀了。

留下的一个来俊臣,仍旧得到武则天的信任,继续干了五六年诬陷杀人的事,前前后后不知道杀害了多少官吏百姓,连宰相狄仁杰也曾经被他诬告谋反,关进牢监,差一点被他整死。

来俊臣的胃口越来越大,他想独掌朝廷大权,嫌武则天的侄儿武三思和女儿太平公主势力大,索性告到他们身上去了。这些人当然也不是好惹的,他们先发制人,把来俊臣平时诬陷好人、滥施刑罚的老底全都揭了出来,并且把来俊臣抓起来,判他死罪。武则天本来还想庇护来俊臣,一看反对来俊臣的人不少,只好批准把他处死。

来俊臣被处死刑那天,人人称快。大家互相祝贺,说:"从现在起,夜里可以安心睡觉了。"看来,为非作歹的坏人终究要自食恶果,不得善终。

李义府得名"人猫"

唐朝贞观八年(公元634年),剑南道巡察大使李大亮出巡。途中突遇一人才学出众,一贯爱才的李大亮立刻将此人荐举给朝廷,很快诏下,补为门下省典仪。此人便是李义府。

唐太宗想试试李义府才学深浅。一天,太宗召见李义府,令他当场以"咏鸟"为题,赋诗一首。题目一出,李义府脱口吟道;

日里扬朝彩,琴中闻夜啼。

上林如许树,不借一枝栖。

此诗流露出李义府渴求朝官的急切心情。太宗听后倍感满意,便说:"与卿全树,何止一枝!"当场授予他监察御史,并侍晋王李治。当时,李治为太子,李义府旋即又被授为太子舍人、崇贤馆直学士。因其颇有文采,与太子司议郎来济臣被时人并称为"来李"。

李义府很有才华,而且并非生来就是奸佞之徒。他曾写《承华箴》奉上,文中规劝太子"勿轻小善,积小而名自闻;勿轻微行,累微而身自正"。又说,"佞谀有类,邪巧多方,其萌不绝,其害必彰"。此言有文有质,以此看,他很可能会成为对国家有用的人才,而结果却堕落为奸臣,这是为什么呢?莫非官场乃一大染缸,要不多久皆清黑一色?

太子李治将《承华箴》上奏父皇,太宗览毕大喜,称:"朕得一栋梁也!"下诏赐予李义府帛四十匹,并令其参与撰写《晋书》。永徽元年(公元650年),太子李治即位,是为高宗。李义府升为中书舍人,第二年,兼修国史,加弘文馆学士。李义府的青云直上,颇引朝臣注目,特别是他也曾由黄门侍郎刘洎、侍御史马周引荐,又与许敬宗等相勾结,虚美隐恶,曲意逢迎。长孙无忌奏请高宗贬他到壁州(今四川通江)做司马。诏令尚未下达,李义府已有所闻,急忙向中书舍人王德俭问计。

王德俭是许敬宗的外甥,其貌不扬,但诡计多端,善揣人意。他向李义府献计说:"武昭仪如今格外受宠,皇上想要将她立为皇后,只是怕宰相们反对,所以迟迟不敢下诏。你若能进谏赞同,恐怕能转危为安。"李义府心领神会,能在武昭仪立后问题上迎合帝意,贬黜之事便好办得多。于是,他借着替王德俭在中书省值宿的机会,立即上表高宗,谎称立武昭仪为皇后是人心所向,请废王皇后,立武氏为后。

高宗听了,正合心意,马上召见了李义府,不仅赐给他宝珠一斗,还将原来贬斥到壁州的诏令停发,留居原职,武昭仪也秘密派人送礼答谢。从此,李义府便与许敬宗、崔义玄、袁公瑜等人结成了武昭仪的心腹。永徽六年(公元655年)七月,李义府升为中书侍郎;十月,立武昭仪为皇后;十一月,李义府又自中书侍郎拜为同中书门下三品,监修国史,并赐广平县男爵。李义府第一次尝到了耍阴谋的甜头。

李义府其实本来就是一个深藏不露的人。表面上,他总是一副谦和温顺的样子,与人说话也总是面带微笑,显得和蔼可亲;而内心则阴险狡诈,偏狭刻毒,动不动就拉下脸来。人称他是笑里藏刀,柔而害物的"人猫"。李义府仰仗武后的恩宠,晋爵为侯,更加胆大妄为。洛阳有一女子淳于氏因为有罪,关押在大理寺。李义府听说这女子貌美,淫心顿起,密令大理丞毕正义削免其罪,纳为自己的小妾。大理卿段宝玄听说此事,告到朝廷。高宗令给事中刘仁轨、侍御史张伦等审理此案。李义府十分害怕,唯恐事情败露,便逼迫毕正义自缢,杀人灭口。高宗听到后,也想息事宁人,便不再追究,不了了之。

后来,侍御史王义方将调查情况,向高宗如实做了汇报:"义府于辇毂之下,擅杀六品寺丞;正义自杀,也是因为畏惧李义府的淫威。这样下去,则生杀之威,可不出自皇上之手。这种风气万万不可助长,请陛下立即加以勘正!"他还当庭陈述李义府的罪恶:"附下罔上圣主之所宜诛;心狠貌恭,明时之所必罚。"谁知,李义府顾盼左右,若无其事,见高宗毫无阻拦之意,只好退出。王义方义愤填膺,继续弹劾李义府的罪恶行径,指出"此儿可恕,孰不可容"!要求清除君侧的奸党。高宗见他愈说愈激动,而事已至此,不想再作无谓争辩,于是大声喝止,反说王义方当庭诽谤,侮辱大臣,出口不逊,将其贬到莱州做司户,而不问李义府之罪。

昆庆二年(公元657年),李义府代替崔敦礼为中书令,兼检校御史大夫,监修国史,弘文馆学士如故,并加太子宾客,封为河间郡公。他秉承武后意旨,与许敬宗一起诬奏侍中韩瑗、中书令来济臣与褚遂良图谋不轨。结果二人都被贬到外地,终身不得朝觐。原吏部尚书柳奭贬为爱州(今越南清化)刺史,后被诬与褚遂良等朋党构扇而被杀。李义府就是这样,对那些威胁自己权势的人,总要千方百计除掉而后快。

李义府得名"铜山盗贼"

李义府,唐朝瀛洲饶阳(今河北饶阳)人。他经李大亮、刘泊、马周等人的荐举进入朝廷后,官职不断升迁。又利用各种手段发展自己的个人势力,因而引起了一些朝官的不满。

中书令杜正伦尤其讨厌李义府，便暗地里与中书侍郎李友益商量，设法查清李义府的罪恶活动，然后除掉他。可消息走漏，李义府秘密派人向高宗奏明此事，来个恶人先告状。高宗找来杜正伦与李义府，当面问询原委，二人争辩不休，互相攻击。唐高宗十分生气，各打他们五十大板，接着，杜正伦被贬为横州（今广西横县南）刺史，李义府被贬为普州（今四川安岳县）刺史，李友益被流放到峰州（今越南河内西北）。当时，高宗本想褊袒李义府，但朝中大臣多支持杜正伦，才不得不作了"两责之"的处罚。李义府虽被贬，仍受到武后的袒护，不到一年，便回到京城担任吏部尚书，而杜正伦则扔在一旁无人管。

一日，闲来无事，李义府偶翻贞观时修的《氏族志》，觉得自己的家族未列入志总甚是遗憾。于是，他将此事告诉武后，武后也感到《氏族志》有问题，应该重订。于是，由许敬宗、李义府主持重订工作，规定"皇朝得五品官者，皆升士流"。李义府曾多次为其子向魏齐旧姓求婚，但是均未成功。出于个人恩怨，李义府请求武后下诏规定，旧有七姓崔、卢、李、郑、王等望族，不得互为婚姻，并将《氏族志》更名为《姓氏录》。

新修氏族志，对李义府来说，是跻身于名门望族的关键一步。他曾自言本出于赵郡李氏，还常与诸李氏论亲疏远近，一些李姓子弟，也趋炎附势、附和苟合，称他叔祖的不在少数。当李义府贬为普州刺史时，本族给事中李崇德将李义府一支从赵郡李氏族谱中抹去。等李义府官复原职、重为宰相后，李义府毫不客气地加以报复，叫人罗织罪名，将李崇德下狱，迫其自杀。

李义府出身于寒微之家，深知民间疾苦，一旦当上官便翻脸不认人，干起盘剥百姓的罪恶勾当。李义府的母亲去世，他在乡丁忧一年后，又复起为司列太常伯、同东西台三品。不久，李义府要改葬他的祖父，墓地选在永康陵的旁边。他这样做的目的一是为了光宗耀祖，装潢门面；二是看看自己的能量到底有多大。他示意附近各县调派丁夫、牛车为他祖父修建陵墓。三原县（今陕西富平县）令李孝节为讨好李义府，私下征集大批丁夫，昼夜不停地劳作。别的县令见了，谁也不敢得罪李义府，均起而效之。高陵县令张敬业为人恭谨，是个老实人，苦于李义府的压力，终日操劳，竟累死在工地上。

这次声势浩大的迁葬活动，有出力的自然也有出物的。自王公以下的各级官员,争先恐后地为他送礼,赠送迁葬所需物品,一时间,赶来迁葬的车马,浩浩荡荡,从灞桥到三原七十多里的道路上,人欢马叫,络绎不绝。高宗还下诏让"御史哭节",以致"蠕媚乌偶,僭侈不法,人臣送葬之盛典无与伦比者",成了唐王朝以来王公大臣们从未有过的豪华葬礼。

在李义府居母丧期间,有一个名叫杜元纪的风水先生,说李义府宅第有"狱气",需要花掉积钱两千万,才可以"厌胜",除去晦气。李义府信以为真,为了免除牢狱之灾,更加急切地收敛钱财,中饱私囊。

那时,高宗准许李义府初一、十五休假在家哭丧。但他并未把哀事放在心上,却利用这个机会换上普通百姓的衣服,与杜元纪悄悄溜到东城,于凌晨登上左塚瞭望风水。此事被人发现,议论纷纷,推测他出来窥视星象,意欲图谋不轨。可李义府置人们议论于不顾,暗里继续敛财赎罪。他派儿子右司议郎李津找到长孙无忌的孙子长孙延,对他说:"我为你可求一官,数日后诏书便可下来。"过了五天,果然授了长孙延司津监的职务,并向他索钱七十万。

李义府的倒行逆施,不能不引起朝臣的义愤和高宗的恼怒。在他大修祖墓而糜费钱财时,武后也委婉地劝他:"你这样不体恤民力,实为自掘坟墓之举,一旦事发,我也无力保你了。"聚敛成性的李义府,却当作耳旁风,仍然一意孤行。右金吾仓曹参军杨行颖向高宗上表,揭发了李义府的种种罪恶。高宗命司空李勣和司刑太常伯刘祥道共同督办此事,经过核查和对李义府本人反复拷问,所犯之罪属实。高宗这样做,是下了一定决心的,因为他的胆大妄为已危及高宗的统治。高宗下诏将其官爵尽除,并长期流放。他的长子李津,专门倚仗其父权威为非作歹,贿赂无厌,交游非所,潜报机密,也被长期流放振州(今海南崖县西)。次子李洽、三子李洋和女婿柳元贞等人,均被除名,长期流放廷州(今广西天峨东北)。李义府及全家受到应有的惩处,人们弹冠相庆,拍手称快。有人以民间说唱形式写了《河间道行军元帅刘祥道破铜山大贼李义府露布》张贴于大街小巷。所谓"铜山大贼",是指李义府劫掠铜铁钱财,堆积如山。后遇朝廷大赦,但长期流放的人不在此列。李义府只好呆在寓所,忧愤成疾,死时才五十三岁。

姚崇被称为"救时宰相"

开元初年,历经多次宫廷政变而最终取得帝位的唐玄宗李隆基,为了国家繁荣昌盛、长治久安,勤勉政事、重用人才。他一心想恢复唐太宗的事业,于是任用姚崇为宰相,整顿朝政,把中宗时期的混乱局面扭转过来,唐王朝重新出现了兴盛的景象。

姚崇,字元之,三朝为相。他才思敏捷、通达知变,武则天当政时就很受赏识,唐玄宗即位后,仍然以姚崇为相。姚崇也的确不负众望,向唐玄宗提了很多好的建议,玄宗一一予以采纳。由于君臣同心协力,励精图治,几年之间,大唐帝国百废俱兴、河清海晏、吏治清明、人民安居乐业。唐玄宗也对姚崇更加信任了,凡是军国大事、官员进黜,总要先找姚崇商议,然后定夺。每逢临朝奏事,玄宗也只问姚崇,其他官员唯有随声附和。

正在玄宗励精图治的时候,河南一带发生了一次特大的蝗灾。中原的广阔土地上,到处都出现了成群的飞蝗。那蝗群飞过的时候,黑压压的一大片,连太阳的光辉都被遮没了。蝗群落到哪里,哪个地方的庄稼都被啃得精光。

那时候,人们没有科学知识,认为蝗灾是天降给人们的灾难。再加上有些人有意搞迷信宣传,于是,各地为了消灾求福,都烧香求神。眼看庄稼被蝗虫糟蹋得这样惨,人们拿它一点没有办法。

灾情越来越严重,受灾的地区也越来越扩大。地方官吏不得不向朝廷告急。宰相姚崇向玄宗上了一道奏章,认为蝗虫不过是一种害虫,没有不能治的。只要各地官民齐心协力驱蝗,蝗灾是可以扑灭的。

唐玄宗十分信任姚崇,立刻批准了姚崇的奏章。姚崇下了一道命令,要百姓一到夜里就在田头点起火堆,等飞蝗看到火光飞下来,就集中扑杀;同时在田边掘个大坑,边打边烧。这个命令一下去,汴州(今河南开封)刺史倪若水拒不执行。他也写了一道奏章,说蝗虫是天灾,人力是没法抗拒的,要消除蝗灾,只有积德修行。姚崇看到倪若水的奏章,十分恼火,专门发了一封信责备倪若水,并且严厉警告他说,如果眼看蝗灾流行,不采取救灾灭蝗措施,将来造成饥荒,要他负责。倪若水看宰相说得很硬,不敢不依。他发动各地官民,用姚崇规定的力法灭蝗,果然有效。光汴州一个地方就捕灭了蝗虫十四万担,灾情缓和了下来。

倪若水在事实面前服输了,可是在长安朝廷里还有一批官员,认为姚崇灭蝗的办法,过去从来也没人做过,现在这样冒冒失失推行,只怕闯出什么乱子来。唐玄宗听到反对的人多,也有点动摇起来。他又找姚崇来问,姚崇从容不迫地回答说:"做事只要合乎道理,就不能讲老规矩。再说历史上大蝗灾的年头,都因为没有很好捕灭,造成严重灾荒。现在河南河北,积存的粮食不多,如果今年因为蝗灾而没收获,将来百姓没粮吃,流离失所,国家就危险了。"唐玄宗一听蝗灾不除,要威胁国家安全,也害怕起来,说:"依你说,该怎么办才好?"姚崇说:"大臣们说我的办法不好,陛下也有顾虑。我看这事陛下且别管,由我来处理。万一出了乱子,我愿意受革职处分。"唐玄宗这才点头同意了。

姚崇出宫的时候,有个宦官悄悄扯住他的衣袖,说:"杀虫太多,总是伤和气的事,希望相公好好考虑一下。"姚崇说:"这件事就这么定了,请你不必再说。如果不杀蝗虫,到处都是荒地。河南百姓,统统饿死,这难道不伤和气吗?"由于姚崇考虑到国家的安全、百姓的生活,不顾许多人反对,坚决灭蝗,各地的蝗灾终于平息下来。

姚崇办事干练是出名的。有一次,姚崇的一个儿子死了,他请了十几天的假,把政事委托给他的助手——检校吏部尚书卢怀慎。卢怀慎虽与姚崇同朝为相,但自认为才能不及姚崇,事事都要推托给姚崇处理,并因此落了个"伴食宰相"的雅号。在姚崇告假期间,许多政事他决断不了,公文越积越多。姚崇料理完丧事回朝后,没有花多少时间,就把案头的积件处理完了。旁边的官员看了,没有一个不佩服他。姚崇自己也有点得意,问一个官员说:"我这个宰相,能跟古代什么人相比?能不能比得上管仲、晏婴?"那官员说:"跟管仲、晏婴似乎比不上,但是也可以称得上'救时宰相'了。"

开元四年(公元716年)底,姚崇辞官归隐,举荐宋璟为相,辅佐玄宗中兴。唐玄宗在他即位以后的前二十多年里,除了姚崇以外,还任用过好几个有名的贤相,像宋璟、张说、韩休、张九龄等,他还比较肯接受宰相和大臣们的正确意见,采取了一些有利于经济发展的措施。这个时期唐朝国力强盛,财政充裕。据说,当时各州县的仓库里都堆满了粮食布帛,长安和洛阳的米和帛都跌了价。

历史上把这段时期称为"开元盛世"。

安禄山认杨贵妃干娘

安禄山,原名轧牢山,本是营州(今辽宁沈阳)的胡人。因父亲去世较早,从小安禄山就孤苦伶仃。后来,他的母亲嫁给胡将安延偃,于是改姓安。随着年龄的增长安禄山变得越来越世故。他十分聪明,工于心计,据说懂六番语言,所以就做了互市郎——即掌管蕃部商品交易的官员。

安禄山就这样凭着巴结奉承和贿赂送礼的手段,竟然步步高升,后来逐渐受到玄宗的重用。他知道杨贵妃喜欢洗温泉,便为之大加装修,从范阳运来石龙、石鱼、石鸟、石雁、石莲花,雕刻精美,巧夺天工。贵妃在沐浴时,见到这些东西就不禁想起安禄山,渐渐对他产生好感。安禄山从范阳进宫朝见时,后面跟着长长的骆驼队伍,不仅带来战马奴婢、珠宝玉石,为了讨好杨贵妃,还特意带来媚玉箫管。每当杨贵妃吹奏时,总是会想到安禄山的忠心。

高力士是宫中的关键人物,安禄山也用钱财把他喂得肥肥的,所以通行无阻,后来,宰相李林甫由于讨厌儒臣因战功显赫,与自己在玄宗面前争宠邀功,于是就劝说玄宗专门重用番将。这样一来,玄宗就更加宠信安禄山这个胡人了。

安禄山心怀鬼胎,表面上却装出一副憨厚迟钝的样子,以掩饰其内心的阴谋。他上书给玄宗皇帝说:"我出生在边远的少数民族地区,得到陛下的宠爱与重用太多了,我没有什么特殊的才能来为陛下效力,只有一条性命,愿随时为陛下献出。"玄宗听了这番话,以为安禄山对自己十分忠诚,便更加信任他。

当时,杨贵妃深得玄宗的宠爱,安禄山为了讨好杨贵妃,便请求做他的干儿子。玄宗喜不自禁,欣然答应下来。但是在行叩拜礼的时候,安禄山却先拜杨贵妃,后拜玄宗。玄宗十分好奇,安禄山说:"我们蕃人的规矩是先拜母亲后拜父亲。"玄宗听了,十分高兴。玄宗为了保护干儿,采取重大的安全措施,特赐安禄山一面金牌,遇到有人劝酒,可以拒饮,以防中毒。仗着玄宗的信任,安禄山的野心更大了,命手下将领刘骆谷长驻京师,窥视朝廷的动静,以便伺机动手。

安禄山虽然身躯庞大,行动困难,但跳起胡旋舞来,飞转如风,久不知累,看得玄宗目不转睛。白居易《胡旋女》诗云："天资季年时欲变,臣安人人学圆转。中有太真外禄山,二人最道能胡旋。"安禄山成了宫中胡旋舞的特级教头,与杨贵妃对舞,情景更加精彩。玄宗因此更加宠爱安禄山,每次有重大活动,都特设金鸡帐,令安禄山坐在身边,别人只能腹诽,却不敢面谏。

一个少妇养一个壮汉做干儿,在外人看来真是吃惊不小,但宫里人却见怪不怪。杨贵妃给安禄山"洗三"那天,宫里举行盛会,极其隆重。贵妃娘娘把安禄山当作出生刚三日的婴儿,用各种绸缎将他裹成个大粽子一般,这个几百斤重的大婴儿谁能抱得动?于是命几十个宫女用彩轿抬着,在宫里游行。狂呼浪笑之声溢于宫门。这是一场惊世骇俗、史无前例的闹剧,玄宗却极有兴致地观看。他对自己的干儿,一千个放心,一万个放心。不知是宽容豁达,还是神经麻木,教人百思不得其解。

宫中的丑事几乎无人不知。李商隐《行次西郊作一百韵》云:"皇儿弃不乳,椒房抱羌浑。"前一句是说玄宗杀了自己三个亲生儿子的事,后一句"椒房"是指杨贵妃,"羌浑"指安禄山,一个"抱"字,尽现个中丑态。

更有甚者传说杨贵妃的前胸曾被安禄山抓破了,由于偷偷用诃子治疗,没有留下验伤证明。这类内容愈是言之凿凿,说得有眼有鼻,水分愈多。我们甚至可以怀疑这是无聊之徒编造出来取悦读者的,不必深究,一笑置之可也。

到了晚年,安禄山的身体越来越肥胖,大腹便便,肚子一直垂到双膝,走路的时候两只手臂要伸展起来,自称有三百五十斤。玄宗望着安禄山的大肚子觉得十分有趣,就开玩笑说:"你的肚子里装的是什么东西,为何这样大?"安禄山讨好卖乖地回答说:"只有一颗忠于皇上的赤心而已。"傻中藏巧,愚得可爱,却奸得可怕。

由于长时期天下太平,人民安居乐业,玄宗渐渐地沉迷女色,不理政事。李林甫和杨国忠两个小人先后操纵朝政,祸国殃民,致使朝纲大乱,奸邪丛生。安禄山看到这种情形,认为夺取天下的时机已到,于是起兵造反。后来,杨贵妃死时,玄宗掩面而哭,安禄山得知消息也哭了,毕竟死的还是自己的"干娘"呀!

郭暧"打金枝"

有一出京剧名本叫《打金枝》,讲的是驸马爷郭暧与妻子升平公主发生争吵,一气之下,出手痛打了金枝玉叶的升平公主。在帝王时代,打皇帝的女儿可是犯了杀头抄家之罪,甚至可以株连九族,然而,郭暧并没获罪,反而使升平公主成了个温顺贤淑的妻子。事情怎么会如此蹊跷呢?

《打金枝》剧照

　　郭子仪在唐玄宗时代是驻守河北的领兵大将,当"安史之乱"暴发时,年老心疲、醉心酒色的唐玄宗撇下帝京,只顾携带家小往西蜀逃命,在忠国大臣们的苦苦挽留下,才勉强把太子李亨留下,以便稳住民心和军心。太子李亨移驾灵武,为了号召天下勤王义师,众大臣把他推上皇位,立为唐肃宗,尊西去的玄宗为太上皇帝。新的朝廷既经成立,天下人心为之一振,郭子仪领精兵五万由河北赶到灵武助阵,大大增加了唐肃宗的实力,为大唐兴复打下了坚实的基础。

　　于是,唐肃宗任命长子广平王李极为天下兵马大元帅,而以郭子仪为副元帅。其实,年轻识浅的广平王哪里懂得什么用兵布阵,更不用说是冲锋陷阵了,一切全得仰仗身经百战的老将郭子仪。广平王做大元帅只是名义,实权全在郭子仪手中,可见唐肃宗对他的信赖。

　　幸运的是,不久安禄山之部发生内乱,安禄山被宦官李猪儿杀死,叛军群龙无首,势力大减。唐军趁此时机,大举进攻,势如破竹,三月之内,连克东西两京,奠定了中兴唐室的基础。肃宗回到长安后,亲自到灞上去慰问攻城的将士,当着广平王的面,肃宗称赞郭子仪道:"中兴唐室,皆卿之功。"于是加拜郭子仪为司空,封代国公,派驻东都洛阳,负责清扫河北地区的叛军余孽。

后来，肃宗之子代宗即位，为了向郭子仪表示恩宠，除了对他给予优厚的礼遇外，还将自己娇生惯养的掌上明珠升平公主，嫁给郭子仪的儿子郭暧为妻。升平公主是唐代宗与沈皇后的女儿，沈皇后堪称绝代佳人，貌美如花，善良贤淑，深得唐代宗之宠。然而在唐代宗东征西讨的时候，沈皇后却失落民间，行踪不明，唐代宗便把对沈皇后的宠爱转移到升平公主身上，升平公主原本从母亲那里继承了绝世的美貌和纯良的天性，但由于父皇的娇宠，使她养成一副不知天高地厚的公主脾气，时不时撒娇发横，宫中的人都得依着她的性子来。

一般做驸马的人大都抱有攀附之心，为了荣华富贵，受些窝囊气也就认了。而这个郭暧，生就一副刚直不阿的性格，他并不想借助皇家谋取什么名利，因而也就不准备怎么样地宽纵升平公主。再说心高气傲的升平公主，听说要下嫁尚无功名的郭暧，心中有些不满，但婚姻大事也由不得自己，只好尊奉父皇之命。如此一来，郭暧与升平公主的婚姻，从一开始就潜伏了矛盾的火种，只待某一天爆发出来。

新婚宴尔，升平公主见夫君仪表堂堂，气度不凡，不禁转忧为喜，对郭暧也算体贴温柔。郭暧则被升平公主的美艳吸引住了，再加上她那天真烂漫，稚气未脱的性格，也使得这个将门虎子颇感新鲜可爱。这对小夫妻陶醉在粉红色的新婚梦中，也着实和睦相处了一段时间。

然而，日子一长，升平公主的公主脾气又开始发作了，驸马爷郭暧可真有点消受不了。按照郭家的规矩，每天清晨，儿孙晚辈都必须到郭子仪面前请安；而郭暧与升平公主居住的驸马府离郭府较远，每日请安实为不便，于是郭家特别对他俩破例，允许他们在每月的初一和十五早晨，到郭府问候家翁，以尽子媳之道。对这个规定，升平公主无话可说，同意执行，但每次临行前，洗漱梳妆，总是拖拖拉拉，在郭暧的紧催慢催中勉强启程，到了郭府，郭家其他子媳早已站在郭子仪门下等候很久了。为此，郭暧对升平公主满腹怨言，但念在她公主的份上，勉强没有追究，只是每次加紧了催促。

唐代宗大历二年二月十五日，是郭子仪的七十寿诞，郭暧与升平公主本已商量好，这天清晨两人一道赶往郭府为家翁祝寿。这天郭暧特意起了个大早，去叫升平公主起身时，升平公主却推说受风头痛，不愿起来，叫郭暧一人带礼品去祝寿，代她向家翁问安。郭暧一听，气不打一处来，心想："平日里你拖拖拉

国学经典文库

中国古代逸史

· 隋唐五代十国逸史 ·

图文珍藏版

拉,我都忍了,今天父亲大寿吉日,你竟想躲懒不去!"于是往日的怨气连同今日的怒气一一同爆发出来,对着升平公主大声吼道:"你不就是仗着你父亲是天子吗?我父亲还不愿做那皇帝呢!"讲出这样的话,实在是过于冲动,口不择言,如此糟蹋皇帝,简直是大逆不道,罪当诛首。

升平公主听了气得面色发白,声色俱厉地指着郭暧反击道:"欺君罔上,罪当诛杀九族!"郭暧这时正在气头上,听了公主的话也决不相让,心想:"你们皇家诛不诛得了我郭家,还是问题!"因而又接着教训道:"皇帝又怎样?你在我这里就是郭家的媳妇,不遵孝道,我不但骂得,还能打得!"说着说着,愈发激动,一跃而起,上前抓住升平公主猛推了一下;升平公主见他竟然还敢动手,也更加愤怒,大声叫道:"看我杀了你们郭家!"郭暧闻言更加气愤,不由地对她拳脚相加,直打得公主鼻青眼肿才住手。

后来,升平公主趁郭暧往郭府拜寿之机,哭哭啼啼地乘车回到皇宫,一见到皇帝父亲,升平公主悲不自胜地扑倒在父亲脚下,声泪俱下地诉说着她在驸马府挨打的事,并坚决要求父亲惩办郭家。唐代宗见自小娇惯的女儿被驸马打成这副可怜模样,自然心痛不已,也决心好好教训一个这个胆大妄为的驸马;然而转念审情度势,觉得还是不要扩大事态为宜,以免弄僵了与郭家的关系。主意既定,他先对女儿好言安慰一番,然后心平气和地劝解道:"就算事情如你所述的那样,为父也不便过于帮你。做天子并不是天下尽归你所有,也不可为所欲为,这个你不能不了解。你是郭暧之妻,就应谨守妇道,依从夫君,夫妻和睦为是。"待升平公主怨气稍平,就命她速回驸马府,不可再事喧闹。

升平公主虽然心有不甘,但见父皇尚对郭家忍气吞声不予计较,自己如果不知趣地再闹下去,不但没有娘家可资倚仗,到头来还得吃亏。升平公主毕竟是个聪明人,她赶紧调整了自己内心的情绪与表面的态度,乖乖地离开皇宫,返回了驸马府。

就在公主回宫告状之际,郭暧给郭子仪拜寿,郭子仪见他只身而来,又有些暗藏不安,心中起了疑虑,一再追问,才问明了缘由。郭子仪听说儿子居然打了金枝玉叶的升平公主,惊惧之余,立刻命人将胆大包天的逆子用绳索绑了,亲自押解上殿,到唐代宗面前请罪。郭子仪跪在殿下,叩头称罪,惊慌不已;座上唐代宗却哈哈大笑,命左右扶起郭子仪,并为郭暧松绑,还若无其事地开说道:"俗语说：不痴不聋，不作家翁。儿女闺房之事，何足计较。"郭子仪见皇上心存大度，不予追究，心绪也放宽了不少，称谢回府后，仍然把郭暧痛打了一顿，以示教训。从此后，郭子仪对唐皇朝更加忠贞不贰，他的行为也带动了一大批与他有关系的将领，忠心耿耿地为皇朝效命。

经过这一次的折腾与教训，升平公主好似脱胎换骨般地发生了改变，性情柔顺，端庄贤淑，一心一意相夫教子，孝敬公婆，循规蹈矩地扮演着郭家媳妇的角色。在她的教育下，他们的一双儿女也都安分守己，不辱家风。儿子做到大司农，一生忠耿清廉，一丝不苟；女儿嫁给唐宪宗为后，就是历史上以贤德著称的郭皇后。郭氏家风，由于升平公主的收敛从贤而流布后代。因此，郭暧"打金枝"的故事也流传后世，为人津津乐道。

段秀实不畏强暴

郭子仪在平定安史之乱中立了大功，威望很高，他怕唐肃宗猜忌他，自己要求解除兵权，连手下的亲兵也遣散了。唐肃宗死去后，他的儿子李豫即位，就是唐代宗。吐蕃贵族趁唐朝西部边境空虚的机会，纠合了吐谷浑等几个部落共二十多万人马打了过来，一路没遇到什么抵抗，一直打到长安，唐代宗被迫逃到陕州（今河南陕县）。

唐代宗赶快请郭子仪出来抵抗吐蕃兵的进攻。那时候，郭子仪身边已经没有兵士了。他临时招募了二十名骑兵赶到咸阳，长安已经陷落。郭子仪派出将士在长安附近虚张声势，白天打鼓扬旗，晚上点起火堆；又派人进城找了几百个少年在大街上打鼓，大叫大嚷，说郭令公带了大军来了，人数多得数也数不清。吐蕃将领听了害怕了，抢掠了一些财物，就逃出长安。

郭子仪又立了一次大功，唐代宗回到长安后，重新封郭子仪为副元帅。过了一年，吐蕃、回纥兵又逼近邠州（今陕西彬县），郭子仪派他的儿子郭晞带兵去协助邠州节度使白孝德防守。郭晞仗着父亲的地位，骄傲自大。他部下的兵士纪律松弛，有的兵士在外面欺负百姓，干了坏事，郭晞只当不知道。晞州地方有些地痞流氓，觉得在郭家军里当个兵士，既没有约束，又有个靠山，就纷纷找熟识的兵士，在郭晞军营中挂个名，穿起兵士的服装。那批流氓和兵士勾结起来，大白天成群结队在街上为非作歹，遇到他们看不顺眼的人，就动手殴打，甚至把人打成残废。街上的商铺，也常常遭到他们的抢掠。邠州节度使白孝德为这件事很头痛，但是他自己也是郭子仪的老部下，不敢去管郭家的人。

邠州旁边是泾州（今甘肃泾州北），泾州刺史段秀实听到这情况，特地派人送信给白孝德，要求接见。白孝德把段秀实请了来。段秀实说："白公受国家的托付，治理这块地方，现在眼看地方上弄得乱七八糟，您倒若无其事。这样下去，我看天下又要大乱了。"白孝德知道段秀实是个有见识的人，就向他请教。段秀实说："我看到您这里这样乱，心里也很不安，所以特地来，请求在您部下做个都虞候（军法官），来管理地方治安，怎么样？"白孝德拍手说："好啊，你肯来，我真求之不得。"段秀实在邠州当上了都虞候。这件事并没有引起郭晞手下将士的留意，一些兵士照样胡作非为。

有一天，郭晞军营里有十七个兵士在街上酒店里酗酒闹事，酒店主人要他们付酒钱，他们就拔出刀刺伤主人，还把店堂里的酒桶全部打翻，酒全流到水沟里去了。段秀实得到报告，立刻派出一队兵士，把十七名酗酒闹事的人统统逮住，就地正法。老百姓看到这批害人的家伙受到惩罚，个个称快，人人高兴。

这消息传到郭晞军营。兵士们一听到有人居然敢杀郭家的人，都大吵大嚷起来，都穿戴好盔甲，只等郭晞发出号令，就跟白孝德的兵士拼命。白孝德害怕了，直怪段秀实给他闯了祸。段秀实说："白公不要害怕，我自会去对付。"说着，就准备到郭晞军营里去。

白孝德要派几十个兵士跟随段秀实一起去，段秀实说："用不着了。"他解下佩刀，选了一个跛脚的老兵替他拉着马，一起到了郭晞军营。郭晞的卫士们全身盔甲，杀气腾腾地在营门口拦住段秀实。段秀实一面笑，一面走进营门，说："杀个老兵，还用得上摆这个架势！我把我的头带来了，叫你们将军出来吧。"卫士们看到段秀实泰然自若的样子，呆住了，报告郭晞，郭晞连忙请段秀实进来。

段秀实见了郭晞，作了一个揖，说："郭令公立了那么大的功劳，大伙都敬仰他。现在您却纵容兵士横行不法。这样下去，不大乱才怪呢！如果国家再发生大乱，你们郭家的功名也就完了。"

郭晞听了，猛然惊醒过来，说："段公指教我，这是对我的爱护，我一定听您的劝告。"他边说,边回过头对左右兵士说:"快去传我的命令,全军兵士一律卸下盔甲,回自己营里休息。再敢胡闹的处死!"

当天晚上,郭晞把段秀实留下来请他喝酒。段秀实把带来的老兵打发走了,自己在郭晞的营里过了一夜。郭晞怕坏人来暗算段秀实,自己不敢睡,专门派兵士在段秀实宿营地巡逻保护。第二天一早,郭晞还跟段秀实一起到白孝德那儿道歉。

从此以后,郭家的兵士军纪肃然,没有人再敢违法闹事。邠州地方的秩序也安定下来。

杨国忠发迹

俗话说:一人得道,鸡犬升天。自从杨玉环被册封为贵妃,受到玄宗宠爱后,不只是她家里的兄弟姐妹各有册封,就是她的远房亲戚也跟着沾光。她有个远房堂兄杨国忠,原名叫杨钊,因为图谶上有"卯金刀"三字,大不吉利,所以当他任御史中丞时,玄宗皇帝给他改名"国忠",而其为人并不像玄宗皇帝希望的那样。他早年是个无赖之徒,不治产业,三十好几还欠了一屁股债,糊不了口,所以邻居见他都躲得远远的。后来,杨国忠在家乡蒲州永乐(今山西芮城西南)呆不下去,便去四川投靠远房叔叔。

到了蜀地,就像有些植物能易地而生一样,杨国忠有堂叔的帮助,加上他能说会道,善于交际,渐渐有了名气。当地大财主鲜于仲通欣赏他的才能,不断在生活上接济他,使得他一改往日寒酸落魄样儿,竟也过得逍遥自在。当时剑南节度使章仇兼琼与当朝宰相李林甫有矛盾,怕受排挤,想借杨氏势力保护自己。经过再三考虑,章仇兼琼决定派自己的好友鲜于仲通多备点货去长安疏通关系。鲜于仲通马上把杨国忠引荐给他,章仇兼琼一见其人便甚感满意,而且当时杨家势力正如日中天,杨国忠怕是最合适的人选,便备了价值数万的宝物,送他去长安。

到了京城,杨国忠给杨氏姐妹一一赠送钱财,让她们个个心满意足。这样,她们只要一有机会接近玄宗,就大讲特讲章仇兼琼很有政绩、忠于皇帝、造福一方的好话。玄宗当时耳根很软,听说章仇兼琼有此治国才干,便把他调入京城,擢为户部尚书兼御史大夫,杨国忠本人也没少捞好处。

玄宗当时正沉溺于声色娱乐之中,听说杨国忠精于奸蒱(一种赌博方式,以掷骰决胜负),正愁没人陪他玩,立即召见。为进出名正言顺,授以他金吾兵曹参军之职。奸蒱每轮结束,杨国忠很快能口算出输赢结果,分铢不误,玄宗赞赏他说:"真有度支郎的才干呀,可令掌管全国财赋的统计和支调。"于是便拜为户部度支郎中。杨国忠还常让杨氏姐妹探听宫廷动静,揣摩帝意,投其所好,很快就迁为监察御史。

这样一个轻率之徒短期内骤然升至监察御史的位置,不仅使满朝惊讶,也引起了李林甫的浓厚兴趣。两人真是臭味相投,很快结为知己,狼狈为奸。在李林甫制造的一系列冤狱中,如果说李林甫充当了幕后导演,那杨国忠则充当了前台总指挥的角色。当时,玄宗正考虑立太子一事,出于自身的利益,李林甫建议立寿王李瑁,而玄宗却立了忠王李亨,他深感不安,知道忠王一直看不惯他的所作所为,害怕将来受到打击,于是便设法要铲除李亨,还叫杨国忠注意寻找"线索"。

一日,李林甫正在密室中琢磨此事,忽有人报告杨国忠来访。只见杨国忠面露得意之色,李林甫不禁心内大喜:"事情一定有望了。"杨国忠问道:"李公,太子内弟中是否有个名叫韦坚的?"李林甫不解地回答说:"是有,怎么了?"杨国忠拊掌说:"晦,你不知道,我这几天也在琢磨这事。正巧听说他家来了个叫皇甫惟明的,说是河西节度使,二人欢饮达旦,谁知他们搞什么名堂。"

杨国忠话里有话,却欲言又止。李林甫追问说:"这人我听说过,但皇甫惟明和太子并没有交往。"杨国忠说:"李公,他两人若犯了事,还怕追不到太子身上吗?"李林甫恍然大悟地说:"是的,顺藤摸瓜,不怕整不了他。"杨国忠进而献计:"依我看,就说他们唆使太子早日篡夺皇位,你看怎样? 我不好直接出面,你找一个人告他们就行了。"李林甫说:"此计甚妙。侍御史杨慎矜比较可靠,如有差池,可先杀他以灭口,千万不能走漏风声。"杨国忠说:"此事保管万无一失,他两人下了狱,太子还能消停得了吗? 太子身上吗? 今儿个叫他不死也得脱层皮!"

几天后,杨慎矜将此事上奏玄宗,李林甫从旁添油加醋,玄宗下诏将韦坚、皇甫惟明二人下狱。杨国忠纠集杨慎矜、御史中丞王铁、京兆府法曹吉温等人,在京城另设置推院,对二人严刑拷打。结果,韦坚被贬外地,皇甫惟明降级后被杀,财产籍没。

在李林甫的唆使下,杨国忠大兴冤狱,将与自己敌对的人全都铲除。最后,连办案人员也跟着遭殃,杨慎矜在审理案件中,发现玄宗无意废黜太子,所以持观望态度。李林甫与他本相友善,此时反目成仇,指使杨国忠、王诬告他,致使杨氏三兄弟被下狱处死。

至于太子李亨,自知情事危急,忙上表父皇,声明自己与韦妃感情不和要求离婚。在危急时刻,李亨为保全自己,竟抛弃了自己同床共枕的妻子。结果韦妃被逐,削发为尼。好在太子平时言行谨慎,加上大宦官高力士有意保护,才幸免于难。李林甫没有达到打倒太子的目的,恼羞成怒,大造冤狱,被诛杀者竟达数百家之多。杨国忠也乘机大树淫威,并受玄宗赏识,不久,擢升为度支员外郎,兼领十余使,权倾朝野,每天四方贿赂的人,络绎不绝,杨氏一门更加不可一世。

宦官鱼朝恩自食恶果

唐朝天宝十四年(公元755年),安史之乱爆发,玄宗逃往四川,太子李亨奔灵武(今属宁夏)。第二年,李亨即位为肃宗,改元至德。肃宗身边有一个不离左右的宦官,他就是鱼朝恩。鱼朝恩是肃宗最宠信人物之一,即位后,派他为李光弼的监军,随后又被任为三宫检责使,左监门卫将军知内侍省事。从此,他掌握了宫廷事务大权,上升为宦官头目之一。后来肃宗考虑郭子仪、李光弼均为元勋重臣,恐难统属,所以不置元帅,派鱼朝恩为观军容宣慰处置使,总监诸军,承担着总监九节度使兵马的重任。

鱼朝恩不懂什么军事,对外面的传言,不辨真假就轻易相信,企图借此陷害他人。上元二年(公元761年)二月,有人对他说:"洛阳城中将士都是燕人,久戍思归,军心涣散,如果进攻,是可以击破的。"他信以为真,便屡次在肃宗面前说洛阳可破。经不住三劝,肃宗命令李光弼进取东都。李光弼上奏说:"贼势尚锐,未可轻举妄动。"朔方节度使仆固怀恩平时与李光弼有仇,故也附和鱼朝恩,上表说东都可取,欲置李光弼于死地。因此,肃宗相继发中使督促李光弼出师。

迫不得已，李光弼只好命李抱王守河阳（今河南孟县），自己与仆固怀恩、鱼朝恩一起进攻洛阳。唐军在北邙山布阵未毕，史思明便发起了攻击。唐军大败，数千人战死，器械辎重全部丢弃，河阳、怀州落入史思明叛军的手里。朝廷闻邙山失败，立即免去了李光弼天下兵马副元帅一职。相反，鱼朝恩则达到了目的，由他专典神策军，出入禁中，神策军变成中央禁卫军后，他的军权更加扩大，这也成了他任意胡为，无所顾忌的砝码。

后来，肃宗死了，太子继位，就是代宗。永泰年间，代宗又加封鱼朝恩

宦官鱼朝恩

判国子监事，兼光禄、鸿胪、礼宾、内飞龙、闲厩等职，进封郑国公，鱼朝恩气焰更加嚣张。一次，去国子监视察，代宗特诏宰相、百官，六军将领集合送行。京兆府置办宴席，内教坊出音乐排优佐宴助兴。大臣子弟二百余人穿红着紫充当学生，列于国子监廊庑之下。这盛大的场面，鱼朝恩得意非凡。代宗还下令赐钱一万贯作为本金，放债取息当作学生饮食的费用。这个先例一开，以后鱼朝思每次去国子监都要带上数百名神策军，前呼后拥以壮声威。京兆府照例张罗酒食，一次耗费数十万。

鱼朝思小人得志后，并不把满朝文武放在眼里。每次诏会群臣议事，他都在大庭广众下侈谈时政，凌辱宰相，而号称强辩的宰相元载也只有洗耳恭听的份儿。一次，百官聚会朝堂，鱼朝恩声严色厉地说："宰相的责任，在于调理好阴阳，安抚好百姓。现今阴阳不和，水旱频生，屯驻京畿的军队有数十万，给养缺乏，漕运艰难。皇帝为此卧不安席，食不甘味，这宰相是怎么当的？还不让贤，一声不吭在那里赖着干什么呢？"说得满座皆惊，宰相低首。只有礼部郎中相里造突然站了起来，不慌不忙地走到鱼朝思跟前，说："阴阳不和，五谷腾贵，这是观军容使造成的，与宰相何干？现今京师无事，六军足可维持安定了，却又调来

十万大军,军粮因此而不足,百官供应也感困乏,宰相不过是行之文书而已,又有什么罪过呢?"鱼朝恩未想到会有人顶撞他,一时无言以对,拂袖而去,愤愤地说:"南衙官僚结成同党,想加害于我。"

鱼朝恩一肚子气寻求发泄,适逢国子监堂室刚刚修复,举行庆典。鱼朝恩来到国子监后,手执《易经》升于高座讲学,面对着在座百官,他有意选择"鼎折足,覆公𫗧"开讲,用以讥讽宰相。王缙听了,不禁怒容满面,元载听了,却恬然自乐。鱼朝恩见此便对人说:"听了我所讲的话,恼怒者合乎人之常情,面带笑容者实在是深不可测。"对元载更是防而又防。

鱼朝恩一贯骄横,自以为天下非他莫属,朝廷政事稍不如他的意,就发怒道:"天下事还能有离得了我的嘛!"代宗听后大为不悦。他有一个养子名叫令徽,年纪还小,在内侍省当内给使,因官品较低,只能穿绿色的官服。有一次,令徽不知为了何事与同僚发生激烈争吵吃了亏,回家后便将此事告诉了鱼朝恩。第二天,鱼朝恩就带养子面见代宗,说:"臣的犬子官品卑下,被同僚经常凌辱,请陛下赐以紫衣。"公开向皇帝要官,代宗还没来得及开口表态,就有人早将高级品官所穿的紫衣抱到了面前。令徽赶紧将紫衣穿上跪拜谢恩。这时代宗也不便说什么,只好顺水推舟做个人情,勉强笑着说:"这孩子穿了紫衣,比原来好看多了。"口虽这么说,心实愤愤不乐。

得罪了皇帝,不管他有什么特权或居于什么特殊地位倒霉的日子便屈指可数了。大历五年(公元770年)正月,宰相元载窥见代宗对鱼朝恩已生恶感,便奏请将其除掉。代宗有些疑虑:鱼朝恩军权在握,党羽众多,恐事难成。元载忙说:"只要陛下将此事全权交我办理,必能办妥。"代宗嘱其小心。

元载先收买朝恩的心腹,以便掌握他的动静。鱼朝恩每次上朝,总川射生将周皓率领一百多人护卫,又以陕州节度使皇甫温握兵在外为援。元载千方百计地把二人收买了过来。接着,代宗将凤翔节度使李抱玉迁为山南西道节度使,以皇甫温为凤翔节度使。表面上看是投鱼朝恩所好,加重了其亲信的地位,实质是麻痹他。而他却蒙在鼓里,不知祸之将至。二月,鱼朝恩党羽觉察代宗意旨有异,密报鱼朝恩。然而鱼朝恩上朝时,代宗恩顾如常,也就放下心来。

三月十日,寒食节。代宗依惯例置酒设宴与贵幸近臣欢度节日。散宴后,鱼朝恩接圣旨,代宗破例要他留下议事。鱼朝恩很胖,每次上朝都坐四轮小车。

代宗听到车声,便沉下脸来,刚见面,劈头就问他为什么大胆图谋不轨。鱼朝恩惊呆了,但马上冷静下来,为自己辩白,态度强硬,满不在乎的样子。代宗一声令下,早就埋伏好了的周皓等人,一拥而上,将鱼朝恩捆住,并当场勒死在地,前后时间很短,干得干净利落。

鱼朝恩在禁中被秘密处死一事,除少数参与密谋的人,外面一无所知。为防不测,代宗暂时隐瞒真相,下诏罢免他的观军容使等职,增实封六百户,通前共一千户,保留内侍监如故。接着诈言鱼朝恩受诏而自缢,传出风声后,才将他的尸体送回家,赐钱六百万作安葬费。

鱼朝恩弄权多年,结党营私,形成了自己一股强有力的势力,所以代宗仍担心他的党羽闹事。于是,下令对其党羽免于追究,许多人提升官衔,以防狗急跳墙;一面下诏宣称:"你们均为朕之属下,禁军今后由朕统帅、勿有顾虑。"经过安抚,基本上没出现大的变故。鱼朝恩死后尚且让代宗煞费苦心,可见其生前是何等的了得。

李泌归隐山林

唐肃宗刚在灵武即位的时候,身边的文武官员不满三十人,那个临时建立的朝廷,什么都乱糟糟的。一些武将,也不大肯听指挥。肃宗要想平定叛乱,多么需要有个能人来帮助他。这时候,他想起他当太子的时候的一个好朋友李泌,就派人把李泌从颍阳(在今河南省)接到灵武来。

李泌原是长安人,小时候很聪明,读了不少书。当时的宰相张九龄看到他写的诗文,十分器重他,称赞他是个"神童"。肃宗当太子的时候,李泌已经长大了,他向玄宗上了奏章,对国家大事提了一些意见。唐玄宗看了很欣赏,于是想召见李泌,给他一个官职。李泌却推说自己年轻,不愿做官。玄宗就要他和太子交个朋友,以后,他经常到东宫去,太子也特别喜欢接近李泌,把他当作老师看待。

后来,李泌看不惯杨国忠掌权,曾经写诗讽刺杨国忠。为了这个,他被杨国忠排挤出长安。他看到政局混乱,不愿受这个气,索性跑到颍阳隐居起来了。

这一回,唐肃宗来请李泌,他想到朝廷正遭到困难,就到了灵武。唐肃宗看见李泌,真像得到宝贝一样高兴。那时候的临时朝廷,不那么讲究礼节。唐肃宗跟李泌就像年轻时候一样,进进出出,都在一起,大小事情,全都跟他商量。李泌有什么主意,唐肃宗没有不听从的。

唐肃宗想封李泌当宰相,李泌可不愿意。他说:"陛下待我像知心朋友一样,这就比当宰相的地位还尊贵了,何必非要我挂个名不可呢?"肃宗见不能勉强他,也就算了。李泌在乡间隐居的时候穿的是布衣,到了灵武,还是那件旧的布褂子。

有一次,李泌陪唐肃宗一起骑着马巡视军队,兵士们在后面,指指点点说:"那个穿黄袍的是皇上,穿白褂子的是山里来的隐士。"唐肃宗听到兵士们的议论,觉得这样太显眼了,就给李泌一件紫色的官服,硬要他穿上。李泌没办法,只好穿上。肃宗笑着说:"你既然穿上了官服,还能没有个官衔?"说着,从袖里拿出一份诏书,任命李泌为元帅府行军长史。李泌还不肯答应,唐肃宗说:"现在国家困难,只好暂时委屈你一下,等平定叛乱之后,还是听你自由。"

那时候,郭子仪也已经到了灵武。朝廷要他指挥全国的战事,军务十分繁忙。四面八方送来的文书,从早到晚没有间断的时候。唐肃宗命令把收到的文书,一律先送给李泌拆看,有特别紧要的,才送给肃宗。宫门的钥匙,由太子和李泌两人掌管。李泌忙得连饭也顾不上吃,觉也没能好好睡。

唐肃宗一心想回长安,问李泌说:"敌人这样强大,我们该怎么办?"李泌说:"安禄山发动叛乱,真心帮他出力的是少数,其余都是被迫参加的。照我的估计,不出两年,就可以把他们消灭。"接着,他又给肃宗定了一个军事计划,暂缓收复长安,派郭子仪、李光弼分两路进军河北,攻打叛军老巢范阳,叫叛军进退两难,再发动各路官军围攻,把叛军消灭。

第二年春天,叛军发生内讧,安禄山的儿子安庆绪杀了安禄山,自己称帝。要消灭叛军,这本来是个好机会。但是肃宗急于回长安,不听李泌的计划,把郭子仪的人马从河东调回,强攻长安,结果打了一个败仗。后来,郭子仪借回纥的精兵,集中十五万人马,终于把长安攻了下来。接着,又收复了洛阳,叛乱头目安庆绪逃到河北,史思明也被迫投降。唐军收复了长安和洛阳,唐肃宗觉得心满意足,用骏马把李泌接到长安。

唐肃宗的宠妃张良娣和宦官李辅国,嫌李泌权大,早就互相勾结,想把李泌除掉。太子发现张良娣他们想害李泌,就告诉了李泌。李泌说:"不打紧。我和皇上有约在先,等收复京城,我就归山,也就没有事了。"

一天晚上,唐肃宗请李泌喝酒,并且留他一起睡。李泌趁机会就对肃宗说:"我已经报答了陛下,请让我回家再做个闲人吧!"唐肃宗说:"哎,我和先生共了几年患难,现在正想跟您一起享受安乐,怎么您倒要走了呢?"李泌恳切地说:"我和陛下结交太早;陛下太重用我,信任我。就是因为这些缘故,我不能不走。"唐肃宗说:"今天先睡吧,隔天再说。"李泌说:"今天我跟陛下坐在一个榻上谈话,你不答应我。将来到了公堂上面,就没有我说话的余地了。如果你不让走,那就等于杀我了。"唐肃宗虽然不愿让李泌离开,但是经不住李泌一再请求,只好同意。

李泌到了衡山(今湖南省),在山上造个屋子,重新过他的隐居生活。李泌走了以后,唐肃宗身边少了一个正直的大臣,李辅国等一批宦官的权力又大起来,唐王朝的危机逐渐显现。

韩愈惹恼宪宗

唐宪宗平定了淮西叛乱,觉得脸上有光,于是他决定立一个纪功碑,纪念这一次大胜利。叫谁来写这个碑文呢?恰好裴度手下有个行军司马韩愈,擅长写文章,又跟随裴度到过淮西。唐宪宗就命令韩愈起草《平淮西碑》。

韩愈是唐朝一位杰出的文学家,字退之,邓步情阳(今河南南阳)人。韩愈三岁的时候,父母都离开了人世,他成了一个穷苦的孤儿,只得跟着被贬到淮南的堂兄韩会一块儿生活。韩会死了之后,堂嫂对他很好,继续抚养他。韩愈是个十分懂事的孩子,兄嫂的恩情他时刻铭记在心,因此读书也就很用功,加上他聪明过人,一天能记诵几千字的书。功夫不负有心人,等到他长大以后,已经通晓六经以及诸子百家的学说。韩愈认为自从魏晋南北朝以来,社会风气不好,连文风也衰落了。许多文人写的文章,喜欢堆砌辞藻,讲求对偶,缺少真情实感。他决心对这种文风进行改革,写了不少散文,在当时产生了很大的影响。他的主张和写作实践实际上是一种改革,但是也继承了古代散文的一些传统,所以被称作"古文运动"。后来,人们把他和柳宗元两人称为"古文运动"的创

韩愈雕像

导人。

　　韩愈不但善于写文章，还是个直言敢谏的大臣。在他写完《平淮西碑》之后，又做了一件得罪朝廷的事儿。原来唐宪宗到了晚年，迷信起佛法来。他打听到凤翔的法门寺里，有一座宝塔，叫护国真身塔。塔里供奉着一根骨头，据说是释迦牟尼佛留下来的一节指骨，每三十年开放一次，让人瞻仰礼拜。这样做，就能够求得风调雨顺，人人平安。唐宪宗给人说得相信了，特地派了三十人的队伍，到法门寺把佛骨隆重地迎接到长安。他先把佛骨放在皇宫里供奉，再送到寺里，让大家瞻仰。下面的一班王公大臣，一看皇帝这样认真，不论信或是不信，都要凑个趣。许多人千方百计想弄到瞻仰佛骨的机会。有钱的，捐了香火钱；没钱的，就用香火在头顶、手臂上烫几个香疤，也算表示对佛的虔诚。

　　韩愈是向来不信佛的，更不要说瞻仰佛骨了。他对这样铺张浪费来迎接佛骨，很不满意，就给唐宪宗上了一道奏章，劝谏宪宗不要干这种迷信的事。他说，佛法的事，中国古代是没有的，只有在汉明帝以来，才从西域传了进来。他又说，历史上凡是信佛的王朝，寿命都不长，可见佛是不可信的。

　　唐宪宗收到这个奏章，大发脾气，立刻把宰相裴度叫了来，说韩愈诽谤朝廷,非把他处死不可。裴度连忙替韩愈求情,唐宪宗气慢慢平了,说:"韩愈说我信佛过了头,我还可宽恕他;他竟说信佛的皇帝,寿命都短促,这不是在咒我吗?就凭这一点,我不能饶他。"后来,替韩愈求情的人越来越多,唐宪宗没杀韩愈,就把他降职到潮州去当刺史。

从长安到潮州,路远迢迢,韩愈孤单一个人,被派到那么边远的地方去,一路上的辛酸心情,就别提了。韩愈到了潮州,想到自己的不幸遭遇,也考虑到百姓的生活。他把潮州官府里的官员找了来,问当地老百姓有什么疾苦。

有人说:"这儿出产少,老百姓日子过得很苦;还有城东恶溪(今广东韩江)里有条鳄鱼,经常上岸来伤害牲畜,百姓真被它害苦了。"韩愈说:"既是这样,我们就得想法把它除掉。"话虽这样说,可韩愈是个文人,一不会动刀,二不会射箭,怎能除掉鳄鱼呢?后来,他写了一篇《祭鳄鱼文》,专门派人到江边去读这篇祭文,又叫人杀了一口猪一头羊,把它丢到江里去喂鳄鱼。在那篇祭文里,他限令鳄鱼在七天之内迁到大海里去,否则就用强弓毒箭,把鳄鱼全部射杀。韩愈不信佛,怎么会信鳄鱼有灵呢?这当然只是他安定人心的一种手法罢了。事有凑巧,据说从那以后,大池里的鳄鱼真的没有再出现过。当地的百姓认为朝廷派来的大官给鳄鱼下的驱逐令见了效,都安心生产了。

韩愈在外地做了一年官,才又回到长安,负责国子监(朝廷设立的最高教育机构)的工作。就在这一年(公元820年),唐宪宗被宦官所杀,他的儿子李恒即位,这就是唐穆宗,韩愈再次受到重用。

李光弼巧用战术退叛军

安史之乱爆发后,唐朝大军一开始连连失利。后来,安禄山之子安庆绪杀死自己的父亲,掌握军政大权,削弱了自身实力。于是,唐王朝逐渐收复山河。等到收复两京以后,安庆绪逃到河北,占领六十座城,继续顽抗。唐肃宗决定派大军进剿安庆绪。这一次进军,唐军一共集中了九个节度使带领的六十万兵力。这九路大军归谁统率呢,论地位和威望,应该是郭子仪和李光弼,但是猜忌心很重的唐肃宗,怕郭、李两位权力太大,故意不设主帅,却派了一个完全不懂打仗的宦官鱼朝恩作观军容使(监视出征将帅的军事长官),九个节度使都得听他指挥。

唐军攻打邺城的时候,史思明又举兵反唐,从范阳带兵救援安庆绪。六十万唐军,准备跟叛军决战,还没来得及摆开阵势,忽然刮起一阵狂风,吹得沙尘弥漫,天昏地暗。九路大军没有统一指挥,就都像受惊的马群一样逃散了。唐军打了败仗,鱼朝恩把失败的责任一股脑儿推给郭子仪。唐肃宗听信鱼朝恩的话,把郭子仪朔方节度使的职务撤了,让李光弼接替郭子仪的职务。

这时候,叛军又发生内讧。史思明在邺城杀了安庆绪,自立为大燕皇帝,整顿人马,向洛阳方面进攻。李光弼到了洛阳,洛阳的官员听到史思明的兵势猛,有点害怕,有人主张退到潼关。李光弼说:"现在双方势均力敌,我们退了,敌人更加猖獗,不如把我军转移到河阳(今河南孟县),进可以攻,退可以守。"

于是,李光弼下令把官员和老百姓全部撤出洛阳,带兵到了河阳,等史思明进洛阳的时候,洛阳已成了一座空城。史思明要人没人,要粮没粮,又怕李光弼偷袭,只好带兵出城,在河阳南面筑好阵地,和李光弼的唐军对峙。

李光弼是个久经沙场的老将。他知道眼前的兵力不如叛军,只能智取,不能力攻。他听说史思明从河北带来一千多匹战马,每天放在河边沙洲洗澡吃草,就命令部下把母马集中起来,又把小马拴在马厩里,等叛军的战马一到沙洲,就把母马放出来和敌人的战马混在一起。过了一会儿,母马想起小马,嘶叫着奔了回来,敌人的战马也跟着到唐军阵地来了。史思明一下子丢了上千匹战马,气得要命,立刻命令部下集中几百条战船,从水路进攻。前面用一条火船开路,准备把唐军的浮桥烧掉。

李光弼探听到这个消息,准备好几百枝粗大的长竹竿,用铁甲裹扎竿头。等叛军火船驶来,几百名兵士站在浮桥上,用竹竿顶住火船。火船没法前进,被烧得樯倒舱裂,一下子就沉没了。唐军又在浮桥上发射石头炮向敌人的战船攻击,把船上的叛军打得头破血流。有的连人带船都沉入水底;有的挣扎着爬上岸,没命地逃跑了。

史思明几次三番派部将进攻河阳,都被李光弼用计打退。最后,史思明发了狠心,集中了强大兵力,派叛将周挚进攻河阳的北城,自己领了一支精兵攻打南城。这天早上,李光弼带领部将一起登上北城,观察叛军军情,只见叛军黑压压的一大片,大队人马正向北城逼近。唐军将领嘴上不说,心里先慌了。李光弼看出大伙儿的心情,镇静地说:"别怕,叛军虽然多,但是队伍不整齐,看得出他们有点骄傲。你们放心,不到中午,保证能击败他们!"

接着,李光弼就命令将士分头出击。将士们虽然打得勇猛,但是敌人退了一阵,又来了后续部队。太阳已经到了头顶上,双方还不分胜败。李光弼又召集部将商量,说:"你们观察敌军的阵势,哪个方向的战斗力最强?"部将们回答说:"西北角和东南角。"李光弼点点头,马上拨出五百名骑兵,派两名将领率领,分路攻打西北角和东南角。

李光弼把留下的将士都集中起来,严肃地宣布军令,说:"将士们看我的旗帜行动:我缓慢地挥旗,你们可以各自行动;如果急速挥旗,就是总攻的信号。将士们看到这个信号,必须奋勇向前,不准临阵退却。"说到这里,他拿了一把短刀插在靴子里,说:"打仗本来是拼死活的事儿。我是国家的大臣,决不死在敌人手里。你们如果战死在前线,我就在这儿自杀。"

将士们听了李光弼一番激励的话,都勇气百倍地杀上阵去。没有多久,部将郝廷玉从阵前转身奔回来,李光弼立刻派兵士带着他的剑迎上去,要把郝廷玉就地斩首。郝廷玉见传令的兵士要杀他,大声叫嚷起来:"我的马中了箭,并不是退却。"传令的兵士报告李光弼,李光弼立刻命令给郝廷玉换上战马,重新上阵指挥作战。

李光弼看到唐军士气旺盛,就急速地挥动着旗帜,下令总攻,各路将士看到城头旗号,争先恐后地冲进敌阵,喊杀声震天动地。叛军受到猛烈的攻击,再也抵挡不住,纷纷溃退,被唐军杀死、俘虏了一千多,还有一千多兵士被挤到水里淹死,攻北城的叛将周挚逃走了。

此时,史思明正在进攻南城。李光弼把北城俘虏来的叛军赶到河边,史思明知道周挚已经全军崩溃,不敢再战,连忙下令撤退,逃回洛阳。

李光弼与史思明双方相持了将近两年,曾连续打退史思明的进攻。唐肃宗听信鱼朝恩的话,命令李光弼攻打洛阳,李光弼认为敌人兵力还很强,不该轻易攻城。唐肃宗接二连三派来宦官逼他进攻。后来,李光弼只好冒险进攻,果然打了败仗,李光弼也被撤了主帅的职。

史思明去了一个强大对手,就乘胜进攻长安。幸亏在这个时候叛军发生了第三次内讧,史思明被他儿子史朝义杀死。叛军内部四分五裂,公元763年,史朝义兵败自杀。从安禄山发动叛乱,一直到史朝义失败,中原地区打了八年的内战,史称"安史之乱"。正是因为有了郭子仪、李光弼两员大将,才使唐王朝得以继续维持下去。

李林甫独揽大权

唐玄宗李隆基即位初年,李林甫由基层禁卫军官迁升为太子中允。他嫌官职太小,走科举之路,自己肚子里又没有才学。要想往上爬,唯有一条捷径,这就是拉关系,走后门,攀附权贵。于是,他利用舅父的姻亲关系,巴结当朝侍中源乾曜的儿子源洁,通过源洁代向其父恳求司门郎中(相府中的办事员)一职。不料,侍中大人平日很看不起李林甫,认为他根本不是那块料,但碍于情面,还是安排他做了东宫谕德,早晚侍候规谏太子。这种闲职,形同虚设,李林甫自然很不满意,感觉十分屈才。

开元十四年(公元726年),李林甫由御史中丞宇文融引荐,拜为御史中丞。当时,宇文融正弹劾右宰相张说,李林甫自然要帮宇文融说话。张说对李林甫不以为然,认为他没什么作为,结果,却被弹劾而招致罢相。在这件事情中,李林甫初露锋芒。

李林甫报答了宇文融的引荐之恩后,便另攀高枝,钻进尚书省,做起吏部侍郎。在他眼中,吏部不过是官场交易所而已。一次,吏部置"长名榜",选官员。玄宗的哥哥宁王李宪私下见拜李林甫,拿出十个人名单,要他优先考虑选补入官。李林甫不问优劣,一口应承下来,只对宁王提出一条要求,即十人中有一人不能入选。发榜之日,李林甫挑选一人,指出其作风不正,曾拜请宁王前来讲情,令其下次再来参选。这种自欺欺人的做法,不仅为李林甫骗取了"公正"的美誉,而且尽量满足了宁王的胃口;既蒙骗了朝廷,又达到了巴结权贵的目的,真可谓一箭双雕。

李林甫还十分相信枕边风的力量,极力讨好巴结权贵夫人。朝中继任侍中裴光庭夫人,原为武三思之女,李林甫暗中殷勤献媚,大得欢心,两人关系还非常暧昧。开元二十一年(公元733年),裴光庭死后,李林甫伺机而动,欲谋相位。他通过新寡的裴夫人,请求高力士帮助疏通环节。高力士本来就出自武三思之家,此时很受玄宗宠信,对于武氏的请求,他不能不答应,但又不敢随便向玄宗进言,只能在暗中使劲。高力士把玄宗要用韩休为宰相的消息提前透露给武氏。李林甫得信后,抢先向韩休报告喜讯,讨其欢心。韩休受任后,果然向玄宗皇帝推荐李林甫出任宰相之职。

接着,李林甫又赶紧去巴结后宫,不惜重金贿赂。当时,玄宗的武惠妃宠倾后宫,武惠妃的两个儿子寿王和盛王也因母宠而见爱于玄宗,皇太子李瑛渐被玄宗疏远。李林甫探知内情,乘机通过宦官向武惠妃表露:"愿意帮助寿王当上太子。"这一招虽属冒险,却果真奏效。武惠妃很是感激,经常在皇帝面前替李林甫美言。这样,李林甫外有韩休引荐,内有武惠妃相助,终于官拜黄门侍郎,受到玄宗眷顾。开元二十二年(公元734年),又拜礼部尚书,同中书门下三品,位列朝中三宰相之一。

李林甫想胡作非为,他所畏惧的只有玄宗一人。但如果皇上不知道他做了什么坏事,那他谁也不怕,就可以只手遮天。怎样才能让皇上无法察觉呢?李林甫找到了一个十分有效的办法,那就是:只要让皇上闭目塞听、杜绝言路,外事不知,其奸谋何以不成?

为了达到这个目的,李林甫采取了几条杜绝言路的措施。首先是以杀立威。开元二十五年(公元737年),李林甫召集朝廷所有谏官,恐吓说:"明主在上,群臣顺从还来不及,又有什么好议论的?你们不都见过立仗马吗?它终天不叫,还能得到豆子填饱肚皮,但是如果一叫唤,主人就要赶它走了,即使后来想不叫了,恐怕也得不到豆子吃了。"李林甫明目张胆封缄群臣之口,企图造成万马齐喑的局面。对李林甫所为,有一位正直的谏官不买他的账,坚持上书言事。李林甫早想杀一儆百,正在寻找对象,这却来了个自投罗网的人。第二天,林甫就将其黜为县令,群臣震栗,此后,谏言之路就此断绝。

李林甫又收附爪牙,广布耳目,培训了一批谏官的"谏官"为自己服务,严密监视朝廷内外各级大小官吏,防止有人仗义执言,揭发他的奸恶行为。天宝八年(公元749年),咸宁太守赵奉璋告李林甫罪二十余条。李林甫得知后,立即令御史将其逮捕,以其妖言惑众为由,当场杖杀于堂上,从此,"朝廷之士,皆容身自保,无复直言"。

其次是揽权。所有文武官员都由李林甫任命,不听他话的人自然都被这一关筛选掉了。他消除异己，"公卿之进，有不出其门者，必以罪去之"，以"蔽塞人主视听"。开元二十七年（公元739年），李林甫安排牛仙客为兵部侍郎兼侍中，自己为吏部尚书兼中书令，二人一文一武，总文武选事，这样，将文武官员的增补铨选大权都揽在手里了。

再次是误采取士之路，唯恐奸情戳穿。唐代从贞观起，即有皇帝面试取士，渐而形成制度。天宝六年，玄宗遵循祖制，下诏广求天下之士，命通一艺以上皆诣京师，应试对策听选。可是李林甫害怕"草野之士对策斥言其奸恶"，就欺骗玄宗，借口"举人多卑贱愚聩，恐有俚语污浊视听"，玄宗听信，便取消了亲自过问选事这个环节。李林甫于是按照常规科试，"令郡县长官精加试练，灼然超绝者要尚书复试，御史中丞监之。"经李林甫精心安排，貌似严格公正，结果"无一人及第"。李林甫反而向玄宗上表朝贺"天下的贤明之士都被陛下选入朝为官了！"巧妙地阻断了对策之路。

李林甫一方面在进谏之路上做文章，另一方面以"养君欲"打皇上的主意。他极力帮助玄宗"超脱"，从生活上尽量迎合玄宗的胃口。宫中武惠妃死后，玄宗皇帝霸占了儿媳寿王妃杨玉环。李林甫身为宰相，却缄口无语。杨玉环天生丽质，倾国倾城，回眸一笑百媚生，从此玄宗不早朝。史书记载，自是"玄宗深居燕适，沈盅槾席，主德衰矣"。玄宗晚年尊崇道教，想要寻找长生不老的灵丹妙药，李林甫投其所好，在宫中兴修道观，为玄宗皇帝祈福添寿，以取悦主上。

宫中用度不足，李林甫为了保证供给皇帝的消费，于是任意增加农民的苛捐杂税。这种轻易改变经济法令、增加农民负担的措施，玄宗反而高兴地说："腾不出长安近十年，天下无事。朕欲高居无为，将政事都委托林甫，如何？"这样，李林甫在玄宗面前恩宠莫比，皇帝吃的所有甘美之物，都赏给李林甫品尝。连百官进贡的珍奇宝物，也全都送到李林甫家中，并派车专程运送。至此，李林甫田宅无数，车马衣服靡多，妻妾成群，侍姬盈芳，富贵一时，无人能及。

就这样，李林甫蒙蔽视听，使圣明睿智的玄宗皇帝俨然成了傀儡。李林甫通过将玄宗与朝中大臣隔绝的手段，终于达到他梦寐以求的独揽朝政的愿望。

郭子仪智退回纥兵

郭子仪是唐朝的著名将领，天宝十四年（755年），郭子仪出兵讨伐安禄山、史思明，后又与回纥兵配合，收复长安，为平定安史之乱立下不世之功。郭子仪手下有一名大将叫仆固怀恩，在安史之乱中立过战功。他不满意唐王朝对他的待遇，发动叛变，派人跟回纥和吐蕃联络，欺骗他们说，郭子仪已经被宦官鱼朝恩杀害，要他们联合反对唐朝。

公元765年，仆固怀恩带领回纥、吐蕃几十万大军进攻长安。仆固怀恩到了半途上，得急病死了。回纥和吐蕃大军继续进攻，唐军抵抗不住，回纥、吐蕃联军一直打到长安北边的泾阳（今陕西泾阳），长安也受到威胁。唐代宗和朝廷上下都震动了。宦官鱼朝恩劝代宗再一次逃出长安。由于大臣反对，才没有逃走。大家都认为，要打退回纥、吐蕃，只有指望郭子仪。

那时候，郭子仪正在泾阳驻守，手下没有多少兵力。他一面吩咐将士构筑防御工事，不许跟敌人交战。一面派探子去侦察敌军的情况。根据侦察到的情况，回纥和吐蕃两支大军虽说是联军，但是也在闹不和。他们本来是仆固怀恩引进来的，仆固怀恩一死，谁也不愿听谁的指挥，两股力量捏不到一块儿去。

郭子仪知道这个情况，决定采取分化敌人的办法。回纥的将领过去跟郭子仪一起打过安史叛军，有点老关系。郭子仪就决定先把回纥将领拉过来。当天晚上，郭子仪派他的部将李光瓒偷偷地到了回纥的大营，去见回纥都督药葛罗。李光瓒跟药葛罗说："郭令公派我来问你，回纥本来和唐朝友好，为什么要听坏人的话，来进攻我们呢？"药葛罗奇怪地说："郭令公还活着？听说郭令公早已被杀，你别骗人了。"李光瓒告诉药葛罗，郭令公现在就在泾阳。但是回纥将领说什么也不相信。他们说：要是郭令公真在这里，那就请他亲自来见个面。李光瓒回到唐营，把回纥人的怀疑向郭子仪回报了。郭子仪说："既然这样，我就自己去走一趟，也许能劝说回纥退兵。"

将领们都觉得这是个好办法，但是也觉得让元帅亲自到敌营去太冒险。有人提出，派五百个精锐的骑兵跟郭子仪一起去，万一回纥人动起手来，也有人保护。郭子仪说："不行！带了这么多兵去，反而会坏事。我只要几个人陪我一起去就可以了。"说着，就命令兵士给他牵过战马来。他的儿子郭晞上前拦住他的马说："您老人家现在是国家元帅，怎么能这样到虎口去冒险呢。"郭子仪说："现在敌人兵多，我们兵少，要真的打起来，不但我们父子两人生命难保，国家也要遭难。我这回去，如果和他们谈判成功，那就是国家的幸运；即使我有什么三长两短,还有你们在嘛!"说着,他跳上了马,扬起鞭子把郭晞拦马的手打了一下。郭晞一缩手,马就撒开蹄子跑了。

郭子仪带着几个随从兵士,骑马出了城,向回纥营的方向走去。兵士们一面走,一面叫喊:"郭令公来了! 郭令公来了!"回纥兵士远远望见有几个人骑马过来,又隐约地听见兵士的吆喝声,连忙报告药葛罗。药葛罗和回纥将领们大吃一惊,命令兵士摆开阵势,拈弓搭箭,准备迎战。郭子仪带着随从兵士到了阵前,他们摘下头盔,卸掉铁甲,把枪扔在地上,拉紧马缰,缓缓向回纥营靠近。

药葛罗和将领们目不转睛望着来人,异口同声地叫了起来:"啊,真是令公他老人家!"说着,大伙一起翻身下马,围住郭子仪下拜行礼。郭子仪跳下马来,走上去握住药葛罗的手,和气地对他说:"你们回纥人曾经给大唐立过大功,唐朝待你们也不错,为什么要帮助仆固怀恩闹叛乱呢。我今天到这儿来,就为了劝你们悬崖勒马。我现在是单身到这儿,准备被你们杀掉,但是我的将士会跟你们拼命的。"

药葛罗很抱歉地说:"令公别这样说。我们受了仆固怀恩的骗,以为皇帝和令公都已经死去,中原没有主人,才跟着他到这里来。现在知道令公还在,哪会同您打仗呢?"郭子仪说:"吐蕃和唐朝是亲戚关系,现在也来侵犯我们,掠夺我们百姓财物,实在太不应该啦! 我们决心要回击他们。如果你们能帮我们打退吐蕃,对你们也有好处。"药葛罗听了郭子仪的话,连连点头说:"我们一定替令公出力,将功补过。"

郭子仪和药葛罗正在谈话的时候,两边回纥将士听着听着,慢慢都围了拢来。郭子仪的随从一看回纥兵靠近,有点紧张起来,也挨到郭子仪身边,想保护他。郭子仪挥了挥手,叫随从让开,接着就叫药葛罗派人拿酒来。药葛罗的左右送上酒,郭子仪先端起一杯,把酒洒在地上,起誓说:"大唐天子万岁! 回纥可汗万岁! 两军将领万岁! 从现在起,谁要违反盟约,叫他死在阵上!"药葛罗也跟着郭子仪起了誓,洒了酒。双方订立了盟约。

郭子仪单骑访回纥营的消息,传到吐蕃营里,吐蕃的将领们害怕唐军和回纥联合起来袭击他们,连夜带着大军撤走了。就这样,郭子仪没有动用一兵一卒,就智退回纥、吐蕃兵,免除了唐王朝的一次劫难。

李靖得到李世民的重用

李靖与红拂女结为夫妻后,又结识了虬髯客,三人一道进城,找到了与李靖有一面之交的挚友刘文静。这时刘文静已入李渊门下,在他的引见下,三人首先去拜见李渊。在留守府中,看到了仰慕已久的太原留守李渊,只见他穿着家

李靖

常便服,宽衣大袖,甚是朴素;见了来客,热情礼让,神采飞扬,又异于常人。三人心中十分敬服,又希望再一睹李渊之子李世民的风采。经刘文静的安排,约定与李世民在城外的一处道观相见。

第二天,李靖、红拂女、虬髯客三人一早就来到道观等候。不久,李世民骑马来到,行近道观,李世民下马向客人长揖,只见他神清气朗,气宇深沉,顾盼生雄;端坐石凳上,犹如日出朝霞,英彩逼人。

在道观古柏苍翠的院中,李世民与李靖、虬髯客坐在石桌四周的石凳上倾心交谈,三人见地相似,心意相通,大有相见恨晚之势。他们评品时势,抒发志向,不觉日已西斜。据传虬髯客和李世民曾对棋一局,虬髯客不敌李世民,棋罢,临别时,虬髯客拉着李靖对李世民说:"李靖可助公子成就大业!"说毕,仰

天长啸,声震四野,慨然而称:"有真主在此,我当另求发展!"众人不明其意。

李世民留他们三人在太原住了一段时间,这段日子里,李世民多次请他们到府中叙谈,但虬髯客每次都让李靖独自前往,自己则在城中各处游逛。不久,从长安传来杨素老死的消息。太原这边,李渊父子积极准备伺机以动。虬髯客提出要返回长安,李世民也有意让李靖夫妇回长安打探形势,因李世民还有些事宜要向李靖交代,李靖夫妇不能与虬髯客同行。

后来,在虬髯客家中,李靖夫妇得到虬髯客的慷慨赠送。当红拂女拉着李靖检点箱笼时,里面价值连城的金银珠宝不计其数,并有兵书数筐,记载着各种神奇的用兵之道和一些久已失传的占算之法,李靖仔细翻阅,如获至宝。有了虬髯客留下的家产,李靖与红拂女成了长安的富贵人家,有了钱就可买官,不久之后,李靖便作了长安县功曹。公务之余,李靖用心研读揣摩虬髯客留下的兵书,使他在兵法韬略方面大有长进,以至于以后的战争中,总能料事如神。

此时,李靖是人在长安,心向太原,虽然他在隋廷为官,实际上却是太原李渊父子在长安的眼目和联络站,有关隋廷军政的情报,通过他源源不断地传向太原。他牢牢地记着父亲曾对他说过的一句话:"大丈夫若遇主逢时,必当建功立业。"他正等待着机会展露他的盖世英才,红拂女也常把他比作是一条蛰伏的蛟龙,一旦风云际会,必然会一飞冲天。

李渊父子终于在太原起兵了,二十万大军顺利地攻克了隋都长安,隋炀帝在江都被叛将宇文化及缢杀,李渊起先捧出了隋恭帝,但旋即又将他废掉,自立为天子,改元武德,国号大唐。李渊起兵后,制定了统一中国的三大步骤:首先是安抚好塞外的游牧民族,以获得他们的支持;其次是统一黄河流域,奠定立国的基础;再次是安定长江流域及南疆,掌握鱼米之乡。这三个步骤,第一个是由李渊亲自安排的;第二个由李渊的次子李世民在李靖等人帮助下完成;第三个平定江南则大部分是李靖的功劳,这时李靖已经是四十七岁的人了。

李靖第一次领兵作战,用的是"以寡胜众"的战术,仅带八百精兵突袭冉肇的老营,便把敌人打得落花流水。第二次战斗,靠的是"兵贵神速,机不可失"的用兵之道,以迅雷不及掩耳之势,率领军队由长江上游顺流而下,一举把拥有南江广大地区的萧铣击败,从而统一了湖南、湖北及广西一带。

唐初,由李渊亲自安排的第一个问题并没有解决好,突厥不断南侵,李靖以兵部尚书的身份统率大军攻打突厥,利用大雾弥漫的天时,直捣突厥大帐,活捉了颉利可汗,取得了一次史无前例的奇袭大胜利。突厥人曾依靠着他们的军队骁勇善战,使唐高祖俯首称臣,这次李靖领兵洗雪了耻辱,唐太宗喜出望外。从此大唐的威名远震,远近各国纷纷来朝贡,并称唐太宗为"皇帝天可汗"。因为对付突厥人的战争大获全胜,李靖有功被封为卫国公,红拂女妻因夫贵也被封为一品夫人,这是唐太宗贞观四年的事情。

然而就在此时,御史大夫萧瑀上书弹劾李靖,说他在破敌之后,没有能够把突厥的珍宝妥善搜集,从而使战果失散。唐太宗为此责备了李靖,李靖一时负气,索性托病隐居在长安城西四十里外风光明媚的羡陂山麓,与红拂女悠游林泉,过着自由闲散的生活。

功成名就,别无所求,李靖与红拂女整日栽竹种花,闲谈品茶,不再奢求什么;每每想起昔日往事,只觉恍如一场春梦。这样的日子不知不觉过了五年,到了贞观九年,盘踞在青海一带的另一支游牧民族吐谷浑兴兵侵犯大唐边境,唐太宗决定派遣大军前往征剿,选将时他自然又想到了李靖。

李靖此时已经六十五岁高龄了,而且红拂女正在病中,李靖不忍心撇下爱妻远征,因此有推托之心。明晓事理的红拂女,强撑着病体力劝丈夫以国事为重,不必挂牵自己。就这样李靖又担任起西海道行军大总管,带领大军直驱边境,越过黄河的发源地——积石山。终于生擒了吐谷浑可汗。

班师凯旋归来,几经命运起伏的李靖早已不贪恋功名,仍然要求回到羡陂山。从此他们夫妇二人封闭在自己的小天地内,不涉尘世,连亲戚故旧也很少来往。红拂女的病情却一直未见好转,李靖每日亲自煎熬汤药,细心照顾。

就在这时,一天忽然听说有人率海船千艘,甲兵十万,突入海中扶桑国,杀其国王而自立称帝,已建立了稳定的政权。李靖与红拂女心中明白,这一定是虬髯客已经在海外另有发展;于是设置香案,虔诚地洒酒向天,遥向东南方祝拜,祈祷上苍保佑他们三哥成就伟业。

红拂女的身体时好时坏地拖到贞观十四年,在一个秋风肃杀的黄昏,终于撒手人寰,只留下李靖伤心欲绝,生趣全无,仿佛他的心已随着爱妻逝去。

为了表彰红拂女佐夫之功,唐太宗下令在她的墓前筑起突厥境内的铁山和吐谷浑境内的积石山模型,并命魏征撰写墓志铭,自己亲手题下"大唐特进兵部尚书中书门下省开府仪同三司卫国公李夫人张氏之碑"的碑名。红拂女歌妓出身,却能独具慧眼,认定李靖与虬髯客,得享盛名。

跳梁弄乱第一人——田承嗣

言及藩镇,首先要提及的非田承嗣莫属。此人是平州卢龙人,一直在安禄山手下做事,多次击败奚、契丹,累功至武卫将军,是安大胖子的铁杆属下。

安禄山造反,田承嗣一直充当前锋,攻陷河、洛,"功劳"颇大。同时,他治兵严整,深为众人所服。试举一个"镜头"以显其能:一日大雪,安禄山巡视诸营,忽至田承嗣所部,空旷寂静,里面好像一个人也没有。一声令下,兵士皆擐甲列队,依册点名,一人不缺。此情此景,使得久历战阵的安禄山大为叹赏,对田承嗣更加另眼相看。

郭子仪平定东都洛阳时,田承嗣见风使舵,举旗投降,俄而复叛,与蔡希德等贼将合兵六万对抗官军。史思明称帝后,他为贼先导,攻杀甚众。史朝义杀掉老爹史思明自立后,屡战屡败,最后与田承嗣一起共保莫州,困守愁城。

面对仆固怀恩儿子仆固玚所率精锐唐军,田承嗣又起反复之心,他骗诱史朝义去幽州搬救兵。史朝义刚出城,田承嗣就把史家男女老幼都绑起来送给仆固玚请降。

虽然投降,田承嗣既不出城也不交兵,列重兵自守,同时向仆固怀恩父子送以重礼。仆固怀恩上表朝廷分封田承嗣等人,这些"贼",最后竟因"功大",获朝廷颁赐誓书铁券。

田承嗣为人,沉猜阴贼。有了实权之后,他计较户口,厚敛百姓,缮甲历兵,强拉兵丁,几年功夫,就有兵众十万。

朝廷为安抚田承嗣,封他为雁门郡王,并以永乐公主赐其子为婚,希望能笼络这个悍将。但田承嗣本性凶诡,依恃有兵有地,愈加放肆。

唐代宗大历八年(公元773年),相卫节度使薛嵩病死,田承嗣乘机并领其众,并想拥有薛嵩所有土地。唐廷派李承昭为相州刺史,田承嗣谎报相、卫两州士民反叛,暗中即刻发兵攻取两州,悉取兵士财物,并自置属官,把相、卫两州纳入自己地盘,视唐皇诏命为儿戏。

本来,承德节度使李宝臣和淄青节度使李正己与田承嗣都是"贼将出身",又是儿女亲家,关系不错。但田承嗣一向自负,根本看不起二人。李宝臣的弟弟李宝正是田承嗣女婿,有一次在魏州和田承嗣儿子田维打马球,所骑之马惊跳,误踏田维的脑袋,使得田公子脑浆流出,一命呜呼。本来完全是事故,无心之误,却令田承嗣大怒,派军士把李宝正关进大狱,派使者告知李宝臣。

李宝臣也是悍将出身,一肚子气,不好发作,就写信表示自己教弟不严,派人送一根大杖,表示任田承嗣责罚。本来是给田承嗣一个台阶,让大家面子都好看。不料田承嗣就坡下驴,用李宝臣送来的大棍子把李宝正活活打死,也不顾自己女儿的想法(估计还未生"外孙")。

李宝臣闻讯惊怒,由此两镇交恶。

得知田承嗣拒命,李宝臣、李正己上表朝廷,要求讨伐他。朝廷正好想乘势离间这些喂不熟的"恶狗",就下敕贬田承嗣为永州刺史,并下令河东、成德、幽州、淄青、淮西、永平、泽潞等诸道兵马共进魏博征讨。

唐朝大将朱滔与李宝臣等从北方进攻,李正己与淮西节度使李忠臣等从南面进攻,夹击田承嗣,斩田承嗣大将卢子期,斩首万余,获马千匹,又降一万多人,获粟二十万石。

眼见形势不妙,田承嗣开始装孙子,于代宗大历十年(公元775年)九月遣使奉表,哀求说要"束身归朝"。

太监坏事惹大祸——李宝臣的"玩寇"之举

原本形势大好,老贼田承嗣已成瓮中之鳖。不料,节骨眼上却出现了一个非常有戏剧性的插曲。

唐代宗很欣赏李宝臣的功劳,派太监马承倩赐御诏道辛苦,以示"朕心甚慰"。太监来时都没带什么东西,临走时会依不成文的"潜规则"带回大批礼品。

李宝臣去看望马公公,带去不少绸缎。按理说,那么多匹精细的好绸缎也值不少钱,但胃口极大的马太监对此大为不满,估计他当时的心思是本以为能得到一箱珠宝,却忽然发现是几袋大米一样,气恼得甭提了。

于是，公公大加诟詈，把绸缎掷出道中。马太监也真不识大局，当着李宝臣将士的面破口大骂，使得这位刚刚大胜的将军很没面子。

李宝臣手下的兵马使王武俊见此情形，就暗劝主帅道："您现在军中新立大功，这个王八蛋尚且敢这样藐视您。寇平之后，以一纸诏书征您入京，您马上就成为一百姓匹夫，任人宰割。不如现在放田承嗣一马，您自己还能恃此为重，朝廷依仗您，就不敢拿您怎么样。"

由此，李宝臣再也不专心进攻，遂有"玩寇之志"。

田承嗣老奸巨猾。他得知李宝臣老家是范阳（李宝臣是范阳内属奚人，原为范阳守将张琐高养子，归唐后赐姓李。读唐史，凡姓李的将领有很大一部分是"九夷"赐姓），就让人在一块大石头上刻谶言："二帝同功势万全，将田为侣入幽燕"，然后派人偷埋在范阳境内。

接着，田承嗣派出"大仙"，号称范阳有王气。李宝臣闻言忙依"大仙"指示，派人去挖掘，果见一古色古香大石头上有篆书，预言自己在姓田的协助下成帝业。

将信将疑间，田承嗣派人做他"思想工作"："您和朱滔一起攻打沧州，得到土地后归国家所有，打了也是白打。如果能释我田承嗣的罪过，请允许我把沧州献给您。同时，我还愿意与您一起攻取范阳。您以精骑前驱，我以步卒殿后，攻取天下如反掌。"

李宝臣武人无识，大喜，加之事合符谶，就暗中积极与田承嗣密谋，化敌为友。

对从前一直言语冒犯的李正己，田承嗣也开始低三下四表示敬意。他派人送上自己辖境内的户口、甲兵、谷帛册籍，卑辞下意："我田承嗣今年八十六了，时日无多，诸子不肖，侄辈孱弱，今日所有一切，都为李公您保守着啊。怎能敢让您劳师兴兵呢。"每见李正己使者，田承嗣就南向跪拜受书。同时，他让人画李正己"标准像"一幅，日日焚香礼拜。

李正己大悦，于是按兵不动。河南诸道兵见此，也不敢进兵，于是田承嗣南顾之忧顿消。（田承嗣老贼死时才七十五，向李正己哀求时自称已八十六，足见其老谋深算。）

李宝臣在田承嗣面前虽是大傻一个，却也能骗比他更"傻憨"的朱滔。他对朱滔军使说："听说朱公仪貌如神,愿得画像观之。"得像之后,李宝臣悬于射堂,与军中诸将观看,大叹:"真神人也!"

当时,朱滔驻军莫州以北三十里外的瓦桥。李宝臣密选劲骑两千,连夜疾驰三百里偷袭,临行前让将士都集于射堂观瞧朱滔画像,要他们按像取人。当时两军是友军,朱滔没有任何防备。忽然夜中有军杀来,仓促应战,大败而逃,幸亏当时他穿了一身闲服,没被李宝臣将士认出,得以驰奔而逃。

李宝臣乘胜想拥军直取范阳,朱滔忙派雄武军使刘怦拒守。李宝臣闻知消息后,知道范阳已做准备,没敢进军。

田承嗣知道李宝臣偷袭朱滔的事情后,哈哈大笑,即刻引兵南还,派人戏笑李宝臣:"我境内有事,没功夫与您周旋了。石上谶文,是我派人私下刻的逗您玩呵。"

李宝臣又惭又怒,不得不退兵。

唐代宗大历十一年三月,田承嗣上表请入朝。唐廷见台阶也不得不下,下诏赦田承嗣罪,复其官爵,一切不问。

唐代宗大历十一年(公元776年),汴宋留后田神功病死后,都虞候李灵曜作乱,唐廷无奈,下诏授其为汴宋留后。此人翅膀未硬,就骄慢无礼,自己封授辖内各州刺史,仿效河北诸镇,最终惹得唐廷大怒,派淮西节度使李忠臣、河阳三城使马燧等人征讨。

田承嗣忙派其侄田悦引数万军去救援李灵曜,在汴州被李忠臣等人打得大败,田悦只身逃走,李灵曜被擒送长安斩首。

由于田承嗣一直逗留不入朝,又派兵助援李灵曜,唐代宗下诏又派诸路人马讨伐。田承嗣复上表谢罪。时叛时降,如同儿戏。

唐代宗只得听之任之,诸路人马各自心怀鬼胎,中央根本指挥不动,没办法,唐廷下诏悉复田承嗣官爵,仍令其不必入朝。

代宗大历十四年(公元779年),田承嗣病死。

老贼死后,唐廷还赠太保,以示褒赠。田承嗣临死,遗命诸将立其侄田悦继承后事,继续做节度使。

当时,田承嗣据有魏、博、相、卫、洺、贝、澶七州。李正己据淄、青、齐、海、登、莱、沂、密、德、棣十州,攻灭李灵曜后又得曹、濮、徐、衮、郓五洲。李宝臣据恒、易、赵、定、深、冀、沧七州。梁崇义据襄、邓、均、房、复、郢六州。

这几个人盘根错节，交相依附。官爵、甲兵、租赋、刑杀全是节度使自己说了算，虽名义奉唐朝正朔，实为真正的地方王国。

史臣愤愤不平地评说："朝廷或完一城，增一兵，辄有怨言，以为猜贰，常为之罢役；而自于境内筑垒，缮兵无虚日。以是虽在中国名为藩臣，而实如蛮貊异域焉！"

国中之国，各个节度使是实际的土皇帝，割据之势已初露端倪。

被部将狼狈驱逐的"忠臣"

唐代宗大历十四年（公元779年）3月，淮西节度使李忠臣被其族侄李希烈驱逐，单骑狼狈出走，奔往京师。

李忠臣为人贪财好色，往往逼淫将士吏卒妻女。他的妹夫张忠光和外甥也挟势横暴。士卒苦怨，就起兵杀掉张忠光父子，推拥李希烈为师，把李忠臣赶走。牙将驱帅，至唐末尤甚，在藩镇割据初期，还很少有，可见李忠臣当时在军内是多么不得人心。

虽对下贪暴凶淫，在皇帝眼里李忠臣却是个大大的"忠臣"。李忠臣原名董秦，幽州蓟人，自少年时代就参军入伍，在节度使薛楚玉、张守珪、安禄山手下都干过。安禄山起兵后，李忠臣帮唐王朝拒贼有功，杀敌甚众，并大败奚族首领阿布离，斩其首以衅鼓，声名赫赫。

唐肃宗至德年间，李忠臣转战累日，功勋显著。郭子仪军攻相州时，诸军皆溃，唯独李忠臣败中取胜，袭取二百艘粮船，保障了唐军的粮食供应。

不久，唐将许叔冀（就是对张巡见死不救的那位）投降史思明，李忠臣猝不及防，只得被妥协着向史思明请降。史思明非常欣赏李忠臣的勇武，用手拍着他的后背，说："从前我只有一只左手，现在有了您，我才两手齐全啊。"

史思明贼军围攻河阳时，李忠臣夜中率属下五百人数万贼军之中突出，重归李光弼唐军。唐肃宗闻讯大喜，召至京师，亲赐其名为"李忠臣"，并赐良马、甲第。

后来，唐廷便授李忠臣为汝、仙、蔡等六州节度使。李忠臣率军与诸路唐军收复东都洛阳后,朝廷封其为御史大夫。

想当初,回纥余部扰掠河阳,李忠臣提兵讨定吐蕃寇长安,唐代宗慌忙四处发诏追兵。御使到达时,李忠臣正和诸将在马球场欢宴,闻讯马上起身整兵上路。诸将劝说要"择良日起兵",李忠臣大怒:"君父有难,怎么还择日救援!"诸路兵集,李忠臣第一个率军赶到,唐代宗对此非常感动。

由于对唐廷有功,他获封西平郡王,加检校司空、同中书门下平章事。

大概终年居于行伍,李忠臣粗毫不检,常纵兵大掠,虽属能战之师,军声却很差。加之他常淫暴将士妻女,最终被驱逐,逃奔京师。

对于这个老"忠臣",唐代宗仍旧授他为司空,同中书门下平章事。

日后唐德宗继位,仍旧很信任李忠臣。但丧失兵柄之后,他在长安终日郁郁,后来朱泚造反攻入长安,李忠臣竟同流合污,获封"司空"兼"侍中"。

朱泚叛平,犯罪难饶,李忠臣父子俱为唐廷斩首,并被史官列入《叛臣传》中。晚节一失,一生忠义之名不得,白白地污了"忠臣"之名。此是后话。

唐军忽然而就的"胜利"——王武俊的起事

王武俊,字元英,原本属契丹怒皆部落。其父王路俱,在唐玄宗开元年间率部属内附于唐,一直据守蓟州。

十五岁时,王武俊就因骑射之艺高绝于人而享有少年英雄的美誉,在当时与张孝忠齐名,同在李宝臣帐下为裨将。

王武俊有个儿子名叫王士真,沉毅勇悍,相貌英俊,李宝臣倚爱之,把女儿嫁给王士真。所以,王武俊与老上司李宝臣还是儿女亲家。李宝臣晚年猜忌好杀,诛戮了不少昔日的心腹大将,多亏其"爱婿"王士真与李宝臣左右出主意的谋士们关系亲密,使得王武俊才免于被杀。

李宝臣死后,其子李惟岳由于想承袭节度使未被许可,举兵拒命,对左右兵将往往也疑云丛生。有人告诉李惟岳说王武俊有"异志"。王武俊知道消息后,深自贬损,出入营中只带一两名随从,平素也不和外人往来。

李惟岳虽然怀疑这位"亲家爹",但见他非常低调,又能打仗,就没舍得杀掉。

束鹿一战，王武俊为前锋，他于阵前对儿子说："我破朱滔，则李惟岳兵势大振，如此，回到大营我就会被杀掉。"因此，他敷衍了事，没有使全力打仗，只知保存"有生力量"。甫一交兵，他就率人回奔，因此导致李惟岳军大败而归。

朱滔大胜之后，想立即引兵直攻恒州。另一部唐军张孝忠却引属下军队驻停于义丰，忽然不前。朱滔大惊，以为张孝忠又用什么怪招"纵贼"或斜里刺给自己一枪什么的。

张孝忠自己属下诸将也都不解，询问缘由。张孝忠本来就是李惟岳他爸爸李宝臣的旧将，深知军中内情，他解释说："恒州宿将尚多，未易少轻。如果我们大军直逼，困兽死斗，结果难以预料。如果我们暂且驻军不动，他们内部肯定会发生窝里斗。诸君少安毋躁，我们现在驻军义丰，可坐待李惟岳的人头！而且，朱滔司徒这个人，言大识浅，此人可以共始，难以共终！"

朱滔不知就里，见张孝忠止军，自己也率部于束鹿休整，不敢单军追逼李惟岳。

墙倒众人推。李惟岳的大将康日知见形势大不妙，以赵州城归降唐军。

李惟岳气恼之下，更加对王武俊这样的宿将多了层疑心。左右亲信参谋有人劝说："先相公（指已死的李宝臣）一直以王武俊为心腹，两家又有骨肉之亲（王武俊之子王士真是李惟岳妹夫），当今危难之际，王武俊勇冠三军，不依赖他这样的人，谁又能为您退敌呢！"

李惟岳出名的耳朵软，深以为然，就派步军使卫常宁与王武俊一起进攻赵州。同时，他派自己的妹夫王士真率精兵宿于自己府中以为贴身护卫。

王武俊一出恒州城，就对卫常宁说："我今日得幸出虎口，再也不会回去了！我们应北去归降张尚书（指张孝忠，王与张昔日是多年的"老战友"）。

卫常宁规劝说："李大夫（指李惟岳）暗弱，信任左右，观其势最终会为朱滔所灭，现天子有诏，谁得李大夫首级献上，就以他的官爵赏与其人。您平素就为众所服，与其逃跑归降，还不如反戈先擒取李大夫，转祸为福，易如反掌！如果其间出了什么枝节不成功，再归降张尚书也不晚。"

王武俊点头。正商议间，李惟岳派其心腹谢遵前往赵州城下催战，王武俊劝说谢遵与自己一道谋取李惟岳。谢遵虽是李惟岳亲信，也早看出此人难成大事，就一口应承了王武俊。他快马赶回，密告王士真加紧准备。

王武俊、卫常宁连夜引兵折返恒州，谢遵等人密开城门接应，一帮人于黎明时分直冲入李惟岳府中。王士真早已在里面严待，杀掉十几个仓皇交兵的卫兵，闯入李惟岳卧室。

李惟岳的属下亲兵闻难赶到，王武俊就对府内涌入的李惟岳亲兵喝道："李大夫叛逆，众将士归顺朝廷，敢违命者族诛！"

众人惊骇，无人敢再动，李惟岳束手被擒。

本来王武俊想把李惟岳以囚车送至京城由皇上处理，卫常宁劝道："他见到天子后，肯定会哀乞求生，诬称当初是您与诸将胁持他起兵拒命。"

王武俊觉得有理，就派人缢杀李惟岳，传首京师。

赏罚不均造恶果——王武俊、朱滔的节外生枝

至此，整个河北地区除田悦坚守的魏州和李正己儿子李纳据守的濮州外，都重新归顺。朝廷扬扬得意，以为天下不日可平。

得意之际，唐德宗终于有了当皇帝的感觉，率意而为，于建中三年（公元782年）3月下诏，封张孝忠为易、定、沧三州节度使，王武俊为恒冀都团练观察使，康日知为深赵都团练观察使，划德、棣两州归朱滔管辖，并令其还镇。

朱滔不满，认为自己应该也辖有深州之地。朝廷不许。朱滔怨望，留屯深州不去。王武俊自认为是诛李惟岳首功，比投降的康日知功劳大多了，却和康日知所授的官职一样，再看看从前与自己平起平坐的张孝忠已经是三州节度使，心中更是不平。

同时，朝廷下旨让王武俊向朱滔供粮三千石，向马燧供马五百匹。见此，王武俊更加疑惧，认为朝廷是在削弱自己的实力，说不定唐军攻下魏博后要对自己开刀。

据守魏州的田悦得知上述消息后，急忙派人四下活动，先让参谋王侑等人窜至朱滔营中，卑辞下意致敬后，劝说道："朱司徒您奉诏命讨伐李惟岳，旬日之间，拔束鹿，下深州，促使李惟岳营中叛起，王武俊得以乘间杀掉李惟岳，这个结果，也是司徒您积功所至。天子本来说过谁平灭李惟岳谁就悉得其境土，而如今又下诏把深州赐给康日知，是自食其言啊。而且，当今皇上本意是扫清河朔，

不再让藩镇承袭,将要把全部的节度使换由文官接任。我们魏博如果被灭掉,接下来就要打燕、赵的主意,到时朱司徒您也岌岌可危。如果司徒您能哀怜我们魏博,见危施救,不仅有存亡继绝的大义,而且对您也有子孙万世承袭方镇的好处啊。"同时,田悦还说要把统辖的贝州割让给朱滔。

朱滔素有异志,闻言大喜。他马上派王侑驰返魏州,告诉田悦等人坚守以待外援。同时,他派自己的高级参谋王郅与田悦的另一个说客许士则一起去到恒州,对王武俊做"思想工作"。

"王大夫您出于万死,诛逆首,拨乱根,康日知仅以城降,竟与您同功! 朝廷赏薄,外间人无不为王大夫您不平。现在,又听说朝廷下诏命您出粮马资与邻道诸军,肯定是削弱您的力量。一旦魏州被攻克,朝廷肯定会让南北两军夹击您以绝后患。如今,朱滔司徒也忧不自保,想劝您共存田悦,并把深州交留您管辖。我们范阳、恒冀、魏博三镇联兵,手足相保,日后肯定永无后患!"

王武俊深感有理,当即许诺,相约举兵南向。

朱滔派人去劝说张孝忠,但受到对方拒绝。

李正己的儿子李纳,比起魏博的田悦,压力更大。忠于唐朝的宣武节度使刘洽(后改名刘玄佐)已经率兵攻破濮州外城,逼得李纳不得不亲自跪于内城城头,哀求改过自新,同时,他派人以其亲弟李经和儿子李成务入京为人质,请求给自己机会"重新做人"。

如果应机善见,唐德宗应该暂先答应李纳,待他开城门投降,什么事都好办。偏偏朝中有个叫宋凤朝的太监逞能,进言说李纳穷蹙到头,不应该再给任何机会,朝廷大军攻下城池,可以大壮国威。

唐德宗耳朵也不硬,觉得"公公"言之有理,下令把李纳的弟弟等人囚于禁中,逼得李纳穷守孤城,做困兽之状,并很快与田悦等人联系接头,共同抵抗唐军的进攻。

河北诸道藩镇力量死灰复燃之际,唐德宗感觉还正在佳处,以为指日可以平定祸乱。他派遣中使下令卢龙(朱滔)、恒冀(王武俊)、易定(张孝忠)集中万名士兵,一起到魏州进攻田悦。

王武俊做事明快,拒不受诏,把传旨的太监绑起来送到朱滔处。

朱滔召集部伍,说:"将士立功颇多,我上奏朝廷要求赏赐官职,都没有下文。现在我想与大家一起直奔魏州,击破马燧以取温饱,何如?"问了三遍,众将不应。

如果朱滔要大家去攻田悦,肯定是自然不过的事情。朱滔忽然要率众去攻马燧的唐军,明显是要造反,故此将士泄气,既疑又惧。

过了好久,才有将领出来代替大家表态:"幽州之人(指卢龙军士卒)跟从安禄山、史思明南向造反的,没有一个人生还。他们的遗属现在后悔得要命,痛恨叛逆,深入骨髓。而且,朱司徒您兄弟都是朝廷显官(朱滔官司徒,朱滔的哥哥朱泚官太尉),将士诸多苦斗也有功勋,只想保持现状,不敢再有别的想法。"

见此回复,朱滔默然,第一次反叛未遂。

回大营之后,他与左右定计,诛杀几十个刚才表态不服从的大将,又重赏属下士卒以安军心。

马燧很快就知道朱滔要叛逆的消息,飞奏唐德宗。由于田悦依旧据守魏州,王武俊复叛,唐廷对朱滔力不能制,思前想后,皇帝想出一个馊主意,赐封朱滔为通义郡王,想以此安抚他。

诏旨下后,效果适得其反,朱滔反谋益甚,派兵与王武俊一起包围了赵州。

朱滔的表弟涿州刺史刘怦听说朱滔要兴兵救田悦,连忙写信谏劝:"现在您的老家昌平,有朝廷亲自为您兄弟两人专门命名的太尉乡、司徒里,此亦丈夫不朽之名也。但以忠顺自持,事无不济。安、史二人不知逆顺,自屠族灭。希望司徒您多加考虑,无贻后悔!"

朱滔虽听不进去,内心也赞叹刘怦的忠心。

为了起事更加顺利,朱滔派牙官蔡雄前往张孝忠处要这位节度使一起举兵。张孝忠拒绝。蔡雄见劝说不成,赖皮地反复进言,陈说利害,气得张孝忠要把他绑上送交京城司法机构。蔡雄无奈,趁间逃归。

当时河北叛逆四起,唯独张孝忠居于强寇之间,治城砺兵,保持忠节。

朱滔率步骑两万五千人马从深州出发,行至束鹿,休整一夜。早晨集合出发之际,士卒忽然大乱鼓噪,大呼:"天子命司徒还镇幽州,为什么违背敕令南救田悦!"

朱滔大惧,跑入后堂躲避。幸亏他的属下蔡雄等人镇定,骗士卒说:"你们不要吵闹!朱司徒南行是为了往马燧处抢回本来是朝廷赏赐给你们的金宝,根本不是为了他自己！如果你们要北归，可以自己回去，怎能在军中抗令喧哗！"蔡雄这一说，还真把军卒们都镇住了。

未几，士兵又大叫："我们知道朱司徒是为我们好，终不如奉诏归镇！"蔡雄应允。

朱滔引军回至深州，密令亲信访察当时带头的军卒二百多人，全推出斩首，余人见此，也不敢再闹。

朱滔重新出发，攻下宁晋，与王武俊一万五千步骑会合。

朱滔派人把蜡封书信藏于发髻中送给在长安的哥哥朱泚，让他做内应同反。送信走到半路，被马燧截得，报与唐德宗。

朱泚对此还果真一无所知。德宗把朱泚召进殿，给他看朱滔的信件，吓得朱泚"惶恐顿首谢罪"。

德宗还安慰他："相去千里，初不同谋，非卿之罪也。"

于是，皇帝把朱泚"慰留"在长安的大宅子里，赏赐金银，好酒好肉，官职如故。

朱泚和朱滔兄弟两人，自少年时代就长于幽州，一直为安禄山部下将，后从李怀仙归唐。后来，朱滔、朱希彩、朱泚三人共杀李怀仙，推朱希彩为主。大历七年，节度使朱希彩又为部下所杀，朱滔率兵共推朱泚为留后，代宗下诏拜其为卢龙节度使，封怀宁郡王。朱泚开始很老实，是河北地区第一个入朝的节度使。唐代宗亲自下令为他在京师建起宏伟壮丽的大宅院，以他为遵命贤臣的榜样。朱滔把朱泚送走后，自统兵事，换上自己的亲信，兄弟二人嫌隙顿生。朱泚自知失掉兵柄，怏怏不乐。德宗继位后，下诏令他改镇凤翔，仍旧荣宠于他。

朱滔、王武俊两人的军马赶至魏州，田悦大喜过望，杀牛煮酒招待这两位"化敌为友"的救星。城内军士也欢声震地，盼星星盼月亮，终于盼来援军。

当天，唐廷的朔方节度使李怀光引兵而至，与马燧合军，双方将士在城外盛装相见，也呼声连连。

在连篦山驻兵的朱滔听见动静，以为唐军发动袭击，仓促出阵。李怀光勇而无谋，想趁朱滔营垒未成而进击。马燧劝说李怀光先休养几天，因为朔方军士卒远道而来，疲意未消。

李怀光大言："吾奉皇上请命，不可养寇惮贼，现在敌军营垒未成，可一举而灭。"言毕,下令军卒出击,竟把立阵未稳的朱滔兵士也杀掉一千多。

李怀光很得意,一派大将风度,按辔观兵,面有喜色。其属下士兵没有奋勇追敌,而是成群突入朱滔营中夺取败兵丢弃的宝货。

忽然之间,一向以勇武善出奇兵知名的王武俊引两千骑兵横冲李怀光军,把朔方军断为两截。朱滔见势掉转马头,指挥逃兵反击。

唐军大败,拥挤推迫,掉入永济渠里淹死的不可胜数,水为之不流。

李怀光、马燧败后收军,退入营垒中不敢出战。当夜,王武俊、朱滔派军士掘开永济渠,断绝官军粮道和归路,平地里水深三尺多。

马燧忧惧之下,仗着自己和朱滔有姻亲关系,就派人向朱滔服软:"老夫我自不量力,与诸君交战,致此败亡。希望朱司徒您放我一条路。让我们各路军都退走。回去后,我会上言天子,以河北地交付给您。"

私下里,朱滔也害怕王武俊大胜后不能再加以控制,就对王武俊说:"王师既败,马公卑约如此,不宜迫人以险。"

王武俊是精明人,他劝朱滔别上当:"马燧等人都是国家名臣,联兵十万,一战而败,还有何面目去见皇帝呢。如果放他走,不出五十里,肯定回兵与我们相拒。"

朱滔不听,坚持做"老好人"。

马燧与诸军涉水西退,果然,他在魏州城西三十五里远的魏县停驻,结垒抵拒。朱滔此时向王武俊"惭谢",但官军已冲出险地。

朱滔、王武俊与官军隔水相持。

据守濮州的李纳获知朱滔、王武俊、田悦等人联兵的消息大喜,派人求援。

朱滔派军奔赴,一直困守愁城的李纳竟也放起胆子出军,猛攻宋州。

德宗建中二年(公元782年)12月,田悦和王武俊等人准备推举朱滔为主,欲推他为主。朱滔当时也挺"仗义",坚决不答应,说:"连篠山大捷,皆赖两位大人支持,我怎敢独居尊位!"

众人商议良久,终于想出个办法:"我们三家与李大夫(李纳)为四国,俱称王,不改年号,仿效昔日诸侯奉周家正朔。"

众人统一了意见后,朱滔自称冀王,田悦称魏王,王武俊称赵王,李纳称齐王,筑坛告天,像模像样。

朱滔为盟主，称孤。田悦、王武俊、李纳三人各称"寡人"，仿唐朝官制，遍封妻、子、诸将。

先前劝王武俊归唐的卫长宁忠于唐朝，想谋杀王武俊，事泄被腰斩。

群雄拒唐的纷乱

面对忽然新跳出来自称王爷的诸路"贼寇"，唐廷无奈，只得下诏，命令各道招讨。唐廷封淮宁节度使李希烈兼平卢、淄青、登莱、齐州节度使，讨李纳；又以河东节度使马燧兼魏博澶相节度使，加朔方、宁节度使李怀光同平章事。

李希烈不仅没有讨伐李纳，反而暗中和对方勾结，想双方联兵夺取唐将李勉守据的汴州。同时，他与朱滔密相往来，商量双方的"共同利益"。

由于李纳数次派兵袭扰汴水，东南输运长安的运粮运物船只也都不敢走汴渠，转走蔡河。

当时，相持于魏州附近的唐军与藩镇军都日益困疲，麻秆打狼两面怕，而且交战双方的粮草，都近乎断绝。

听说李希烈兵强马壮，藩镇诸军就派人去许州，劝李希烈称帝。洋洋之下，李希烈自称天下都元帅、太尉、建兴王。兴起之下，李希烈派属下将领攻袭汝州，又取尉氏县，围郑州，数败官军，纵兵四掠，使得洛阳士民震骇，纷纷窜入山谷躲避。

情急之下，唐德宗问计群臣，大奸臣卢杞出馊主意，说："颜真卿三朝老臣，名重海内，人所信服，可以派他去李希烈处陈说逆顺祸福。"

朝野众人都知颜真卿此去凶多吉少，纷纷慰留。颜真卿只讲"君命难违"，慷慨成行。

他到许州见到李希烈，双方才在军场施礼相见，李希烈早已安排的壮汉一千余人忽地一下子把颜真卿围在中间，跳脚漫骂，以刀刃向这位老臣上下比画，做碎割捅刺状。

颜真卿笑笑，足不移，色不变。见威吓不行，李希烈忙扑上去，以身蔽之，一段戏暂告段落。

李希烈把朱滔、王武俊、田悦、李纳等人劝他称帝的表章拿给颜真卿看，说：

"今四王推举我为帝,不谋而合,朝廷怎么不能容纳我呢。"

颜真卿正色言道:"此乃四凶,何谓四王！相公您如果不做唐朝忠臣,势必会同这四个人一样自取灭亡！"

同坐的朱滔等人来使纷纷劝说:"太师您名闻天下,现在李都统将称帝而您随机而至,是天赐宰相予李都统啊。"

颜真卿闻言大怒:"什么天赐宰相！你们知道从前有个大骂安禄山而死的颜杲卿吗？那是我的兄长啊！我颜真卿现年已八十,只知守节而死,岂能受你们这帮鼠辈胁诱！"

众人见老汉铁骨铮铮,都不敢再多说话。

见软硬都不行,李希烈就派甲士在颜真卿的驿舍庭院内挖坑,扬言要活埋他。颜真卿闻此怡然一笑,对李希烈说:"死生已定,何必多端！您马上给我一剑,岂不快您心事吗！"李希烈再没有法子,只能"惭谢"。

当时,适逢属下将领或逃或降,李希烈只得引兵还蔡州,上表朝廷引咎于他人,外示悔过,其实是等待朱滔的援兵。

为了保有"底牌",李希烈仍旧把颜真卿软禁于蔡州龙兴寺内。

朱滔与唐廷派去的李晟交战,在清苑大败官军。正巧李晟得重病,官军退保定州。朱滔得势后,气势更炽,同时他与王武俊等人言语不和,渐生嫌隙。

唐朝昭义军节度使李抱真闻信,派参谋贾林到王武俊营中诈降。贾琳见到王武俊,屏去旁人,说:"我来此是奉诏规劝大夫您,不是来投降。"王武俊闻言色变,进问详情。

贾林说:"皇上深知王大夫您忠义为国,临行前对我说:'朕前事诚误(指没有封王武俊节度使之事),悔之无及。朋友有过,尚可道歉,况朕为四海之主乎！'"

王武俊很感动,也急忙表白:"现在连年兴兵,暴骨如莽。纵或我军得胜,也不知是谁守此疆土。我很想归国,但已与诸镇结盟,如果朝廷下旨赦诸镇之罪,我第一个响应,诸镇有不听命的,我肯定会奉诏予以讨伐。这样一来,我上不负天子,下不负同列,不过五旬,河朔可定。"

由此,王武俊与李抱真暗中约结,准备反正归国。

按倒葫芦又起瓢。王武俊这边刚刚要归顺,李希烈军势转强。德宗建中四年(公元 783 年)十月,李希烈部将李克诚大败官军。唐朝宣武节度使李勉也连连丧军失地。

"隐龙"破囚而出——朱泚的上台

事已至此,本来被胁迫的泾军主帅姚令言也定下神,知道被杀一万遍的死罪已经惹下,索性就顺水推舟算了。

乱世之中,没准瞎撞能撞出大运来。他和已经顿成巨富的乱兵将领们坐定,商议道:"现在众人无主,不能持久,朱泚太尉一直闲居私第,请大家拥戴他做头儿吧。"众人皆立即许诺。

笔者少年时代读历史,总为"武昌起义"军士们拥举黎元洪为主帅大思不解:干吗"革命"士兵们不自己当家做主,让一个"反动军官"当头子?熟读历史后才知,"兵变"弄出个"德高望重"的人当头儿,一是容易成事,有名可循;二是事败后有"冤大头"在上面顶着,法不责众,先挨刀的也是那个"头"。

朱泚和黎元洪不同,根本没有吓得躲进床下什么的丑态。他先是热情接待率数百骑来请他"出山"的姚令言,大摆宴席,与众人欢饮。深夜时分,又有数百骑由各级军官组成的乱兵复来,至此,朱泚才知道皇帝出逃的事情是真的,并非上面为了杀他而"试探"他的假戏。

于是,朱泚为徒众所拥,沿街火炬高照,白昼一般,好多京城内老百姓都沿街一睹"朱太尉"的风采。

朱泚入居含元殿,自称"权知六军"(全国代理大元帅),禁门层层设警,简直就是"代理皇帝"的规格。

第二天,朱泚派人四处张贴榜文,声称:

"泾原将士久处边陲,不习朝礼,辄入宫阙,惊扰皇帝,致乘舆西出巡幸(天子出逃往往以"巡守""狩猎"为隐语)。朱太尉暂时统摄六军,神策军士及朝臣应该全部向皇帝处报到。不能往者,即刻到本司(朱泚)报到。如果三日内不报到行踪者,皆斩!"

榜文内容乍看上去仍承认唐德宗,并劝大臣前往追随,实际上威胁在京诸官都来朱泚门下效力。试想,唐德宗一路狂逃,追找也一时找不到。朱泚又只给三天期限,只能先到这位朱太尉处挂名了。百官中大多数人确实对唐朝还忠心耿耿,不少人劝朱泚派军迎驾回宫。

朱泚不悦,或是不答,或报以阴沉大脸,众人心中明白,百官稍稍遁去,渐渐地开始偷跑出去找唐德宗。

事发之初,估计朱泚根本没想到可以趁乱当皇帝。有位名叫源休的"大能人",曾以京兆尹身份出使回纥。此人仪表堂堂,不辱使命,辩口能才。大奸臣卢杞生怕这位巧口善辩的爷们回京后面君得宠,会替代自己的相位,就趁他出使回到半路就上奏他为"光禄卿"的闲官,致使源休深怨朝廷。至此,他自告奋勇,力陈成败,广引符命,劝朱泚称帝。他与泾原主帅姚令言两人昼夜密谋,自比萧何。

朱泚心中虽喜,仍旧踌躇未决,毕竟谋反称帝是件天大的事情。

不久,原先的御林军有好多人举白旗归至旗下,愿意降附。

于是,朱泚暗中派兵从苑门出兵,白天从通化门进来,络绎不绝,张弓露刀,给京城人民造成他军威盛大、众人拥戴的假象。

源休劝朱泚封闭十个主要城门,严禁朝士再往外逃奔德宗。同时,起用李忠臣、张光晟、蒋镇等有名的大臣,以显示"众心所归"。

不久,泾原数千名被派去救襄城的将士听说朱泚据长安,也杀掉主将前来归附,这些更坚定了这位"闲居"太尉自立为帝的决心。

并非突然的变故——李怀光因怨反叛

朱泚逃回长安后,千方百计固守。他不时派人假装从城外来,驰马高叫"奉天城破!"以此迷惑士众。

由于当初卢杞暴敛,长安有金银无数,朱泚称帝后,这些钱财全为他有,天天大手大脚赏赐将士,购置无数守城器械,公卿家属皆给月俸,连李晟、哥舒曜的家也每月支给大笔俸禄。就这样,一直到长安被唐军收复,国库里仍有大量金银财宝(可见卢杞等人敛聚了多少民脂民膏)。

有人劝朱泚把唐室陵庙全都一把火烧掉,朱泚表示说自己"曾北面事唐,不忍为此!"又有人劝他派兵士强拉士人当伪官,朱泚也说:"强授官令人惧怕。"

回绝此议，保住了不少人头。

由于泾原起事的叛卒个个在城内坚守从库府掠抢的金银，不肯出战。朱泚一直也没用这些骄兵傲将，只以范阳、神策的团结兵。虽然城高墙厚，朱泚众人龟缩于内，也终日惴惴不安。

一不烧皇陵，二不胁迫唐朝官员家属做人质，三不强迫人当官，有这三件事，比起安禄山、史思明，朱泚在人格方面确实还有值得称道之处。

李怀光带领朔方军，火速驰援，顿解奉天之围，使皇帝和从臣、守将、兵民皆逃于朱泚叛兵的杀戮，无论怎么讲，都可称得上是"不世之功"。

然而，李怀光本性粗疏。他武人出身，自恃大功，总认为这般"救主"后肯定会得到德宗皇帝的特殊礼遇。

他自魏县行营千里赴难，一路上不停地和左右多人咬牙切齿说及当朝权相卢杞和他左右手赵赞、白志贞的误国奸佞之情，扬言说："我见到皇上，肯定马上恳请皇上立即诛杀这几个奸贼！"

毕竟卢杞耳目众多，有人为了邀荣取利，就暗中劝卢杞做防备："李怀光一路上大骂您不绝，责备您和助手有三大罪恶：一是谋议乖方；二是赋敛无度；三是克扣军赐，这三大罪过最终造成皇上外逃的结果。现在李怀光新立大功，皇上肯定对他言听计从，如果他亲自面君，后果就太危险了！"

卢杞惊惧过后，毕竟属于城府幽深的奸辈，就寻个皇帝高兴的当口儿，建议道："李怀光有重造社稷之功，朱泚等诸贼军已经被吓得胆破心寒，肯定连守城的胆量都吓没了，如果命李怀光乘胜攻取长安，肯定一样可以灭贼！如果现在允许他入奉天城面君，陛下您肯定要宴赏诸将和赏赐士兵，流连累日，给朱泚等贼兵诸多的喘息机会，他们就有时间修整城池，加紧准备，到那时再攻城可就太难了！"

唐德宗一听，觉得大有道理。奸臣之奸，就在能揣度人主的心理，卢杞知道唐德宗受了这么多天的憋屈，一定想急于攻回京城，一来得以恢复当皇上的信心，二来可以重新找回君临天下的感觉。

因此，卢杞一言计成，把自己迫在眉睫之险化于无形之中。无论怎样，先让李怀光连皇上的面也见不着，再怨再气，也不会马上危及卢杞自身。

唐德宗下诏，命李怀光立即引军屯便桥，与李建徽、李晟及神策军兵马使杨惠元合军，尽快克取长安。

诏下，李怀光失望怨恨之情不能自抑。试想，千里竭诚赴难，破朱泚，解重围，到达城根儿竟然连天子一面也见不成，愤懑成怒，气得他对属下大叫："我现在已经被奸臣排挤了，可以预料到结果！"

于是，他掉头引兵，在奉天东南的鲁店盘桓两日，才怏怏向长安行进。

唐德宗仍旧沉浸在"大难不死，必有大贵后福"的幸福里，殊不知，一贼未平，一贼又生！

《唐书节要》后面有一首无名氏的绝句，最能反映当时情景："中原不可生强盗，强盗才生不易除。一盗未平群盗起，功臣都是盗根株。"

由于朱泚乱起，原来受命讨伐李希烈的淮南节度使陈少游马上从盱眙迅速撤回广陵，广挖堑垒，修缮甲兵。浙江东西节度使韩滉大筑坞壁，名义上是准备迎接唐德宗渡江，实际上是防备陈少游乘间偷袭。

两人各怀鬼胎，置李希烈于不顾，在长江屡屡耀兵示威，恐吓对方。

对唐室忠心耿耿的盐铁使包佶护送价值八百万的钱帛路过，准备输运京师。陈少游以朱泚占据长安，没人收领为借口，强行截下财物，准备据为己有。包佶不从，差点被陈少游杀掉，化装偷跑才捡回一命。同时，护送运输船的三千守兵，也被陈少游夺去换上自己军队的服号。

包佶带着仅有的一船钱物和几十个从人逃至上元，又遇上韩滉带人截住，除浑身上下衣物外，又遭第二次明抢。

乱起之时，藩镇尤其猖狂，由此可见一般。南方藩镇之中，只有曹王李皋的江南西道比较"孝顺"，不停地派人派物送达德宗。

颠沛期间，刚愎自用的唐德宗深自贬抑，一直跟随他左右的忠贞之臣陆贽屡屡上书，基本还能得到德宗采纳。

陆贽是苏州人，进士出身，博学多才，廉洁自律。泾原兵卒叛乱前，陆贽多有讽谏，德宗没有听进一言，结果都被陆贽言中。奉天围解后，陆贽又上书，指出德宗如下几条缺失：1.加剧赋敛，民不堪命；2.猜嫌臣下，武断裁事；3.诿过于天，不信于人。集中来讲，共有六弊："好胜人，耻闻过，骋辩给，炫聪明，厉威言，姿强愎"，把德宗的性格缺陷都一一罗列出来。

到如今，皇帝很觉他说的有理。一般帝王大都如此，可以共患难，不可以共富贵，他倒霉落魄之际，你说什么不中听的话都是逆耳忠言；平日太平时节，臣下小小拂逆其意,很快就有杀身大祸。

心中一直憋怀恨意的李怀光越想气越不顺,索性他屯兵不进,多次上表曝扬卢杞等人的罪恶,大有不给个说法绝不罢休之势。

众议渲腾,朝臣都认为卢杞奸恶,误君误国。不得已之下,德宗于建中四年(公元783年)底下诏,贬卢杞、白志贞和赵赞等三人为僻远小州司马,并杀掉李怀光表奏中屡屡提及的宦官翟文秀。

名人逸史

卢照邻问师孙思邈

我国历史上著名的医学家、道学家,被人尊为"药王"的孙思邈是京兆华原(今陕西耀县)人,出生于南北朝时期,卒于682年,活了一百多岁。

孙思邈自幼聪颖好学,7岁时读书,就能"日诵千言"。每天能背诵上千字的文章,到了20岁,就能侃侃而谈老子、庄子的学说,并对佛家的经典著作十分精通。被人称为"圣童"。但他认为走仕途,做高官太过世故,不能随意,就多次辞谢了朝廷的封赐。隋文帝让他做国子博士,他也称病不做。唐太宗即位后,召他入京,见到他50多岁的人竟能容貌气色、身形步态皆如同少年一般,十分感叹,便道:"所以说,有道之人真是值得人尊敬呀!像羡门、广成子这样的神仙人物原来世上竟是有的,怎么会是虚言呢?"

唐太宗还想授予他爵位,但仍是被孙思邈拒绝了。唐高宗继位后,又邀他做谏议大夫,也未被允。后来孙思邈归隐的时候,高宗又赐他良驹,还有已故的鄱阳公主的宅邸居住,就连当时的名士宋令文、孟诜、卢照邻等文学大家都十分尊敬他,以待师长的礼数来侍奉他。

一次,卢照邻问了老师一个问题:"名医能治愈疑难的疾病,是什么原因呢?"

孙思邈的回答十分精彩,也足见其医学上的造诣颇深。他答道:"对天道变化了如指掌的人，必然可以参政于人事；对人体疾病了解透彻的人也必须根源于天道变化的规律。天候有四季，有五行，相互更替，犹似轮转。那么又是如何运转呢？天道之气和顺而为雨；愤怒起来便化为风；凝结而成霜雾；张扬发散就是彩虹。这是天道规律，人也相对应于四肢五脏，昼行夜寝，呼吸精气，吐故纳新。人身之气流注周身而成营气、卫气；彰显于志则显现于气色精神；发于外则为音声，这就是人身的自然规律。阴阳之道，天人相应，人身的阴阳与自然界并没什么差别。人身的阴阳失去常度时，人体气血上冲则发热；气血不通则生寒；气血蓄结生成瘤及赘物；气血下陷成痈疽；气血狂越奔腾就是气喘乏力；气血枯竭就会精神衰竭。各种征候都显现在外，气血的变化也表现在形貌上，天地不也是如此吗？"

孙思邈还对良医的诊病方法做了总结："胆欲大而心欲小，智欲圆而行欲方。""胆大"是要有如赳赳武夫般自信而有气质；"心小"是要如同在薄冰上行走，在峭壁边落足一样时时小心谨慎；"智圆"是指遇事圆活机变，不得拘泥，须有制敌机先的能力；"行方"是指不贪名、不夺利，心中自有坦荡天地。这就是孙思邈对于良医的要求。其实，何止于医者，仅从为人的角度上来讲，恐怕要做一个有气度、有担当的人，也不悖此道吧！

在如今的陕西仍然盛传药王孙思邈开方救民的趣事，其中"还阳枣"在旭县民间广为流传。相传，陕西旭县有一农妇患腹疾，苦不堪言，虽经医治，也不见好转，身体日渐枯瘦，竟卧床不起，两耳失聪，两手不会动，眼看就要命丧黄泉了。恰好孙思邈来到这一带，她的儿子打听到了孙思邈治病救人、药到病除的信息，便立即把药王请到家中为母亲诊治。孙思邈一番望闻问切，断定那妇人腹中有虫，便先开一剂药酒令妇人服下。随即那妇人便吐出虫子上千条。而后孙思邈以红枣去皮去核配药，又让妇人服下，不久她就康复了。此事很快传遍全县，皆感激药王。当时，村野土人不识其他药剂，只认得红枣，以为药王是用红枣把那妇人从阴曹地府里拉回阳间来的，故把红枣称作"还阳枣"。

孙思邈是古今医德医术堪称一流的名家，尤其对医德的强调，为后世的习医、业医者传为佳话。他的名著《千金方》中，也把"大医精诚"的医德规范放在了极其重要的位置上来专门立题，重点讨论。而他本人，也是以德养性、以德养身、德艺双馨的代表人物之一，成为历代医家和百姓尊崇备至的伟大医学家。

皇甫绩诚实做人功成名就

皇甫绩生活于北周和隋朝时期,曾是隋朝有名的大臣,主辅隋文帝杨坚。皇甫绩3岁的时候父亲就去世了,母亲一个人难以维持家里的生活,就带着他回到娘家住。他的外公韦孝宽见他聪明伶俐,又没了父亲,因此就十分偏爱他。

韦孝宽是当地很有名望的人家,家里很富裕。由于家里上学的孩子多,韦孝宽就请了个教书先生,办了个自家私塾,皇甫绩就和表兄弟们都在自家的学堂里上学。

韦孝宽在教育上很严格,尤其是对他的孙辈们,更是严加管教,他在开始时就对孩子们立下规矩,谁要是无故不完成作业,就按照家法重打20大板。

有一天,上午上完课后,皇甫绩和他的几个表兄躲在一个已经废弃的小屋子里下棋。因为贪玩,不知不觉就到了下午上课的时间,而大家都忘记了要做老师上午留的作业。

皇甫绩

韦孝宽第二天知道了这件事,他把几个孙子叫到书房里,狠狠地训斥了一顿。然后按照规矩,每人重打20大板。

外公看皇甫绩年龄最小,平时又很乖巧,再加上没有爸爸,心里不忍心打他。于是就把他叫到一边对他说:"你还小,这次我就不罚你了。不过,以后不能再犯这样的错误。不做功课,不学好本领,将来怎么能做大事情?"

皇甫绩和表兄们相处得很好,小哥哥们也都很爱护他。看到小皇甫绩没有被罚,心里也并没觉得爷爷偏心。可是,小皇甫绩心里很难过,他想:我和哥哥们犯了一样的错误,耽误了功课。外公没有责罚我,这是心疼我。可是我自己不能放纵自己,应该也按照原先的规矩,被重打20大板。

于是,皇甫绩就找到表兄们,求他们代外公责打自己20大板。表兄们一听都很吃惊,接着都笑他傻,但皇甫绩却一本正经地说:"这是私塾里的规矩,我们都向外公保证过触犯规矩甘愿受罚,不然的话就不遵守诺言。你们都按规矩受罚了,我也不能例外。"

表兄们听了觉得在理,但都不好意思打他,而皇甫绩则一再坚持要受罚,大家都被皇甫绩这种信守规矩,诚心改过的精神感动了,于是大家就代替爷爷拿出戒尺打了皇甫绩 20 大板。

皇甫绩个性诚实,学习勤奋认真,阅读了大量的经史书籍,在几个表哥中出类拔萃,后渐以博学闻名天下。鲁公宇文邕听说后,将他招为侍读,又调为宫尹中士。北周武帝时,卫刺王发动宫廷政变,皇甫绩不顾个人安危救护了太子,因此得到了周武帝的赏识和重用,升任小宫尹,侍奉太子。那时,北周政权正处在上升阶段,灭亡北齐,统一了北方。宣政初年(578),皇甫绩受封为义阳县男,任御正下大夫。

周宣王死后,外戚杨坚辅政,决断朝廷事务,皇甫绩等人是重要谋臣,后来他帮助杨坚建立了隋朝,致力于国家的重新统一,官职上则相继任豫州刺史、尚书,后又出任晋州刺史、苏州刺史、信州总管等。因为能诚实守信,办事认真负责,隋文帝很赏识他,在文武百官中他也享有很高的声望。

杨素与口吃者斗趣

隋朝重臣杨素出身士族,祖父杨暄,官至北魏辅国将军、谏议大夫。父亲杨敷,为北周汾州刺史。杨素为人有大志,知识渊博,在文学、书法上均有造诣。

当时有一个很聪明的读书人,但这人却是个口吃者,杨素却喜欢和他谈天说地。有一次,杨素和这个口吃者谈天时想暗中故意为难他,便对他说:"如果某时别人突然降命于你,让你做将军,镇守一个小城,士兵不过千人,粮备只够几天,城外敌兵数万,你将如何对待呢?"

这人口吃着说:"有,有没有救,救兵呢?"

杨素说:"正是因为没有救兵,所以才向你询问呢。"

这人说,"如,如果按你说的,那,那就非,非败不可了。"

杨素大笑起来,接着又问这人:"有一个一丈深的大坑,假如你掉进去了,你如何出来呢?"

这人沉思一会儿说:"有,有梯子没有?"

杨素说:"有梯子还问你干什么?"

这人想了下又问:"是白,白天,还是夜,夜晚?"

杨素说:"这于白天夜晚有什么关系?"

这人说:"若,若不是夜晚,眼又不瞎,为,为何会掉到坑里去呢?"

杨素听了又大笑起来。

到了腊月,杨素见到这人又问说:"家人被蛇咬伤,怎么治疗呢?"

这人说:"取,取五五月五日南墙下面的雪,雪涂抹伤处,就可治好了。"

杨素说,"五月哪里有雪呢?"

这人说,"要,要是五月无雪,腊,腊月怎么会有蛇呢?"

杨素再度大笑起来,他对自己故意颠三倒四、前后矛盾的提问逗得这人痴而可爱的答话充满了意趣。

杨素与隋士的一席谈话,杨素俱自相矛盾。谈话中他给人一座小城,兵粮俱寡,而敌兵又众,让人在绝对悬殊的情况下,哪有起死回生的可能呢。又,他问人腊月被蛇咬,何药何术可治,冬天又哪有活动的蛇呢!这种两极相对的问题谁也面对不了。而那个口吃的人虽然结巴,但还是很机智的。

陈子昂摔琴一举成名

陈子昂是唐代文学家,为初唐诗文革新人物之一。字伯玉,梓州射洪(今四川省射洪县)人。唐睿宗文明元年(684)中进士,后升为右拾遗,后世称为陈拾遗。他擅长写作,其诗风骨峥嵘,寓意深远,苍劲有力,有《陈伯玉集》传世。

陈子昂青少年时家庭较富裕,轻财任侠,慷慨豪放。成年后始发愤攻读,博览群书。同时关心国事,要求在政治上有所建树。但由于无人引荐,他便想走科举之路。

24岁那年,陈子昂从家乡梓州来到京师长安,参加科举考试。他既无名气,也没有当朝权贵为后台。为了一举成名,他自编自导了一出轰动长安的喜剧。

一天,在长安应试举子比较集中的地方,有一个人抱着一把琴卖,这人居然开出 100 万钱的天价，一下子引得许多人围观。陈子昂挤进人群，拿起琴来看了看，说："你这把琴我买了，你等着，我去拿钱来。"

众人一听，惊得目瞪口呆，都等在那里看热闹。不一会儿，陈子昂用车拉着100 万钱来，买下了这把琴。众人见他出手如此大方，认为他一定是一位弹琴高手，纷纷要求他给大家弹奏一曲。陈子昂对大家说："诸位若要听我弹琴，请明天到宣阳里。"第二天，大家准时来到宣阳里，陈子昂早已准备好酒菜。陈子昂捧着琴，对大家说："蜀人陈子昂，有文百轴，不为人知。弹琴乃伶人之贱艺，岂宜留心。"说完即把琴往地上一掼，摔得粉碎，然后把自己的诗文卷轴赠发给众人。结果"一日之内，名满天下"。之后参加科举考试果然折桂。

中进士后，陈子昂官麟台正字，后升右拾遗，直言敢谏。

时武则天当政，信用酷吏，滥杀无辜。他不畏迫害，屡次上书谏净。武则天计划开凿蜀山经雅州道攻击生羌族，他又上书反对，主张与民休息。他的言论切直，常不被采纳，并一度因"逆党"反对武则天的株连而下狱。垂拱二年（686），曾随左补阙乔知之军队到达西北居延海、张掖河一带。万岁通天元年（696），契丹李尽忠、孙万荣叛乱，又随建安王武攸宜大军出征。两次从军，使他对边塞形势和当地人民生活获得较为深刻的认识。圣历元年（698），因父老解官回乡，不久父死。居丧期间，权臣武三思指使射洪县令段简罗织罪名，加以迫害，冤死狱中。今射洪县城古城墙名为"子昂城"，街道有"伯玉路"等名称实为纪念陈子昂。

陈子昂的诗歌创作在唐诗革新道路上取得很大成绩。他的《登幽州台歌》《感遇》等共 38 首诗，风格朴质而明朗，格调苍凉激越，标志着初唐诗风的转变。卢藏用说他"横制颓波。天下翕然质文一变"。宋刘克庄《后村诗话》说："唐初王、杨、沈、宋擅名，然不脱齐梁之体，独陈拾遗首倡高雅冲淡之音。一扫六代之纤弱，趋于黄初、建安矣。"金元好问《论诗绝句》也云："沈宋横驰翰墨场，风流初不废齐梁。论功若准平吴例，合著黄金铸子昂。"都中肯地评价了他作为唐诗革新先驱者的巨大贡献。但他的部分诗篇，还存在着语言比较枯燥、形象不够鲜明的缺点，这也显示出唐诗在初唐时还未达异彩纷呈的境界。

张悦成人之美得厚报

唐玄宗时期的宰相张悦是一个既耿直又富于智慧的人。据说张悦有个婢女既美丽又温柔,很得他的宠爱,但是他很看重的一位贾虚全的书生竟然与这位婢女私通。张悦知道这件事后很生气,准备送书生到京兆尹去接受审问判罪。谁知这位书生大声说:"见了美色情不自禁,是人之常情。您贵为宰相,难道就不会有紧急情况,需要人帮忙的时候? 您何必要吝惜一位婢女呢?"

张悦听了他的话后很是惊异,心中也觉得他说得很有道理,不仅饶恕了他们犯的过错,还成人之美将这位婢女赏赐给了贾虚全,并且给了他们一些钱财将他们打发走了。

贾虚全与婢女结成眷属离开之后,一年多的时光不见踪影,也无消息。有一天贾虚全突然出现在张悦眼前,十分忧虑地说:"我感激张公的恩德,大人不计小人过饶恕了我们,就一直心存感激,想着要报答您只是苦于没有机会。可是前两天我突然听说张公您就要被姚相国陷害,御史台已准备调查,您的危险就要临头了,就立马赶来向您通报,请您早做打算,以防万一。"

俗话说,"金无足赤、人无完人",原来张悦任宰相期间喜欢古玩珍品,时不时受点贿赂。他与姚崇关系不好,所以姚崇想办法要治治他。而贾虚全离开张悦后来到内廷机要处任佣书,所有大臣的密奏,都要先过他的眼,然后由他整理上报朝廷。某日他看到姚崇告发张悦的奏章,就马上奔来告诉张悦。

张悦听到这个消息,自然十分担心,着急地不知该怎么办。这时贾虚全又说:"我听说当今皇上非常喜欢九公主,如果您能让九公主为您求情的话,我想会很管用的。九公主最喜欢宝物,您就从您的宝物中选一件送给她吧。"

于是张悦就听了贾虚全的话,从最喜欢的宝物中挑选一件夜明珠,连夜赶到九公主府邸,将夜明珠献给九公主,请她向皇上求情。

果然,九公主收下了礼物后,就进宫对唐玄宗说:"皇上难道不想想在东宫当太子时,不是一直说以后要好好对待张丞相吗? 现在怎么一听到一点对他不利的消息,就要对他严加处罚呢?"

九公主的话果然管用,唐玄宗听后想想张悦也曾为他做过不少好事,心里深受感动,就赦免了张悦。

裴宽埋肉得娇妻

唐玄宗时,名士裴宽曾在润州(今江苏省镇江市)刺史韦诜(shēn)手下做事。韦诜有个女儿很受宠爱,便想为他挑选个好丈夫,但一直也没有遇到合适的。一天,他在家里休息,登楼远望,看见花园里有个人往土堆里埋东西,于是向家人打听那是谁,家人去打听了一下,回来报告说:"是裴宽。他为人清廉,不愿意接受人家的贿赂,生怕玷污了自己的家门。有人送给他一大块鹿肉干,放下东西就走了,他没法退还给那个人,又不敢自欺欺人,所以就把它埋起来了。"韦诜听了,对裴宽的人品赞叹不已,决定把女儿许配给他。

结婚那天,韦诜让女儿躲到帷帐后面偷偷看裴宽。裴宽又高又瘦,穿着一件碧绿的衣服,人们都取笑他,叫他"碧鹳"。韦诜的女儿也很不满意,但是韦诜却坚定地认为裴宽会有大作为,他严肃地对女儿说:"父母爱惜自己的女儿,一定要让她嫁给贤良的公侯做妻子,怎么能够以貌取人呢?"后来裴宽果然不负岳父韦诜的众望,被朝廷任命为礼部尚书(相当于现在的部长级职务)之职。

要学会识人,要透过表象认识其本质。韦诜选中了裴宽,他不以衣貌取人,不以贫富取人,是因为从裴宽埋肉干的行为看出他清正廉洁的人品,由此断定裴宽以后必定能够飞黄腾达,而后来裴宽当上了礼部尚书的事实,也证明了他的识人方法果然没有错。

李白观人磨针受教育

唐代大诗人李白少年时非常贪玩,长辈让他读书,他觉得那些经书、史书十分深奥,他读也读不懂,于是他常常丢下书逃学出去玩。

有一天,他又逃学出来玩,一边闲游闲逛,一边东瞧西看,来到了一个小溪边。他看见一位老妈妈坐在磨刀石上的矮凳上,手里拿着一很粗大的铁棒子,在磨刀石上一下一下地磨着,神情专注,以至于李白在她跟前蹲下她都没有察觉。

李白画像集锦

李白不知道老妈妈在干什么,便好奇地问:"老妈妈,您这是在做什么呀?"

老妈妈抬了下头,见是个孩子,便说:"你没看见我在磨针吗?"边说边磨着手里的铁棒。

李白觉得很不明白,老妈妈手里磨着的明明是一根粗铁棒,怎么是针呢?李白忍不住又问:"老妈妈,针是非常非常细小的,而您磨的是一根粗大的铁棒呀!"

老妈妈边磨边说:"我正是要把这根铁棒磨成细小的针。"

"什么?"李白有些意想不到,他脱口又问道:"这么粗大的铁棒能磨成针吗?"

这时候,老妈妈才抬起头来,慈祥地望望小李白,说:"是的,铁棒子又粗又大,要把它磨成针是很困难的。可是我每天不停地磨呀磨,总有一天,我会把它磨成针的,只要工夫下得深,铁棒也能磨成针!不是吗?"

李白是个悟性很高的孩子,他听了老妈妈的话,一下子明白了许多,心想:"对呀!做事情只要有恒心,天天坚持去做,什么事都能做成的。读书也是这样,虽然有不懂的地方,但只要坚持多读,天天读,总会读懂的。"想到这里,李白深感惭愧,脸都发烧了。于是他拔腿便往家跑,重新回到书房,翻开原来读不懂的书,继续读起来。

李白杜甫的伟大友谊

李白和杜甫是唐代两大诗人,虽然诗歌风格各不相同,一个浪漫,一个现实,但这并未影响他们友谊的建立。

文人相重,古来少见。两颗巨星的交谊,其光芒不仅照亮了当时的诗坛,而且延照后世,令人景仰! 那么他们是何时开始成为朋友的呢? 又是怎样交往的呢?

天宝元年(742),李白被玄宗召为翰林院供奉。时仅二载,便因其狂傲不羁、遭嫉权贵,被玄宗赐金牌放还,由长安来到了东都洛阳,时年 44 岁。而 33 岁的杜甫自从 10 年前考试不第后,就一直在外游历,恰好也在这时到了洛阳。两位大诗人的相遇,乃是中国文学史上激动人心的盛事,有如"青天里太阳月亮走碰了头"(闻一多语),或许只有老子与孔子的相遇可以相比。《新唐书》中载:"甫少与李白齐名,时号李杜。尝从白及高适过汴州,酒酣登吹台,慷慨怀古,人莫测也。"由此可以想见李杜相遇的情形。

此时的李白,虽然丢掉了"御用诗人"的宝座,却仍然是钦定的桂冠诗人,诗名满天下。而杜甫却出道不久,诗名未就。年轻的杜甫能与这位大名人相交,其受宠若惊之情可想而知。李白的相貌大概也有几分仙风道骨,所以杜甫对他的第一印象,也像贺知章一样,惊为谪仙人,也学着他求仙访道了。

当年的秋天,他们同高适一起漫游梁、宋。第二年,高适南游楚地去了,李杜又同游齐、鲁。杜甫说:"余亦东蒙客,怜君如弟兄。醉眠秋共被,携手日同行。"可见两人亲密无间,情如手足。

李杜在齐鲁的同游为期并不长。天宝四年(745)秋季,李白南下漫游,杜甫西上长安再求功名,成了杜甫在《春日怀李白》中所说的"渭北春天树,江东日暮云"(杜甫定居在西北如古树,李白漫游在东南如浮云),从此两人便没有再见面。

分手之后,杜甫写作了近十首寄赠、想念李白的诗歌。有对李白的绵绵思念:"故人入我梦,明我长相忆""三夜频梦君,情亲见君意";有对李诗的具体评价:"清新庾开府,俊逸鲍参军""李侯有佳句,往往似阴铿""笔落惊风雨,诗成泣鬼神";有对李自成就的极度推崇:"白也诗无敌,飘然思不群""千秋万岁名,寂寞身后事";有对李白生不逢辰、怀才不遇的惋惜同情:"文章憎命达,魑魅喜人过""冠盖满京华,斯人独憔悴",都是呕心沥血、情真意切的名句名作。

  乾元元年(758),李白因参加永王李的幕府而受牵连,被流放夜郎,乾元二年(759)春至巫山遇赦。杜甫只知李白被流放,却不知他已遇赦,音信杳无,积想成梦,于是就有了《唐诗三百首》的那三首名作:《梦李白二首》和《天末怀李白》。三首诗设身处地,处处为李白的安危着想,如此知心之作在诗歌史上很是罕见。

  其一写初次梦见李白时的心理,表现对老友吉凶生死的关切。其二写梦中所见李白的形象,抒写对老友悲惨遭遇的同情。两诗佳句叠出,充分渲染了两人形离神合、肝胆相照、互劝互勉的至爱深情。句句发自肺腑,字字恻恻动人,读来叫人心碎!

  同期所做的这首《天末怀李白》也非常哀婉。内容主要表达的是诗人对李白关切和思念。"文章憎命达,魑魅喜人过"是千古传诵的名句,道出了自古以来才智之士的共同命运,是对无数历史事实的高度总结。

  李白对杜甫的感情同样深厚感人,也因杜甫而做过两首诗,即《沙丘城下寄杜甫》和《鲁郡东石门送杜甫》。

  从天宝三载春夏之交,到天宝四载秋,两人虽然也有过短暂的分别,但相处的日子还是不少的。现在,诗人送别了杜甫,从那种充满友情与欢乐的生活中,独自一人回到沙丘,自然备感孤寂,倍觉友谊的可贵。此诗就是抒发了这种情境之下的无法排遣的"思君"之情。结句说:我的思君之情犹如这一川浩荡的汶水,日夜不息地紧随你悠悠南行。诗人寄情于流水,照应了诗题,点明了主旨,更造成了语短情长的韵味。

  杜甫西赴长安,李白再游江东,两人在鲁郡东石门分手。此诗为李白的赠别。鲁郡一带的名胜古迹,亭台楼阁几乎都登临游览遍了,李白多么盼望这次分别后还能再次重会,同游痛饮。在这山清水秀、风景如画的背景中,两个知心朋友难舍难分,依依惜别。语言不足表达情怀,那么,就倾尽手中杯,来一个辞别吧!感情多么豪迈而爽朗。结句干脆有力,李白对杜甫的深厚友情,不言而喻而又倾吐无疑。

现存 1400 多首杜诗中,与李白有关的有 20 来首,其中直接寄赠、思念李白的,就有 10 首。而现存 1000 多首李诗中,写杜甫的诗只有上面两首。因此有人认为:"李白对杜甫很淡漠","杜甫和李白的友情是一种不平等的友情","是剃头挑子一头热"……笔者以为这是不了解李杜。李杜除了年龄诗名的差别,性格气质迥乎不同。杜甫奉儒,李白信道;杜甫是儒家徒孙,悲天悯人,忧国忧民,身经安史之乱,饱受离别流离贫病之苦,其诗浸透人生的苦难和悲凉;李白是道家徒弟,超脱豁达,嗜酒学剑,问道求仙,尚侠浪游,浪漫一生,其诗天马行空,纵横无涯。总的看来,杜甫近人,李白近仙,他诗歌中的友情、亲情自然就不会像杜甫那样热烈而执着。

杜甫写诗字字珠玑

被称为"诗圣"的杜甫一生坚持"语不惊人死不休"的写作态度,创作的诗篇可谓字字珠玑,一字都不易改动。

相传,北宋大诗人苏轼曾与黄庭坚、秦观、佛印三位文友结伴游山,见古寺壁上题有杜甫的《曲江春雨》一诗,因年代久远,其中"林花著雨胭脂□"一句的尾字已无法辨认。苏轼便提议各人试补一字,并率先补一"润"字;接着,黄庭坚填"老"字,秦观填"嫩"字,佛印填"落"字。回家后查《杜工部集》,才知杜甫用了一个"湿"字。四人比较品味了一番,异口同声地赞叹"湿"字用得妙!

这里,诗人着一"湿"字,看似信手拈来,不带任何感情色彩,实则给读者留下了自由想象的艺术空间,读者可以根据各自的心境感受领悟诗意。快活者读了,则可将"湿"理解为"润""嫩",领略到林花经春雨浴泽而格外艳丽柔美的喜人景象;忧伤者读了,则可将"湿"理解成"老""落",体验到林花遭风雨而憔悴落魄的凄楚景象。可见,"湿"字具有极大的艺术张力,给读者以审美的自由。

宋代欧阳修《六一诗话》中则记载着这样一段趣话:有个叫陈从易的书生,偶然得到一本文字脱误颇多的杜甫诗集,其中《送蔡希鲁都尉》中"身轻一鸟□,枪急万人呼"一联的上联就缺了末字。陈从易便邀集几位好友补字。结果,有的补"疾",有的补"起",有的补"落",有的补"下",争论了好久,还是定不下来。事后总算得到一个完整的本子,才知原诗用了一个"过"字。陈从易读罢叹服不已,连连说道,虽只一字,但"诸君亦难到也"。

韦应物感光阴易逝发奋读书

韦应物是唐代著名诗人,他少年得志,15 岁就入宫为三卫郎,直到 20 岁,他都是个神气十足的皇帝侍卫官。

在这五年中,每年十月,唐玄宗和杨贵妃都会从长安城来到华清宫避寒,每当这时候,韦应物跨着骏马奔驰在浩浩荡荡的皇帝仪卫队伍的最前面;当皇帝要朝会万国的时候,他又是羽林郎,威武地站在大殿上;皇帝到各处打猎、祭祀,他也要跟随护卫;皇帝赐三公九卿、内亲外侄在温泉沐浴,少不了他也要跟随;摆盛筵,吃素斋,他也同受颁赐;梨园弟子艺人们演唱歌舞杂技,他也一同观赏。总而言

韦应物

之,当皇帝、贵妃外戚、重臣们在享受快乐的时候,这个十几岁的少年侍卫也在与他们一起分享着。

唐朝皇帝对这些年少入宫宿卫的亲贵子弟的教育和出路还是相当关心的,唐中宗就下过诏书:"三卫番下日,愿入学者,听附国子学、太学及律馆习业。"但是这些花花公子们虽然一个个在太学里挂了名,实际上却是整天忙着狎妓、饮酒、赌博,只嫌时间不够,他们哪还有什么时间来读书呢? 韦应物在入宫宿卫,跟着皇帝和亲贵官僚们享乐之外,也同样是这样一个荒唐放纵的太学生。

但是,这种任由韦应物娇宠荒唐的岁月只有五年,一转眼就过去了。"安史之乱"爆发后,韦应物也失职流落了。他虽在乾元年间又重返太学,恢复了学籍,但由于朝廷换上了一班攀龙附风的新贵,连身为太上皇的玄宗也受制于肃宗的亲信宦官李辅国,因而像韦应物这样的"旧臣",在太学里自然落到"憔悴被人欺"的地步,此时他开始感叹年华易逝,深悔"读书事已晚",但他想即使能

亡羊补牢也是好的,于是便开始奋发读书了。

由于自己本身具有的才气,加上家庭环境的熏陶,韦应物终于成了著名的诗人,留下了许多不朽的诗篇。但我们也可以想见,韦应物在年轻时若不是沉迷于声色犬马之中,也不会年纪大了却落得"憔悴被人欺",他应该会有更大的成就的。

白居易为爱妾作《杨柳词》

唐朝大诗人白居易曾经青睐过两个绝色妓女,一个叫樊素,善歌;另一个叫小蛮,善舞。对这两个红粉佳人,白老先生那是怜爱有加,曾赋诗赞美。其中的"樱桃樊素口,杨柳小蛮腰"两句,因为太过传神,所以素口、蛮腰等词至今仍被人们运用。

随着年龄的高迈,白老先生已经力不从心了,而此时的小蛮,却越发丰艳!老先生惆怅极了,唉!郁闷啊,面对千娇百媚的美人却有心无力,怎么能不郁闷呢!于是,一怀愁绪,全借《杨柳词》发出来了:"一树春风万万枝,嫩于金色软于丝;永丰坊里东南角,尽日无人阿属谁?"

《杨柳词》传开后,被宫廷乐队谱上曲子,演唱给宣宗皇帝听。皇帝听了后感慨万千,就问:"这是哪位才子的诗作呀,永丰坊在哪里啊?"手下就将诗为白居易所作以及白居易和樊素、小蛮的故事讲给皇帝听。皇帝竟然听得是如醉如痴,一腔情愫无以寄托!于是便叫人到永丰坊去折了两枝杨柳枝回来,种在了禁官之中。

此事被白居易知道后,深为皇帝"禁中植柳"的风雅之举以及借风雅之"题"褒扬自己的做法而感动,于是即兴赋诗一首,其最后两句"定知此后天文里,柳宿光中添两星!"尤其传神!

刘禹锡好为人师遭人恨

唐朝诗人刘禹锡才高八斗,诗名在当时就很大,为人方面则爽直而不拘小节,好为人师,但有时做人不够圆通,惹来不少麻烦。

当时的举子在考试前都要将自己的得意之作送给朝廷有名望的官员,请他们看后为自己说几句好话,以提高自己的声誉,称之为"行卷",这几乎成了一项风俗。有位襄阳才子牛僧孺这年到京城赴试,便带着自己的得意之作来见刘禹锡。刘禹锡本着提携后生的心思很客气地招待了他,听说他来行卷,便打开他的大作,看了一遍后,便毫不客气地"飞笔涂窜其文",当面大肆修改他的文章。

牛僧孺是个非常自负的人,虽是来求教,其实不过是想向刘禹锡展示一下自己的才华罢了,而刘禹锡本是牛的前辈,又是当时文坛大家,亲自修改牛的文章,对牛创作水平的提高是有好处的。但牛僧孺不相信自己的大作能被改得更好,从此却对刘禹锡记恨于心了。

后来由于政治上的原因,刘禹锡仕途一直不很得意,到牛僧孺成为唐朝宰相时,刘还只是个小小的地方官。一次偶然的机会,刘禹锡与牛僧孺在官道上相遇,两个便顺路同行,天黑后又一起投店喝酒畅谈。酒酣之际,牛僧孺写下一首诗,其中有"莫嫌恃酒轻言语,曾把文章谒后尘"之语,显然对当年刘禹锡当面改其大作一事耿耿于怀。

刘禹锡见诗大惊,方悟前事之失,赶紧和诗一首以示悔意,才解牛僧孺前怨。

这件事给刘禹锡很大的教训,后来他对弟子说:"我当年一心一意想扶植后人,谁料适得其反,差点惹来大祸,你们要以此为戒,不要好为人师啊!"

喜好奇石的牛僧孺

唐代名臣牛僧孺生于唐代宗大历十四年(779),卒于唐宣宗大中元年(847),他69年的人生中经历了德、顺、宪、穆、敬、文、武、宣八个皇帝。这正是唐中期以后走向衰亡的历史时期。这时期,皇帝昏庸,宦官弄权,朝臣与宦官的斗争,朝臣中世家出身的与科举出身的党派斗争都非常尖锐激烈,各派政治集团你上台,他下台,像走马灯似的。朝廷对宰相的更换极为频繁,而一个宰相的更替、贬斥就相应地引起了一大批京官、外任的调换。官宦巨族的斗争,皇帝成为掌权的党派用来打击对方的棍子。其时,政治腐败,藩镇势力乘机发展,社会

牛僧孺

动乱不安,唐玄宗以前的大唐盛世已经走向末路了。牛僧孺所处的就是这样一个时代。

唐德宗贞元二十一年(805),25岁的牛僧孺高中进士,步入仕林。这使他看到了腐败政治的一些内幕。唐德宗贞元二十四年(808),唐宪宗制举贤良方正科特试,牛僧孺正血气方刚,胸怀治国韬略,在策对中毫无顾忌地指陈时政。他的胆略见识深为考官赏识,成绩被列为上等。但是,对朝政的指责却得罪了当时宰相李吉甫,因此遭了"斥退"的打击,久不得续用。唐宪宗元和七年(812),李吉甫死后,牛僧孺才得重用,被提拔做监察御史、礼部员外郎。

唐宪宗元和十五年(820),唐宪宗被宦官所杀,穆宗即位后,牛僧孺改任御史中丞,专管弹劾(检举官吏过失)之事。这时,他精神大振,按治冤狱,执法不阿。唐穆宗长庆元年(821),宿州刺史李直臣贪赃枉法,其罪当诛。李直臣贿赂宦官为他说情,穆宗皇帝也当面对僧孺言明"欲贷其法"(李容李直臣)。牛僧孺据理雄辩,强调应坚持国家法制。穆宗被僧孺持论所动,"嘉其守法,面赐金紫",加官同平章事。

牛僧孺为官比较正派,一生比较廉洁,"治家无珍产,奉身无长物",却喜欢奇石。牛僧孺在洛阳城东和城南分别购置了一所宅邸和别墅,他"游息之时,与石为伍"。有些有求于他的人知道他有石癖,便千方百计搜来奇石献给他,"公于此物独不谦让,东第、南墅、列而致之……三山五岳,百洞千壑,视缕簇缩,尽在其中,百仞一拳,千里一瞬,坐而得之。"

牛僧孺所爱蓄藏之奇石,多半是出自苏州太湖的太湖石。一次,他在苏州任地方官的朋友李某辗转搞来几座"奇状绝伦"的太湖石峰,牛僧孺激赏之余,写成一首40句的五言长诗,"池塘初展见,金玉身凡轻。侧眩魂犹悚,周观意渐平。似逢三益友,如对十年兄。旺兴添魔力,消烦破宿醒。"写好后寄给同样喜欢奇石的白居易和刘禹锡,白、刘二人前往观瞻后也大为称奇,各自奉和了一首,白居易称赞其"在世为尤物,如人负逸才",自叹虽曾为苏州刺史,却无缘得此奇石,"共嗟无此分,虚管太湖来"。刘禹锡在诗中也提道:"有获人争贺,欢遥众共听。一州惊阅宝,千里远舻。"读来就令人想见其风采。

牛僧孺在邸墅中罗致了大量的太湖石峰,朝夕相对,如坐春风,"待之如宾友,亲之如贤哲,重之如宝玉,爱之如儿孙。"并把太湖石峰从大到小分为甲乙丙丁四类,每类分别品评为上中下三等,刻于石表,如"牛氏石甲之上"之类,这便开了唐末宋初品石之风的先河。

李益情负霍小玉

晚唐时期有位诗人叫李益,他文思敏捷,风流倜傥,颇得时人青睐。年纪轻轻便考中进士,可谓仕途得意。

中了进士在京城等待选官时,李益无事可做,常去青楼闲逛,便结识了一位名叫霍小玉的妓女。霍小玉出自贱庶,母亲是王府的婢女,因王爷始乱终弃,母女俩被赶出家门,沦为娼妓。霍小玉不但天生丽质才貌出众,琴棋书画也无不精通,她虽沦落风尘之中,却也在憧憬着拥有真爱的幸福。

霍小玉遇到李益后,也为他的才情风度所折服,从此便把一颗芳心系于李益身上。闲居之中的李益对她也是一见倾心。两人一时柔情蜜意,一起吟诗作赋,赏花饮酒,踏雪寻梅,全身心地陶醉在爱情的幸福之中。此时的李益,似乎也已淡忘世人的议论,竟发誓要和小玉厮守终生。

不久,李益便补缺而要赴任了,热恋中的小玉冥冥感觉到李益所爱的并不是她那颗善良纯洁的心,而是她光彩照人的貌。她自知无法摆脱色衰见弃的命运,只想尽最大努力,推迟这悲剧到来的时间;她不敢奢望和李益白头偕老,只要求在有限的时间里,分享一杯爱情的甘露。但李益对她表示说:此生非她不娶,心里只有她一人,愿将与她此生相守,永不变心,而霍小玉虽爱李益,却对他那"句句恳切,闻之动人"的海誓山盟看得很淡,因为她并没有忘记冷酷的现实。

对于李益外出赴任,霍小玉直言不讳地说:"君之此去,必就佳姻;盟约之言,徒虚语耳!"接着,她就提出了自己的心愿,请李益30岁以前不要另娶,让她分享八年的欢爱。然后,他可以"任选高门,以谐秦晋",她自己则遁入空门,了此余生。这该是多么可怜的"夙愿"啊!李益当时则又是羞愧又是感动,进而热泪盈眶,指天盟誓,对小玉说:"皎月之誓,死生以之。与卿偕老,犹恐未惬素志,岂敢辄有二三。因请不疑,但端居相待。至八月,必当却到华州,寻使奉迎,相见非远。"过了几天,便离开小玉,赴任去了。

然而,世情的冷酷竟如此让人不堪逆料。霍小玉那最低的要求,也终于化为泡影。这边情人一去,杳如黄鹤,望穿秋水,鸿雁不至,只落得为伊消得人憔悴。而那边,近在咫尺的李益正准备与卢小姐结婚。原来,在李益心中,小玉终究是个寻常妓女,是不配与官宦世家的他结为秦晋的。所以,当李益母亲要他与卢氏小姐结婚时,他轻易便屈服了。并且一门心思为与卢小姐的婚事而筹办银两,早把霍小玉忘到了一边,霍小玉得知此事,恸号泣哭数声而气绝。小玉死后,李益与卢氏也终生不快,或许李益也受到了良知和道义的谴责,使得他在永远的缺憾中抱恨终身。

柳公权虚心练字终成书法大家

唐朝时的书法名家柳公权是京兆华原(今陕西省耀县)柳家塬人。他虽是中国历史上屈指可数的几位书法大家之一,但他小的时候字却写得很糟,常常因为大字写得七扭八歪受先生和父亲的训斥。但他很要强,他下决心一定要练好字。经过一年多的日夜苦练,他写的字大有起色,和年龄相仿的小伙伴相比,公权的字已成为全村最拔尖的了。

从此以后,他写的大字,得到同窗称赞、老师夸奖,连严厉的父亲的脸上也露出了微笑,小公权感到很得意。

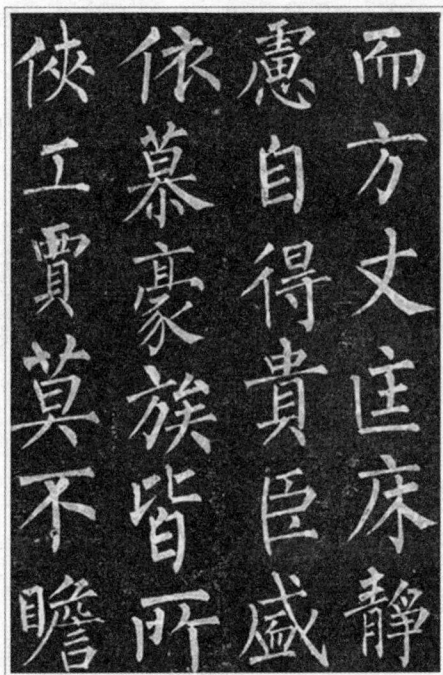

柳公权书法

柳公权少年时，一天和几个小伙伴在村旁的老桑树下摆了一张方桌，举行"书会"，约定每人写一篇大楷，互相观摩比赛。

柳公权很快就写了一篇。这时，一个卖豆腐脑儿的老头放下担子，来到桑树下歇凉。他很有兴致地看孩子们练字，柳公权递过自己写的说："老爷爷，你看我写得棒不棒？"老头接过去一看，只见写的是"会写飞凤家，敢在人前夸。"老头觉得这孩子太骄傲了，皱了皱眉头，沉吟了一会儿才说："我看这字写得并不好，值不得在人前夸。这字好像我担子里的豆腐脑儿一样，软塌塌的，没筋没骨，有形无体，还值得在人前夸吗？"

几个小伙伴也都停住笔仔细听老人的品评，柳公权见老头把自己的字说得一塌糊涂，不服气地说："人家都说我的字写得好，你偏说不好，有本事你写几个字让我看看！"

老头爽朗地笑了笑，说："不敢当，不敢当！我老汉是一个粗人，写不好字。可是，人家有人用脚都写得比你好得多呢！不信，你到华京城里看看去吧！"

起初柳公权很生气，以为老头在骂他。后来想到老头和蔼的面容，爽朗的笑声，又不大像骂他，就决定到华京城里去看看。华京城离柳家塬有40多里路。第二天,他起了个五更,悄悄给家里人留了张纸条,背着馍布袋就独自往华京城去了。

柳公权一进华京城大门,见北街一颗大槐树下挂着个白布幌子,上写"字画汤"三个大字,字体苍劲有力,笔法雄健潇洒。

走到近前,他看到树下围了许多人,便挤进人群去看,不禁惊得目瞪口呆。只见一个黑瘦的畸形老头,没有双臂,赤着双脚坐在地上,左脚压住铺在地上的纸,右脚夹起一支大笔,挥洒自如地在写对联。他运笔如神,笔下的字迹似群马奔腾,龙飞凤舞,博得围观看客们阵阵喝彩。

柳公权这才知道卖豆腐的老汉没有说假话,他惭愧地想:和"字画汤"老先生比起来,我真是差得太远了,我要向他学习啊!现在来了,我何不拜他为师呢?于是"扑通"一声跪在"字画汤"面前,说:"我愿拜你为师,我叫柳公权,请收下我,愿师傅告诉我写字的秘诀……"

"字画汤"见状慌忙放下脚中的笔,用脚拉起柳公权说:"我是个孤苦的畸形人,生来没手,干不成活,只得靠脚写字来维持生活。虽能写几个歪字,怎配为人师表?"

但柳公权不肯就此作罢,便一再苦苦哀求,"字画汤"就在地上铺了一张纸,用右脚提起笔,写道:"写尽八缸水,砚染涝池黑;博取百家长,始得龙凤飞。"

老人向柳公权说:"这就是我写字的秘诀。我自小用脚写字,风风雨雨已练了50多个年头了。我家有个能盛八担水的大缸,我磨墨练字用尽了八缸水。我家墙外有个半亩地大的涝池,每天写完字就在池里洗砚,池水都乌黑了。可是,我的字练得还差得远呢!"

柳公权把老人的话牢牢地铭刻在心里,他深深地谢过"字画汤",心里也明白如何才能把字真正写好了。

自此,柳公权发奋练字,手上磨起了厚厚的茧子,衣肘处补了一层又一层。他学习颜(颜真卿)体的清劲丰肥,也学欧(欧阳询)体的开朗方润,学习"字画汤"的奔腾豪放。他经常看人家剥牛剔羊,研究骨架结构,从中得到启示。他还注意观察天上的大雁,水中的游鱼,奔跑的麋鹿,脱缰的骏马,把自然界各种优美的形态都熔铸到书法艺术里去。

功到自然成，经过长时间的用心练习，柳公权终于成为当时的书法大家。他的字，结构严谨，刚柔相济，疏朗开阔，为书法界所珍视，素有"颜筋柳骨"美称。可是，柳公权一直到老，对自己的字还很不满意。他晚年隐居在华京城南的鹧鸪谷（现称柳沟），专门研习书法，勤奋练字，一直到他88岁去世为止。

红拂女与李靖结为伉俪

红拂女姓张，原本是江南人氏，由于南朝战乱，随父母流落到长安，迫于生计，卖入司空杨素府中成为歌妓，因喜手执红色拂尘，故称作红拂女。

红拂女

杨素是北朝和隋朝政坛上的一个通天人物，是一个兴风作浪的高手。早年曾协助北周武帝击灭北齐；后与北周丞相兼外戚杨坚配合，迫使北周静帝禅位给杨坚。二十四年后又帮助太子杨广杀父杀兄而为隋炀帝。隋炀帝即位以后，拜杨素为司空，封越国公，把一切军国大事都托付给他处理，自己则专心致志地躲在东都洛阳的西苑中，醇酒美人，声色犬马，享受人间的奢华快乐；杨素留守西京长安，几乎成了实质的政治领导中心。杨素权高位尊，必然讲究生活的享受，府中金银堆积如山，仆役侍女如云，每次接见宾客，总是大模大样地坐在躺椅上，由一群侍女抬着出厅，两旁还排列着许多美艳的侍女，负责薰香、打扇、捶腿及驱赶蚊蝇等工作。这种豪奢尊贵的排场，许多人都叹为观止，羡慕不已，但李靖对此却嗤之以鼻。

李靖是三原地方一位文武兼通的才子，生得身材魁梧，仪表堂堂，饱读诗书，通晓天下治乱兴国之道，还练就一身好武艺，精于天文地理与兵法韬略，心怀大志却一直苦于英雄无用武之地。后来隋朝稳定下来，他决定离开家乡到长安，以图施展抱负，为国效命。

奔经长安路途中，在风陵渡口李靖遇到了刘文静，刘文静身为北朝官宦之后，见解不凡却在隋庭无法施展，准备前往太原投奔李渊父子。两人交谈之中，大有惺惺相惜之感，于是结为挚友，约定日后一旦谁有发展必定提挈另一方。分手后，一人往太原，一人奔长安。

李靖到了长安，由于国政大权基本掌握在杨素手中，于是他准备先投到杨素门下。好不容易进入司空府拜见了杨素，杨素却半躺在椅中，眯缝着眼睛，一副根本不把来客放在眼里的神态。李靖心想：这样的排场，这样的待客之道，岂不令天下英雄寒心，怎能收贤纳士，振兴国家！于是他直言道："当今天下大乱，英雄竞起。明公为朝廷之重臣，不收罗豪杰，扶济艰危，而专以倨傲示天下士，实在令人不敢苟同！"

杨素一听这话大感吃惊，心想：这等无名之辈，竟敢在这里口出狂言，真是放肆！他想发火，但转念想到自己的身份，若与眼前这位初生牛犊计较，实在是有失大度，于是反而转怒为喜，起身夸赞李靖的胆识，并请他落座，畅谈天下大事。李靖侃侃而谈，从天下时势谈到治国安邦之道，见解精辟，头头是道；杨素听了频频点头称是，然而最后结论却说："老夫来日不多，多承指教，然时不我予，奈何？"这话仿佛给李靖的满腔热情浇上了一瓢冷水，让他失望之极。

这天，红拂女正侍立在杨素身旁，目睹李靖英爽之气溢于眉宇之间，又谈笑风生，见解出众，不同凡响，心中大为倾慕，不由得闪动着一双聪慧的大眼睛，不断地瞟向李靖。待李靖告辞出门时，她不露声色地暗中嘱托侍立廊下的小童代为询问李靖的住址；小童问得结果，回报红拂女，红拂女默默记在心里，望着李靖大踏步出门远去的背影，一种奇妙的牵挂之感生在心中。

当天夜里,李靖独坐客栈,面对孤灯,想起白天在司空府的情形,暗叹:不可一世的司空杨素毕竟是老了,守业尚嫌精力不足,根本谈不上有所发展了,自己看来还得另谋途径。这时他又想起司空府中那位手持红拂尘的美丽侍女,她那一对写满睿智又充满柔情的大眼睛给他留下了极深的印象,他在杨素身后一大群侍女中一眼就发现了她,总觉她有些什么与众不同,引得自己心神荡漾。

夜深了,万籁俱静,李靖躺在床上,辗转反侧,难以成眠。突然耳旁响起一阵轻轻地叩门声,李靖披衣起身,点亮了灯。拉开门闩,只见门外站着一个头戴阔边风帽,身披紫色大氅,肩背绣花布囊的年轻人。

李靖不料在这人生地不熟的长安,竟有客人深夜来访。正在狐疑之际,来客自动解释说:"妾乃杨司空家红拂女,今夜特来相投!"烛影摇动中,红拂女卸下了绣花布囊,摘下阔边风帽,脱去紫色大氅,变成一个秀发蓬松,明眸皓齿,如三春水蜜桃般鲜灵的女子。李靖对红拂女的来意仍有些不解,红拂女也看出了他的心思,不待他询问,就盈盈下拜,并轻声说道:"妾侍杨司空多年,看到的人物不计其数,但从来不曾见过像李公子这样英伟绝伦的人;妾似丝箩不能独生,一心依托于参天大树,以了平生之愿,因而前来投奔,请公子不要推辞!"

李靖既惊又喜,他对红拂女早已有好感,这时又见她如此理解自己,且有这般自作主张的胆识,甚是爱怜。但转念又忧虑道:"杨司空权重京师,你私自逃去,他必定追寻,那怎么逃得他的手心?"红拂女胸有成竹地说:"杨司空现在不过是苟延残喘,行将朽木,不足畏也!他府中姬妾时常有人溜走,他也无心过于追究,何况司空府中侍女多如牛毛,少妾一人不会在意,所以大胆前来,请公子不要担心!"

李靖仔细打量红拂女,见她肌肤细嫩,面带红晕,仪态从容,嘘气如兰,羞怯中不失果敢之气,李靖心中甚喜,但又想到自己孑然一身,漂泊不定,那能给她一个安定的家,深觉愧对红颜,委屈她的一片真情。

红拂女见他欲言又止,似乎明白了他的犹疑,于是坦然陈述自己的心意:"既然来投公子,就已深思熟虑,今后天涯海角,妾愿患难相随,一片诚心,苍天可证!"

话已说得十分明白,李靖也不必再有什么顾虑了。这夜,一对患难之交同入罗帐,没有父母之命,没有媒妁之言,但有的是相知相慕,便由他们自作主张,成为一对恩爱夫妻。

李靖与虬髯客结下深厚友情

美女识英雄,自古被人们传为佳话,唐初就有美人红拂女独具慧眼,在芸芸众生中,辨识了两位英雄人物,一位是她的夫君李靖,另一位是她的结拜兄长虬髯客,三人结为莫逆之交,一同在风尘乱世中施展才华,被人们敬传为"风尘三侠"。

李靖与红拂女结为夫妻以后,准备向太原进发,投奔李渊。这天,两人正在客店里休息,忽然,有一个中年汉子骑着一头壮实的毛驴,来到客店门前,只见这人满脸络腮胡子,衣服邋遢,一副大咧咧的神态。他在店前跳下毛驴、将驴随便拴在木桩上,手提一硕大皮囊,腰插匕首,大踏步地走进店来。微风吹来,带着一股浓郁的肉香味,他耸了耸粗大的鼻子,循着肉香味来到红拂女的房门前,他连招呼也不打,随手推开房门,闯进房来。把皮囊顺手扔在桌上,这时猛然发现了正在梳头的红拂女,也就顾不上肉香了,径自往床上一坐,斜睨着眼睛,火刺了地看着红拂女,始终没说一句话。

这人好没礼貌,简直是有意找茬!李靖在窗外把房里的动静看得一清二楚,心中腾地升起了火气。正想跃入窗里,给这位不速之客一点教训。红拂女却向他眨眼,示意他暂且沉住气,因为她见来客气宇不凡,穿着和举止又与众不同,料想他一定是位侠士或世外高人。红拂女一面挽好秀发,一面和颜悦色地向来客行了见面礼,客气地问道:"客官尊姓大名?"

斜倚床头的怪客粗声气地回答:"俺姓张,人称虬髯客。"

红拂女笑着说:"那真是巧极了,妾也姓张,当称你为兄长了。"说罢将行兄妹之礼。虬髯客见这女子不但不责怪自己行为粗鲁,反而如此尊重自己,心中十分敬服,急忙一跃而起,抱拳答礼。

虬髯客在家中排行第三,因此红拂女称他"三哥";红拂女在家中为长,也就成了"一妹"。虬髯客哈哈大笑道:"没想到在此荒僻小店有幸结识了一妹。"

红拂女这时隔窗向外唤道:"李郎且来拜见三哥!"李靖闻言入室,与虬髯客互相见过礼。炉上的羊肉这时也正好炖熟了,李靖又出去买了些烧酒与胡饼,三人围坐炉旁,边吃边谈,虬髯客抽出腰间匕首切肉共食,豪气冲天。

吃罢羊肉,虬髯客转身从皮囊中取出一个人头及一副心肝,他把人头竖在地上,用匕首把心肝切成薄片,大口地嚼着吃完了。看得红拂女与李靖目瞪口呆。虬髯客边吃边解释说:"此人乃天下第一负心之人,吾含恨十年,今日吃他心肝。才能解恨!"李靖只是唯唯连声,不敢详加追问。

虬髯客吃罢仇人的心肝,擦了擦满是胡须的嘴,又对李靖说道:"我看你仪容气宇,不愧为大丈夫,一妹得到你这个佳婿,应该心满意足了。"接着,他们又谈到今后的打算。李靖说想去太原投奔李渊、李世民父子,而且有友人刘文静可以引见;虬髯客也说常听别人说起太原上空有天子之气萦绕不散,正好前去看个究竟,只是还有一件事情急需料理,不能与他们同行。于是,三人相约三天后午前在太原城外汾阳桥头相见。说完,虬髯客把抓过肉的两只油手往衣襟上一抹,提起皮囊,出门跨上毛驴,疾行而去,转眼就不见了踪影。分手前,虬髯客语重心长地对红拂女说:"李郎是前途无量的男儿,只是目前时机未到。一妹到长安尚无栖身之地,我先回去为一妹置一宅第安身,你们到长安来镇安坊找我。"

不久,李靖和红拂女如约来到长安,寻至来镇安坊,在虬髯客讲定的地方,见到一圈高墙,当街是一扇陈旧的小板门,两人上前叩门,门"吱呀"一声从里面打开了,开门的是一个穿戴整齐的仆人模样的老人,这人见到来客打量了一番,然后恭敬地说:"三郎令老仆在此恭候李郎与一娘子!"接着把他们请进门。进得院来,并不见有房子,只有一片片树木和花草,中间一条小径伸向花木深处。老仆人带领两位客人沿着小径朝里走,愈走愈见宽阔,不一会儿,竟来到一所大院前,这真是院中之院,从黑木大门中穿过,突然眼前一亮,只见里院花木扶疏,室宇宏伟华丽,奴婢数十人整齐地排列在廊下。老仆人引他们径自步入厅堂,厅内宽阔明亮,各色珍宝尽陈厅中,其富丽堂皇可与皇宫相比。几位艳丽的婢女迎了上来,侍候李靖与红拂女沐浴更衣,洗尽路途风尘,然后到厅中落座。这时,主人虬髯客从侧门出来了,只见他头戴乌纱帽,身穿紫锦衫,眉目清爽,满面含笑,与昔日判若两人。见到客人,他高声道:"李郎与一妹一路辛苦了!"彼此见过礼,分宾主落座,叙谈分手后的情形。

随即,主人招呼:"开筵!"一队队侍婢穿梭来往,不一会儿,各色山珍海味尽数陈列眼前,主人举杯敬客,三人又像在小客栈中那样开怀畅饮起来。席下,女乐伎奏着轻快的音乐,舞姬翩然起舞,场面之盛大,不逊于王侯之家。

宴毕,虬髯客命仆人抬出二十口大箱子,还有一些文簿和钥匙,指着对李靖说:"如今天下大乱,四方群雄并起,我本有意逐鹿中原,但在太原先后见到李渊与李世民之后,两人恢廓大度,英气勃发,令我自叹不如,只好退求其次了!箱中所有,是我历年所藏,本想作为图谋大事之资,现已不必要了;我想全数赠予你们夫妇,以助将来建功立业。"

不待李氏夫妇回答,虬髯客继续叮咛道:"李郎身负奇才,将来必然位极人臣;一妹资质瑰丽,将来也必荣极轩裳。不是一妹独具慧眼,也就不能在患难中认准李郎;不是李郎气宇轩昂,也不能获得一妹的倾心相随。虎啸生风,龙腾云合,原非偶然际遇,如今圣明天子将兴,风云际会,正是大丈夫建功立业的时候,希望你们能携手齐心,共创宏图!"

虬髯客高谈阔论,李靖与红拂女简直没有插嘴的机会,等到他交代叮咛告一段落时,红拂女急忙相问:"那么三哥意欲何往?"虬髯客淡然一笑,眼望远方,答道:"天涯海角,飘萍无定,此后十年,东南数千里外倘有异闻,便是为兄得意的时候,那时,一妹与李郎可洒酒东南相贺足矣!"说罢,当即将文簿和钥匙等一并交付红拂女,并命家僮仆妇侍女等一齐集合厅外,拜见李靖夫妇,并嘱咐道:"此后李公子及夫人就是你们的主人了,你等小心侍奉,不可怠慢!"

面对如此突来的情景,李靖与红拂女不知如何是好。虬髯客也不等他们说什么,转身进入内室,不一会儿就换了一身短行装出来,手里仍提着过去的那个大皮囊,匆匆向李靖夫妇道声珍重,拱手告别,然后出门上路,扬鞭而去,宛如一阵迅疾的旋风。

虬髯客始终没有说明自己的身份,李靖夫妇也不便详问,目送着他的身影消失在树木丛中,两人脸上都流下了热泪。

妓女李娃被封为汧国夫人

李娃原名李亚仙,是唐代天宝年间京都长安的一位烟花女子,以重情仗义而被人们誉为义妓。她抛弃繁荣,助其所爱,更能谨守妇道,严整治家,因而被朝廷封为汧国夫人。一个出身卑贱的妓女竟能获此殊荣,在当时引起了轰动。

郑元和是唐玄宗天宝年间、常州刺史郑仁仰的独生子。他天资颖慧,相貌堂堂,文章诗赋自幼就在当地堪称一绝,不但众人羡慕不已,他的父亲郑仁仰更是欣喜自得,常拈须自乐:"我儿青出于蓝而胜于蓝也!"父亲对郑元和寄予重望,等待着他早日金榜题名,名传天下。郑元和确实也算争气,不到二十岁,就以第一名的成绩通过了常州地方的科举初试,取得了入京参加礼部会试的资格。

天宝七年中秋过后,郑仁仰为儿子准备了丰足的盘缠,送郑元和进京赴试。一路轻装快马,九月底便到达了繁荣热闹的长安城。礼部的考试日期是十一月上旬,中间还有近两个月时间,郑元和便在长安布政里客栈中住了下来。这时他听到客栈院中有两个商人模样的旅客在聊天,说起他们昨日在长安的花街柳巷中的风流韵事,神情十分陶醉。郑元和平时在家中因受家规约束,从未涉足过这些风月场所,同窗诗会偶尔叫几个歌妓助兴,郑元和还嫌她们浅薄庸俗。如今听他们说起京都中的风花雪月,似乎津津有味,他只觉得热腾腾的血在身体内激荡,因而也决定去试上一试。

黄昏之际,郑元和来到长安的红灯区平康里,这里一条街上密密地排满妓院的酒楼,每幢房前,都有几个浓妆艳抹的妖冶女人在向路人邀宠献媚。在郑元和眼里,这些平康里的莺莺燕燕实在是一堆庸俗脂粉,太没有情调、没有气质。

一直行到街里的鸣河曲,在一所装饰华丽的房屋里,临窗坐着一位女子。那姑娘约莫十五六岁,着一身淡淡的鹅黄色绸衣,一双大眼睛乌溜溜地漾满了春风,手执一柄纨扇,半遮着白嫩的脸庞,并不像其他女子那样媚眼诱客,情神中还仿佛透露着娇羞。郑元和不由自主地停下了脚步,一双眼睛也直勾勾地盯住了那女子,那女子似乎更羞怯了,两朵红晕飞上面颊,长长的睫毛垂下来遮住了眼帘。鸨母见是一位穿戴华丽、仪表堂堂的公子哥儿,心想:"发财的机会又到了。"连忙迎了出来,扯住郑元和的衣袖,直呼:"客官,里面请!"鸨母并没让他在客厅里停留,而是直接把他送到那黄衣女子的屋里,并一边献宝似的对他说:"我们李娃姑娘可是没开的花骨朵,今日里第一次上场接客,公子可真是有福气哟!"鸨母掀开李娃房间的门帘,把郑元和推给了她。

李娃幼承庭训,教养甚佳,精通诗书,与郑元和相谈得十分投机。郑元和由怜生爱,由爱生恋,当晚就留宿在李娃房中。因为李娃的资质,鸨母要价是相当高的,郑元和一贯贵公子作风,又是为了心爱的姑娘,自然不惜一掷千金。

有了心神俱醉的第一夜,郑元和就再也放不下李娃。他索性抛出重金,长期住在了鸣河曲中。弹琴调筝、品茗奕棋、谈诗论文、赏月观花,一对小情人沉醉于多姿多彩的甜蜜生活之中。郑元和早已把礼部会试的事忘到了九霄云外,日日醉倒在温柔乡里。时光飞逝,春去秋来,转眼又到第二年的秋天,郑元和所带的丰厚盘缠,经过这一年的挥洒,已经一文不剩,只认银钱不认人的鸨母开始对他冷眼相待。碍于一年相交的情面,鸨母没有直接赶走郑元和,而是趁他外出之际,派人把李亚仙强行架上马车,转到另一家远处的妓院去了。

待郑元和回来,已是人去楼空,鸨母对他冷言相讽,绝口不露李亚仙的去向。郑元和明白自己身无分文。已经没有资格再做青楼娇客,李亚仙毕竟不是自己名正言顺的妻子,无法与鸨母论理。不管怎么说,总得先找一个落脚和吃饭的地方才行,他只好厚着脸皮去找长安城中的亲戚朋友。大家虽然还客客气气地对他,但谁都知道他那段荒唐的历史,心中对他十分鄙夷,因而没有谁愿意收留他长住。

郑仁仰在常州左等右盼,等着儿子的好消息传来。先前还风闻儿子在长安舞花弄月的消息,但他心想青春少年做点荒唐事,无须大惊小怪。后来新科发榜了,他从前看到后,从后看到前,没有儿子的名字,于是他以入京觐皇上为由,来到长安,寻找宝贝儿子。经过几天的奔波,四下的探访,最后竟然在一个送葬的行列中找到了郑元和,他正手执丧幡,长放悲歌。见到此情此景,素重脸面的郑刺史气得全身发抖,几乎不敢相信亲眼所见。待他回过神来,不由分说地命左右把郑元和从队伍中拖出来,挟持到郊外的曲江杏园墙外,扬起皮鞭,对儿子一顿没头没脑的抽打。发泄之后,郑刺史带着随从转身离去,临走时丢下一句话:"从今以后,我没有你这个儿子,你也没有我这个老子了!"

郑元和被打得遍体鳞伤,加之又羞又悲,只剩下悠悠一线气息。后来被好心的过路人找来医生勉强救活,但伤处一直未愈,又值盛夏,全身肉烂生蛆,臭不可闻,无人愿管,成了一个路边的乞丐。秋叶落尽,又是冬初,郑元和仍然是一袭破烂的单衣,瑟缩在东城门角,饥寒交迫,竭尽最后一点气力发出乞讨的哀号。

李亚仙被鸨母软禁了一段时间，行动得不到丝毫自由。过了些时候，鸨母渐渐放松了监视，她便设法四处打听郑郎的消息，却一直杳无音讯，让她几乎都绝望了。这天乘车路过东城门，忽闻一阵哀乞声。她不由自主地心中一沉，命车夫放慢车速仔细辨听，那声音好熟悉！她轻轻掀开车幔，闻声望去，那蜷缩在墙角的乞丐竟然正是她梦寐以求的郑郎，不由泪如泉涌，毫不顾忌路人惊疑的注视，冲到郑元和身旁，脱下身上的披风，裹在郑郎身上，也不嫌弃他身上的污秽和腥臭，把虚弱的郑郎抱在怀中，呜呜大哭了起来。

其后，李亚仙把郑元和带回了妓院，用自己这两年攒下来的全部积蓄为自己赎了身，又变卖了仅有的一点首饰，在城外买了一处勉强可以容身的小屋，一对情人就这样冷冷清清的安顿下来了。李亚仙悉心体贴地先调治好郑元和的疾病，然后鼓励他重新树立信心，努力上进。郑元和经过这一番挫折，立志痛改前非，于是由李亚仙织布维持生计，郑元和关在小屋中埋头苦读。皇天不负苦心人，天宝十年，郑元和参加礼部会试，中进士及第，接着又应试直言极谏科，名列第一，朝廷授职为成都府参军。

郑郎荣获功名，李亚仙先是喜不胜收，继而又暗想：自己出身青楼，历尽风尘，情郎官高位显之后，想必会另择名门淑女婚配，弃旧欢如敝屣。到这里，她不敢往下再想，索性先发制人，垂泪对郑元和道："妾身卑贱，不足以事君子，请从此去，君当自爱！"

郑元和闻言伤心，含着泪劝慰说："我有今天，全由芳卿所赐。我贫贱时，卿不弃我；今我富贵，卿为何忍心离我而去？倘若不能同往成都，我当自刎而死，以报卿之大恩大德！"听到这一席话，李亚仙彻底放心了，她的郑郎绝不是一个负心人。不久两人择一吉日启程，郑元和携李亚仙赴成都就任。

就在郑元和从长安赴成都的同时，朝廷恰好调遣其父郑仁仰为成都府尹，也由常州溯江西上，父子两人重逢在成都。郑仁仰见到曾被自己毒打抛弃的儿子，只觉惭愧无颜；郑元和虽然也懂得父亲的斥打事出有理，但对他那般无视父子之情仍心有余恨。这时幸而李亚仙出面劝解郑元和，才使郑氏父子以礼相见，恢复了父子关系。之后，郑元和向父亲一一禀明李亚仙的身份和情深义重之举，郑仁仰大为感动，于是请下媒妁，备下大礼，为两人举办了隆重的婚礼，李亚仙成为郑元和正式的妻子。

成都府尹与成都府参军,白天分衙办事,晚上同归一宅,公务合作无间,家事也融睦和乐。李亚仙作为儿媳妇,一面殷勤地侍奉公婆,一面悉心地相夫教子,谨守妇道,端庄贤淑,博得蜀中官民的交口称赞。

唐玄宗天宝十四年,安禄山起兵范阳,攻陷长安,唐玄宗大驾西行,避难来到成都,郑氏父子护卫得宜,深得唐玄宗赞赏。后来唐肃宗收复长安,唐玄宗以太上皇名义回銮返京,郑氏父子均得到加官晋爵的赏赐。李亚仙则以其妇德可风,也被封为汧国夫人。

孙窈娘以身殉情

昔日西晋曾有绿珠为报石崇知遇之恩,不惜坠楼明志,被传为千古佳话。时隔半个世纪,竟然又有一个惊人相似的故事发生在京都长安,这就是戏曲中传唱的"窈娘殉情报主"。

孙窈娘

唐朝武则天当政时,孙窈娘出身于官宦世家,先祖曾在隋朝为官,入唐后家道中落,但仍然保存着诗礼传家的风范。窈娘幼年时,家境虽不富足,却受到了极好的教育,加上她天赋颖慧,不但知书达礼,而且能歌善舞,擅长女红。到了及笄之年,窈娘被她父亲的好友左司郎中乔知之看中,收养在府中,身份介于侍婢、歌舞姬和养女之间,过着类似乔家大小姐的生活。当时窈娘正值二八妙龄,容貌秀丽、清雅脱俗、歌喉婉转、舞姿飘逸,被乔知之视为掌上明珠。家中若有贵客嘉宾,常让窈娘出来歌舞助兴,常常能芳惊四座,博得满堂的赞赏。于是,窈娘的艳名不胫而走,传遍了长安城。

有人自己得不到美人,心有不甘,就把"乔家艳婢,美慧无双"的消息到处传播,最后终于传到了武承嗣的耳中。武承嗣是武则天的亲侄儿,是当时武家的红人,他生性好色,又恃宠生娇、飞扬跋扈、不可一世,却深受武则天的赏识,被封为魏王,甚至还一度想要立他为太子。这样一个自由出入内宫,私通妃嫔,视千娇百媚、锦衣玉食的贵族女子如玩物的花花公子,听说乔家有艳女,又生好奇之心,决心要把窈娘攫为己有,于是派人到乔府提亲。

乔知之听说后,方寸大乱,内心极为苦闷。长安的四月,天气乍暖还寒,一天,乔知之正在书房内唉声叹气,愁眉不展。这时,窈娘蹑手蹑脚地出现在乔知之的面前,秀目流转,眼光中饱含了深情、感恩、怜悯、忧郁的复杂情感,迸发出以身相许的决心,她猛地扑倒在乔知之的怀里。夜深人静,那一刹间成了永恒。乔知之紧紧抱着长久以来爱如瑰宝的美娇娘,害怕稍一松手,眼前的一切就烟消云散。然而,残酷的现实是两人都无能为力的。

第二天上午,秋官侍郎来俊臣受武承嗣之托来到乔家,强行把窈娘送入武承嗣府中。魏王府中佳丽如云,歌女舞姬终日轻歌曼舞,香艳至极。在武承嗣看来,孙窈娘就像是生长在深山幽谷中的一朵奇丽的野花,没有经过人工修饰的歌喉和舞姿,别有一番原始风韵,美得自然、淳朴,山野味十足,因此使他获得一种意外的享受,一时对窈娘宠爱不已。但是孙窈娘心中忘不了乔知之,对武承嗣若即若离,巧妙周旋,歌舞之外,不肯轻易就范。

乔知之因为献出了窈娘,在武承嗣的授意下,由五品郎中升任四品侍郎。然而他为窈娘终日茶饭不思,忧郁成疾。一心只想着窈娘的一颦一笑。既然自己连一个心爱的女人都不能保全,加官晋爵只不过徒增耻辱与哀伤而已。深宵不寐,想起晋代的石崇因绿珠而获罪,金谷园中的绿珠坠楼殉情,但毕竟流传了一段令人赞叹的凄美爱情故事,而自己却忍辱偷生,实在窝囊透顶。与其无情无趣地苟活人世,不如为情舍身,重续来生缘。前思后想,终于下定了决心,因而披衣挑灯,满怀感慨地写道:

石家金谷重新声,明珠十斛买娉婷;

昔日可怜君自许,此时歌舞得人情。

君家闺阁不曾难,常将歌舞借人看;

富贵雄豪非分理,骄矜势力横相干。

别君去君终不忍,徒劳掩袂伤红粉;

百年离别在高楼,一代红颜为君尽。

石家的绿珠能够以死全节,乔家的窈娘为何不能?石崇可以不畏强暴,一死而已,乔知之何苦要忍受这无尽的折磨呢?主意打定,乔知之把诗句写在一幅罗帕上,嘱咐忠心家仆老苍头设法送到窈娘手上。

老苍头辗转买通了魏王府的下人,终于把诗帕交到了窈娘的手里。窈娘等到夜深人静时,偷偷展开罗帕,看见旧日所熟悉的字迹,顿时泣不成声。待读到最后一句"一代红颜为君尽",灵慧的窈娘完全领悟了情人的一番苦心,同样为情所苦的她感到自己的心与乔知之息息相通,此时只有死这一条路,才是留住真情的唯一办法。她咬紧了银牙,拭去脸上的泪痕,下定了决心——死以殉贞情。

她原本就有一死全节的想法,只是怕连累乔知之,故迟迟不敢行动;此时既然乔知之如此不计后果,情真意挚到了这般地步,死也就没有什么顾虑和遗憾了。她对镜理妆,重贴花黄,穿戴整齐,再一次,也是最后一次仔细端详自己娇好的容颜和顾秀的身影,这些曾给她带来好运和欢乐的天质,今天也将把她送入九泉,对这些她只能付之凄婉的一笑。最后,她把写有诗句的罗帕紧系在裙带上,趁着四月下旬月黑风高,摸摸索索走到后花园中,找到了一处废弃的古井,纵身一跃,结束了她短暂而凄美的一生。

魏王府中不见了孙窈娘的踪影,武承嗣怒不可遏地命人四处寻找。偌大的王府,屋中、亭榭、假山、池塘、花丛、阴荫,到处都翻了个底朝天,才在古井中发现了窈娘的尸体。派人打捞上来,仍然衣履齐整,面貌红润如生。检视衣带间,系有罗帕一方,武承嗣见诗,暴跳如雷,既痛惜孙窈娘的遽然赴死,更愤恨乔知之的诗句,把一朵艳丽的解语花送上了绝路。于是命令酷吏,立刻把乔知之逮捕。

武则天长寿元年,乔家被抄,族人也纷纷牵连入狱,待秋后一并处斩。一时间,长安市上到处传扬着这个故事,不少人为之唏嘘感叹。"孙窈娘投井"恰似"梁绿珠坠楼"的重演,两朵娇艳的花朵皆为了真挚、坚贞的情义而过早地凋零,虽然花颜飘逝,但留下的清香却永远萦绕在人们的心间。

宁北妃替夫报仇

宁北妃是中国西南边陲一个芝麻大的小国——邓郑国国王的王妃,原名慈善,容貌端美,机智刚烈,帮助丈夫治理国家,深受国人的尊敬和爱戴。当国王被害后,她不畏强暴,亲自领兵抵御外侮,直至粮尽援绝后,城破服毒而死。她死后被尊为宁北妃进行祀奉,至今云南一带仍将她奉为神明。

唐朝中期,云南西南部的崇山峻岭中,形成了六个小国家,称为"六诏",它们分别是:蒙隽、越析、浪穹、邓郑、施浪、蒙舍。"诏"在当地语言中是"王"的意思,"六诏"意即"六王",也指六个王国。这六个国家各自独立,风俗习惯大致相同,人民和睦交往,原本相处无事。后来,最南端的蒙舍国逐渐强大起来,时常兴兵侵扰邻国,蒙舍国王阁罗凤野心勃勃,一心想要灭掉其他"五诏",完成"大统一"的局面。

阁罗凤是当地的一位枭雄似的人物,他生得高大魁梧,力气过人,他若仰天长啸一声,便能引起山谷轰鸣,山中的毒虫猛兽听了也会惊恐狂窜;他有勇有谋,诡计多端,让人防不胜防。他首先用蚕食的办法,一点一点地侵扰邻近的地方,占为己有。因为每次出兵都未遇到强敌,他的胃口越来越大,产生了大举鲸吞的念头。

然而,颇具谋略的阁罗凤不愿悍然大举出兵,因为当地山深林密,地形复杂,出动大批的人马未必就能迅速取胜;况且一举吞灭一诏,其他四诏势必兔死狐悲,为了保全自己而紧密联合起来,那样后果就不堪设想了。

他想来想去,认为"强攻"不如"智取",经过周密的谋算,他制定了一个险恶的圈套:在"星回节"那天,邀请"五诏"国王到蒙舍聚会,理由是加强相互之间的联系,共同庆祝节日。各诏国王慑于蒙舍的威势,料想不敢拒绝,只要五位国王进入蒙舍国境,便成了阁罗凤砧板上的肉,任他宰割了。

"星回节"是六诏共同的盛大节日。据说是汉代裨将郭世宗扫荡南疆时,攻入叶榆部落,杀死了曼阿那酋长,见到酋长的妻子美艳动人,就起了歹念,要收她为偏房。曼阿那酋长的妻子借口必须先焚毁前夫的衣物,才不会被他的鬼魂纠缠,乘点火烧物的之机,纵身跳入熊熊烈焰中,追随酋长而去。后人为了纪念她,把她殉难的六月二十三日定为"星回节",在这一天,人们纷纷举火焚香,来纪念这位贞烈的妇人。这是一个悲壮而严肃的节日,"六诏"人民都十分重视,阁罗凤选定这个日子行事,真是别有用心。

邓政国王收到邀请书后,心中有些疑虑,因为在这之前蒙舍人的种种侵扰行动,已引起了他的担心。国王聪明的妻子慈善仔细思索之后,认定此行必定凶多吉少,一旦踏入蒙舍的地盘,那一切都无法把握了,因此她坚决阻止丈夫前去赴会。她忧心忡忡地说:"蒙舍势大,早有吞并各诏的野心,如今六诏国王会聚一处,他们正好来个一网打尽,倘有不测,势难补救!"邓郑国王何尝不知道其中潜伏着的危机,只是箭在弦上,不得不发。

慈善劝阻道:"假如蒙舍发兵,我们凭着我们的百姓和地势还能够抵挡一阵,等其他四诏都认清了阁罗凤的野心,大家联手起来抵御,那么蒙舍就不足畏了!"她平日里就一心帮助丈夫治理国家,对国力和形势都十分了解,所以说出了这一番很具远见卓识的话。她坚信阴险毒辣的阁罗凤此举绝不会有善意。邓郑国王却没有勇气相信妻子的话,他认为其他四位国王一定都会去赴会,他们想联合也没有机会。他侥幸地认为,此去赴会,未必会有立即的危险,倘若不去,便肯定会得罪阁罗凤而遭惩罚。最后,他还是决定前去赴会。

慈善见说服不了丈夫,眼泪哗哗只往下流淌。临行前,她把一只雕镂精细的银臂环戴在丈夫臂上,那是她家祖传之物,说是有避祸祛邪的作用。她手拉着丈夫的手,眼噙着泪珠,一再叮咛:"此去一定要处处小心,快去快回!"她随着丈夫走了很远,又站在高山顶上,目送着丈夫,一直到看不见他的影子。

蒙舍的都城在大和城,也就是今天的云南大理,当初曼阿那的妻子投火自焚就是在这个地方,阁罗凤盛情邀请五位国王在这里共度"星回节",似乎是非常合情合理的。其他四位国王想法和邓郑国王基本一致,大家都怀着恐惧和期盼侥幸的心理来到大和城。

为了这天的聚会,阁罗凤特意命人修造了一座木造的楼阁,命名为"松明楼",楼阁建在茂密的松树林中,十分高耸挺拔,装饰得格外华丽。各诏国王陆续到来,均受到亲切而隆重的接待,大家似乎都看不出有什么不祥之兆,因此戒心都放松了,以为阁罗凤这次相邀,无非是想笼络人心,博取各诏的好感和信任,从而争取在六诏中的领袖地位。待到酒酣耳热,夜幕也已悄然降临,六位国王安坐在高高的松明楼上,观看着楼前的小型广场上,无数男女老少,手举着火把,边唱边跳,热闹非凡,整个松林都沸腾起来了。大家正看得高兴,松明楼忽然燃起了熊熊大火,五位国王惊慌失措,而主人阁罗凤在此之前早已离开,不见踪影。因为松明楼是含油量极高的松木所造,一旦着火,燃势凶猛,一霎时火光冲天。五位国王稍定下神来,想寻着楼梯下楼,无奈楼梯早已被烈焰吞噬,还没等他们再想出什么办法来,烈火夹着浓烟就把他们熏倒了。参加庆典的蒙舍人纷纷上来扑火,然而林中无水,待大火熄灭,松明楼早已化为灰烬,五位国王也魂飞九天。

蒙合国王阁罗凤假惺惺地痛苦不已,大号:"这事全怪我! 全怪我!"他装模作样地对五位国王举哀,并把他们烧焦的尸体收殓好,派快使往各诏报丧,并请国王的家人前来认领遗体,各诏国王的亲族闻讯大悲,急忙赶到蒙合国都城,可眼前摆出来的五具遗体都已烧成焦炭,已根本辨不出人形,大家无法辨认,只好傻呆呆地看着。邓郑王妃慈善却一眼就认出了丈夫的遗体,因为那只临别前她为丈夫戴上的银臂环,还牢牢地佩在亡夫的臂上,这个吉祥之物,虽没能帮丈夫避祸免灾,但至少能为他的遗骨找到应有的归宿。慈善扑上前去,抱着亡夫的遗体放声恸哭。

一旁冷眼旁观的阁罗凤这时发现邓郑王妃竟是那般美丽动人,特别是她悲痛时,那神情尤为引人心动。于是他打定主意,要把慈善娶作侧妃,那样即可以满足他的色欲,又能用和平的手段,尽得邓郑之地,也尽得邓郑之民了。于是,他设法把慈善王妃留住,派人前去说媒,说什么协助慈善王妃治理失去国王的邓郑国,两国合并,互盟其利。慈善明白自己现在身处险地,如果断然拒断,必定性命难保。此时丈夫已死,她并不想苟且偷生;但她认为夫仇未报,不能轻易去死,国中的人民还等着她,她决心还要奋力一搏。于是慈善假装同意了阁罗凤的求婚,只是推说丧夫未葬,不宜马上改嫁,待她回国安排好前夫的后事,再来结成永好。慈善说得入情入理,阁罗凤只好眼睁睁地望着慈善王妃,载着丈夫的遗体,离开大和城远去。但他心中充满了暖洋洋的憧憬,以为不久的将来,美人就会回来,他就可以好梦得圆了。

慈善回到邓郑后,用重礼安葬了亡夫。随即她向国人公布了阁罗凤火烧五王的阴谋,并誓言要为丈夫报仇雪恨,守住自己的国家。国人十分响应他们所爱戴的王妃的号召,纷纷拿起兵器,准备对敌。邓郑国积极备战,消息很快传到了蒙舍,阁罗凤发觉自己被骗,顿时恼羞成怒,他立刻下令发兵攻打邓郑。

这时,其他四诏因失去了国王而群龙无首,虽然心中积留着怨恨,却无法调兵支援邓郑。邓郑与蒙舍的兵力悬殊,蒙舍军队很快攻到邓郑国都城下。邓郑兵将仍然以哀兵姿态浴血抵抗,小小的城池竟然苦守了三个月之久。在战争中,慈善王妃素服荆钗,与士兵并肩作战,英勇无畏。全城军民都深深为她而感动,人人奋勇,个个争先,宁死不屈。最后终于粮尽极绝,伤亡殆尽。城破之日,阁罗凤急忙入宫搜寻慈善,发现她盛装端坐在王位上,上前去审视,却已经气绝身亡!为了保全自己的贞节,慈善王妃已服毒自尽。

阁罗凤首先是大失所望,既而不由得对她肃然起敬;他决定要利用慈善王妃来收揽邓郑国的人心,并且鼓励自己部下树立节义气概;于是他下令用盛礼隆重地把慈善王妃与丈夫邓郑国王举行了合葬,并为他们修建了宏伟华丽的墓地,此外他还把邓郑国都改名为德源城,并追谥慈善王妃为宁北妃。

最后,阁罗凤通告全国,以后一年一度的星回节,除了祭祀曼阿那之妻外,还要同时祭祀宁北妃。如今云南一带,六月二十三到二十五日,一连三天的星回节祭祀活动,供奉的就是这两位贞烈而感人的夫人。宁北妃与曼阿那之妻相比,除了共有殉情的贞节外,还更有以身殉国的英勇与壮烈!

鱼玄机拜师轶事

大唐盛世,诗才辈出,不但须眉称雄,也有不少女诗人脱颖而出,鱼玄机就是其中留传佳作甚多的一位。

鱼玄机,原名幼薇,字慧兰,唐武宗会昌二年生于长安城郊一位落拓士人之家。鱼父饱读诗书，却一生功名未成，只好把满腔心血都倾注到独生女儿鱼幼薇身上，对她刻意调教。小幼薇在父亲的栽培下，五岁便能背诵数百首著名诗章，七岁开始学习作诗，十一二岁时，她的习作就已在长安文人中传诵开来，成为人人称道的诗童。

鱼幼薇的才华引起了当时名满京华的大诗人温庭筠的关注，于是在暮春的一个午后，专程慕名寻访鱼幼薇。在平康里附近的一所破旧的小院中找到了鱼家。平康里位于长安的东南角，是当时娼妓云集之地，因这时鱼父已经谢世，鱼家母女只能住在这里，靠着给附近青楼娼家做些针线和浆洗的活儿来勉强维持生活。就在低矮阴暗的鱼家院落中，温庭筠见到了这位女诗童，鱼幼薇虽然还不满十三岁，但生得活泼灵秀，纤眉大眼，肌肤白嫩，俨然一派小美人风韵。温庭筠深感这小姑娘生活的环境与她的天资是多么不相称，不由得油然而生怜爱之情。

温庭筠委婉地说明了自己的来意，并请小幼薇即兴赋诗一首，想试探一下她的才情，看是否名过其实。小幼薇显得十分落落大方，毫无拘促为难的模样，她请客人入座后，站在一旁，扑闪着大眼睛静待这位久闻大名的大诗人出题。温庭筠想起来时路上，正遇柳絮飞舞，拂人面颊之景，于是写下了"江边柳"三字为题。鱼幼薇以手托腮，略做沉思，一会儿，便在一张花笺上飞快地写下一首诗，双手捧给温庭筠评阅，诗是这样写的：

翠色连荒岸，烟姿入远楼；

影铺春水面，花落钓人头。

根老藏鱼窟，枝底系客舟；

萧萧风雨夜，惊梦复添愁。

温庭筠反复吟读着诗句，觉得不论是遣词用语、平仄音韵，还是意境诗情，都属难得一见的上乘之作。这样的诗瞬间出自一个小姑娘之手，不能不让这位才华卓绝的大诗人叹服。从此，温庭筠经常出入鱼家，为小幼薇指点诗作，似乎成了她的老师，不仅不收学费，反而不时地帮衬着鱼家，他与幼薇的关系，既像师生，又像父女、朋友。

不久之后，温庭筠离开长安，远去了襄阳任刺史徐简的幕僚。秋凉叶落时节，鱼幼薇思念远方的故人，写下一首五言律诗"遥寄飞卿"：

阶砌乱蛩鸣,庭柯烟雾清;

月中邻乐响,楼上远日明。

枕簟凉风著,谣琴寄恨生;

稽君懒书礼,底物慰秋情?

飞卿是温庭筠的字,他才情非凡,面貌却奇丑,时人因称之"温钟馗"。也许是年龄相差悬殊,也许是自惭形秽,温庭筠虽然对鱼幼薇十分怜爱,但一直把感情控制在师生或朋友的界限内,不敢再向前跨越上步。而情窦初开的鱼幼薇,早已把一颗春心暗系在老师身上,温庭筠离开后,她第一次借诗句遮遮掩掩吐露了她寂寞相思的心声。不见雁传回音,转眼秋去冬来,梧桐叶落,冬夜萧索,鱼幼薇又写出"冬夜寄温飞卿"的诗:

苦思搜诗灯下吟,不眠长夜怕寒衾;

满庭木叶愁风起,透幌纱窗惜月沈。

疏散未闻终随愿,盛衰空见本来心;

幽栖莫定梧桐树,暮雀啾啾空绕林。

少女的幽怨如泣如诉,心明如镜的温庭筠哪能不解她的心思?倘若他报以柔情万种的诗句,鱼幼薇也许就成了温夫人,但他思前想后,仍抱定以前的原则,不敢跨出那神圣的一步。唐懿宗咸通元年,温庭筠回到了长安,想趁新皇初立之际在仕途上找到新的发展。两年多不见,鱼幼薇已是亭亭玉立、明艳照人的及笄少女了,他们依旧以师生关系来往。

一日无事,师生两人相偕到城南风光秀丽的崇贞观中游览,正碰到一群新科进士争相在观壁上题诗留名,他们春风满面,意气风发,令一旁的鱼幼薇羡慕不已。待他们题完后,鱼幼薇也满怀感慨地悄悄题下一首七绝:

云峰满月放春晴,历历银钩指下生;

自恨罗衣掩诗句,举头空羡榜中名。

这首诗前两句气势雄浑,势吞山河,正抒发了她满怀的雄才大志;后两句笔锋一转,却恨自己生为女儿身,空有满腹才情,却无法与须眉男子一争长短,只有无奈空羡!

红红曲断皇宫

信任奸佞,沉溺酒色的唐穆宗,在位不到四年就不明不白地崩逝了,年仅十五岁的太子李湛嗣位为唐敬宗。唐敬宗正值贪欢好乐的年纪,不但嗜好击球、手搏,也醉心于声色之娱。他当皇帝之前就曾听说过长安市上有一位色艺双绝的歌女红红,可惜那时年纪小,无缘一睹芳容,领略她的风韵,此番大权在握,想要召来一乐,却又听说她已退出欢场,嫁人为妻了,不免有些遗憾。

敬宗身边的那帮奸佞之徒,为了取悦于他,怂恿道:"陛下为万乘之尊,何事不可兴至而为。红红虽已隐退数年,但只要陛下高兴,我等可为陛下把她召进宫来,专为陛下献唱呢!"

于是,内侍奉旨前来宣召红红入宫献唱。红红虽然已退出欢场,名花有主,但既然是皇帝下旨,实在无法抗拒;而且,红红对歌唱的兴趣一直未减,在她的潜意识中,也希望有更多的人能欣赏她的歌声,更何况是贵为至尊的皇帝呢。于是她梳洗打扮一番,随内侍进了皇宫。

教坊乐师为红红伴奏,梨园弟子在一旁屏息聆听。红红一曲接着一曲地为小皇帝引吭高歌,把唐敬宗听得看得心神俱醉,频频击节称赏,直到黄昏时分,才厚加赏赐,命人将红红送回韦家。

红红随内侍走后的一天里,韦青在家中坐立不安,神不守舍。红红此去,倘若被留在宫中,自己定会一辈子也见不着了,那真是呼天天不应,求地地不灵了。幸而,上灯以后,红红竟然翩翩归来,丝毫无损。韦青抱住她看了好半天,才算放下心来。

刚刚定下心来,谁料三天后皇命又至,红红再次被内侍带进宫去。原来小皇帝敬宗听了红红的歌后,直说"余音绕梁,三日不散"。红红走后,他总是念念不忘,问左右:"可否再将红红接进宫来?"左右赶紧拍马屁道:"有何不可?即使把她常留宫中,也是她的造化啊!"

韦青深感这样紧锣密鼓的宣召一定不是什么好兆头,因此他心中盘算着,只等这次红红回府后,就带着她迁居到偏远的地方去,为了安心地拥有伊人,看来只有舍弃繁华!

然而，一切都来不及了。红红此番入宫，竟然被小皇帝留了下来，烛影摇红之中，唐敬宗醉眼惺忪地望着演唱完毕、面带红晕的红红，不禁心旷神怡，给她赐名"曲娘"，乘酒劲一把把她揽入怀中，疯狂地抱入殿后暖阁，由爱她的歌声，进展到了占有她的身体。红红一个弱女子哪里还有反抗的能力，她只能闭着眼，咬着牙任小皇帝摆布。

从此，红红就被强留在宫中，给敬宗弹唱取乐，又供敬宗欺压玩弄，一切都由不得她，也没有任何道理可说。心身疲惫的红红本想寻机一死了之，可一想到宫外深爱着自己的丈夫正日夜等她回家，于是带着一丝希望，忍辱活在宫中。

红红在宫中并没得到什么名分封号，唐敬宗叫她"曲娘"，只是把她当成情人，甚至是妓女，兴之所至地玩弄一番而已。不到两年，这个性情怪僻的小皇帝被人弑杀在宫中，由江王李昂入主中宫，是为文宗。

李昂似乎比前代的皇帝要清正有为，他即位后，倡导去奢从俭，励精图治。无端困在后宫的曲娘红红满以为自己终于有了出头之日，急忙寻机向文宗请求释放出宫。不料文宗虽不像穆宗、敬宗那样荒淫无度，却对红红回肠荡气的歌声欣赏不已，加上后宫太皇太后也喜欢红红的演唱，因此文宗没有允准红红离宫回家。

红红因为自己高超的歌技而失去了自由，虽然她成了皇宫中最出色的歌伎，但心绪始终沉郁不舒。她试着与丈夫韦青联络，然而宫墙高竖，无法相通，出宫的可能性几乎是零。红红的希望渐渐灭绝了，于是她把所有的悲愤都发泄到害己的歌唱上。她拼命地唱了又唱，直至声嘶力竭，病倒床榻，病中她依然用沙哑的嗓子，不顾一切地歌唱，并强撑着病体，应召到皇帝的宴会上表演，她在那里连连高歌，终于口吐鲜血，倒在地上，伴着不绝的歌声离开了人世。

民间轶事

丑角为何在玄宗时期得到极大发展

戏剧界被称为"梨园"，"丑角"在梨园有特殊的身份与地位，"鼓师"是乐队的总指挥，"鞭鼓"是鼓师用来指挥乐队的主要乐器。然而，提及他们的首创者，还要从唐朝说起。

唐玄宗李隆基幼年即喜爱歌舞。6岁时，他的祖母武则天在宫院里大摆盛筵欢宴群臣，他即席表演了歌舞节目《长命女》，精湛的表演，博得在座的皇亲国戚及群臣们的赞赏。李隆基继位后，选定了宫廷的一片梨园作为排练歌舞的场所，这就是"梨园"的来历。

唐玄宗在"梨园"戏班，非常喜欢扮演"丑角"，剧中凡有"丑角"可演，无论角色大小，唐玄宗总是很认真地登台上场。因他是一国之君，登台演出且扮演丑角，有失其帝君威，于是在演出时，特意在脸部挂上一小白玉片儿以遮面。后来的丑角艺人在演戏时，就效法唐玄宗，在脸上勾画一个类似白玉片的白粉块儿，久而久之，就形成了我们今天戏曲舞台上的丑角脸谱。因为唐玄宗爱演丑角，旧戏班里的人们对扮演丑角的艺人特别推崇。据梨园名宿和老前辈传说："过去戏班里的演员，无论你唱得再好，演技再高，在班子里的地位也是老二，唯有唱丑角的演员才算老一，因为尊'丑'就是尊皇帝。"

魏晋时期出现了既有人物又有情节的歌舞。如南朝十分流行的《公莫舞》，讲的是鸿门宴的故事。北朝的《踏摇娘》更是一出脍炙人口的歌舞戏，长盛于宫中。《踏摇娘》取材于一个真实的故事，讲一位姓苏的男子自号郎中，天生一个酒糟鼻，又好酗酒，每次回家都是喝得酩酊大醉，还殴打妻子。他的妻子窈窕秀美，能歌善舞，由于不堪忍受丈夫的暴虐，经常顿首摇身，唱起哀怨凄惨的曲子，听者无不伤心落泪。因此，此剧名为《踏摇娘》。剧中的丈夫自然是位丑角，而妻子则是由男子扮演画上假面，美丽动人。

《踏摇娘》后来改名为《谈容娘》，在唐代后宫中长盛不衰，成为有名的保留节目。也许是唐代繁荣昌盛，宫人们过着锦衣玉食的生活，不知道人间还有这等容貌出众的女子竟过着那样悲惨的生活，故事催人泪下，引起了她们的震动，对其优裕的生活可谓是一种充实和调剂。因此，大唐三百余年中，这个节目始终不衰，一直引起一代代宫人的共鸣和同情。玄宗也对这出戏十分喜爱，扮演起来令人拍手称绝。

唐玄宗还是一位天才的音乐家及理论家。他首创了用鼓（就是现在的鞭鼓）来指挥其他乐器。每逢梨园戏班排练剧目，唐明皇还要亲掌鼓板。从前戏班子在演出时鼓师站的地方叫作"九龙口",即来源于此。

旧戏班里装有黄蟒、官衣、道袍、王帽、凤冠、九龙冠、圣旨、笏板、尚方宝剑等道具的箱子,是不能随便坐的,唯有丑角演员敢坐。丑角演员在后台可以随意坐立,但其他演职人员就要按章行事。在演戏前,只有丑角演员勾画脸谱后,其他演员才能化妆及勾脸。在赶庙会唱戏时,戏班子先要敬"神",大家都要磕头跪拜,但是唱"丑"角的演员,无论年龄大小,男女老少,资历高低,都可以不鞠躬、不作揖、不磕头。这些规矩,皆因唐玄宗的缘故。

历史上,戏曲艺人都把唐玄宗尊为祖师,演丑行的艺人更把唐玄宗尊为始祖。从前,有许多戏楼、戏台、剧场及演戏场所的后台都供的有唐玄宗的泥塑或木雕金像,还有一些唱丑角的演员家里也敬有唐玄宗的牌位与塑像。旧时,演员们在演出之前、下场之后,包括鼓师和乐队的所有伴奏员及在后台的舞美服务人员,都要对着祖师爷唐玄宗的塑像行礼、作揖,丑角演员还要单独磕头跪拜,来感谢始祖给他带来的身份与地位。

唐代服饰装扮有何特色

中国古代十分讲究女性的修饰,所谓"妇人貌不修饰,不见君父"。妇女修饰容貌被提升为普遍的必须遵守的社会道德。古代有所谓"士为知己者死,女为悦己者容",女子修饰容貌不仅是社会礼仪所规定的,也是其寻求爱情的一种表现。

爱美是人类的天性,尤其是女子,爱美几乎是女人的一种本能。即便是生活在社会底层的贫困妇女,稍微有一点钱便要买一包胭脂,打一点头油,而贵族妇女养尊处优,终日无所事事,每日梳妆打扮,自然是她们最为乐意的必修课。至于宫中的美女们,那就更是如此,因为她们最悠闲,也最有条件,而且生活的唯一目的是以自己的美艳秀色赢得皇上的欢心。

宫中的后妃美人或社会上的贵妇人喜欢梳高髻,以显示其尊贵,而属于宫婢类的宫女们则爱梳类似牛羊耳朵的双髻。高髻在梳妆上比较复杂,一般要别人帮忙才能完成。宫中有时限制不同身份女子的发式,但发髻的式样仍然变化万千。除了高髻,主要还有飞天髻、螺髻、望仙髻、惊鸿髻、抛家髻、半翻髻。其实,这些髻式在隋唐之前已经出现,一直沿用下来。

飞天髻始于南北朝,样式十分浪漫,因而很适于奢华富丽的隋唐女子的品位,并一直延续下去,历经两宋和明代,一直盛行不衰。飞天髻与佛教密切相关,而起源于唐初、盛行于武则天时代的螺髻也是从佛教中而来,据说,释迦牟尼的发型就是螺髻。望仙髻的发式与飞天髻十分相似,打两股环状髻,耸在头上,远看好像是神仙下凡,但形状不如飞天髻浪漫飘逸。唐玄宗喜欢望仙髻,因此玄宗时期的宫女多梳此种发型。惊鸿髻起源于曹魏时期的皇宫,其形状就像是飞鸟展翅欲飞一般。唐代宫中十分流行的抛家髻秀雅美观,其式样是两鬓蓬松向后拢,好像两鬓抱面,头上做成锥形的朵子。半翻髻和抛家髻十分相似,只是略有不同,在唐代宫室中,很受女子们的青睐。

发髻梳好以后,当然还少不了要插戴各种发饰,不仅可以起到美观的作用,也能显示出簪、钗的珍贵价值。簪是用来固定头发的,古代中国的男女都用,种类繁多,有玉簪、骨簪、金簪、银簪、犀角簪、象牙簪或是其他金属制成。如果后妃或大臣们犯有过失,往往要在皇帝面前脱下簪子。钗也有很多种,有金钗、银钗、玳瑁钗,总之是珍奇宝贵之物,都可以用来制成钗,一般价值昂贵。钗上的装饰花样有凤、燕雀、鸾、花卉,其形状是有两条枝。

后宫的后妃美人们在装饰头发之余,也很重视保养头发。不知何时开始,宫中出现了一种叫作香泽的护法剂,涂在头发上,光亮润泽,以防止干枯。

唐时宫女的服装一般是上身衫襦,下身长裙。盛唐改变了女子们的观念,宫女们开始享受在繁荣的刺激下兴起的开及半胸的窄袖或宽袖短衫。宫中裙子的种类极多,初唐时裙装尚窄,盛唐时裙式逐渐宽大,裙上折裥密布,飘动感很强,正可以和飞天髻等发式配合。

唐朝时尚的裙装颜色很多,但基本原色裙为红色、黄色、绿色,一般都很鲜艳。杨贵妃爱穿黄裙,韦后的女儿安乐公主两件百鸟裙,可谓旷世珍品。百鸟裙是由负责后宫衣物的机构尚方制作的,是用百鸟的羽毛编制而成,裙的颜色五彩缤纷,令人眼花缭乱,目不暇接。正面看是一种颜色,反面看是另一种颜色;阳光下呈现一种颜色,阴影里又是另一种颜色,实在令人分不清其本来颜色。只是,在其变幻不定的色彩中,却时时闪烁着栩栩如生的百鸟图,真是神奇而不可思议。能和百鸟裙相提并论的是隋炀帝为宫女们设计的花笼裙。花笼裙是用丝织成的,薄而透明,上面彩绣着鲜花、飞鸟,几乎可以乱真。

唐代的后妃宫女们喜欢肩搭披帛,披帛上面绣着活灵活现的花卉。披帛和披肩兴起于秦代,唐时女子出嫁时用披帛,出嫁后用披肩。玄宗开元年间,诏令后宫二十七世妇和宝林、御女、良人等,在随侍和参加后廷宴会时,批有图案的披帛。宫女们在端午节都要披上华丽美观的披帛,称为奉圣巾或续寿巾。

和宫中繁荣而开放的气氛相匹配,唐后宫盛行重合履。重合履履头高起,履底较厚。高起的履头呈各种形状,如花状、鸟状、笏状,露在裙袍外面。岐头履物形式也在宫中盛行,深得女子们的喜爱。唐太宗长孙皇后就爱穿岐头履,履头向上翘起三寸左右,呈凹状,用丹羽织成,履上镶嵌着云状金钿。

此外,宫中女子几乎没有人离得开胭脂水粉,所谓"毛嫱天下之娇人也,待胭脂香泽而后容"。唐代驰名的面妆是梅花妆,据说起源于南朝宋武帝的女儿寿阳公主。寿阳公主曾经躺在含章殿的屋檐下,突然一朵梅花飘落在她的额头上,印出五瓣花形,竟然一连几天都洗不掉。皇后发现这梅花印十分漂亮,便让公主不要洗去。于是,梅花妆就这样流传下来,到了唐代,竟然人人争相模仿。

唐代社会繁荣,经济发展,整个国家都在追求生活上的一种满足。于是爱美的女子们率先行动起来,追逐时代潮流。唐僖宗逃难成都时,随行的宫女为了适应非常时期需要,只是在头顶系上一根细丝,简单作了一下打扮,这种发式和囚徒十分相似,成为囚髻。结果没想到,成都的女子纷纷效仿,使得这种囚髻迅速蔓延流传开去。可见唐代女子对服饰装扮的追求,与今天人们追逐时尚之心,并无两样。

"甘露之变"后几位诗人的反应

闻知多名朝臣被诛,唐文宗悲不自胜,却也无可奈何。如今,他基本上完全处于太监控制之下。只能于深宫九重哀叹悲凄。

太监们骄狂至极,借机报私冤,在京城杀人无数。宦官田全操甚至扬言:"我入城,凡儒服者,无贵贱当尽杀之!"士民惶惧,人不聊生。最后,还是藩镇之一的昭义节度使刘从谏(刘悟之子)上表,控诉宦官滥杀,大公公们才有所收敛。

甘露事变后,以太子宾客身份在东都洛阳闲居的白居易闻知长安的老同事们纷纷全族一起上法场,幸灾乐祸地作诗:

祸福茫茫不可期,大都早退似先知。

当君白首同归日,是我青山独往时。

顾索素琴应不暇,忆牵黄犬定难追。

麒麟作脯龙为醢,何似泥中曳尾龟。

——《九年十一月二十一日感事而作》

显然,退居政治二线的白老头一直胃火灼心,如今看见昔日热火烹油的后来居上者们终于一命归黄泉,难免卖弄自己早退先知的狡黠和明哲保身的智慧。

很快,白居易又作《即事重题》,以显示自己惨剧发生后他在洛阳的惬意和闲适:

重裘暖帽宽毡履,小阁低窗深地炉。

身稳心安眠未起,西京朝士得知无?

官场勾心斗角,尔虞我诈,竟使这个青年时代正直无私的才俊变成如此鄙陋、冷血的老政治动物,令人齿冷心寒。

优游山林、畅饮低酌之间,白老头在暖阁里天天搂着几个未成年少女,放荡老身子骨,一树梨花压海棠,纵酒放歌聊自乐。

当然,幸灾乐祸之余,也有后怕,也有惊悸,也有自己及时逃离京城政治漩涡的庆幸:

今日看嵩洛,回头叹世间。荣华急如水,忧患大于山。

见苦方知乐,经忙始爱闲。未闻笼中鸟,飞出肯飞还。

——《看嵩洛有叹》

看似达观、潇洒,实则势利、贪安。

在"意识形态"影响下,上个世纪五十年代以后辑录的白居易诗,大多是"忧国忧民"之作,其实只是老白诗中的"冰山一角"。而且,种种教科书、文学传记书,言及白居易诗,必有两则俗不可耐的大花边:一为"老妪能解",二为"广泛流传至日本等国"——"老妪能解"完全不能说明白居易的高明,就像今天的大诗人北岛绝不会"夸口"说门口卖菜王大爷喜欢读他的诗一样;"广泛流传日本等国"也是个笑话,白诗浅俗,当日的倭国又是僻荒蛮地,会认字的最多也只有懂得白居易的水平。即使现在拿李贺任何一首诗去问日本的大学教授,也没几个人能究其深远喻义。此外,就像今天美国大片和音乐能深入基里巴斯或基巴里斯类似的小地方一样,白居易诗当时流入日本也根本不是什么摆上台面的"光荣"。

实际上,元稹、白居易的诗风是"浅俗淫靡"的"元和体",后起之秀李商隐、杜牧等人对这种诗风痛心疾首,想以"高绝"之诗风洗涤"元和体"的俗薄和稚陋。

同为官场元老,与白居易相比,裴度虽也浮沉避祸,但很少表露有幸灾乐祸的味道。裴老头以美酒破愁城,诗文之间,只是透露看似闲适的心境,并无隐藏不住的偷笑或者抑按不住的悲愤:

饱食缓行新睡觉,一瓯新茗侍儿煎。

脱巾斜倚绳床坐,风送水声来耳边。

——《凉风亭睡觉》

观裴度在"甘露事变"后的诗文,明显见出此公要比白居易厚道得多。

老年人如此,相比之下,还是李商隐意气风发。时年24岁的青年诗人在"甘露事变"发生后,马上作《有感二首》,愤愤不平,感慨时局:

其一

九服归元化,三灵叶睿图。如何本初辈,自取屈牦诛。

有甚当车泣,因劳下殿趋。何成奏云物,直是灭萑苻。

证逮符书密,辞连性命俱。竟缘尊汉相,不早辨胡雏。

鬼箓分朝部,军烽照上都。敢云堪恸哭,未免怨洪炉。

其二

丹陛犹敷奏,彤庭歘战争。临危对卢植,始悔用庞萌。

御仗收前殿,兵徒剧背城。苍黄五色棒,掩遏一阳生。

古有清君侧,今非乏老成。素心虽未易,此举太无名。

谁瞑衔冤目,宁吞欲绝声。近闻开寿宴,不废用咸英。

在《有感·其一》中,诗人前四句先赞文宗英明大略,以袁绍(袁本初)、何述等人诛除宦官之典,把李训、郑注比作"本初辈",说他们用心不细,终于造成大臣们的被杀；"有甚"四句，以汉文帝与宦者同车，爰盎进谏一典指郑、李本想助文宗清灭宦官，但"甘露之变"失败，大臣反被贼人（崔苻）杀害；"证逮"四句，以身材魁梧的汉相王商比拟李训，同西晋王衍不能辨认"胡雏"同石勒一样任用小人郑注，最终牵连众臣，一起被杀；最后四句，讲天地之间，恐怖气氛遍布，数百朝官顿人阴曹鬼录。

《有感·其二》，前四句描写皇宫内流血杀人，如同战场，又以东汉卢植、庞萌两人作比，暗示文宗看人不准，没有用贤臣除阉，反而任用李、郑两个人办此大事；"御仗"四句，指事变不成功，曹孟德诛杀宦官亲近的五色棒不仅未成威，反而把中兴的希望也给阻绝了；"古有"四句，还是讲郑、李忽然行事，鲁莽冒失；最后四句，哀叹王涯等大臣糊里糊涂被杀，而近日宫内为皇帝庆寿用的音乐，仍然袭用《咸池》《六英》（喻指王涯选定的《云韶乐》）古乐，令人闻之生悲怀。

李商隐的这首诗，现代人看来几乎句句用典，隐晦非常，其实，在当时，稍有一点文化修养的人都可明镜般看出诗中意旨，青年诗人的义愤和正义感，勃勃而发，可以说是那个黑暗时代最大胆的作品。万马齐喑之中，此诗难能可贵。

李商隐才子命乖，身逢乱世不说，又处于"牛李党争"的夹缝中，一辈子蹭蹬蹇涩，衰气十足。

从谱系方面讲，他与李唐皇族同宗，但属渺远支系，自童年起就随父辗转奔波。文宗大和三年（公元829），李商隐巧遇伯乐：天平军节度使令孤楚很欣赏诗人的才思，辟为幕僚。但是，大和七年诗人赴京应试落第，不得已又去华州做幕僚。开成二年（公元837年），令孤楚的儿子令孤绚出力不少，李商隐终于进士及第，时年26。转年，李商隐应泾原节度使王茂元之辟，为其幕僚，并娶其女为妻——此举成为他日后一生困顿的开端！王茂元在政治上属于"李党"，令孤父子属于"牛党"，李商隐此举，被视为是"诡薄无行"的背叛举动。

后来，他在弘农县尉任上又得罪上司，不得不挂官而去。唐武宗继位后，"李党"得势，本来李商隐仕途出现重大转机，但当年其母病逝，依礼要离职服丧。等到他终有机会回朝时，唐武宗崩，唐宣宗上台，尽逐李党，令孤绚为相，诗人自然处于极其狼狈的境地。

无奈，他只能只身一人应李党成员、时为桂管观察使的郑亚之邀，远至桂林做幕僚,"洞庭湖阔蛟龙恶,却羡杨朱泣路歧",正是诗人当时悲愤仓皇心态的写照。

在桂林的一年多,诗人生活基本风平浪静。但郑亚很快因事被贬,李商隐又失去依靠。

回到长安后,走投无路的诗人只能厚着脸皮去见令狐绹,得补太常博士。好不容易得一微官,妻子又因病亡故。一击又一击,上天对才人真是太不公平了。

大中六年,心灰意冷的李商隐赴梓州为人做幕僚,刻意佛事,心如死灰。

六年之后,诗人含恨离世。

"甘露之变"后,另一重要诗人杜牧也有感触,但他的态度同李商隐完全相反。

当时,一直辗转在外的杜牧刚刚入京做监察御史,恰值李训、郑注气势熏天之际,杜牧对二人既反感又惧怕。很快,他的好友兼同事侍御史李甘被李训外贬为封州司马,更让杜牧义愤难平。气归气,恨归恨,处于政治漩涡时的杜牧已是官场不大不小的油子,当时没有任何诗作表态。未几,他又赴洛阳做官,逃过了"甘露事变"的血劫。假如他当时在朝,很可能在乱中被宦官杀掉。

十多年后,在其《昔事文皇帝三十三韵》中,杜牧小声讽讥了李训和郑注"狐威假白额,枭啸得黄昏"。对于阉党,杜牧只字未敢提,连影射字眼也毫毛全无。

杜牧与李商隐齐名,后世称此二人为"小李杜"。杜牧一生,与李商隐一样,也是颠沛流离,仕途乖蹇,原因也相同——陷入"牛李党争"的纠缠。

杜牧家世显赫。"城南韦杜,去天尺五"。当年韦皇后九族被杀,由于杜家大族与之联邻而居,杜曲、韦曲挨在一起,"诸杜滥死非一",杜家一族也被当作韦氏家庭,被兵士枉杀了不少。

杜牧家族,在唐代就出过十一个宰相,其祖父杜佑,也曾三朝做相。但是,由于父亲早死,杜牧的青少年时代经历了"天上人间"的变故,"食野蒿藿,寒无夜烛"。贵家子弟,一朝沦落。但杜牧好学上进,一心求学,不仅文采好,他又苦读兵书,准备经世济用,一展才略。在《上周相公书》中,杜牧的文韬武略,淋漓尽致,展露无遗,绝对是将相之才。

太和二年中举后，杜牧只获任校书郎。不甘心寻章摘句，诗人就入牛僧儒淮南节度幕府，一不小心，成了"牛党"分子。

在近十年的幕府生涯，杜牧倒不像李商隐那样穷愁落魄，反而是豪奢潇洒，终日纵酒欢歌："男儿所在即为家，百镒黄金一朵花"，贵公子的深层习气一曝无余。

"甘露之变"杜牧逃过一劫，后又于开成四年（公元839年）入京任左补阙，由于政治黑暗，诗人噤口落寞，还劝人"莫言名与利，名利是身仇"，稍有慷慨，也是风月的放达与往昔轻薄的回顾："十年一觉扬州梦，赢得青楼薄幸名。"

唐文宗死后，李德裕为相，牛党人士纷纷落马，但杜牧未受太大冲击，何者，李杜两家是世交，李德裕的父亲李吉甫还曾为杜牧爷爷杜佑的僚属，李德裕还辟杜牧弟弟杜剀为幕僚，二人又均是高门出身，自然关系不会很差。

虽如此，但由于杜牧和牛僧儒关系太近，李德裕会昌年间当权时，并未重用这位奇才诗人。而且，杜牧由于曾得罪过李德裕好友李绅（当时也入朝为相），不久他就被外放黄州。

这位李绅不是别人，写过著名的《悯农二首》：

锄禾日当午，汗滴禾下土。

谁知盘中餐，粒粒皆辛苦！

春种一粒粟，秋收万颗子。

四海无闲田，农夫犹饿死！

同样一个人，也是"司空见惯"典故的由来人。这位早年写诗忧农的大官，晚年位至司空，盛排酒宴招待诗人刘禹锡，并在席间遣美貌歌女劝酒"三陪"，为此，刘禹锡感慨道："司空见惯浑闲事，断尽江南刺史肠。"

可见，知识分子作文作诗是一码事，人品和行事完全又是另一码事。

唐武宗继位，李德裕立被窜逐，"李党"失势，"牛党"纷纷回朝。杜牧很尴尬，由于"李党"在位时没怎么"迫害"他，"平反"名单中也就没他份，而且，由于其弟是"李党"，"牛党"还把他放逐至更僻远的睦州做刺史。

病急乱投医，杜牧忙向时为宰相的白敏中上书，大肆吹捧"牛党"，并恶毒攻击李德裕，十分不厚道。白敏中没什么反应，倒是有贵人出手相授，宰相周墀把他调回京城，任司勋员外郎。

　　真正回朝又回政治中心,杜牧不久即大失所望,哀叹自己处于"水深火热"之中。虽然后来他得为知制诰一官,清显位重,但锐气尽失,暮气沉沉,不久即郁郁而终。一生沉沦,"半是悲哀半是愁"。

　　再讲一下文宗皇帝。

　　"甘露之变"后,唐文宗完全失去权柄,受制于阉宦,每天,虽然宴享音伎杂陈盈庭,他却从未尝解颜欢笑。闲居之时,或徘徊眺望,或独语叹息。

　　一次,他在集思殿与当值学士周墀聊天,问:"朕与前代皇帝相比,可以和哪位相提并论呢?"

　　周墀文臣,自然说"客气话","陛下圣明,可比尧舜。"

　　文宗苦笑。"朕怎敢与尧舜明主相比,我向爱卿询问,只是想知道我与周赧帝、汉献帝相比,强弱如何?"

　　周墀闻言大惊,手中酒杯都掉在地下:"那两个亡国之君,怎能与陛下相比!"

　　文宗摇头,叹息道:"周赧帝、汉献帝受制于诸侯、权臣,现在朕受制于家奴阉宦,以此言之,朕实不如二帝!"言毕,这位皇帝泣下沿襟,委屈得不行。

　　公元839年,"甘露事变"四年之后,病中的唐文宗也被宦官毒死,时年33。

　　当时得知文宗皇帝驾崩的消息,诗人李商隐有《咏史》一诗,伤悼文宗:

　　历览前贤国与家,成由勤俭败由奢。

　　何须琥珀方为枕?岂得珍珠始是车!

　　远去不逢青海马,力穷难拔蜀山蛇。

　　几人曾预南薰曲,终古苍梧哭翠华。

　　此诗并非讽刺文宗奢侈,相反,诗人字里行间充满惋惜之情。

　　唐文宗一生节俭,又竭力用贤,只是"运去时穷",误用小人,事与愿违,最终被"家奴"药死,含冤而逝。

乘时运智也立功——李德裕的"会昌之政"

　　唐文宗被宦官们下药后,还未咽下最后一口气,众位公公像兔子脚一样飞奔,在仇士良、鱼弘志等人率领下,带兵入十六院,抢"拥立"之功,把文宗五弟颖王李瀍弄进宫去,立为皇太弟。

文宗皇帝原来的本意,当然是立自己的侄子太子李成美。太监刘弘逸等人与穆宗的妃子杨贤妃关系不错,想拥立杨太妃的儿子安王李溶。

深宫内殿,拼比的就是太监的实力,仇士良、鱼弘志二人手中有禁卫兵,又能抢先一步,矫文宗遗诏,颖王李瀍便成了皇帝,是为唐武宗。

唐武宗一继位,在仇士良撺掇下,马上赐死了自己的八弟安王李溶、侄子皇太子李成美(乃敬宗之子)以及安王的生母杨贤妃。

仇士良等人也趁机挟怨报复,杀掉不少和唐文宗关系密切的乐工和太监。

唐武宗虽袭位不正,此人却是个有魄力的君王,在他身上,既有唐宪宗的英武,又有唐穆宗、唐敬宗的贪纵,是个英君与昏君的混合体,只不过,此人是英武占了其中的大半。

武宗继位后,以李德裕为相,言听计从,君臣二人"会昌之政",最大的功绩有两件:一是消灭回纥残余势力,二是平灭刘昭义节度使刘稹叛乱。

武宗继位时,回纥刚刚为黠戛斯(今吉尔吉斯族)打败,除逃奔安西、吐蕃外,有不少余众逃向唐朝边境的天德军附近,侵逼受降城(当时名西城),"请求"内附。诸部回纥喘定,立王子乌希特勒为可汗,即乌介可汗。

回纥,就是回纥,宪宗元和四年时上表遣使改其国号为"回纥",意取如飞鹘一般"回旋轻捷"。

回纥也是匈奴别种,北魏时号"铁勒","依托高车,意属突厥"(突厥之先乃"平凉杂胡",原为柔然锻奴部落)。隋末号为"特勒"。史载,回纥人"性凶忍,善骑射,贪婪尤甚,以寇钞为生"。唐初时,特勒改称回纥。太宗贞观年间唐军大破颉利可汗,回纥酋长菩萨率五千骑兵助战,很受褒奖。不久,又隋唐军击掩新主子薛延陀部落,并其部曲,占有其地。太宗以回纥部为瀚海府,拜其酋长吐迷度为瀚海部督,怀化大将军。对内,吐迷度已经自称可汗,官号部署模仿突厥。

后来,回纥上层发生乱伦杀主事件,诸部纷乱,太宗便命他们归属西突厥。见老主子已衰落,回纥不肯。高宗时代,西突厥可汗阿史那贺鲁反叛,唐军进击时收回纥五万骑兵,一起大破西突厥,收复北庭之地。接着,回纥还隋唐兵平高丽。

开元年间，回纥渐强，一度还攻杀唐朝凉州都督。唐玄宗命郭知运等大将征讨，回纥退保乌德健山。天宝初年，其酋长叶护颉利吐发遣使入朝，被封为奉义王，不久，唐朝封其为怀仁可汗。

安史乱后，回纥正式登上中国历史扮演重要角色。唐肃宗在灵武称帝，回纥遣太子叶护带四千精骑入援，并帮助唐军收复西京长安。助战有功，回纥贼性大发，就想入城抢劫，被当时为广平王的代宗劝止。唐军收复东京（洛阳）后，回纥人冲入府库掠夺财帛，在市井村坊剽掠三日而止。所掠财物不可胜记。

乾元元年，肃宗以亲生女儿宁国公主下嫁毗伽可汗。临行，父女对泣，公主说："国家事重，死且无恨！"

唐朝宗室汉中王李瑀送亲至回纥，毗伽可汗胡帽穿赭黄袍于帐中踞坐，盛陈仪卫，先让李瑀立于帐外。然后，他问："王爷您是天可汗（皇帝）的什么亲戚？"李瑀答："天子堂弟。"可汗又问："站在您上位的是什么人？"李瑀答："中使雷卢俊。"

可汗不爽，说："中使是奴仆阉人，怎能站在王爷上位。"

太监一听，吓得差点尿裤，"跳身向下立定"。

正式见礼时，李瑀面对可汗，不拜而立。

毗伽可汗不悦："我也是一方国主，你为何不拜礼我？"李瑀不卑不亢："大唐天子以可汗有功于国，嫁亲生女儿给您。从前中国与外蕃和亲，名为公主，实为宗室女。宁国公主，天子亲女，才貌双全，运行万里来下嫁。依礼您是大唐天子女婿，怎能高坐卧榻上受诏命呢？"

毗伽可汗终于立身而起，恭受诏命。

不幸的是，转年四月，毗伽可汗就病死，当时他的长子叶护已经因事被杀，次子得立，为登里可汗。登里可汗及一班回纥贵族想以宁国公主殉葬，公主不从，说："依我们中国礼法，夫君死，持丧三年。回纥娶天朝子女，须依中国法。如依回纥礼法，何必我迢迢万里来结婚！"

登里可汗不敢违迫，但宁国公主也依回纥礼，劙面大哭，并在丧后黯然归国。金枝玉叶，绝色红颜，本想与老可汗生出个小可汗巩固唐朝和回纥的关系，如今一切皆成泡影，沾了一身羊膻不说，玉貌还因丧礼划了几刀，毁容而归。

代宗继位后，回纥在唐朝叛将仆固怀恩诱引下，倾国而来，连诸房二十余万，与吐蕃进逼泾州。幸亏老将郭子仪单枪匹马，叱责回纥背恩忘德，最终劝说这些豺狼反击吐蕃。

代宗大历年间，回纥使臣在京城数百上千人，好吃好喝好银两好房子不说，还常常擅出市肆，掠人财物，抢人子女。如果有唐朝官员对他们加以禁止，这帮强贼竟敢武装上马，进攻皇家官府，并入狱劫囚，为害甚烈。

但是，回纥人还是怕硬茬。大将辛云京守太原，回纥连并州、代州的边境也不敢去骚扰。

回纥兵帮了唐朝几次小忙，索求无厌，以卖马为名，从头到尾勒索唐朝财帛金宝无数。唐朝每年都"欠"回纥马价，越欠越多，不仅每年白送对方数万匹绢，日常支出的马价也要二三十万匹绢，对国内造成沉重负担。而且，回纥人还杀害许多汉人，要东西不给就抢。同时，回纥阻绝北庭、安西到唐朝进贡的使臣，截抢财物。

宪宗时，为抵御吐蕃，唐朝又遣太和公主出降回纥和亲。公主万里迢迢，进入毡帐换上胡服，拜见回纥可汗，可汗坐而直视，全无从前拜礼的规矩。唐朝送行使者回国前，公主送宴，流连号啼者竟日，玉貌朱颜，凋零黄沙。

等到唐文宗时代，回纥内讧，被黠戛斯打得大败星散。此时，太和公主仍活着，被黠戛斯俘获。黠戛斯自称是汉朝李陵之后，特别是他们当中有"黑瞳"的，肯定是李将军苗裔，所以，如果现在见到吉尔吉斯人，有黑眼珠的，说不定就是那位传奇人物李陵的后人。

由于自认与李唐皇族同姓（李唐自称是李广之后），黠戛斯派使臣保护太和公主还唐朝，中途被回纥的乌介可汗所劫，尽杀使臣，以太和公主作为人质，向唐廷索要天德城为根据地。

唐武宗初继位，即遇如此棘手问题。天德军监军田牟想立功，上奏要求引连沙陀等部击逐回纥。

李德裕很审慎，作为泱泱大朝宰相，他建议："回纥有功于唐，穷无所归，可赐其粮食，观其所为。"

最主要的，是因为当时唐朝天德守军才一千多人，李德裕怕击寇不利反被劫夺。于是，唐朝先赐予回纥二万斛谷粮。

乌介可汗虽是败亡之余得立的可汗，阴险凶狠，并吞诸部，很快又拥有十余

·隋唐五代十国逸史·

图文珍藏版

万众。

会昌二年,又有回纥部落进袭幽州时被卢龙节度使张仲武击败,未死的三万多人向幽山的唐朝守将归降,其首领数位被赐以国姓,有李思忠、李思贞、李思义、李思礼等人。

乌介可汗在天德军、振武军之间往来剽掠,抢夺汉人、羌人的财物。唐廷多次诏谕,让回纥军众退还漠南。乌介可汗不仅不听,反而率军突入大同川,驱掠数万牛马,一路烧杀抢掠,直逼云州城门(古平城)。

于是,忍无可忍之下,唐廷下诏发陈州等五洲兵屯备太原,并命振武、天德两军待转年春天到时合军驱逐回纥。

由于唐廷指挥有方,刘沔、张仲武、李思忠等人各得其用。这些将领又严命奚族和契丹各族斩杀先前回纥强盛时派驻的监使,削弱回纥的外援和供给。

会昌三年(公元 843 年)春,回纥乌介可汗率兵侵逼振武军,刘沔遣丰州刺史石雄与沙陀、党项兵合军,准备先发制人出击回纥。

石雄至振武城,远望乌介可汗大兵还未集结,又见有毡车数乘,出入其间的皆衣朱碧,很像唐人服色。派出间谍侦探,才知是太和公主营帐。于是,石雄派人密报公主:"现将迎公主归国,突战之时,请驻车勿动。"

当夜,石雄率兵从城下凿洞潜出,直击乌介可汗主帐。大惊之下,乌介跳上马就跑,尽弃辎重,余众也趁乱哄逃,石雄派人连夜追击,在杀胡山(黑山)大败回纥残兵,乌介可汗只与数百骑逃走。辗转辛苦多年,太和公主这位皇姑终于得返长安。

此次奇袭战,唐军斩首一万多,俘两万多帐,数万回纥余众。为了斩草除根,李德裕还亲自为武宗起草诏书,赐黠戛斯可汗,称:"回纥凌虐诸蕃,可汗能复仇雪怨,茂功壮节,近古无俦。今回纥残兵不满千人,散投山谷,可汗即与之为怨,须尽夷灭,倘留余烬,必生后患!"

黠戛斯可汗见唐朝册封自己,又称亲族又赐金宝,更加卖力地四处剿杀回纥残兵。

不久,本来已经向唐军投降的三千多回纥人及四十多酋长在被遣散时,大呼不从,在滹沱河扎营不走,皆被刘沔派兵包围,杀个一干二净。虽然乌介可汗本人在三年后才被部下所杀,但至此回纥已经衰散四进,再也不成气候。

可笑的是,如今"东突"分子自称为"大突厥"的一部分,殊不知,二族源属不同,且还在古代世为仇敌,他们唯一的联系是文字、语言相近,别的方面根本是生拉硬扯。

会昌三年夏天,昭义节度使刘从谏病死,临终,他以弟弟刘从素之子刘稹为己子,嘱其妻裴氏要保全藩镇。刘从谏一直因"甘露之变"上表索杀仇士良等人,与唐廷不睦,怕自己死后朝廷秋后算账。因此,刘从谏死后,刘稹自称留后。

消息传来,武宗皇帝令群臣廷议,多数人认为回纥余敌未灭,再兴兵讨伐泽潞,军力耗费不起,应该下诏让刘稹代理节度使。

李德裕力排众议,认为:"泽潞藩镇与河朔藩镇不同,地处心腹要地,一直为朝廷平乱灭害,敬宗时没有远见,允许刘悟死后让其子刘从谏承袭。假如刘稹又能父死子袭造成事实,四方藩镇有样学样,天子威令肯定无人禀遵!"

武宗皇帝沉吟,问李德裕是否有把握平灭刘稹。

李德裕知道武宗忧虑主因在于河朔藩镇对刘稹的声援,便开导说:"现在应派遣重臣去镇冀王元逵和魏博何弘敬两处藩镇晓以利害,告诉他们河朔藩镇的父死子袭已成定例,但对泽潞藩镇朝廷绝不会放任。同时,诏命两镇出兵,事平之后,不仅有重赏,还能彰显尊荣朝廷的忠心。"于是,李德裕代唐武宗草诏,词语直率、恳切,王元逵、何弘敬得诏,悚息听命。

唐廷宣布削夺刘从谏、刘稹的官爵,并以王元逵为泽潞北面招讨使,何弘敬为南面招讨使,与河东节度使刘沔、忠武节度使王茂元一起攻讨刘稹,并严令诸道不许接受刘稹投降。同时,唐武宗派遣宗室、御史中丞李回宣慰河北三镇。何弘敬、王元逵、张仲武三人皆戎服郊迎,站立于道左恭候。李回也挺能干,他明辨有胆气,三镇无不奉诏。

不久,见何弘敬出兵迟缓,李德裕就劝武宗诏命忠武军王茂元向魏博方向移动。

见朝廷军队向自己地盘渗透,何弘敬大惊,怕引起内部军变,仓皇出师,进逼刘稹,并上表讨好朝廷说自己已经渡过漳水,直杀磁州。

很快,魏博军攻拔肥乡和平恩两县,与刘稹真正撕破脸皮。

为了使战事更加顺利,唐廷又在关键时刻撤换文官出身不大懂打仗又有病在身的王茂元,以王宰代领其职。

其间,曾大败官军的刘稹军将薛茂卿因不获升迁产生怨恨,暗中投降王宰,并约唐军里应外合进攻泽州。王宰不敢相信对方是真投降,错失一次绝好机会。

刘稹知道消息后,把薛茂卿骗至潞州,整族杀个干净。

因亏欠军饷,属于河东军镇的太原发生兵变,唐廷陷入两难境地。

犹豫之际,又是李德裕为武宗皇帝分析形势,指出太原叛兵人数少,兵变不久就会平定;刘稹本来要支持不住,万不可给机会让他绝处逢生,自损朝廷威命。

果然,河东军镇戍榆社的将士听闻朝廷要命令其他藩镇的军队去太平讨灭叛军,很怕这些"客军"趁机会屠杀自己在太原城内的亲属,便自告奋勇,拥监军吕义忠返军回城,攻入太原,尽杀叛乱的兵卒。不用唐廷出兵出饷,太原兵变就如此轻易得以解决。

枝节问题得以解决,唐军诸路军兵专心讨战刘稹。刘稹心腹大将高文端向唐军投降,尽言贼中虚实,并出了一个又一个"好主意",拿下不少泽潞地盘,步步逼近刘稹。

很快,泽潞邢州有"夜飞"之称的精锐守军因主将贪残,军士哗变,杀掉主将向王元逵投降;洺州守将王钊向何弘敬投降;磁州、尧山两处贼将也向唐军投降。

李德裕得报后,对武宗说:"昭义军的根本尽在山东,现在磁、邢、洺三州降服,其老巢上党很快就会有变故发生。"

为了防止魏博、镇冀两个藩镇把三州当成自己地盘,李德裕劝武宗立刻诏任山南东道节度使卢弘兼任昭义节度使,让他乘夜赴镇。

潞州贼兵贼将听闻山东三州皆降,大惧失色。一直给刘稹出坏主意搞割据的郭谊、王协等人便想杀刘稹以自赎。

刘稹本是一个二十岁出头的毛头小伙子,原先为他谋划抵拒朝廷的郭谊现在掉回头算计他,自然是容易之事。刘稹有个远房堂兄刘匡周兼任军中押牙使,即是军府护卫军主将。郭谊知道有这个人在守大院不好下手,便劝刘稹说:"刘匡周在牙院暴横,诸将不敢言事,山东之失,实由此人。如果把他罢职,诸将肯定会献计献策,对军中有利。"

刘稹听话。他叫来这位堂兄，让他自己"称疾不入"。刘匡周固谏，刘稹不听。

刘匡周长叹："有我在院中，诸将不敢有异图。我交出护军，刘家宗族灭亡不远了。"

弄走了刘匡周，郭谊又派自己人董可武去劝刘稹向朝廷投降。

刘稹大惊，"现城中还有五万劲卒，干吗不战而降？"

董可武说："您现在束身归朝，最小也会弄个大州的刺史当；可任郭谊为留后，等您的新任命一下来，我们再奉太夫人以及您宗族和所积金帛迁居东都洛阳享福。"

刘稹傻不拉几，以为此事可行，就入后厅与母亲裴氏商议。裴氏叹息道："归朝诚为好事，但恨已晚。吾有弟不能保，安能保郭谊！汝自图之！"

刘稹不动大脑，白衣出门，以裴氏的名义任郭谊为都知兵马使。王协引领诸将在议事厅列队，见证了军权交接仪式。

交出印信后，刘稹入后宅，收拾行装财物。刘稹唯一的"忠臣"宅内兵马使李士贵听说此事大怒，忙率数千护兵进攻郭谊。

郭谊从牙署院墙探出头，大叫："大家何不入刘宅自取财物，奈何与李士贵同死！"

一句话还真管用，众军士掉转刀枪，反而把李士贵杀掉。

郭谊连夜部署，该赏的赏，该关的关，很有统领风采。

转天一大早，郭谊让董可武把刘稹骗入别院，参加"告别酒会"，酒酣耳热之际，几个人中有两人牵住刘稹的手，一个人从背后一刀，剁下这个"大赏物"。然后，他们派军兵把刘稹的宗族（包括刘匡周在内），杀得一个不剩，婴儿不免。同时，还杀了平素与刘氏父子关系不错的军将、幕僚十二家。凡军中平日与自己有小嫌者，郭谊日有所诛，流血成河。

接到刘稹的首级和郭谊的降书，武宗召李德裕等朝臣议事。言及如何处理郭谊的问题。

李德裕表示："刘稹孺子，阻兵拒命，郭谊皆为主谋；待至势孤力屈，郭谊又杀刘稹以求赏。此人不诛，何以惩恶！应该趁诸军在境的机会，把郭谊一起诛杀。"

武宗也点头:"朕意亦以为然。"

郭谊诸人没有等到"旌节",却被唐军捆上押入长安,皆当众斩首。比起当年为吴元济出坏主意的淮西军将董重质,郭谊真是同人不同命。

因此,历史大家司马光对宪宗和武宗的做法皆不以为然:"赏奸,非义也;杀降,非信也。失义与信,何以为国!"

无论怎样,唐武宗、李德裕君臣协力,竟也能"以贼攻贼",借用藩镇军队,平灭了刘稹。

灭回纥残兵,定泽潞藩镇,唐武宗确实可当得起一个"武"字。

矫枉过正行"灭佛"——武宗君臣兴道毁佛始末

中国历史上曾大规模铲除佛教的"三武一宗"四个皇帝,即是指"三武"北魏太武帝拓跋焘、北周武帝宇文邕、唐武宗李炎,那一个"宗"是指周世宗柴荣。

唐武宗、李德裕君臣"灭佛",诏书上的动机看上去很冠冕堂皇,且不无道理:

"今天下僧尼,不可胜数,皆待农而食,待蚕而衣。寺宇招提,莫知纪极,皆云构藻饰,僭拟宫居。晋、宋、齐、梁,物力凋瘵,风俗浇诈,莫不由是而致也。"

诏令一下,全国拆毁佛寺四千六百多所,僧尼还俗二十六万零五百人以及寺奴十五万多人,皆收充两税户,并从昔日寺院中收回膏腴良田数千万顷,充为公田。

究唐武宗"灭佛"之由,动机并非像诏书所称那么高尚。武宗皇帝本人与李德裕皆崇信道教。特别是为武宗"炼丹"的道士赵归真等人,日夜劝说武宗毁佛。武宗皇帝天天登上宫中一百五十尺高的"登仙台",总想一下子飞升得道,结果当然啥事也没发生。

道士赵归真趁机就说:"现在国中道教和释教并行,我总是看到黑气冲天,阻碍圣上成仙。"

这句话最管用,武宗皇帝成仙心切,马上谕旨下发。历朝历代,一门宗教再强盛,其实皆是为了统治者服务,不可能凌驾于皇帝之上。如果"老板"怒了,拍案一喝,作为帝王权杖装饰的宗教只有挨宰的份儿。

此外，同行是冤家，毁了佛，自然就肥了道。拆毁无数佛寺，同时又兴建无数道观，一出一进，仍旧浪费无数。为此，大儒王夫之就慨言："岂可以举千年之积害，一旦去之而消灭无余哉？"

而且，佛教当时不仅与士大夫有千丝万缕的联系，内廷握有重权的太监们大多也都是虔诚的佛教徒，从高力士开始，鱼朝恩、李宪诚、吐突承璀、杨思勖、李辅国、仇士良等等有权的太监，无一不信佛（当然，这也和太监多充任"功德使"有关，本身他们自己就掌管"宗教事务"）。

宦官信佛，主要是佛教宣扬因果报应，众生平等。这让没有男根的公公们很迷崇。以为此生大撒金钱拜佛，来世即可变为正常男子并深享荣华富贵。反观道教，在宫廷中总是教唆皇帝修身养性，健体调生，这对宦官们没有任何吸引力——大力丸吃得再多，也没有地方可使。

而且，道教传说中的众神等级森然，俨然是世俗的翻版，皇帝仍是皇帝，太监仍是太监，即使升仙上天，仍旧是伺候人的奴才。由此，太监们对与他们争宠的道士心中憎恨，武宗灭佛，实际上也加剧了禁廷内的暗斗。

会昌五年（公元845年）秋天，由于吃进不少道士奉献的"金丹"，武宗皇帝的身体一天差似一天，不仅上朝次数急剧减少，连出外打猎游玩也罕见武宗身影。

武宗如此不舒服，道士们还进贺，说："陛下如今体内小恙，是仙丹产生了功效，您正在换骨过程中，不久即可成为万岁仙体。"

为了能使御名更符合五行相生相克之理，武宗皇帝改名为李炎，即取火能生土之意。"土"未生成，不久武宗皇帝倒是入了土。

"金丹"皆是剧毒矿物质结晶而成，人的肉体根本无法承受。会昌六年四月，唐武宗终于因服"仙丹"而驾崩，终年才33岁。

武宗皇帝的死亡，以及灭佛的"三武一宗"的另外三个皇帝死亡，皆被某些释教信徒称为"报应"，似乎是得罪了佛祖什么的才到地狱报到。其实，这些鬼话完全是"不厚道"的诅咒谩骂。佛教大慈大悲的金身，都在这些市井话语中露出其剥蚀的华丽庄严。

纷乱之余，又是居于禁中统领禁卫军的宦官们为抢拥戴之功，矫诏迎立宪宗第十三子光王李忱"皇太叔"为帝，是为唐宣宗。

唐宣宗继位时,时年已经37岁。此人小时候在皇族中有"大傻子"之称。文宗、武宗兄弟在十六宅王爷府第宴饮时,常常故意逗他说话,以惹大家欢笑,虽然"光叔""光叔"一口一口地叫着,实际上是拿这位光王当成茶余饭后的笑话。尤其是唐武宗,有事没事就踹这位"光叔"一脚、扇他一耳光或遣宦者逗这位王爷玩耍找乐。

"光叔"当了皇上,顿露"狰狞"面目,他先杖杀道士赵归真等数人,又下诏恢复天下佛寺。

为报父皇宪宗被杀之仇,宣宗派人毒死了郭太后。经历了宪宗、敬宗、文宗、武宗、宣宗六朝的老妇人,竟不得善终。

一朝天子一朝臣,唐宣宪大肆起用"牛党",把李德裕一贬再贬,东都、湖州、崖州,最终把这位会昌功臣贬死在"天涯海角"。

刚贬潮州时,李德裕还作《谪岭南道中作》一诗:

岭水争分路转迷,桃榔椰叶暗蛮溪。

愁冲毒雾逢蛇草,畏落沙虫避燕泥。

五月畲田收火米,三更津吏报潮鸡。

不堪肠断思乡处,红槿花中越鸟啼。

此诗情景交融,思乡深切,但仍强作宽解。很快,严贬诏令又下,老宰相不得不举家上路,被押往崖州安置。惨伤之余,李德裕作《登崖州城作》一诗,绝望之意,表露无遗:

独上高楼望帝京,鸟飞犹是半年程。

青山似欲留人住,百匝千遭绕郡城。

青山果留人在此。李德裕不久后就病死在这地老天荒之地,其年幼二子也因水土不服相继病死。定泽潞、却回纥的一代名臣,下场竟如此凄凉不堪,着实让人感慨不已,所谓"功成北阙,骨在南溟",悲夫!

唐宣宗李忱虽然刚毅冷酷,为政却很清明。在他在位的十三年间,不仅善于纳谏,知人善任,抑制宦官,而且乘张议潮来归之机,一举收复沙州(甘肃敦煌)、瓜州(今甘肃安西)、伊州(今新疆哈密)、西州(今新疆吐鲁番)等数州,重新获得了河西走廊的控制权,号称"大中之治",唐宣宗本人也赢得了"小太宗"的美誉。

但是，唐宣宗时代的统治"小昭而大聋，官欺而民敝，智撅而愚危，含怨不能言，而蹶兴不可制。"（王夫之）

所以，唐帝国的这段瞬间辉煌恰似回光返照，很快就走到了弥留欲死的尽头。的病体，到屋外廊下小坐。这时春已将尽，花红在春风中瓣瓣飘落。柳絮似雪漫天飞舞，见此情景，颜令其不禁想起自己的身世、羸弱多病的身躯，恰似眼前寥落的花草，不知哪天，就将在生命的春天中凋零。她不禁两行热泪挂上苍白的面颊，随即转回房内，吟道：

气余三五喘，花剩两三枝；

话别一樽酒，相游无后期。

她似乎已有某种预感，趁着这些天精神略好，她把这首色调凄婉的小诗用浣花笺抄写了很多份，差小厮分送给平日交往密切的一些友人，并附短束说："小女子此次扶病设宴侍候客人，务请拨冗前来话别。"众友人见颜令宾送来这般惨淡的请柬，纷纷赶来与会。

这是一个无风无月地夜晚，颜令宾微晃着身躯，消瘦的脸上带着吃力的微笑，抱病主持宴会，众宾客不愿提及伤心事，尽量做出开怀畅饮的姿态。大家在颜令宾熟练的安排下，讲了很多很多的趣事新诗，似乎想把要说的急着说完。最后，颜令宾的笑容再也维持不下了，声泪俱下地对大家说："我将不久于人世，春花秋月，曾经侍候各位消磨过不少快乐的时光，如今生离死别，再无相会之期，在这里我想向诸位提一个最后的请求，就是希望大家都能送我一些惜别的文章，我就感谢不尽了！"话罢伏桌而泣，虚不自持。但这时，谁又忍心写出道别之辞呢？

这次宴会后，颜令宾的病情每况愈下，几天之后，这位才色绝伦的青楼名妓，终于在她豆蔻芳华的时候，无可奈何地香消玉殒了。她就像一朵娇艳的花朵，在开放得最旺盛的时候，被春风吹散了花瓣，抱憾凋零在无情流光中。

颜令宾曾是她鸨母手中的一棵摇钱树，现在人死树枯，她满以为最后还能从那些平日捧场的宾客中获取一些丰厚的祭礼馈赠，不料那些客人却都遵照颜令宾生前的嘱咐，为她送来一篇篇惜别的文章，一首首哀悼的诗词。鸨母不解其中价值，只觉得失望至极，愤怒地把这些诗文，一齐都从挹翠楼上扔到窗外街上，口中还唠唠叨叨地数落着："要这些有什么用啊！"

刘驰驰听到了颜令宾的死讯，无异于五雷轰顶，几乎发疯。因为两人无名无分，他不能去探视病中的颜令宾，也不能去与她诀别，如今她魂归天外，因为鸨母的阻拦，他也不能到她的灵前吊唁，他的悲痛简直无法倾泻，闷在心中，令他心伤欲绝。

挹翠楼上扔出了许多悼念颜令宾的诗文，刘驰驰连忙跑去收抢，他把四处翻飞的纸笺，都一页一页地仔细拾起，收藏在怀中。等到颜令宾下葬郊外以后，刘驰驰便日日跑到她的坟上，把拾到的诗词，一一唱给地下有灵的情人听。刘驰驰的歌声凄婉，哀伤动人，把他无限的悲痛和着诗词一同唱出，听到的人，都不免为之怆然落泪。许多颜令宾的旧时好友也常到她墓前悼念，并站在那里，静静地听刘驰驰唱歌。他唱得最多的一首诗是：

昨日寻仙子，辚车忽在门；

人生须到此，天道竟难论。

客至皆联袂，谁来为鼓盆；

不堪襟袖上，犹印旧眉痕。

据说，刘驰驰第一次在颜令宾坟前唱这首诗时，是一个寂静无人的黄昏，他唱着唱着，昏昏欲睡，朦胧中看见淡妆素裹的颜令宾站在坟头频频向他颔首，似乎非常喜欢听这首诗。刘驰驰猛地惊醒，从坟头看去，只有纸幡飘拂在凉风中，再也不见颜令宾的影子。但从此他坚信，颜令宾一定是喜欢这首诗，因而他常常唱起，希望再次唤回她的芳影。

霍小玉为何含恨而终

"痴心女子负心汉"。弱女子常把爱情视为生活的全部希望，全心相待，一旦失去，不惜以性命相酬；而男子毕竟还拥有大千世界，追求功名利禄，爱情只是生命中的一种点缀，此可彼亦可，负心事由此而出。唐代宗大历年间，歌妓霍小玉与诗人李益的爱情悲剧，就是对"痴心女子负心汉"的又一个诠释。

歌妓霍小玉原来出身于贵族世家，父亲是唐玄宗时代的武将霍王爷，母亲郑净持原是霍王府中的一名歌舞姬，因外貌秀美、歌舞动人而被霍王爷收为妾。不料，在郑净持身怀六甲的时候，"渔阳鼙鼓动地来，惊破霓裳羽衣曲"，突如其来的"安史之乱",打破了郑净持安享霍王爷恩爱的美梦。霍王爷在御敌时战死,霍王府中家人作鸟兽散,郑净持带着尚在褓褓中的霍小玉流落民间,开始了贫民生活。

唐代宗大历初元年间,霍小玉已经十六岁了。她禀受母亲的资质,长得容貌秀艳,明丽可人;加上母亲的悉心教诲,她不但能歌善舞,而且精通诗文。这时,母亲郑净持落难时从府中带出的首饰细软都变卖用尽,为了维持母女俩的生计,霍小玉不得不承母亲的旧技,做歌舞妓待客。为了女儿的前途,郑氏对待客的尺度把持甚严,仅限于奉歌献舞,为客人助兴消愁,决不出卖身体。这样竭力保住女儿的贞洁,是为了有朝一日遇到有缘人,能名正言顺地嫁为人妻,以获取终身的幸福。这样卖艺不卖身的艺妓,娼门中称为"青倌人",必须是意志坚定的人才能做到。霍小玉虽为"青倌人",但因才貌俱佳,照样能吸引一大批清雅风流之客,成为颇有声誉的红歌妓。

这时,有一个青年男子以诗才名满京城,他就是李益。李益是陇西人氏,大历四年赴长安参加会试,中进士及第,他在家中排行第十,故人们又称他李十郎。中进士时,他年方二十,才华横溢,尤以擅长作诗而闻名。他的每首诗一脱稿,长安的教坊乐工就千方百计地求来,谱上曲子让歌姬吟唱,平民百姓也都争相传诵。他所写的"征人歌""早行将"等诗篇,还被长安无数豪门贵族请画工绘在屏帏上,视为珍品。

后来,经过街坊邱十一娘的穿针引线,进士及第后等待委派官职的李益来到崇德坊霍小玉家。两人相见,都对对方十分钟情,于是落座客厅,煮酒欢谈,大有相见恨晚之感。霍母郑氏在一旁看着这一对情意相投的年轻人,心中漾起喜意,心想:"可怜的女儿总算找到了一个可意的归宿。"霍母殷勤地点上两支红烛,烛光摇曳中.李益与霍小玉洒酒为媒,定下了终身,并一同对天起誓"永结同心,忠贞不贰,海枯石烂,相爱不移!"从此,李益留住在霍小玉家,双双对对,同吃同寝,同出同入,俨然是一对新婚伉俪。

光阴似箭,转瞬夏去秋来,李益被朝廷授职郑县主簿。主簿是掌管全县的行政钱粮的官员,仅次于县令。受印后,李益打算先回陇西故乡祭祖探亲,来年春天东行走马上任,在一切安排停当之后再派人前来迎接霍小玉到郑县完婚,这一路奔波,估计约需半年时间,也就是说,这对情侣必须分别半年整。

李益获得官位,霍小玉半是欣喜,半是担忧,她怕李郎此去,远走高飞,再也不会回到她的身边。见李益把今后的打算说得头头是道,霍小玉深恐口说无凭,仍是疑虑重重。李益索性取过笔墨把婚约写在一方素绫上:"明春三月,迎娶佳人,郑县团聚,永不分离。"霍小玉珍重地收藏起这一份素绫誓约,也收藏起一份对前途的希望。

谁知随后事态的发展,竟让霍小玉的担忧成了现实,李益申言再三的誓言也被残酷的事实击得粉碎!李益回乡后,因为功成名就,好生风光了一番,喜不胜收的李家父母忙不迭地替他说下了一门婚事,女方是当地官宦世家卢家的女儿。李益闻说此事,有些为难,硬着头皮向父母禀明了长安霍小玉的情况。李家父母听了大摇其头,反对说:"堂堂进士及第、朝廷命官,怎可以娼门女子为妻,真是岂有此理!"既然父母坚决反对,加之卢家姑娘秀美知书,一派大家闺秀风范,尤其是卢家在朝中有一定势力,对李益的仕途进展大有裨益。如此种种理由,使沉浸在喜悦之中的李益把长安的婚约抛到了脑后,顺理成章地与卢氏结为夫妻,双双前往郑县赴任,夫唱妇随,一派和谐美满之象,渐渐把长安绮梦和多情的霍小玉淡忘了。

可怜的霍小玉自李郎离开后,闭门谢客,痴痴地等待情郎派人来接她到郑县团聚。时间一天又一天,一月又一月地过去了,半年约定的时限到了,可丝毫没有李郎的音讯。霍母尽量宽慰霍小玉,说:"李郎才到异地,公务繁多,想必得过些时间才能派人来呢!"

霍小玉自己也拼命往好处想,可是,转眼又是秋凉冬至,整整一年过去了,仍然不见李郎的踪影。隆冬来临之前,霍小玉终于忧思成疾,病倒床榻。虽有霍母精心调治,但直到瑞雪纷飞,她的病依然毫无起色,日夜呼唤着李益的名字,声嘶力竭,精神恍惚,知情人都为她凄然动容。

这时,李益因公进京,有知情的友人告诉了他霍小玉的近况和病情。李益听了心中一沉,回想起自己曾在京城欠下的一笔情债,他本打算到霍家探望,但又想到自己这种有妇之夫的身份,去了也只能徒增霍小玉的伤悲,因而也就放弃了此行。

然而,关于霍小玉痴情恋李益,李益绝情弃小玉的故事却已传遍了长安城,许多人对李益的薄情愤愤不平。有一天,几位文友在延喜酒楼设宴招待来京的李益夫妇。酒过三巡,宾客畅谈之时,酒楼中忽然闯进了几位不速之客,以一位身着黄袍的年轻人为首,后面跟着几个仆人模样的彪形大汉,他们直奔李益所在的桌前。年轻人问明了李益的姓名,便不再说什么,后面的大汉上前架起李益,飞快地下楼登车而去。酒楼上剩下李夫人和几位友人,个个目瞪口呆,半天没回过神来。

这位黄袍人本与李益素不相识,只是听说了李益负心之事,路见不平,拔刀相助,特意到酒楼中把李益挟持到崇德坊的霍家。载李益的车来到霍家门口,黄袍人命仆人上前报称:"李十郎来也!"待霍母应声出来开门,这伙人放下李益,转身绝尘而去。

霍小玉抱病强撑着走出卧室,来到堂前。李益眼看旧日秀美的情人,今日憔悴到这般模样,不由得愧悔交加,无地自容,想起霍小玉对自己的许多好处,而自己竟然弃她不顾,此刻真不知对她说些什么!其实,李益此刻说什么都是多余的,既已做出负心事,是无论如何也掩饰和弥补不了的,此时他内心中强烈的自我谴责就是对他的惩罚。霍小玉端视着这位负情的情人,只觉得爱恨交加,一忽儿面露欣色,一忽儿又摇头叹息,那昔日相爱相伴的场面,像走马灯一样一幕一幕地在她脑际闪过,无限的甜蜜往事,都如同落花流水般一去不回了。

霍小玉跟跟跄跄走近李益,欲哭无泪,指着李益忿言道:"我不负君,君竟负我,心已碎,肠已断,万念俱灰,你还来做什么!"说完,端起桌上的一杯酒,身体晃了晃,然后下狠心似地闭上眼睛,手一扬,酒杯和酒都泼洒在地上,意思是:"我俩已是覆水难收!"表明了心意,霍小玉想转身回房,可是却已挪不动脚步,身体朝前倾了倾,猛地放出两声悲哭,接着就倒在地上,气绝魂飘。李益见状,不胜悲恐,把霍小玉的尸体抱在怀中,痛哭出声。然而,一切都晚了!霍小玉的死讯传出后,长安街头有人传出这样的诗句:

一代名花付落茵,痴心枉自恋诗人;

何如嫁与黄衫客,白马芳郊共踏春。

人人都为霍小玉芳魂早逝而惋惜,一个如花似玉的多情女子,竟为一个负心人付出了生命。人们同情之余,更多的是为她痴心不悟而痛心!时间往往会冲淡许多记忆,但唯独感情上的愧疚与创痛却历久弥新。李益后来官运亨通,一路扶摇直上,做到了礼部尚书;但霍小玉的死给他带来的感情伤痛却一直伴随着他,令他时常暗自感伤。

红红是怎样嫁给韦青的

元和年间,京城长安已经逐渐摆脱了"安史之乱"的创痛,开始复归繁华升平。市内灯红酒绿的茶楼酒肆中,多了一位引人注目的卖唱姑娘,之所以引人注目,一是因为她的歌艺和容貌;二是因为她与众不同的行踪。

一开始,谁也不知道这位卖唱姑娘姓甚名谁,从何而来,只看到每天夜幕降临、华灯初上的时候,她总是独自乘一辆有些陈旧的马车来到长安的繁华街巷,身着一袭大红色衣裙,怀抱一只相当名贵的琵琶,不声不响地走入早已预定好的酒肆或茶楼,坐到给她留好的座位上,然后低头调弦,开始自弹自唱。当时在酒楼中卖唱的歌妓大多不具备很好的歌唱素养,常是凭着一点青春姿色与客人戏狎调笑,以换取些赏钱;而酒楼里的客人大多也不在乎在这种场合下听到好歌好曲,只求热闹而已。然而,这位新入道的卖唱姑娘却独树一帜,从不与客人交谈,更不用说调笑,但却凭着绝色的歌喉和唱技,赢得客人们的欢心。人们不知道她的底细,因常见她穿着红衣红裙,就都用"红红"称呼她,慢慢地,"红红"就成了她在酒楼中的艺名。

红红的唱腔和琵琶演技都具有高超的水准,足以显示出是受过良好专业训练的人。她所唱的词也高雅不俗,一曲"大珠小珠落玉盘"不知让多少人为之垂泪。如此奇特的卖唱女,引起了不少风流公子的关注和好奇,常有人天天追随着她出入茶楼酒肆,听她演唱,为她捧场。红红对这一切仿佛都视而不见,她总是唱完就走,谁都不瞧,明明是卖唱乞钱,但却落落大方,从无乞怜献媚之态。这种气质,只有惯见世面的大家闺秀才具备,可她为何又落到卖唱的地步?

在她的追随者中,最痴迷的莫过于落第进士韦青了。韦青是长安城中的世家子弟。六十年前,韦家曾是京城的豪门巨族,在朝中掌大权任重职的人不计其数;如今时移物换,帝王将相有如走马观花,显赫一时的韦家日渐失势;到了韦青这代,已无世袭官爵可享。韦青自己试图通过科举考试而取仕,无奈会试名落孙山,心绪极为低落。幸好韦家尚是"百足之虫死而不僵",虽说失势,财力和气派仍不逊色,因而失意的韦青,每日里浪迹茶楼酒肆、歌馆舞榭,借声色酒香消愁。自从偶然听到红红唱的一曲"大珠小珠落玉盘"后，他顿生"同是天涯沦落人"之感，对她念念不忘，天天想方设法打听到红红演唱的场子，一场不漏地追着听她的演唱。本来韦青就十分爱好音律，对红红歌唱的韵味和弹奏技巧，甚能心领神会，因而更加为她着迷。

虽然韦青天天跟着红红捧场，可红红每次演唱总是正襟危坐，目不旁视，根本不曾注意到他的存在。韦青为了引起佳人的注目，每次都破格地给很多赏钱，但红红只是淡淡颔首领谢，似乎并没放在心上。心中热情如火的韦青再也按捺不住了，也不顾自己名门公子、文雅书生的身份，在一次红红唱完歌，起身准备离去时，韦青在酒楼门口拦住了她，低声下气地对她说："姑娘的唱腔和琵琶着实高绝，小生韦青为之倾倒，可否让小生送姑娘回家？"红红见有人拦住去路，脸露不悦，但见那人容貌端正，出语谦雅，也就不便发作，只是瞪了一眼，便侧身走了过去，出门乘上自家的马车离开了。留下韦青讨了个没趣，还觉自己言行冒失，唐突了佳人。

然而，碰了一次钉子的韦青并不就此灰心，他仍然天天去听红红的歌唱，日子一久，红红自然也就对他留了意，时不时对他轻轻投来一瞥，把个痴情的韦青看得脸红心跳。

韦青总觉得让红红在酒楼给那些粗俗的客人唱歌助兴，实在是对她的埋没和亵渎，于是又设法与她搭话，提议把她请到一些当时文人雅士聚会的地方演唱。红红卖唱酒楼，也是出于无奈，能跻身到那种高雅的场合献艺，自然是她梦寐以求的，因而答应了韦青的好意。

走进高层交际圈，红红凭着自己的实力一鸣惊人，知名度大长，再经过那些文人雅士的褒奖宣扬，不多久，红红的名字就传遍了长安城。于是，红红成了当时许多豪门贵族的座上客，凡是隆重一点的宴会，人们总忘不了召来红红演唱助兴，就连当时名满天下的高官兼诗人刘禹锡、元稹之流，也以一听红红的歌唱为乐。

出了名的红红对于曾提携自己的韦青当然是感激不已，常常对他另眼相待。但此时红极一时的红红已成为长安城中公子王孙争相追逐的对象，与之相比，落难公子韦青反而显得黯然失色，因而他倒是有些自卑而彷徨了。

其实，红红绝不是那种趋权逐势的女人，自己的演技能得到上层人物的欣赏,对她来说当然是一种荣幸,但她并不想借此取悦权贵,作攀龙附凤之辈。在她心中已慢慢有了韦青的位置,这个落难公子落寞的神情,以及他对自己音律的妙解,让红红对他难以忘怀,只是碍于少女的羞涩,不便向韦青表露。

就在这时,朝中唐宪宗暴崩,太子李恒继位为唐穆宗,任用了元稹为宰相。元稹作为诗人能享誉古今,然而为官却少廉寡德。作了宰相后,不务辅君治国,却专事钻营结党,饱己私欲。元稹还是个涉情猎艳的高手。做宰相前,就对红透京城半边天的红红心存攫取之念,如今位高权重,更是决心把红红收到自家府第,供自己专享其乐。

元稹有意纳红红入府的风声传到了红红的耳中,她对这位多才少德的宰相早已厌恶,骤然听到了这个消息,感到自己将被逼上绝路。她努力镇静下来,思索再三,毅然决定放开羞涩,去向韦青表明心曲,只要韦青同意,自己就可以躲进一个避风港。正自惭形秽的韦青,猛然得到佳人的垂青,自然是喜出望外,岂有不接纳之理,又哪里顾得上宰相的不悦。于是,红红就在光芒四射的顶峰时期,骤然脱下歌衫,告别欢场,下嫁韦青,做了一个普普通通的人妻。元稹闻讯恼羞成怒,却找不着任何责罚他们的理由,加上碍于韦家在京城的余威,也就只好忍下这口气了。

从此,红红在长安的灯红酒绿中绝了踪迹,日日陪伴着丈夫低唱浅酌,度曲弹筝,过着只羡鸳鸯不羡仙的悠游岁月。然而,长安市上的人们并没有忘记风格独具的歌女红红,许多后起之秀,都模仿起红红的穿着打扮,学习红红的唱腔;但真正了解红红演技的人看了都觉得形似而神非,人们还是由衷地怀念着红红。

历史上真有钟馗其人吗

在中国古代肖像画中,有这样一个人:身材粗壮,豹头环眼,铁面虬髯,大耳阔嘴,身披红袍,足蹬皂靴,手持利剑,脚踏厉鬼,一副威风凛凛的派头,这就是享誉千年的捉鬼专家——钟馗。

据史料记载,钟馗的第一张画像出自唐代著名画家吴道子之手,是应唐玄宗之命而绘制的。当时宫中闹鬼,玄宗寝食不安,听说钟馗画像可以驱鬼,便拿

钟馗

来贴在门上,果然十分灵验。玄宗大喜,命画工复制了一些,用以驱鬼避邪,钟馗从此成了专职的"捉鬼大师",名气大增。不久钟馗画像传到民间,受到人们的普遍喜爱,从此竟持续走红。人们常将钟馗的画像悬挂在厅堂,作为镇宅之宝,还有的人在端午节将其悬挂在门头,据说一切魑魅魍魉均会望而却步。钟馗画像的普及程度,完全可以与观音、佛爷相比,其制作数量千余年来高居不下,他也因此成为知名度颇高的神秘人物。那么,历史上真有钟馗这个人吗?

最早提及钟馗来历的人称:唐开元年间,玄宗从骊山校场返宫,患了严重的"痁病"(即疟疾)。御医、巫师忙了一个多月,不见病情好转。这天深夜,玄宗无法入睡,便一个人悄悄出宫,忽然看见台阶下有一小鬼,身穿红衣,一脚着靴,一脚赤足,另一只靴子却悠然悬于腰际。玄宗觉得奇怪,命人上前查问,原来竟是个入宫行窃的小偷。再仔细看看,小偷居然偷走了杨贵妃的紫皇囊和皇帝最心爱的玉笛。玄宗听罢大怒,亲自加以审问,小鬼自言是"虚耗",恳求皇帝开恩。玄宗正欲向细处追问,忽然走来一个高大厉鬼,顶破帽,衣蓝袍,束角带,径捉小鬼,用手指挖出小鬼双目,放在口中吞下。玄宗见状大惊,忙问他从何处而来。那鬼奏曰:"臣是终南山进士钟馗,因为应试不中,于是发誓除去天下的

'虚耗'妖孽。"玄宗见了惊出一身冷汗，猛然睁开双眼，却是一梦。凑巧的是身上的疟疾却痊愈了。玄宗想想这事稀奇，第二天一早就把吴道子召来，命他照梦中的厉鬼画出图形，并下令全国不论官府民宅，每到除夕一定要悬挂钟馗画像，以祛除邪魅。由于唐玄宗的大力提倡，天下无不照办，自此钟馗的形象走入千家万户，并且获得了捉鬼驱邪的专利。

清代时记载：钟馗是唐德宗李适年间人，原是终南山里的一位秀才，学识出众，秉性刚强，又有爱打抱不平的喜好，受到邻里乡亲们的敬重。这年春天，朝廷开科取士，钟馗踌躇满志地走进了考场。本科的主考官为京兆尹韩愈，副主考官是翰林学士陆贽。两位考官俱是誉满朝野的大学问家，又极爱惜人才，钟馗觉得胜券在握，于是笔走龙蛇，做好三场锦绣文章。韩愈、陆贽看了钟馗的试卷，一致认为是上乘之作，拟点为进士第一。这天，新科进士朝见皇帝，德宗见了相貌奇丑的钟馗，不由得皱起了眉头，想把本科状元让给一位姓李的举子。韩愈正要上前解释，宰相卢杞早已领悟了德宗的心思，遂趋前奏道："状元乃天下学子之魁，理应才貌兼优，辉耀庙堂。今若取钟馗为一甲一名，岂不让众举子耻笑？再说日后庙堂有此朝臣，岂不把百官吓跑？"在卢杞看来，钟馗不仅不能点为状元，连做官的资格都不具备了。钟馗听了宰相卢杞的这番言语，不由怒火攻心，一把夺过武士的佩剑，当场自刎而死。德宗见状，悔之不及，为此竟撤销了卢杞的宰相职务，并封钟馗为"驱魔大神"，命他畅行天下，斩妖擒鬼。阎王爷听说钟馗的事迹，也大受感动，当即拨给他"含冤""负屈"两位大将，悉听钟馗调遣。奈何桥上的看守小鬼也乐意追随钟馗，自动化为蝙蝠充任向导。钟馗在捉鬼岗位上很卖力气，不久就立了大功，阎王不仅给他嘉奖，还上奏天庭，申请封赏。玉帝闻之大喜，封钟馗为"翊圣除邪雷霆驱魔帝君"。至此，钟馗算是正式入了仙籍，并有了自己的办事机构和经营范围，据说捉鬼业务一直十分红火。

还有的说钟馗是唐朝终南山人。他中举人后，有一次喝醉酒，浑身燥热到处游逛。不知不觉进入一座寺院，但见这里香烟缭绕，木鱼声声，全寺僧人都在虔诚地念经。钟馗走近前去看稀罕，搭眼一瞧就怒不可遏，原来和尚们正在为他的好友杜平做道场。钟馗揪住方丈便打，隐在一旁的杜平赶忙出来劝架。钟馗气呼呼地说："人之祸福在天，为何要祈求鬼的庇护？如果鬼能给人带来福气,那就天天念经,如果鬼能做祸于人,那它就是害人之物,必定杀尽而食之!"小鬼见钟馗阳气正旺,知道斗不过他,便到观音菩萨面前告状,无中生有地说了钟馗的许多坏话。观音未做调查研究,轻率相信了小鬼的谗言,立即拍板给钟馗折寿。小鬼们见诬告得逞,遂又私下商议要寻机报复钟馗。转过年后,钟馗前往长安会试,行至一座山谷,被小鬼们团团围住,他们轮番向钟馗进攻,以污损之术毁坏了他的面容,使其变得奇丑无比。科考结束之后,钟馗高中状元,然而因为相貌难看,又被皇帝宣布除名。钟馗怒而触阶,当场含冤死亡。可是,钟馗的冤魂不甘泯灭,悠悠然飘上天庭,状告这些害人的恶鬼。玉帝闻之大怒,决定重重给予惩处,当下封钟馗为"斩祟将军",命其专司捉鬼驱神之职。

关于钟馗的故事,历史上还流传着一种说法。他因为貌丑而被废黜状元之后,愤而撞死在玉阶下面。同科老乡杜平料理了他的后事,这令阴间的钟馗感激不尽。为了报答这位好心的同乡,他在除夕之夜赶回阳世,特邀了一帮关系不错的小鬼,七手八脚把妹妹嫁给了杜平。据说婚礼办得十分风光,甚至连狐神鼠仙都受了感动,自动加入了仪仗队。为了纪念这种义举,后人编排了《钟馗嫁妹》的戏剧,直到今天还是保留剧目。

其实,钟馗只是一个艺术化或被拟人化的形象,历史上并无其人。如果唐代真有这样一位被冤死的"钟进士",而且还是天下第一的才气,不管是在玄宗治下还是在德宗时期,都算是个有名的冤狱,正史之中必会记载。即使难入正史,同期的野史笔记或其他史料中也该有所反映,为何没有这位"钟道士"的有关记载?历史上之所以出现钟馗,并长期受到大家的喜爱,正是人们鞭笞奸佞邪祟,崇尚刚直不阿的精神寄托,反映了广大劳动人民呼唤正义,歌颂无畏的强烈愿望。

岳阳楼是谁创建的

岳阳楼坐落在湖南省岳阳市西门城楼上,因其位于天岳山之阳,故以"岳阳楼"名之。该楼为三层木质结构,全部闩缝对榫制作,没用一颗铆钉,也没一块砖石。楼顶貌似古代将军头盔,楼角凌空高高挑起,梁柱结构鬼斧神工,门窗别致尽显奇妙。整个造型华朴巧拙,在古楼阁中鲜有其匹。据史料记载,岳阳楼

自建成至清代,经历过许许多多的变化。它先后至少经过五十一次修葺、二十

岳阳楼

四次重修、三次大的迁移。1983年又落架大修,整体仍旧保留原貌。大修前的岳阳楼为清代同治六年(公元1867年)所建,也就是说,现在看到的岳阳楼为清代样式。

岳阳楼作为我国古代三大楼阁之一,自唐宋以来素负盛名,尤其是范仲淹写了那篇脍炙人口的《岳阳楼记》之后,它的名声更加响亮,许多人都把"登临此楼赏洞庭"当作世间一大快事。可见岳阳楼有着多么大的魅力!范仲淹的一篇《岳阳楼记》,代代传颂不绝,读后口有余香,三百六十四字的短文具有如此不朽的魅力,这也算是岳阳楼的一大奇观。

岳阳楼在不同的历史时期有不同的风貌,它到底改换过几次容颜,发生过多少有趣的故事,很少有人能够说清。至少,关于岳阳楼的创建问题,至今还没有定论。

据说,岳阳楼又叫鲁肃阅兵楼,这就是说,它的首创者是三国时代东吴名将鲁肃。在此楼的不远处即是鲁肃的陵墓,这也可以作为他创建此楼的一个明证。有人指出,这种说法只是一种传说,缺少有力的旁证。再说,即使当时鲁肃真的建过此楼,也非真正意义上的岳阳楼,因为从其用途、结构、规模等任何一个方面考察,都与以后的岳阳楼相去甚远。

在岳州的地方志中,也记载着不知岳阳楼建于何代、始于何人,应该说这个疑问是具有普遍性的。对于这个问题,南宋布衣学者祝穆进行过一番考证。他在书中写道:"岳阳楼在郡治西南,西面洞庭湖,左顾君山,不知创始为谁?唐开

元四年,中书令张说出守是郡,日与才士登临赋咏,自尔名著。其后滕子京以司谏巴陵郡守重建之,仲淹范希文撰记,苏子美缮书,邵�篆颉,时人称'四绝',楼名于是大彰。"按照祝穆的说法,岳阳楼若是张说在唐开元四年(公元716年)修建,至滕子京时已有二百多年时间,当时已经破旧,他才重新加以修建。这样看来,祝穆提出的张说首建岳阳楼之说是比较可信的。

对此,有人不敢苟同。他们认为,当时的张说曾与同僚在洞庭湖观看龙舟竞赛,写过《岳州观竞渡》一诗,诗中称岳阳楼为"西驿楼"。那么,这座"西驿楼"始建于何代、何人? 它很可能是岳阳楼的前身。晋宋时期的诗人顾延之在诗中把岳阳楼呼为"巴陵城楼",这座城楼建于什么年代,同样也难确定。

在今天的许多辞典、辞海中,都写着岳阳楼始建于唐。实际上,岳阳楼的始建年代,并非祝穆说的那么简单,它很可能从"西驿楼""巴陵城楼"之类的建筑上发展起来。至于唐代的张说首建,正确的说法应该是扩建、改建或重建,至多他可以获得一个"冠名权",而真正的"首建权"该授予何人,实在是难以查考了。

"八仙过海"的由来

"八仙过海,各显神通",说的是古代有八位神仙,各有高超的法术,漂洋过海如行平路。作为神话中的仙人,实在难以查明他们的真实底细,但是作为传说故事,又多少可以在现实生活中找到一些影子。那么,八仙过海的故事是怎样由来的呢? 这些仙人的本来面目又是什么样子?

八仙过海的故事虽然是虚构的,但在现实生活中也不是没有一点影子可寻。据资料记载,它源于宋初建隆年间一段悲惨的真实故事。当时东海中的沙门岛(今山东长岛县庙岛群岛),为重要犯人流放地,自建隆三年(公元962年)开始,这里只关押犯罪的军人。后来岛上的犯人越来越多,但朝廷只发给三百人的口粮,监狱官多次申请加粮,均被刑部、户部搁置起来。这样,人多粮少的矛盾愈演愈烈,终于发生大规模的争斗,而且争斗的次数逐日增多。这使看守头目李庆很伤脑筋,无奈之下他想出一个办法,那就是犯人一旦超过三百,即把多余者扔进大海淹死,于是先后有七百多人葬身大海。后来这件事情被朝廷知晓,也未予以追究。因此,李庆的胆子也大起来,由原来秘密处死,发展到半公开淹死。这天,又有几十名犯人听到自己将要遭此毒手,他们每人抱了根木头,乘夜往三十里外的蓬莱山游去。不料途中遇到大风,只有八个人侥幸游到蓬莱城北的丹崖山下,在一个山洞里隐藏起来。不久,这八个人被当地的渔民发现,他们害怕暴露自己的囚犯身份,便随口编了来自远洋的假话,渔民们深为震惊,以为他们是神仙。此事很快不胫而走,有的人加以附会,编成神话故事。于是,八仙过海之说越传越广,一些渔民甚至为他们祭祀,以祈求神灵保佑。后来,这八位不知姓名的好汉分别被冠以八仙们的名字,一直流传了几百年时间,其中一位神仙何仙姑也由男性变成了女性,但人们也不计较。现在,庙岛群岛的显应宫还建有"八仙过海"的雕塑群像。

其实,有关"八仙"的传说由来已久,只是故事内容和人员组成却各不相同。我们今天所说的这八位仙人,即明代中叶吴元泰在《上洞八仙传》中所说的那些成员。他们是:铁拐李、汉钟离、蓝采和、张果老、何仙姑、吕洞宾、韩湘子、曹国舅。这些行动自由、无拘无束的仙人们,整天到处闲逛,在东游的过程中走到一起,后来又各走各路,有的竟然不知去向。可以说,他们在中国庞大的神仙群体中,是个不关联、不固定、不统一、不和谐的松散型神仙集团。如果要查查他们各自的出身,八仙的资历实在相差很大。

八仙中,张果老、韩湘子和吕洞宾出道较早,在唐代史料中就有他们的大名了。据记载:张果本是恒州山中的道士,称自己出身于上古的尧时,不知确切年纪。他因为可以长时间地闭嘴屏息装死,被人视为神仙。唐开元二十一年(公元733年),恒州刺史韦济将他推荐给了唐玄宗,被封为银青光禄大夫,允许自由出入宫廷,很是风光了一阵。到了唐文宗大和年间,人们又将宋朝诗人潘阆游玩华山时写下的"昂头吟望倒骑驴"名句,加在张果的身上。想不到这个行为怪异的老汉,居然被人们接纳,他那倒骑驴的样子也就一代一代地流传下来。

其次是韩湘子,据说他是唐代文学家韩愈的族侄,性情狂放,不喜欢读书,是个很聪明的浪荡公子。他曾在初冬季节令牡丹开花,并在每朵花上写下一首诗,令众人百思不得其解。他将其中写有"云横秦岭家何在,雪拥蓝关马不前"的牡丹花送给韩愈。韩愈不知道这是什么意思,韩湘也不解答,故意留下了这个诗谜。元和十四年(公元819年),韩愈因为谏阻宪宗奉迎佛骨,被贬官潮阳,当他走到蓝关驿的时候,因为天降大雪而滞留当地。这时韩湘冒雪而至,重提当年赠给韩愈的诗联,韩愈这才如梦方醒。这种察知后事的本领只有神仙才有,于是韩湘的大名由此传开。

吕洞宾是八仙中名声最响、影响最大、故事最多的一个角色。据说他的真名叫做吕岩,号纯阳子,唐末京兆人。唐懿宗咸通年间考中进士,曾经做过县令,后来到终南山修道,自称“回道人”,后来不知行踪。还有的说吕洞宾寿逾百岁,后来遇到战乱,携妻到山洞中隐居,夫妇相敬如宾,故有洞宾之名。他在唐代的名声不怎么响亮,想不到宋元以后交了好运,地位渐渐显赫起来。道家的正阳派尊其为纯阳祖师,建有“重修纯阳万寿功碑”,所以又有吕祖的雅称。吕洞宾文化素质较高,一生写了不少诗文,《全唐诗》中收有他的许多作品,据说大都是后人伪作。

八仙过海中的八位神仙,各有特点,法力高强。张果老:倒骑毛驴,可以万变,高深莫测,是八仙中唯一的哲学家;韩湘子:不避艰危,乐于助人,颇有见义勇为的美德;吕洞宾:文武兼备,到处点化,招兵买马,有很广泛的社会关系和较强的组织能力,备受神仙迷们的尊敬;铁拐李:状如乞丐,腿跛挟拐,能借尸还魂,很有抗争精神;蓝采和:居无定所,四处游玩,放荡不羁,很有些散漫习气;何仙姑:坚持独身,行走如飞,没有一个男人能中她意,更无什么家庭观念,是性格比较孤僻的女子;钟离权:既能点石成金,扶贫济弱,也可以飞剑斩虎,有着一副慈善的心肠,而且本领比较全面;曹国舅:平易近人,不摆架子,且人物俊俏,潇洒风流,格外受女士青睐,贫苦百姓对他也很爱戴。他们在参加了王母娘娘的蟠桃宴后,于归途之中来到了东海,在吕洞宾的积极鼓动下,他们借着酒力,各显神通,漂洋过海,演出了一段颇具影响的神话故事。

何仙姑真有其人吗

对中国传统文化稍有了解的人,就一定对“八仙”的说法不会陌生。所谓“八仙”是指汉钟离、张果老、铁拐李、曹国舅、吕洞宾、韩湘子、蓝采和、何仙姑八位仙人,他们都是凡人出身,苦修积善才修炼成仙。八仙之中唯一的女性就是何仙姑,她在八仙中好似万绿丛中仅有的一点红,格外引人注目。那么,历史

何仙姑

何仙姑原名何琼,唐高宗开耀元年出生于零陵一户普通的庄户人家。当地人说,在何琼出世的那天,一团鲜艳祥瑞的紫气笼罩在何家茅屋的上方,一群仙鹤在紫气中上下飞舞,不一会儿,一只硕壮的梅花鹿驮着一个扎小辫、身系红肚兜的女童飞奔闯入何家,就在这时,何母生下了一个白白胖胖的女婴。

提起何琼的家乡零陵,可是一个山清水秀的风水宝地。据记载:"舜葬于江南九嶷,是为零陵。"先圣舜帝就葬在零陵的九嶷山。零陵城位于潇、湘二水汇合的地方,北望南岳衡山,南依巍巍五岭,是楚粤之门户。零陵郡西有一座云母山,山上盛产五色云母石,云母石是古代服食求仙的上药。一条清澈蜿蜒的小溪由山上奔流而下,称为云母溪,何琼家就在秀美的云母溪畔。

喝云母水长大的何琼,出落得美丽灵秀。她自小就喜欢一人在云母溪边嬉戏漫游。十四岁那年,她在云母溪畔遇见了一位白发苍苍的长胡子老翁,老翁向她询问了一些当地山水的情况,何琼都伶俐地一一作答,老翁非常高兴,从自己的背囊里取出一枚鲜灵灵的蟠桃送给何琼。何琼接过,谢了谢老翁,然后三下五除二地把蟠桃吃下了肚,老翁看着她吃完,满脸笑容地点点头,转身就不见了。回家后,何琼一连几天都不感到饥饿,不想吃东西,精神却比以往更旺盛。一个月之后,何琼又在云母溪边遇到了那位老翁。这次老翁把她带到云母山上,教她如何采集云母以及怎样服食云母。何琼按照他的话,每天到云母山上采食云母,渐渐感觉到自己身轻如燕,往来山顶,行走如飞。此外,她还能辨识和采摘山中的各种仙草灵药,为附近的百姓治疗各种疾病,且能预测人事,因此周围的人都称她是"何仙姑"。

何琼得道成仙的消息一传十,十传百,越传越远,最后竟传到京城皇宫武则天耳中。当时武则天是唐高宗的皇后,把持着朝廷实权。武则天自小受母亲的影响信仰佛教,及至作了皇后,她又极力在宫内和全国上下推崇佛教,想以此压倒李唐王朝所尊奉的道教势头,并利用某些佛经作为她篡位称帝的理论根据。佛教"法相宗"宣扬"二空",就是说要把自我与万物都看成是空泛虚无的,这样才能达到宇宙万物与我合而为一的高渺境界。通俗地说,就是用心感悟,做到物我两忘,那么就能白昼飞升、腾云驾雾、长生不老了。武则天对这一点十分信服,当她听说零陵地方出了一个何仙姑,能够不食人间烟火,自由往来于山岳之巅,感到十分有兴趣,特地派人前往探视,并赐予何仙姑一袭朝霞服。何仙姑接受了朝霞服,兴致勃勃地穿戴起来,周围的百姓闻讯从四面八方赶来观瞻,只见何仙姑身上霞光万道,煜煜夺目,好像神仙下凡。乡亲们见状大惊,不由自主地齐齐跪倒在地,朝何仙姑顶礼膜拜。何仙姑心中颇感自得,然而她母亲却大感恐慌,心想:"这样的女儿,谁家还敢娶她呀!"

果然不出何母所料,何仙姑十八岁时,她母亲急急地请媒人为她择婿,虽然何仙姑出落得鲜花一样漂亮,但因本事太大,竟没有谁家敢娶。何母忧心忡忡,何仙姑自己却若无其事,整天出入于山野乡村,忙着给人采药治病,过得十分充实。一天,何仙姑进入云母山密林深处采药,遇到两位神奇的人。他们中有一个瘸腿的老汉,手拄铁拐,身背硕大的酒葫芦,衣着褴褛,形似乞丐;另一个着一身整洁的蓝布衫,手持药锄,肩背药筐,神态甚是俊逸。这两人在何仙姑前面不远的地方,一搭一唱,口中念念有词,不一会儿,竟腾空而去,倏忽不见踪影,这两人乃是八仙中的铁拐李和蓝采和。

何仙姑留意着他们的样子,念叨着偷学的口诀,没想到居然也能够像他们一样,凌风驾云,飞越山谷。从此后,她常常一人悄悄来到深山中修炼,身法愈来愈熟练,也越来越能飞得远。她利用这种功夫时常飞到遥远的大山中,朝去暮回,带回一些奇异的山果给家人品尝,家人吃了觉得香甜可口、精神倍增,但终究不知是何种果实。见她每日早出晚归,何母心生疑虑,盘问她到何处去干何事了,何仙姑拗不过母亲,就说每日往名山仙境与仙佛谈论佛道去了。

渐渐地,何仙姑通晓佛道的消息又传开了,武则天听说后,派使者前往零陵,备妥銮舆,召请何仙姑前往东都洛阳论佛道。众官员与何仙姑一同跋山涉水来到洛阳城外,在等船渡洛水时,众人突然不见了何仙姑的踪影。使臣大为恐慌,连忙命人四处寻找,却没找到一点蛛丝马迹。众人吓得坐在洛河边发呆,薄暮时分,何仙姑翩然凌空而降,不急不忙地告诉使者:"我已前往禁宫见过了天后,你们可以回朝复命了。"使臣将信将疑地回到洛阳宫中,一打听,果然何仙姑当天来拜见过武后,并和她在宫中做了半日长谈,使臣们为之惊讶不已。

据说何仙姑在宫中与武后大谈长生不老之术,她劝说武后,要长寿首先要做到寡欲,摒绝声色,看破名利;其次则要多行善事,须扼制酷刑,严禁诬枉,施行仁政,修德积福。同时她还论及治国安邦之道,务必要亲贤臣远小人,万万不可以以异姓人为皇嗣。她所言及的内容,竟是对武后十分有针对性的。

武后是个聪明人,何仙姑一番入情入理的话,她听在心里后,渐渐地付诸行动。不久,来俊臣等一班酷吏受法遭诛;接着重用贤臣狄仁杰:至于皇嗣一事,武后本想立侄儿武承嗣为太子,在狄仁杰的忠谏下,她遵循了何仙姑的告诫放弃了立异姓的初衷。至于清心寡欲、摒绝声色、看破名利等项,已经沉溺于情欲和权欲之中的武则天却始终无法做到。

武则天为了酬谢何仙姑的一番美意,特下令零陵地方官吏在零陵城南的凤凰台,建造了一座雄伟的会仙馆,作为何仙姑讲道弘法之处。何仙姑在讲道之余,常坐在馆前的石阶上,剥食一种圆形的仙果,并随手将果核四下抛去。后来,会仙馆的四周长出一株株荔枝树,这些树上结出的荔枝竟都是翠绿的青皮荔枝,人们称为"凤凰台上,荔枝挂绿"。

唐中宗景龙元年的某一天,二十六岁的何仙姑坐在凤凰台上,仰望着苍远的天空出神,忽然看见铁拐李站在远处的云端,舞动着他的铁拐,似乎是在招呼她。不知不觉中,何仙姑的身体像彩凤一般冉冉升起,凌空而上,追随着铁拐李而去。她脚上的一只珠鞋这时掉落在地上。第二天,珠鞋坠落的地方忽然出现一口水井,井水清澈甘甜,阵阵异香扑鼻,四周井栏,形状恰似一只弓鞋的模样。当地的人们在井旁建了一座何仙姑庙,日日香火鼎盛,因为那水井里的水,不但清凉解渴,而且能治愈各种顽疾,因而为远近人们津津乐道。

何仙姑白日飞升,得道成仙,从而成为八仙中唯一的女子,形成万绿丛中一点红的局面。成仙后的何仙姑念念不忘人间的疾苦,经常在南方一带行云布雨、消除疫灾、解救苦难。凡是善良人需要她帮助,只需默默向天空祈祷,她就能像"及时雨"一样赶到,给予人们以神奇的力量。很明显,这个故事在很大程度上只是个传说,也许何仙姑在人间的确有她的现实原型,但是人们更愿意将她看成是个神秘莫测的仙子。

痴情女子王幼玉为何苦命

唐德宗光启年间,衡阳市南的回雁峰下住着一名歌妓,叫王幼玉。她原本是北方的大家闺秀,因黄巢起义,战乱骚扰,随家人避难来到衡阳,父母双亡后,幼玉的生计失去着落,只好凭着天生一副婉转歌喉,加上艳丽的容貌和高雅的气韵,做了一名侍客的歌妓。

当时黄巢起义失败,商业贩运也恢复了往日的繁荣。衡阳地处湘江要冲,城市繁华,是南来北往客商必经之地。那些腰缠万贯的富商,平时经营时锱铢必较,而声色享乐时却挥金如土。因王幼玉艳名远扬,所以南北富商到了衡阳,都想找她取乐。其中不少商人倾倒于王幼玉的美貌和风韵,许以重金求娶她为妻为妾,而王幼玉则自有主张。对满身铜臭味的商人多是以礼相待,以歌相奉,决不肯委身相随。

不料,终有一天,王幼玉还是做了一个商人的"俘虏",他就是洛阳商人柳富。柳富是洛阳的世家子弟,仪表英俊,气度儒雅,本是读书出身,因未考取功名而改习武艺,练有一手好剑法。他性情刚烈,凭着出色的武功和年轻气盛,在家乡不免做些仗义行侠之事,惹了不少是非。父亲为了磨炼他的性子,也让他增长些见识，就让他随商队南行，同时学习经商。正因为家世特殊，所以他虽为商人，却没有一般商人的鄙俗之气，眉宇间展露着英气和豪爽。第一次在宴会上见到献歌的王幼玉，他就被她高雅的气质和动人的歌声深深吸引住了，第二天又登门拜访她。王幼玉很快也被这个年轻商人的特殊气度打动。于是，两个人由互相倾慕到情投意合，很快便成了一对亲密的情侣。合江亭上、石鼓寺中、来雁塔畔、清水桥头，衡阳的秀山媚水间，处处留下他们相依相随的影子。

一天夜晚，月明星稀，两人静坐在院中紫藤花下，一段沉默之后，王幼玉借夜色掩饰住羞涩，郑重其事地表白："妾愿将此身托付给柳郎，不知柳郎意下如何？"柳富沉吟良久，见无法回避，于是语调低沉地以实情相告："小生南来途中，路过湘潭时，因路见不平，挺身与人解围，格斗中出手误伤两条人命，本想一走了之，不料此事却被一个旅店的侍女见到，她抓住了把柄，强迫我出钱从她主人手中买下她，并要与我成亲。我只答应把她买出来就让她远走，无奈她非要随我，否则就到官府举发，我无计可施，只好带她一同走，眼下正在衡阳，想摆脱她又脱不开，真是进退两难！"

王幼玉听完冷静一想，认为只要下些功夫，这事不难解决。柳富则表示："只要离开那女人，柳生非幼玉莫娶！"于是，王幼玉帮柳富出谋划策，又拿出自己的私蓄二百万钱，终于用金钱和说辞，把柳富貌合神离的女侍妻子打发回了湘潭。两人之间的障碍已去，心中欢喜，正准备共结百年之好时，柳富家里派仆人专程从洛阳赶来找柳富，说是老主人已病逝，催请小主人火速赶回洛阳奔丧。

真是一波刚平，一波又起，此事更是无可推脱，柳富决定第二天一早登程。这一夜，两人彻夜无眠，手握着手互相起誓，等着对方，决不变心。晨鸡报晓中，柳富含泪踏上了归途，王幼玉挥泪相送，哽咽道："我等你回来，不论多少时日！"

自从柳郎走后，王幼玉洗尽铅华，摒绝一切交际应酬。专心等待柳郎归来。三个月过去了，一天一天，杳无音讯，秋风起时，鸿雁南来，却也没带来柳郎的消息。昔日女伴们都劝王幼玉回心转意，重树艳帜，但是王幼玉一口回绝，她坚信柳郎绝不是一个负心人。

日日挂牵，夜夜思念，细数时日，又是冬去春来，仍然不见柳郎归来。王幼玉再也忍不住了，她剪下一缕青丝，并书下一首长诗，密密用罗帕包好，雇了一

名专差,前往洛阳寻找柳富。诗是这样写的:

门对云霄碧玉流,数声渔笛一江秋;衡阳雁断楚天阔,几度朝来问过舟。

阳台雨歇行云杳,穹苍鸿稀春悄悄;鸳鸯孤眠怨芳草,夜夜相思何时了。

妾非无声不敢啼,妾非无泪不敢垂;柔情欺损青黛眉,春风着人意萧索。

绿窗书字寄心曲,细看香翰婉且柔;中有闲愁三万斛,向隅弃笔惆怅时。

此情默默谁得知,无言相见空相忆;既然相思惹人愁,不如当日休相识。

其实柳富并没忘记佳人之约,更是日夜思念着幼玉。办完父亲的丧事后,本想变卖家产,立刻南下见佳人;不料族中父老听说他在衡阳沉溺于娼妓门下,此度又尽卖祖上留下的家产,想携款而走,败坏家风,对他横加阻挠。柳富此时想见幼玉心切,见族人无端阻拦,一时心急意乱,失手打伤了一位族中长辈。这位长辈原本年老力衰,经这么一碰,竟然卧病不起。于是族人告到官府,柳富以犯上伤人之罪身陷囹圄,从而与外界失去了联络。

王幼玉派来的专差,千方百计地打通关节,总算在牢中见到了柳富。柳富读罢王幼玉捎来的诗句已是泣不成声,他将诗笺和幼玉的青丝紧紧藏入怀中,仓促地写了一首诗作回音:

春雨蒙蒙不见天,家家门外柳如烟;

如今断肠空垂泪,欢笑重追别经年。

柳富还一再请来人转告王幼玉道:"此生若能重睹天日,必不负佳人情意。"但究竟何时能重见天日,心里却也没底。专差回到衡阳,带回了不幸的消息,王幼玉听了悲伤欲绝,但她心意已决,不怕等到海枯石烂,也要等着柳郎回来,因为她已确知柳郎不曾变心。王幼玉的同行姐妹们都来安慰和劝导她,让她不必无望地苦守,何不及时行乐。可王幼玉心如磐石,丝毫不为旁人所动。

闭门谢客,坐吃山空,终究不是办法。王幼玉索性卖掉了市区的房舍,搬到城郊龙王庙旁一所狭窄的小屋中住下来,省吃俭用。一年一年地过去了,等到唐德宗驾崩,唐昭宗继位,新天子登基,大赦天下牢狱,柳富也因之获得了自由。

柳富正想南下找王幼玉的时候,正遇上国中各藩镇之间交兵混战,南北道路阻隔,一时之间无法成行,只好先设法辗转托人给王幼玉捎去一封信,信中附有一阕词:人间最苦,最苦是分离,伊爱我,我怜伊,青草岸头人独立,画船东去橹声迟。楚天低,回望处,两依依;后回也知俱有愿,未知何日是佳期,心下事,乱如丝。好天良夜还虚过,辜负我,两心知,愿伊家,衷肠在,一双飞。

王幼玉收到柳富的书信,心知柳郎还牵挂着自己,自己这三年的等待,总算没有落空。她反复吟读着柳富的这阕词,并不由自主地哼唱起来,心中觉得无比欣慰。后来,她突发奇想,为何不把这阕词公开唱出来,让全衡阳的人士和过往的客商都知道,她王幼玉的一腔痴情没有付诸流水,她的柳郎马上就将来与她相会,她想让自己的幸福也被大家都感觉到。

于是,王幼玉开始在回雁峰下的酒楼歌榭中免费为大家演唱,她始终只唱一首歌,那就是柳富寄来的那阕词。

又到了春光明媚的季节,道路仍然阻隔不通,柳富也就一直无法南行,王幼玉的等待有些苍茫了。她不知何日是佳期,雁去又雁来,终于在等待中病倒了。这天她自知来日不多了,等不及情郎的到来,吃力地登上回雁峰顶,一遍又一遍地歌唱不已,终于声嘶力绝,倒下悬岩,一缕芳魂也随雁群飘飘北去。而这时,多情的柳郎正艰难地行进在南来的路上……

弥勒佛从何而来

走进佛教寺院的天王殿,常常可以看见台座上斜坐着一位胖胖的"笑佛"只见他慈眉善目,笑口大张,手捻串珠,足不着履,浑圆肥厚的肚皮格外突出,笨重的身子斜倚着一只大大的口袋,这位胖大和尚就是知名度很高的大肚弥勒佛。那么,这位大肚弥勒佛是怎样进入各地佛寺,心安理得地享受香火的呢?

中国民间普遍信奉弥勒佛,所谓弥勒,是梵名的音译简称,意思是慈悲。据说此佛常常给人快乐,帮人消除苦难,故以"慈"氏为始。他原名阿逸多,意为"无能胜",与佛祖释迦牟尼是同时代人。他出生在古印度南天竺波利村大婆罗门家庭,是个有钱有势的公子哥儿。后来,他看破红尘,决意出家,成为如来佛的一名弟子,他规规矩矩侍立听法,老老实实钻研佛学,理解能力又强,很受如来的赏识。弥勒苦苦修炼,果然功成圆满,先于如来入灭。他在离开人世之后,悠然上升于欲界六天中第四兜率天内院,这里从此成为弥勒净土,而他也正式晋级为弥勒菩萨。

汉朝时,佛教开始在中国传播,弥勒信仰渐渐流行开来。此时的弥勒雕像

弥勒佛

是印度人,圆头卷发,肤色黝黑,面带微笑,以眼观鼻,以鼻倾心,若有所思,庄重安详。后来各朝不断对弥勒佛像进行加工升级,逐渐出现了笑口大开的胖和尚。

其实,中国的这位弥勒佛可不是虚构的偶像,历史上实有其人,他就是五代后梁时期的僧人布袋和尚。他的名字叫契此,号为长汀子布袋师,明州奉化人。他天生形体宽胖,肚子大得出奇,行为疯疯癫癫,言语无定无序,常以竹杖挑个大布口袋入市,见物索物,见钱讨钱,如有鱼虾碎肉荤食,也能当众吞吃,并分少许部分入囊。别看他这一副邋遢模样,却有一身非凡的本领:卧于雪中而身不沾雪,行于大雨而通体不湿,四处坐卧不需铺盖,初夏秋冬一只口袋覆身足矣。若在某个店家讨到茶喝,该店的生意一准儿火,躺在那里睡上一觉,周围草木会格外茂盛。他给人看凶吉,必定灵验,更有趣的是他还有预报天气的功能:天将下雨,他就穿雨鞋,大旱,他就穿木屐。人们都认为他很灵验,而且没有一次不准的。没有多长时间,契此的名声就传扬开了,世人都说他是神僧。

契此的真正出名,还源于他的一位徒弟。此人即明州(今浙江宁波)评事蒋宗霸。当时他退休在家,无所事事,便喜欢上了佛教。因为他常常吟诵"摩诃般若波罗蜜多"经文,遂以"摩诃居士"自诩。当听到有关契此和尚的传说后,觉得是个佛界奇人,必有一番奇特的经历,便想拜他为师。于是跑到契此驻锡的奉化岳林寺,向这位胖和尚表达了自己的心愿。契此先是摇头不理,后来经不起此人的软缠硬磨,到底收下了蒋摩诃作为徒弟。不久,师徒二人离寺出游,契此仍然疯疯癫癫,他总是把化缘得来的东西装入那只神秘兮兮的口袋,又不时将这些东西抛洒一地,引起许多人的围观。只要观者稍多,契此就会开口唱道:"只个心心心是佛,十方世界最灵物,纵横妙用可怜生,一切不如心真实,……万情何殊心何异,何劳更用寻经义!"

蒋摩诃随行契此日久,除去师父的疯癫之外,并不见他有什么奇特之处,心里便生出懊悔。这天傍晚,二人化缘来到长汀(今属福建),同浴于温泉之中。蒋摩诃借此机会,细细观察师父的法身,猛然发现契此背上有只光芒四射的眼睛,正在注视着自己。蒋摩诃以为产生了幻觉,急忙揉了揉双眼,当确认没有看错时,惊奇地叫道:"师父果然是佛也!"契此知道天机已经泄漏,只好兜底儿说道:"我的玄机不小心被你看到,我要走了。今天把这个布口袋赠给你,你的子子孙孙都应当以此为传家之宝。"

蒋摩诃与师父穿好衣服,恭谨地施了大礼,乐滋滋地接过那只神奇口袋,从此更加小心地服侍契此。师徒二人云游了几年,安然返回了奉化。后梁贞明二年(公元916年)的一天,契此和尚来到岳林寺东廊,端坐在一块磐石上说偈道:"弥勒真弥勒,分身千百亿,时时示时人,时人自不识!"说完,就合眼圆寂了。岳林寺长老一向善待这位不安分的寺僧,命人在寺西二里处的一块高地安葬了这个疯癫和尚。红尘碌碌,世事纷扰,人们很快就把契此给忘掉了。但蒋摩诃并没有忘掉师父,他掰手指数着岁月,盼望师父能够重现金身。

转过年后,奉化某人去蜀地经商,无意中遇见了死去的布袋和尚。他以为大白天见鬼,撒腿就跑。跑了很长一段路后,却见布袋和尚又站在面前,这下他不再跑了。只见这和尚哈哈笑道:"有劳施主给摩诃带个口信,就说我师徒二人相见日近,愿他珍重自爱,莫要错过机缘!"说罢,转瞬就消失了。

这位商人回到奉化后,把见到布袋和尚的奇遇告诉了蒋摩诃,并郑重向他转达了捎来的口信。原本以为摩诃居士也会吃惊不小,谁知他只淡然一笑:"多谢善意,我当恭候。"接着,蒋摩诃就分散财产,遍访亲友,了却世间一切凡情,他也坐在磐石上无疾而终。这时,人们方知早已圆寂的契此和尚是一位神僧,便在他埋葬地点建起了"弥勒庵",不久又按他的生前模样塑了全身,并正式建塔供奉。从此，布袋和尚契此的故事传遍了江浙一带。由于他的形象憨态可掬，背上的布袋又能广进财宝，人多爱而奇之。

唐玄宗当政时，刘定高、刘至诚等人先后利用迷信起事。他们借用弥勒佛的名义，编出童谣说："释迦牟尼末，更有新佛出，李家欲末，刘家欲兴。"此事传入内庭，引起玄宗皇帝的怀疑，他赶忙亲自撰写《禁断妖讹等敕》，布告四方，追查散布流言蜚语的动乱分子，许多和尚为此紧张起来，有的甚至把弥勒佛悄悄请出了寺院，这位一度走红的佛爷竟被冷落到一边。直到清朝末年，一些道门组织仍在熟练地运用弥勒佛的威望来吸引信徒。可以毫不夸张地说，弥勒佛在中国民间已经成为供奉虔诚、活动广泛、影响深远、口碑很好的一个普及型偶像。不过，在一般老百姓那里，熟知或了解弥勒佛本相的人并不是很多，当初的那个"阿逸多"真的已经被忘记了，大家喜欢和崇拜的自然是中国的布袋和尚。

弱女子谢小娥手刃仇人

一个从不曾习武的弱女子，在一夜之间，手起刀落，斩杀了两个恶贯满盈的江湖大盗，自己却丝毫未损。这事乍一听似乎不大可能，可文弱纤秀的谢小娥却把它付诸实施，支撑她的则全在于那满腔的深仇。

谢小娥是唐宪宗时期豫章（今南昌）富商谢全的独生女儿。谢全为人忠厚，经营有方，买卖做得十分兴隆，成了豫章城内有名的富户。因为每次贩运货物数量都相当庞大，所以也是江湖大盗眼红的对象。幸亏谢全谨慎，每次行船都带着很多随从，而且尽量在船多的港湾停泊，因此一直都没遇上大麻烦。

谢全妻子早丧，因夫妻情深难忘，所以不再续娶，身边只有女儿谢小娥相伴。小娥人长得娇小纤弱，性情娴雅贞静，但因八岁失母，所以养成了一种独立果敢的性格，又善操持家务，把父女俩的生活安排得非常妥帖，成了谢全的命根子，行船外出也常把她带在身边。小娥十四岁时，嫁给了当时侠士贾居贞为妻。贾居贞生性豪爽，尚武行侠，是一个受人称道的好青年，家中父母双亡，与小娥成亲后，小夫妻就住在谢家，贾居贞凭着一身好武艺，常帮着岳父押运货物，一家人相敬相亲。

这一年春天，谢全一家带着十几名随从，从浔阳买了一船贵重的货物运往

谢小娥手刃仇人

豫章,不料半路上遇上大雨狂风,耽搁了半天行程,没能按预定的时间到达港湾停歇。夜幕降临,月黑风高,船只只好泊在无人的江边。夜深人静时,一群水盗涌上了商船,刀叉飞舞,没用多久,奋起反抗的谢全与贾居贞都被强人所杀,十几个随从,死的死,落水的落水,无一幸存。随船的谢小娥听到厮杀声慌忙出舱,在一片混乱中,惊恐失措,失脚坠入水中。

落水的谢小娥被江水冲到下流浅滩上,又被一渔船救上,在渔家调养一段时间后,小娥逐渐复原。她猜到父亲与丈夫一定已遭水盗毒手,柔弱而坚强的小娥发誓要为父亲和丈夫报仇。要复仇,首先要知道仇人,可谢小娥心中没有一点线索。她漫无目的地一路乞讨,不知不觉来到建业上元县妙果寺。寺内净悟尼师对这个灵慧的女乞儿十分怜悯,把她收入寺中,谢小娥暂时有了一个栖身之地。在寺中,她天天烧香拜佛,虔诚地祈求神灵,指示仇人姓名。一天黄昏,她跪在佛前,进入半梦半醒的状态,朦胧间听得有一细微却又清晰的声音传到耳中:"杀你父者,车中猴,门东草也;杀你夫者,禾中走,一日夫也。"谢小娥猛然惊醒,牢牢记住了这两句话。

元和八年春天,江西从事李公佐因公事来到建业,顺道到瓦官寺拜访僧友。闲聊时,僧友告诉他:"前日有个江西来的乞女,手持十二字之谜到寺中求解,我等斟酌再三不得其要,倒真是个难题!"李公佐听了大感兴趣,当即向僧友问清了那十二个字，就在房里低头思索起来。他心想指画，沉吟半晌，猛然茅塞大开，悟出了其中含义。

于是，李公佐让僧友派寺中小厮到市中找来正在执字牌求解的谢小娥，对她说："我已得出你的谜底，但你要说明缘由，我才能告诉你。"谢小娥听说有人已解出谜底，心中激动不已，立刻含泪诉说了自家的经历和十二字的来由，说罢泣不成声地恳求官人赐给谜底。李公佐对眼前的小女子深表同情，当下仔细给小娥解释了这十二个字的含义："杀你父亲的人名叫'申兰'，杀你丈夫的则叫'申春'。因为'車（车）中猴'，车字去掉上下各一横，就成了'申'字，而十二生肖中猴为申，所以这三个字就是'申'字；'门东草'，草下有门，门中有东，乃是'兰'字，'禾中走'意为穿田而过，仍是'申'字；至于'一日夫'，'夫'字上加一横，下面再添'日'字，不就成了'春'字？这样，'申兰'与'申春'的谜底就昭然若揭了！"

李公佐分析得入情入理，小娥跪地再拜称谢，然后含泪离去。于是，谢小娥又返回江西寻找仇人申兰与申春的下落。为了行动方便，她索性女扮男装，打扮成一个为人帮工的小伙计，混在江湖谋事的人群中，一来便于打探消息；二来可以糊口谋生。

这天路过桥头，小娥看到树杆上贴有一红纸招贴，走近一看，是一家商号招帮佣的启示，再看署名，竟是小娥心中念过一万遍的两个字一申兰。小娥只觉心中怒火顿起，于是循着招贴上的地址找到了那家商号。主人申兰是个貌似慈蔼、身体微胖的中年人，但仔细察看，便可觉出他眼光机警而暗藏凶光。小娥心中已认定眼前的就是杀父仇人，然而报仇时机未到，她必须先沉住气，谢小娥装作十分恭顺的模样上去求职，很快就被录用了。

进了申家商号，小娥工作十分卖力，紧紧追随着老板申兰，逐渐得到申兰的信任。因谢小娥知书识礼，做事又细心周到，申兰便让她担任司账，整个商号的金银钱财，全由她经手。渐渐她发现申兰经商的规律，往往是月初外出，月底归来，并不需带本钱和货物出去，归来时却带回大批金银财物交由谢小娥入账保管，小娥料想他的经营之道就是抢劫。后来，她在无意中探知申兰有一堂弟名叫申春，住在江北独树浦，两家合伙经商，关系十分密切，常常同来同往。谢小娥估计就是他们两家合力抢劫了自家的商船，并杀害了父亲和丈夫。不过，小娥却始终不见申春的踪迹。

这一月底,到了更深夜静的时分,申兰才率领手下一帮人从外地回到府宅。一进门,申兰就命厨师备好酒菜,似乎要进行一番庆祝。与申兰携手同入的一个人,五短身材,样子长得与申兰十分相似,言谈中,小娥听出了这人就是申春。仇人相见,小娥恨不得一口把他们吞下,可理智又使她强带笑容不露声色。

酒菜端上后,众贼人开怀畅饮,一派乌烟瘴气。直到四更之后,一个个喝得酩酊大醉。谢小娥佯装帮着收拾残局,在大厅内外侦探了一圈,认定这是一个天赐良机。打发侍候酒宴的下人都去歇息后,谢小娥怀藏早已备好的锋利匕首,悄悄走入一片鼾声的大厅,直取申兰、申春。杀了申兰、申春之后。谢小娥沉着地退出大厅,打开院门,站在街巷上大声呼喊。邻居们被她的喊声惊醒,不知出了什么事情,都披衣出来想看个究竟。只见谢小娥满身血迹,赤足披发,看到众人围过来,她便大声数落了申氏兄弟的罪状,并声泪俱下地表明了自己为父为夫报恨的经过,引得邻人唏嘘感叹不已,既痛斥申家兄弟的恶行,又同情谢小娥悲惨的遭遇。

其中有热心人火速报告了官府。浔阳太守张谦率捕快急驰而至,贼众数十人全在醉意朦胧中被捕。接着清抄申府赃物:黄金千两,白银万锭,至于珠宝、古玩、锦绣,更是不计其数。随后又到江北独树浦查申春的家产,财物也与申兰家相近。那一帮盗贼因罪恶深重全部被处死,赃银赃物有案可查的都陆续发还原主。谢小娥志行可嘉,且破案有功,不计其杀人之过,而且也归还了她家的财产,朝廷还特赐旌旗表彰她的贞烈行为。这是元和十二年夏天的事,距谢全和贾居贞被害已有五个寒暑了,

谢小娥为父为夫报仇雪恨的贞烈壮举很快传遍了远近,谢小娥返回豫章家园后,前来道贺的人不计其数。小娥恢复了昔日的女儿妆,虽然经历了五年的颠沛坎坷,可这不满二十岁的小女子,依然是秀丽明艳,一派大家闺秀的模样。这时来给小娥提亲的人也络绎不绝,无奈她曾经沧海难为水,一番挣扎,已看破人生的悲欢离合,无心再次塑造新的生活。在一天夜里,谢小娥将家事全部交托给远房亲戚,自己剪下秀发,换一身褐袍,只身远赴牛头山,投到大德尼门下,愿伴青灯古佛了此一生。第二天,谢小娥受戒于泗州开元寺,以小娥为法号,后

又转往善义寺,拜大德尼为师。有探知她情况的人纷纷往寺中进香,想借机一睹谢小娥的风采,而小娥闭目合十,绝口不谈往事。

唐代中外僧侣进行海外求法

唐朝不仅在政治、经济与军事方面非常强盛,在宗教方面发展也很快虔诚的高僧们为弘佛法远渡重洋,其无所畏惧的奋斗精神和卓越的文化成就在世界历史上写下了光辉篇章。

唐代前往印度的路线分为陆路和海路。由长安西行,经甘肃、新疆、中亚进入北印的路线是汉代以来最主要的交通路线;另一条是唐初开辟经由西藏、尼泊尔往印度的中印藏道。海路是由广州、交趾(今越南河内附近)等地经由南海前往印度。随着唐代南方经济的发展,尤其是海上贸易的兴盛,从高宗时起,往印度求学的高僧多由海路乘船而行。"佛道长远,勤苦旷劫,方始得成。"唐代虔诚的教徒们不畏艰苦、一批又一批地附舟前往天竺礼拜圣迹,足迹遍于印度、尼泊尔、斯里兰卡、马来西亚、日本等许多国家和地区。据记载,当时由海路前往印度的高僧有几十人之多,其中有并州常及弟子,益州明远、义净等。高宗咸亨二年(公元671年)义净与弟子善行从广州搭波斯船南行,游历三十余国,于正圣元年(公元695年)回到唐朝。在义净逗留于室利佛逝(今印度尼西亚苏门答腊岛东南部)期间,又有贞固、怀业、道弘、法朗等僧自广州搭船前往室利佛逝帮助义净译经。义净回国之后,慧日羡慕义净西行壮举,乘舟往印度寻访梵本。唐代还有一些僧人渡海前往日本弘法,律宗高僧鉴真因日僧荣睿等人的恳请,远渡大海前往日本传法,受到日本朝野的盛大欢迎。

同一时期,唐代佛教的繁荣吸引着来自亚洲各国的僧人,朝鲜、日本、斯里兰卡等国的僧侣源源不绝的从海路附舶而来,唐王朝的土地上活跃着众多国籍、品貌各异的僧人。永徽六年(655年),中天竺沙门那提携带大小乘经律论梵本五百余荚、一千五百余部到达长安,奉诏于大慈恩寺译经。开元七年,南印高僧金刚智与弟子不空从海路到达广州,被迎至长安弘传瑜伽密教。又有北印度沙门智慧(梵名般刺若),闻中国五台山有文殊灵迹,遂锡指东方,将近广州时船却被大风吹还,他又重修巨舶,终于在建中二年(公元781年)到达番禺。

唐都长安的各大寺院居住着来自各国的高僧,入唐的日本求法僧圆仁在京城遇到了天竺、日本、新罗、狮子(今斯里兰卡)等国的僧侣。唐朝的许多城市和宗教圣地都有外僧在活动,各地分布不少以国为号的寺院,如"新罗寺""天竺寺"等,杭州天竺寺就是天下闻名的大寺。

隋唐时期,中国与东邻朝鲜、日本的关系十分密切,两国都有大量留学僧来到唐朝求学。朝鲜入唐的僧侣最多,据统计,新罗留唐僧徒有法号可考者逾一百三十人,实际人数要远大于此数。新罗僧徒多由海路来唐,在扬州、登州、楚州等地弃舟登岸,这一带聚集了不少新罗僧人。九华山发展为中国著名的宗佛圣地,与这些新罗僧有着密切的联系。新罗王子金氏游方来到池阳九子山(今安徽九华山)修苦行,被当地百姓尊为地藏菩萨示现,为他兴建寺院,"新罗僧徒闻之,率以渡海相寻,其徒且多。"九华山逐步发展成为一大宗教圣地。

日本推古王朝统治时期,摄政的圣德太子大力弘倡佛教,于 608 年派高向玄理等四人和僧、清安、惠隐、广齐等学问僧前来求法;之后,又有灵云、惠云前来学习佛法。隋唐之际,日本来中国的僧侣络绎不绝,先后有福亮、智藏、道慈、道昭、智通、智达、玄等人,最著名的当推"入唐八家"——最澄、空海、圆仁、圆珍、常晓、圆行、慧运、宗睿。他们求得大量经书文物回国,对日本文化的发展做出了重要的贡献。求法僧们不畏艰险,远渡沧溟,弘传佛教,对亚洲地区经济文化的交流与发展做出了卓越的贡献。

求法活动大大促进了唐代佛教的发展和亚洲各国间的文化交流。华梵僧侣从印度运回大量经典,进行了艰苦的翻译活动,为唐代各宗派的成立与佛教的繁荣打下了基础。在中国佛教史上,义净是一位影响很大的人物。他留学印度多年,携近四百部梵本归国,又组织译场进行翻译活动,与晋代的法显、唐代的玄奘并称为三大求法僧,成就很高。慧日是又一位著名的求法僧,归国后着重弘扬净土法门,被赠予"慈愍三藏"的称号,对净土宗的发展有着重要的贡献。在唐代佛教的发展中,印度来华高僧功不可没。玄宗统治期间,"开元三大士"(善无畏、金刚智、不空)相继来到长安,中国逐步形成完备的密宗宗派。开元四年,中印度高僧善无畏首先到达长安,开始正式传授密教。四年后,南印高僧金刚智与弟子不空来到中国大弘密教,金刚智被唐朝尊为国师。金刚智死后,不空奉朝廷之令率领弟子三十七人乘昆仑舶启程,前往狮子国递送国书并学习密教。几年后,不空带着大批佛经和狮子国国王赠予唐王朝的礼物回到长安,在两京地区大弘密教,得到朝野人士的普遍尊敬。

求法活动对日本、朝鲜等国的文化发展有重要意义。渡海求法的高僧们将中国佛教的各宗派传人东邻,法相、华严、律宗、密宗、天台等在新罗、日本等国迅速发展。宗教的传播同时也促进了文化的传播。来华求法的僧侣在中国学习多年,全面地学习了先进的汉文化,回国后对本国文化的发展起到了积极的作用。日僧空海归国后参照汉字创造了"平假名",并设"综艺种智院",传授中国的各种技艺。唐代高僧鉴真赴日传法,不仅成为日本律宗的开山祖师,而且有功于奈良文化的发展,在日本佛教史、建筑史、医学史和木雕史上都有一定的地位。

王宝钏与薛平贵的故事

在西安市大雁塔东南约两公里处,有条东西走向的小土沟,长不及一里,宽没有百步,最窄处仅仅丈余,沟崖南侧挖有几孔极其简陋的窑洞,光线幽暗,通

王宝钏与薛平贵雕像

风性差,面积狭小,仅可容身。令人难以置信的是,这就是唐代王宝钏居住过的寒窑。此处之所以如此有名,多半得力于传统戏《红鬃烈马》(又名《薛八出》)的演出。该剧讲述了一个动人的爱情故事:唐代宰相王允有三位爱女:大女金

钏,嫁给户部尚书苏龙;儿女银钏,嫁给兵部侍郎魏虎;三女宝钏,尚无可意郎君,找了几个都不中意,决心争取婚姻自由,遂在十字街头搭起彩楼,通过"抛绣球"的办法择婿。结果绣球落在叫花子薛平贵的身上,王允觉得有失体面,当即翻脸悔亲。而宝钏则认定了薛平贵,表示非他不嫁。王允多次劝说不果,无奈父女击掌,明誓断绝关系,宝钏愤而走出相府,与薛平贵住进了城南寒窑。

后来,有妖精作怪,平贵将其制服,因功被封为后军督抚。宝钏认为出头有日,心中暗自欢喜。不料此时又逢西部边乱,王允上书朝廷,将平贵改为平西先锋,意在借刀杀人,而平西军的正副元帅正是苏龙、魏虎。魏虎早就对宝钏图谋不轨,遂与王允合谋,找到一个借口欲杀平贵,幸被苏龙发现阻止。然而,王允并不罢休,将死刑改为鞭笞,并令平贵与敌会阵。平贵负气奋战,获胜而归。魏虎又设法将平贵灌醉,缚好送给了敌营,想再次借刀杀人。不料平贵命不该死,反被代战公主招为东床,并让其执掌了西凉国的权柄。

平贵征西之后,宝钏独守寒窑,转眼就是十八个年头。其间,母亲多次探望,宝钏不悔当初;村人屡屡引诱,从不为之心动。决心等候平贵归来。后来平贵知其仍在等他,便盗取令牌返唐。适值皇帝驾崩,王允篡位自立,兴兵捉拿平贵,代战公主闻之,倾其全力助夫,很快打败了王允,将平贵推上金殿。王宝钏也走出耗尽青春的寒窑,戴上了正宫娘娘的凤冠。可惜她福浅命薄,无缘享受,住了十八年寒窑,只当了十八天娘娘,就猝然而逝。王宝钏和薛平贵的故事在我国流传很广,曾以各种不同的艺术形式做过宣传,受到广大人民群众的喜爱。特别是王宝钏其人,被公认为不慕荣华富贵,甘于清贫凄苦,决心洁身守志的淑女,不仅被无数的女子仿效,更为许多男子津津乐道。王宝钏就像一座无形的贞节牌坊,久久地矗立在封建礼教领域,成为一个知名度很高的悲剧性人物。

当然,这个故事并不真实,虽然西安有寒窑存世,但只是人造古迹。熟悉中国历史的人都知道,唐代并没有一个取而代之的薛姓皇帝,也没有什么想篡位的宰相,更没有哪个大官僚的女婿当过西凉国的驸马,并掌其权柄。那么,这个故事是怎么来的呢? 它在现实生活中的原型又是谁?

有人说其原型是指石敬瑭。他原来是西域沙陀部人,住在山西太原,父亲是李克用部将臬捩鸡,后来他也跟随李克用归唐。此人沉默寡言,很有主见,再加上作战勇敢,处事机警,又救过后唐明宗李嗣源的性命,深得这位皇帝的喜爱,便把女儿永宁公主嫁给他为妻。唐明宗觉得石敬瑭虽为贵戚,却没一个像样的官位,遂让他做了河东节度使,加中书令,并兼蕃汉马步军总管,负责镇守太原,一跃成为很有势力的诸侯。后唐明宗死后,闵帝李从厚即位,这时的石敬瑭尾大不掉,渐渐萌生异志。一次闵宗出巡,路遇石敬瑭,他竟借口诛杀皇帝的随从数百人,还把皇帝关了禁闭。后唐末帝李从珂即位,知道石敬瑭必反,提醒有关人员密切注视他的动向。不久,石敬瑭果然发动叛乱,向契丹伸手求援。耶律德光闻风而动,大军从雁门关南下,册封石敬瑭为帝,二人约为父子。清泰三年(公元936年),石敬瑭称契丹主为"父皇帝",并割让"燕云十六州"送给契丹,给后人留下了收复的重任。石敬瑭的联合大军蜂拥而来,后唐末帝眼看大势已去,在玄武楼上自焚,后唐灭亡。石敬瑭赶紧跑到洛阳即皇帝位,后又迁都至梁(今河南开封),史称后晋。他担惊受怕地做了七年皇帝,公元942年6月染病而死。

拿石敬瑭的历史与薛平贵的经历对照,二人果然有些相像:一是他们都是能征善战的武将,而且又都与西域有关;二是两人都是承袭了李唐的江山,没费太大的周折就做了皇帝;三是二人的事业成功都靠了外来势力的援助。薛平贵借的是西凉国代战公主的兵马,石敬瑭则得到了契丹国的全力支持;四是二人的妻子都是出自豪门,薛、石俱为贵婿。看来,认为薛平贵的原型就是石敬瑭似乎有一定道理。

有的人说薛平贵的原型其实是唐宣宗的儿子李温。唐宣宗李忱晚年迷信丹药,妄求长生,大中十三年(公元859年)八月,他服用了医官李玄伯、道士虞紫芝的所谓长生不老药,引发了疽疾而送了老命。皇帝的位子不能空缺,枢密使(宦官)王归长、马公儒等人知道宣宗不喜欢长子李温,遂拥立第三子夔王李滋当皇帝。左神策军中尉(宦官)王宗实素与王归长不和,当时正出为淮南监军,他在得到左军副使刑元实的报告后,迅速回宫,怒斥王归长等篡改圣旨而将其杀掉。接着把李温推上了皇帝的宝座,是为唐懿宗。从立长不立幼的封建宗法观点来看,李温做皇帝符合当时的法定程序,无可非议,不存在篡位之嫌。所以把薛平贵说成是李温,绝对没有依据。

还有许多人从戏曲中寻找薛平贵、王宝钏的原型,提出了各种各样的看法。但是不管怎么说,都没有提出令人信服的证据,不好认定哪家所说为实。其实,唐朝出现王宝钏故事绝非偶然,当时朝廷对西北一带频频用兵,兵源的短缺成了一个很现实的问题。因此,也需要从少数民族中征集一些青壮年来补充队伍,这些人中不乏出类拔萃的角色,像后来酿成天下大乱的安禄山,就是"营州杂胡"之首。这些少数民族的将士,有许多人就在内地娶妻生子,而他们本人却常年遭受征战之苦,其妻子儿女也不免日夜悬望。因此,出现王宝钏和薛平贵的故事也就很自然了。

一代才女薛涛成为诗妓

唐代宗大历三年,也就是"安史之乱"平定之后不久,时局仍然动荡不安。流亡蜀中成都的昔日京都小吏薛郧与妻子裴氏,天天在提心吊胆中过日子。这

一代才女薛涛雕像

时裴氏生下一女,薛郧斟酌再三,为女儿取名"涛",字"洪度",以纪念那一段惊涛骇浪般的生活历程,同时也盼望自此能安度洪流滚滚的岁月。

这时,老一辈的官吏大多失势,官场新贵迭出,一派混乱。薛郧见状,索性辞官家居,一心一意的调教他的独生女儿。在父亲的悉心教导下,薛涛学业进步极快,很早就展现了她的诗才天赋。薛涛八岁那年,她父亲看着庭中一棵茂盛的梧桐树,便以"咏梧桐"为题,吟出了两句诗:"庭除一古桐,耸干入云中;"这两句明为状景,实际含有他高风亮节,不随俗流的清高人生观。吟完后,他用眼睛看了看薛涛,意思是让她往下接续,小薛涛眨了眨眼,随即脱口而出:"枝迎南北鸟,叶送往来风。"她这两句纯粹只是触景生情,颇为生动切题,并没有特别

的意思。而薛郧却暗自认为是不祥之兆，预示着女儿今后是个迎来送往的人物。当然，他这种推测，除了从诗句而来外，主要还是根据女儿那过人的才思和美貌来看的。不料，事情的发展确实也应了薛郧的预感，薛涛长大后真是成了一棵招摇一时的"梧桐树"；过了一生"迎南北鸟""送往来风"的奇特生涯。

就在薛涛十四岁的时候，父亲溘然长逝，抛下寡母孤女。为了维持母女俩的生计，小薛涛不得不用自己稚嫩的双肩挑起谋生的重担。在那时，一个女儿家要想谋生是何等的艰难，她只好凭着自己的天生丽质和通晓诗文、擅长音律的才情，开始在欢乐场上侍酒赋诗、弹唱娱客，不久便成了成都市上红得发紫的高级歌妓，又被人们称为诗妓。

唐德宗时，吐蕃势力日渐强大，不时侵扰蜀西、滇南一带边陲地区，朝廷拜中书令韦皋为剑南节度使，开府成都，统辖军政，经略西南。韦皋是一位能诗善文的儒雅官员，他听说薛涛诗才出众，而且还是官宦之后，就破格把妓女身份的她召到帅府侍宴。薛涛刚一到，韦皋为试其才情就命她即席赋诗。薛涛神情从容，含笑接过侍女奉上的纸笔，题下"谒巫山庙"一诗：

乱猿啼处访高唐，一路烟霞草木香；
山色未能忘宋玉，水声尤是哭襄王。
朝朝夜夜阳台下，为雨为云楚国亡；
惆怅庙前多少柳，春来空斗画眉长。

写完后韦皋拿过一看，不禁大声称赞，这小女子即兴赋诗，不但诗句清丽凄婉，且有愁旧怅古的深意，绝不像一般欢场女子的应景之作。韦皋看过后又传给客人，众宾客莫不叹服称绝。从此后，帅府中每有盛宴，韦皋必定召薛涛前来侍宴赋诗，薛涛成了帅府的常客，更被人们看成是蜀中重大交际场合上不可缺少的人物。

一经节度使韦皋的称道，薛涛的名声不仅传遍了蜀中，而且几乎全国皆知。当时的许多名士争相与她诗词唱酬，由各地前往成都办事的官员，也竞相以一睹薛涛芳容为荣，谁若能求得她的只言片语更是喜不胜收。被捧得飘然欲仙的薛涛也不甘寂寞，亲自制出一种粉红色的小彩笺，用娟秀的小楷题上自作的诗句，赠予那些她认为合意的来客。一时之间，这种诗笺成了文人雅士收藏的珍品。

国学经典文库

中国古代逸史

· 隋唐五代十国逸史 ·

图文珍藏版

薛涛毕竟是个有血有肉,更有着细腻情感的女人,她深切渴望真正属于自己的那一份爱情;然而身世飘零,每日里迎张送魏,繁华的后面掩藏着她感情世界的空白。一直到薛涛四十二岁那年,她生命中才姗姗走来迟到的春天。三十一岁的监察御史元稹,于唐宪宗元和四年春天奉朝命出使蜀地,调查已故节度使严砺的违制擅权事件。虽然严砺已死,但倘若查出问题,辖下的七州刺史都脱不了干系,大家凑在一起想对策,对于这位不慕钱财的御史大人,只好施以"美人计"了。蜀中虽然美女如云,但俗媚女色恐怕很难打动元稹这位诗人才子的心。于是众刺史想到了已是半老徐娘的薛涛,除了央求她出马,似乎别人都无法当此重任。

薛涛碍于与已故节度使严砺的交情答应了此事。薛涛比元稹整整大了十一岁,但由于她天生一副细腻白皙的容貌,再加上懂得恰到好处的化妆与修饰,仍然是一位风韵不减当年的美人儿。凭着薛涛丰富的人生阅历和卓越的才情,一经交往,便使元稹这位京都清贵陷入了粉红色的温柔乡里。

元稹本是肩负着任务而来,不料对薛涛竟不由自主地动了真情。起初薛涛不过是以职业性的心情来应付元稹,可就在他们第一次倾谈时,薛涛突然感到一种前所未有的震撼与激情,她暗暗告诉自己,这个男人就是她梦寐以求的人!于是一切都顾不上了,满腔积郁已久的热情,一股脑地奔泻出来,两人同时融化在爱的热流中。

薛涛虽为风尘女子,但她属于那种卖艺不卖身的高级诗妓,周旋于蜂蝶中,却一直洁身自好。而这次一切都不同了,与元稹见面的当天夜里,她就把自己毫无保留地献给了心爱的人。第二天清早起来,还真情所致地做了一首"池上双鸟"诗:

双栖绿池上,朝暮共飞还;

更忙将趋日,同心莲叶间。

这俨然就是一个柔情万种的小妻子,在向丈夫诉说对生活的向往,奏响追求挚情的心曲。虽然曾有不少人得到过薛涛的粉红诗笺,但谁也没能像元稹这样真正享受到她内心深处的恋情?对此,多情公子元稹也尽能领略,深为薛涛那绮丽的情意而沉醉。

薛涛虽是受托与元稹交往,可两人却结下了一段真情。然而毕竟是萍水相逢,在元稹完成了蜀地的任务,离开成都返回京都时,两人不得不挥泪分手。到这时为止,他们已在一起度过了一年如胶似漆的亲密时日。流年如水,把对情人的期盼渐渐从薛涛心头带走。她知道不应该再等待什么,经历了这番冷热波折,她的心似乎关闭得更紧了。除了参加一些推脱不掉的应酬外,她尽量闭门居家,借诗词遣怀。薛涛的宅第濒临风光秀美的浣花溪,闲来无事,她常用乐山特产的胭脂木来浸泡捣拌成浆,加上云母粉,渗入玉津井的水,制成粉红色的特殊纸张。纸面上呈现出不规则的松花纹路,煞是清雅别致。她便用这种纸来誊写自己作的诗,有时也送些诗笺给友人,人们把这种纸笺称为"松花笺"或"薛涛笺"。唐人喜用彩笺题诗或书写小简,其实都是学了薛涛的样。

"美人自古如名将,不许人间见白头",尤其是像薛涛这样的名"交际花",昔日交际场上的风光逐渐随着芳颜的老去而流逝。已近暮年的薛涛,索性在远郊筑起吟诗楼,自己穿戴起女道士的装束,隐居在楼中,远远离开了繁华的交际场所。

唐文宗太和五年,隐居的薛涛永远闭上了她寂寞的眼睛,享年六十五岁。当时的剑南节度使段文昌为她亲手题写了墓志铭,并在她的墓碑上刻上"西川女校书薛涛洪度之墓",至此,"女校书"真正成了薛涛的别名。

后人为了纪念风尘才女薛涛,在万里桥畔的锦江边筑有望江楼,楼下不远处有著名的"薛涛井"。据说,清代光绪年间,蜀中大旱,清江断流,当地人向薛涛故居边干涸的古井顶礼膜拜,古井中忽然涌出清泉,不一会儿,又是大雨滂沱,大大解救了旱灾。人们为了感激薛涛神灵的恩泽,特将这口井命名"薛涛井",并刻石立碑具载其事。站在望江楼上,不但能眺望锦江两岸清幽的风景,也能清楚地看到"薛涛井",因而人们常到楼上怀古思旧,缅怀薛涛。

崔护迎来桃花缘

"去年今日此门中,人面桃花相映红;人面不知何处去? 桃花依旧笑春风。"这首崔护写的"题都城南庄"诗流传甚广,至今仍有不少人能朗朗吟诵。然而知诗者并非尽知这首诗中还隐藏着一个动人的爱情故事。故事中饱含着才子佳人的纯真之情,情节曲折神奇,人们称之为"桃花缘"。

崔护

崔护是唐德宗年间博陵县的一位书生,出身于书香世家,天资纯良,才情俊逸,性情清高孤傲,平日埋头寒窗,极少与人交往,即使偶尔偷闲出游,也喜欢独来独往。这一年的清明时节,正逢一个难得的晴朗天气,午后春日暖照,苦读了一上午的崔护深为春天的气息所感染,决心去郊外好好体味一下春的盛情。崔护放下书本,兴致勃勃地独自步行出城。不知不觉离城已远,临近山脚,在远处能望见的茅屋这时反而全部被桃树遮住,眼前只有一片蔚然的桃林。沿着桃林间的曲径往里走,在一小片空隙中有一竹篱围成的小院,院落简朴雅洁。院中有茅屋三楹,全用竹板茅草搭成,简陋却整齐异常。走近柴门,他叩门高呼道:"小生踏春路过,想求些水喝!"

吱呀一声,房门敞开,走出一位妙龄少女。少女布衣淡妆,眉目中却透出一股清雅脱俗的气韵,使崔护甚感惊讶。他再次说明来意,少女明眸凝视,觉得来者并无恶意,就殷勤地将他引入草堂落座,自往厨下张罗茶水。少顷,少女托着茶盘从厨房中出来,她落落大方地走向崔护,轻轻地唤一声:"相公,请用茶。"崔护从思索中转过神来,见少女正向自己走来,粉白透红的脸上秋波盈盈,不施脂粉的打扮,素净的布衣,更加衬托出少女的纯真和灵秀,宛如一朵春风中的桃花,向人们展示着生命的风采。一时间,崔护竟然有些看得发怔,少女似乎察觉了他的心意,迅即垂下眼帘,一份娇羞把她点缀得更加动人,崔护不由得心旌摇曳。两人在屋中静默了一会儿,崔护将话题转到景物上,他大赞此地景色宜人,犹同仙境,是游春不可多得的好地方。少女只是听他高谈阔论,含笑颔首似是赞同,却并不说话。在春意盎然的季节,面对着这样一位风华正茂、气宇轩昂、又才情逼人的少年郎,又怎不叫她情窦初开的心中春意荡漾呢?但知书识礼的少女怎敢在一个陌生男子面前敞开自己的心扉。她坐在那里含羞不语,两片红霞染上了面颊,偶尔用含情脉脉的目光向崔护一瞥,一碰到崔护的目光就迅速地收回,更加羞怯地望定自己的脚尖,益显出一副楚楚动人的模样来。面对少女的无措,崔护也不知如何是好,饱读圣贤书的他不可能做出更热烈、更轻浮的举动来。

眼看着太阳已经偏入西边的山坳,崔护只好起身,恳切地道谢后,恋恋不舍地向少女辞别。少女把他送出院门,倚在柴扉上默默地目送着崔护渐渐走远。崔护也不时地回过头来张望,只见桃花一般的少女,映着门前艳丽的桃花,一同在春风中摇荡,心中暗叹:真是一副绝妙的春景图啊!但少女眼中无限的眷恋他却已看不清楚了。

春日里一次偶然的相遇,在崔护和少女绛娘心中都激起了圈圈爱的涟漪。时光如流,转眼到了第二年春天,又是一个春暖花开的晴日。崔护望着城中绽开的桃花不由地触景生情,回忆起去年春天的城南旧事,感情的烈焰在他心中升腾。崔护抱着兴奋急切的心情,一路快行来到城外寻找往日的旧梦。可到了桃林一看许久都不见少女出来开门,他唤了几声:"绛娘!绛娘!"除了些许微弱的回音外,并无应答之声。再定睛一看,茅舍门上静静地挂着一把铜锁,宣告着主人已不在此。顿时,崔护觉得如一瓢冷水浇头,火热的心凉了大半。推开柴门,枯坐在院中桃花树下,缤纷的花瓣落了他一衣襟,仍不见少女归来。又是夕阳西斜的时候了,他讪讪地从窗棂中取出笔墨,怅然地在房门上写下七绝一首,这就是开头提到的那首"题都城南庄"。

崔护城南访旧,没能见到绛娘,回家后心里一直放不下来,他根本无法用心读书,甚至连茶饭也难以下咽。于是,数日之后,他再度往城南寻访。尚未走近,远远地就听到茅舍中传出了阵阵苍老的哭声,崔护心中一紧,连忙加快脚步。片刻之后,一位白发苍苍的老汉,颤颤巍巍地走了出来,泪眼模糊中,上下打量着崔护问道:"你是崔护吧?"

对老汉知道自己的名姓,崔护有些讶异,他点头称是。老汉悲从中来,哭着说:"你杀了我的女儿啊!"崔护惊诧莫名,急忙询问:"敢请老丈说明原委!"

老汉涕泪横流,哽咽地诉说道:"爱女绛娘,年方十八,知书达礼,待字闺中。自从去年清明见了你,日夜牵肠挂肚,只说你若有情,必定再度来访。她等过了一天又一天,春去秋来,总不见你的踪影,她朝思暮想,惘然若失。时过一年,本已将绝望,前几天到亲戚家小住,归来见到门上你所题的诗,痛恨自己错失良机,以为今生不能再见到你,因此不食不语,愁肠百结,竟然一病不起。我已老了,只有这个女儿相依为命,之所以迟迟不嫁,是想找一佳婿,好让我们父女有所依靠。现在绛娘却先我而去,难道不是你杀了她吗?"

听了这番哭诉,崔护仿佛横遭雷击,不知所措。萍水相逢,痴心女子竟用情如此之深,怎不让崔护心痛欲碎呢!他连忙奔入内室,抱住断气不久的绛娘声嘶力竭地呼喊:"绛娘慢走一步,崔护随你而来呀!"崔护一边摇晃着绛娘,一边大声哭喊,泪水流满了绛娘的面庞。也许是他的精诚感动了苍天,也许是他的真情唤醒了绛娘的心,忽然,绛娘悠悠地苏醒过来。一开始是呼出一丝微北的鼻息,接着双目微启,然后唇角微动,似乎认出了崔护,把脸深深埋进崔护的怀里。老汉见了惊喜万分,急忙备好姜汤米浆,慢慢给绛娘灌下。就这样,多情的绛娘居然从黄泉路上又走了回来。

随后,崔护回家把情况禀明父母,父母十分体谅他们的一片真情,于是依礼行聘,择一吉日将绛娘娶进门来。绛娘的父亲也经崔家予以妥善的安置,得以颐养天年。但这父女始终不愿表明自己的姓氏和身世,留下一个难解之谜。也许老汉曾经在朝中为官,因故获罪,于是隐姓埋名,蛰居博陵城南,既然他有所顾忌,崔护一家也就知趣地不去探究。

崔护娶了绛娘这么一位情深意厚、贤淑美慧的娇妻,心满意足。绛娘殷勤执家、孝顺公婆、和睦亲邻,夜来红袖添香,为夫伴读,使得崔护心无旁思,专意于功课,学业日益精进。唐德宗贞元十二年,崔护赴会士考,获进士及第,外放为官,仕途一帆风顺,官到岭南节度使。在绛娘的佐助下,他为官清正,政绩卓著,深受百姓爱戴。

关盼盼魂断燕子楼

古时的彭城（今徐州）地势险要，交通便利，能控豫鲁而瞰江淮，是历代兵家必争之地。正因它地理位置的重要，许多历史故事曾在那里上演，因此留下来许多名胜古迹。有夏禹镇水的铁牛、吴季子挂剑台、范增墓、霸王戏马台、燕子楼等。说到燕子楼，就必然想到关盼盼这位才貌盖世、歌舞绝伦的奇女子，曾在燕子楼上演出了一幕悲凉的殉情故事。

关盼盼魂断燕子楼

关盼盼生于唐德宗贞元三年，她出身于书香门第，精通诗文，更兼有一副清丽动人的歌喉和高超的舞技。她能一口气唱出白居易的"长恨歌"，以善跳"霓裳羽衣舞"驰名徐泗一带，再配上她美艳绝伦的容貌，轻盈婀娜的体态，让无数世家公子望眼欲穿。后来，关家家道中落，出于无奈，关盼盼被徐州守帅张建封重礼娶回为妾。张建封虽是一介武官，却性喜儒雅，颇通文墨，对关盼盼的诗文十分欣赏，而关盼盼的轻歌曼舞，更使这位身为封疆大吏的显官如痴如醉。关盼盼入府后，给张建封枯燥的官场生活增添了不少浪漫色彩，让他享受到人生的另外一重美妙境界。因此，虽然张家妻妾成群，他却对关盼盼情有独钟。一对年龄相距甚远的老夫少妻，竟也情投意合，十分恩爱，使关盼盼得到了莫大的爱抚和欣慰。

大诗人白居易当时官居校书郎，一次远游来到徐州。素来敬慕白居易诗才的张建封邀他到府中,设盛宴殷勤款待。关盼盼对这位大诗人也心仪已久,对白居易的到来十分欢喜,宴席上频频执壶为他敬酒。酒酣时,张建封让盼盼为客人表演歌舞,想借机展露一番自己爱妾的才艺。关盼盼欣然领命,十分卖力地表演了自己拿手的"长恨歌"和"霓裳羽衣舞"。借着几分酒力,盼盼的表演十分成功,歌喉和舞技都到了出神入化的地步。白居易见了大为赞叹,仿佛当年能歌善舞的倾国美人杨玉环又展现在眼前,因而当即写下一首赞美关盼盼的诗,诗中有这样的句子:"醉娇胜不得,风嫋牡丹花。"意思是说关盼盼的娇艳情态无与伦比,只有花中之王的牡丹才堪与她媲美。这样的盛赞,又是出自白居易这样一位颇具影响的大诗人之口,使关盼盼的艳名更加香溢四方了。

可惜好景不长,两年之后,张建封病逝徐州,葬于洛阳北邙山。张建封死后,张府中的姬妾很快风流云散,各奔前程而去,只有年轻貌美的关盼盼无法忘记夫妻的情谊,矢志为张建封守节。张府易主后,她只身移居到徐州城郊云龙山麓的燕子楼,只有一位年迈的仆人相从,主仆二人在燕子楼中,过着几乎与世隔绝的生活。

元和十四年,曾在张建封手下任职多年的司勋员外郎张仲素前往拜访白居易,他对关盼盼的生活十分了解,并且深为盼盼的重情而感动,因关盼盼曾与白居易有一宴之交,又倾慕白居易的诗才,所以张仲素这次带了关盼盼近来所写的"燕子楼新咏"诗三首,让白居易观阅。诗中展示了关盼盼在燕子楼中凄清孤苦、相思无望、万念俱灰的心境,真切感人。白居易读后,回忆起在徐州受到关盼盼与张建封热情相待的情景,那时夫妻恩爱相随,这时却只留下一个美丽的少妻独守空楼,怎不是人世间的一大憾事!白居易不由得为关盼盼黯然神伤,流下一掬同情的眼泪。捧着诗笺,大诗人爱不释手地反复吟咏,心想:张建封已经逝去十年,尚有爱姬为他守节,着实令人羡慕。但是又转念一想:既然如此情深义重,难舍难分,为何不追随他到九泉之下,成就一段令人感叹的凄美韵事呢?于是在这种意念的驱使下,白居易十分肃穆地依韵和诗三首,表达了倘若关盼盼真的情真义挚,何不甘愿化作灰尘,追随夫君到九泉之下呢?其实白居易并非有心要伤害关盼盼,只因为按当时人们的道德标准来看,能以死殉夫,实在是女人的一种崇高无上的美德。白居易认为,既然关盼盼能为张建封独守空房,为什么不再往前一步,从而留下贞节烈妇的好名声',成为千古美谈?在诗人的心目中,坚信节操和美名比生命更重要,他以为劝关盼盼殉情,并不是逼她走上绝路,而是为她指明一条阳光大道。

张仲素回到徐州,把白居易为关盼盼所写的四首诗带给了她。关盼盼接到诗笺,先是有一丝欣慰,认为能得到大诗人的关注及亲笔题诗,是一种难得的殊荣。待她展开细细品读,领会出诗人的心意所在,不禁感到强烈的震撼,心想诗中寓意也太过于逼人,用语尖刻,实欠公平。我为张建封守节十年,他不对我施以关怀和同情,反而以诗劝我去死,为何这般残酷?因而她泪流满面地对张仲素道:"自从张公离世,妾并非没想到一死随之,又恐若干年之后,人们议论我夫重色,竟让爱妾殉身,岂不玷污了我夫的清名,因而为妾含恨偷生至今!"说罢,她不可遏制地放声大哭,哭自己的苦命,也哭世道的不平。张仲素见状,心中也感酸楚,在一旁陪着她暗暗落泪。哭了不知多长时间,渐渐地,关盼盼似乎已从愤激的心情中理出了头绪,于是强忍着悲痛,在泪眼模糊中,依白居易诗韵奉和七言绝句一首,指出事到如今,她本早已了无生趣,既然有人逼她一死全节,她也别无选择了。

张仲素离开燕子楼以后,关盼盼就开始绝食,随身的老仆含泪苦苦相劝,徐州一带知情的文人也纷纷以诗劝解,终不能挽回关盼盼已定的决心。十天之后,这位如花似玉、能歌善舞的一代丽人,终于香消玉殒于燕子楼上。

关盼盼的死讯传到白居易耳中,他先是震惊,明白了关盼盼确实是一位痴情重义的贞烈女子;继而,他想到了关盼盼的死与自己写的诗有着直接的关系,心情由敬佩转成了深深的内疚。于是,他托多方相助,使关盼盼的遗体安葬到张建封的墓侧,算是他对关盼盼的一点补偿,也借以解脱一些自己的愧疚之情。但这一点关照,对于含悲而死的关盼盼来说,又有何意义呢?

白居易六十六岁以后,官职是太子少傅,分管东都洛阳之事。这时的他年已垂暮,雄心大减,不再积极参与政事,而隐居在洛阳香山。他自知来日不多,因而忍痛割爱,把心爱的骏马送给他人,并让能歌善舞的侍姬樊素与小蛮离开自己,各奔前程,以免自己百年之后,两位妙龄佳人重演关盼盼的悲剧。从他的这一行动可以看出,白居易已经为逼死关盼盼而深深内疚了。

后来,燕子楼因为关盼盼的故事而成为徐州的胜迹,历代均加以修葺。楼上至今仍悬挂着关盼盼的画像,神情秀雅,容貌艳丽绝伦,过往的游客,不但仰

国学经典文库

中国古代逸史

·隋唐五代十国逸史·

图文珍藏版

慕其风貌,更为她的真情而感叹。

红线女巧妙制止战争

唐代宗建中二年夏末秋初的一个夜晚,一位身着墨绿色夜行衣的姑娘悄然来到魏州城,只身闯入壁垒森严的节度使府中,神不知鬼不觉地从老谋深算的节度使田承嗣床头,盗走了一个盛着节度使金印的宝盒,从而巧妙地制止了一场即将发生的战争。这件事流传开后,便演绎成"红线女魏城盗宝盒"的故事,武艺绝尘的盗盒姑娘红线女更被人们看成似神似仙的侠女,她的名字传遍了北方民间。

追根究底,这个人人皆知的"红线女"之名实际是一个小小的错误,这姑娘名为"鸿现",因发音与十分形象的"红线"读音相近,所以被叫成了"红线"。若再往根上找,"鸿现"还应是"绿云"呢!

绿云是唐朝"安史之乱"时期出生于沧州一位周姓官宦人家的小姐。这姑娘从小生得聪颖伶俐、漂亮活泼,被父母视为掌上明珠。绿云五岁那年,周家来了一位化缘的老尼,这尼姑虽然容貌苍老,眼神却相当精灵,她一眼看中了正在院中嬉耍的小绿云,于是向周家请求要收绿云为徒,周家这么一个爱如至宝的千金,怎么会舍得送她出家为尼,当下就婉言拒绝了。老尼也不多啰唆,就在转身出门的那一刹那,猛地伸手抱过了小绿云,还没等绿云父母反应过来,就风驰电掣一般离开了。临出门时只丢下一句:"老身决不会亏待令媛!"话音未落,人已了无踪影。这边绿云父母好不容易醒过神来,捶首顿足,悲哭不绝。

这带走绿云的神秘老尼是何许人呢?原来她是隐居梨山修道百年的妙空神尼,经过近一个世纪的勤修冥悟,练就了一身出神入化的武功,除精通各种拳法兵器外,尤以一身绝世的轻功见长。妙空神尼武艺高超绝伦,脾气也是怪得少有,对选择授艺的徒弟特别挑剔,南来北往考察了几十年,却没有看中一人,一身稀世绝技眼看就没了传人。就在这时,她偶然在周家见到了绿云,这姑娘年龄虽小,却已初露蕙质,不但一身骨骼细匀轻灵,宜练妙空神尼创制的功法,而且目光机灵有神,悟性甚高,是个学武功的好苗子。既然是百年难逢的好苗子,妙空当然不会放过,不惜强行抢入山中。

国学经典文库

中国古代逸史

·隋唐五代十国逸史·

图文珍藏版

在险峻奇秀的梨山深处，绿云随妙空神尼过着与世隔绝的苦修生活。妙空神尼将毕生所创武功倾囊相授。绿云除了练就一套变幻无穷、灵捷如风的"神女剑法"外，还将妙空神尼神奇的飞腾之术学得八九不离十，运起功来，身影飘忽飞旋，犹如惊鸿一现，因而妙空将其名改为"鸿现"。

春去春回，转眼间鸿现姑娘已在梨山中度过了十载光阴。青春妙龄的鸿现，在梨山清泉的滋润下，长得艳丽非凡，加上日日练功，身材尤为健美。虽然在山中无人教她情爱之事，然而豆蔻年华的少女谁又不会怀春？鸿现渐渐喜欢一人独坐静潭边，以潭水为镜，望着水中自己的芳容痴痴遐思，还经常用山花插在鬓旁装扮自己。妙空神尼把鸿现禁锢在深山中修练，本意是让她断净凡间七情六欲，专心致力于本门武功，使本门功法进一步发展深化；这时见鸿现无师自通，有了这些红尘女子的思情举动，因而断定："这丫头六根不净，尘缘未断。"既然如此，干脆顺其自然，放她下山发挥一番作为。

主意既定，在一个春意醉人的日子，妙空神尼带着二八佳龄的鸿现姑娘，来到潞州节度使薛嵩府中。见到薛嵩后，妙空也不多说什么，十分干脆地把鸿现推到薛嵩面前，嘱咐道："你与此女有缘，擅自待她，日后必有奇验。"话一说完，妙空转身就不见了身影。

潞州节度使薛嵩早已了解有妙空神尼这么一位世外高人，向来与她无恩无仇，今天却平白无故地送来一位妙龄少女，着实让他摸不准她葫芦里卖的什么药。既然神尼留言"擅自待她，日后必有奇验"的话，薛嵩当然不敢怠慢；何况这少女也确实美艳可人，薛嵩就欣然接受了下来。他回头问少女叫什么名字，少女低声答道"鸿现"，可薛嵩却把"鸿现"误认为"红线"，从此便"红线长、红线短"地叫开了，薛府里的人也都称她是"红线姑娘"；既然大家都习惯这么叫，鸿现也就懒得更正，鸿现就成了红线。

红线姑娘来历奇特，薛嵩当然不敢等闲视之。既然住进了薛府，就得在府中有个名分，做侍婢当然不成，做妾又太小。薛嵩本非拈花好色之徒，干脆把她收为义女，使红线姑娘在潞州城里有了个响当当的名分和地位——节度使的千金小姐。

遵照妙空师傅的交代，在薛嵩面前红线绝口不提梨山学艺之事，平日练功也是深夜里背着人进行，因此，薛嵩一直没料到，自己身边这个美艳秀气的义女竟然是一位身怀绝技,万人莫敌的奇女子!

做了节度使府中的小姐,当然就得接受大家闺秀的那套教育,薛嵩不惜重金聘请了高师,教授红线姑娘诗文、书画、音律、棋琴等课目。红线女虽然在深山中没有得到很高的启蒙教育,但毕竟有颖慧的天赋和极高的悟性,三年学习下来,不只是诗文娴熟,而且弹筝抚琴、书画棋艺上都有了非凡的造诣。

镇边节度使薛嵩虽为武将,但并非一个莽撞武夫,他除了臂力过人、弓马娴熟外,还通晓音律,雅好翰墨,称得上是一员儒将。见到稚气未脱的红线女棋琴书画进步如此之快,心中十分高兴,闲暇时,常与她谈诗论文、切磋音律、花下对弈,或是静听她弹琴抚筝。聪明过人的红线女成了薛嵩生活中的"开心果",父女之情也日渐深厚。

薛嵩是潞州节度使,实际上就是守边大将。为了防御北方胡人侵犯中土,唐皇朝在沿边地区派驻了重兵。唐高宗时期,朝廷给这些地区的守将颁发了"节钺","节钺"也就是一种权柄的象征,以便于战事紧急时,守边将领能以"钦差大将"的身份调遣附近兵马,抵御外侮,因而人们就把这些持有"节钺"的守边大将称为"节度使"。

唐玄宗开元年间,重新调整边镇布置,节度使权力越来越大,不但是各边区的军事指挥官,而且还统管该地区的行政、司法、经济,俨然是独霸一方的地方王。在这种大权独揽的情况下,唐玄宗晚年,管辖今天河北、山西、辽宁一带的节度使安禄山趁唐朝内地兵力空虚、政局混乱之机,起兵进军京都长安,薛嵩也成了安禄山的支持者。后来在唐肃宗的勉力号召下,各地勤王部队合力平息了变乱。安禄山死后、包括薛嵩在内的许多带兵大将降归了朝廷。限于朝廷的势力,这些降将没有受到惩罚,因为还必须借用他们手下的兵力镇守边关。

唐代宗继位后,为了安抚广大的关东(即潼关以东的华北平原地区)地区,将这里划分成五大势力范围,分别安置甩不掉的"安史之乱"降将薛嵩、田承嗣、张忠志、李怀仙及侯希夷。实际上在"安史之乱"余波震荡下,这五支兵马一直没有停止过互相攻伐,唐廷予以明令划分,不过是委曲求全地接受眼前的事实,为他们划定势力范围,以求安定。

五位大将中的薛嵩与田承嗣,一向关系较为密切,以往曾多次并肩作战,同生死、共患难,而且两个家族间还互通婚姻,建立了亲家关系。如今按朝廷的划分,田承嗣辖有魏博五洲,大约是今天的河北省东部及山东省西北部一带,将府则定驻魏城,也就是今日的河北大名。薛嵩的辖区则遍及山东省部及河南省北部一带,将府定驻潞州,即今日的河南安阳。双方地境相接,成为邻"邦";但两相比较,薛嵩的辖区土地肥沃,气候温和,物产丰富,田承嗣的管区远远不及。田承嗣看在眼里,心生贪念,于是不惜横征暴敛,招兵买马,充实战备,加紧操练,准备在秋凉之后,起兵攻打潞州,他已把旧日交情尽抛脑后。

薛嵩这边打探到消息,心中十分焦急。倒不是薛嵩的兵力不足以抵挡田承嗣部,他焦虑的主要是"安史之乱"方息,饱受战乱之苦的百姓刚刚喘过气来重建家园,如果又行交战,眼看两镇的安定与繁荣又将毁于一旦。一向崇尚文治的薛嵩一边加紧战备,一边却不免长吁短叹,忧心忡忡。

平日里很能逗义父开心的红线女见薛嵩整日愁眉不展,无心言笑,就拿出新作的诗文给义父过目,薛嵩表现出一副心不在焉的淡漠态度;她在月下为义父抚琴弄曲,薛嵩也根本没有平日里那种陶醉在琴音里的模样。红线女见状也不免心事重重,她心想:"义父深恩厚德,平日里待自己如同亲生女儿,如今也该是自己挺身而出,为父分忧的时候了!"

别看红线女平日里一副天真烂漫的样子,其实她对本镇时势早已暗察在心,深知义父为何而愁。红线女试着向义父探询道:"风闻田家兵马将于秋后前来攻打潞州,是吗?"薛嵩站起身来,苦笑着说:"此乃军国大事,不是你们女儿家所能操持的,还是不必为我操心吧!"

红线女闻言不再说什么,纵身一跃,飞上了自己的绣阁。转眼工夫,只见她穿一身墨绿色紧身夜行装,腰插一支龙纹匕首,手执一柄青霜宝剑,飘然由楼上飞跃而下,神情肃穆地对薛嵩道:"今夜将往魏城一探究竟,此去必可挫彼锐气,或能化解一场浩劫!"说完,还没等惊得目瞪口呆的薛嵩有所反应,转眼间就腾身而去。

就在月圆星稀,冷露无声的夜晚,红线女施展"嫦娥奔月"的飞腾绝技,更鼓声声中,越墙深入护兵把守极严的魏城节度使府中。用点穴之技劫持了一名护兵,问明田承嗣的住所,然后点了那护兵的哑穴,把他绑了丢在花丛中。红线女随即悄无声息地越上田承嗣卧房屋顶,揭开屋瓦,像燕子一般飘落在田承嗣的卧榻旁,罗帐内田承嗣正鼾声大作,枕边端端正正地放着一只锦盒。红线女轻轻掀开罗帐一角,探手取出锦盒,转身照原路越出田府,运起神行轻功返回了潞州。

这边潞州城内的薛嵩整夜没合一下眼睛。晨光初露,红线女面带红晕地走进薛嵩书房中,喜滋滋地把锦盒递到薛嵩手上。薛嵩小心翼翼地接过来细看,这是一只雕琢精美的乌檀木盒子,打开一看,里面有田承嗣官印一方,以及两颗硕大的夜明珠和田承嗣的生辰八字与平安符。薛嵩惊呼道:"红儿啊!这不是田承嗣的命根子吗?你是怎么弄来的?怕是此刻已把他急疯了呢!"

田承嗣一早起来发觉自己的宝盒不见了,又气又急,一连杀了几个值夜的护兵。气愤之余,他又十分的惊惧,既然能有人在他枕畔取出宝盒,那么要取他的脑袋也决非难事啊!

田府内攘攘扰扰闹到上灯时分,门外传报:"潞州薛大人遣差官有秘事面陈!"差官进来后,呈上锦盒及书信一封。田承嗣见到宝盒已惊吓出一身冷汗,展信细读,上书:"昨夜有客探帅府,自亲家翁枕边取走一锦盒,知系君家贵重之物,为免悬念,特派专使奉还。"

"薛嵩身边竟有如此高人!"这样一想,田承嗣就不再敢有攻取潞州的主意了。一场势在必发的战争,就被红线女这么轻轻地一拨,拨得烟消云散,两镇的百姓确实免却了一场浩劫。

这件事慢慢传到了朝廷。田承嗣仗势不羁,原本是连朝廷的账都不买的,既然薛嵩能把他治得服服帖帖,唐室就索性封薛嵩为平阳郡守,让他来牵制住田承嗣,还真的管用。说透了,田承嗣真正怕的还是小小的红线女呢!

刘无双死里逃生

唐德宗建中年间,尚书租庸史刘震膝下有一个独生女儿,天生丽质,从小生得秀美端庄,父母爱如至宝,认为普天之下无人能与女儿的美貌相比,所以为她取名无双。刘震夫妇仅有这么一个女儿,看得比儿子还重,自幼为她请来名师,教授诗书琴画,因而刘无双不但容貌出色,才识也相当出众,长安市上的世家子弟中传扬道:"刘家有女,才貌无双",刘无双成了他们渴慕的对象。

刘无双自小就定下了"娃娃亲",夫婿就是她的表兄王仙客。王仙客是刘无双姑姑的儿子,因王父早年客死扬州任上,王母便带着幼小的王仙客投靠兄长刘震门下。刘王两家关系密切,两个小儿女更是青梅竹马,一同玩耍、读书、长大,形影不离,情同手足。两家父母看到他们年龄相仿,相貌相配,又情谊和洽,早就打下了亲上加亲的主意,只等他们长大成人,就合为一家。

大唐皇朝自从"安史之乱"以后,对安禄山和史思明手下的叛将一直采取安抚政策,把他们分为各边镇的节度使。节度使在辖地拥有至高无上的权力,俨然就是各霸一方的小国王。唐德宗继位以后,决心对此加以整顿,由于势力不足和措施不当,不仅没有收回权力,倒还引起了藩镇的不满,纷纷起兵叛乱,与朝廷抗衡。唐德宗措手不及,逃往奉天,叛军顺利地进入长安,推举废居长安的朱泚为王,登基而为大秦皇帝。朱泚是唐代宗大历年间因诛伐节度使卢龙有功,入朝受封为节度使衔而闲留京师的,虽然在京城没有实权,但他为人豁达,轻财仗义,在长安广泛结交权贵,大有举足轻重之势。

刘震就是朱泚在京师中交往甚密的一位朝官,现在朱泚称帝,自然也就重用了刘震。刘震心想:乱世中,在朱泚手下或可大有作为,此番先随着他打下江山,待大局有了眉目之后,再为女儿及外甥风风光光地完婚也不为迟。于是刘无双与王仙客的婚事就这么暂时搁置下来了,谁知这一搁就是数年。

逃到奉天的唐德宗,吸取教训,重振朝纲,擢用了贤臣陆赞为相,采用他的建议,下诏免除各藩镇节度使的叛乱之罪,派大将李晟带兵收复了京师,从而平息了战乱。朱泚率余部西逃,半路上被部下所杀。唐德宗班朝回京后,追查附依朱泚的逆臣,刘震首当其冲,当即论罪处斩。府中刘夫人和王仙客之母王夫人,在抄家时因受惊吓而死,按惯例,刘无双作为罪臣之女被收入宫中充当仆役;唯独王仙客因当时离家在外,侥幸逃过一劫,只身逃出京城,流落到附近的小城富平,多亏古道热肠的旧友古伦收留掩护,才使他保住了性命。

古伦在富平县衙担任押衙小吏,为人热情友善,他一面安慰王仙客"留得青山在,不怕没柴烧";一面多方托人打听刘无双的下落。数月之后,古伦终于探听到刘无双被分派到皇家陵园执役的消息,于是他进一步设法接近陵园察看形势,琢磨着搭救刘无双的方法,以便使一对有情人重露笑颜。

古伦围着陵园四周转了几天后,终于想出了个智取的计策。恰好这段时间,江南茅道士云游来到富平,借住在古伦家中。这茅道士身怀奇技,能医治各种疑难杂症，尤其是有一种仙药，吃了能使人昏死二天，二天之后又可还魂复活。于是古伦制定了营救计划。一个阴云沉沉、黄叶纷飞的秋日午后，一辆装饰华丽的宫车驰向皇家陵园。在陵园门口，官车被守卫拦住询问来由，车上一位宫中使者打扮的人答道："特奉旨来提叛党余孽刘无双，送来皇上赐下的毒药令她自尽，以防其死灰复燃。"陵园守卫见是宫中来使，自然遵旨照办，召来了刘无双。使者递过毒药，刘无双迫于无奈，含恨饮下，顿时气绝身亡，使者命守卫将刘无双的尸体装上官车，以便回朝复命，随即就驾车离开了。

过了两天，在古伦家中，刘无双悠悠醒过来，睁眼竟看到王仙客守在身边，一时想不清这是在人世还是阴间。王仙客见她睁开了眼，一把将她搂住，两人相对大哭一场。待王仙客对她说明了前前后后的情况，仆人采春也上来见过了小姐，主仆三人又抱头痛哭了一番。

虽然营救计划完成得很顺利，但他们仍然担心时间长了露出破绽，所以在刘无双苏醒的当天夜里，古伦便安排他们主仆三人悄悄离开富平，循山野小径，朝南方逃亡。他们最后找到了一个山深林密的荒野地，架茅草为房，开荒垦地，过着与世隔绝的生活。

"山中无历日，寒尽不知年"，春去秋来，刘无双与采春先后各生下一子，给他们隐居生活增添了无数生机和乐趣，五个人组成了一个恩恩爱爱、和和睦睦的家庭。农闲时，王仙客以树枝划地教两个儿子读书，两个孩子虽在与世隔绝的山中长大，对山外的世界却知道得不少。

时移物换，朝中由唐德宗、唐顺宗而换成了唐宪宗，往日的恩恩怨怨已被时光冲淡。元和年间，他们的长子王度富与次子王度平都已长大成人。王仙客估计此时山外不会再有人追究他们家的罪责了，就同意让两个儿子出外经商，同时也带着寻找恩人古伦的目的。

度富与度平带着山货出山，经过老河口、均州、郧阳、询阳、紫阳，直达陕南一带贩卖。赚了些钱后，就奉父母之命，翻越秦岭前往富平，寻找旧日的恩人。二十多年过去了，沧海桑田，人事全非，两兄弟费尽周折，好不容易才找到过去认识古伦的人，打听到古伦的消息。据说在二十多年前，当采春假扮宫中使者，把刘无双救出陵园后不久，骗局就被拆穿了。古伦预先听到风声，逃离了富平，再往后的事就没人能说得准了，有人说他在逃亡路上被官府所杀，有人说他受不了沉重的心理压力而自杀了，也有人说他已远走高飞，总之是无人知晓。等到朝廷查出是古伦协谋完成营救刘无双事件后，却已找不到古伦的踪影，抄了他的家后，此事也就不了了之。

度富、度平回山中把打听到的情况禀报了父母，王仙客夫妻三人听了以后特意赶到富平，但也没有能再得到有关古伦更确切的消息，只在古伦胞妹处找到了古伦遗下的一帽一靴。于是王仙客一家隆重地将帽子靴子葬于南山之麓，以寄托对恩人的追念，同时，他们还在富平购置了田产，把度平留在了那里，改姓为古，算是过继为古伦的儿子，以延古家香火。其实，当初两个儿子分别取名度富、度平，就是为了纪念在富平城中古伦帮他们度过了险境。

王度富与古度平两兄弟分住襄阳与富平，彼此来往密切，互通有无，生意上互相协作，都成为当地的巨富。他们的后代受先辈的影响，依然亲如一家，至今汉水流域及湖北至陕西道上，沿途居住的王、古两家族仍然关系相当融洽，但却不通婚姻，就是因为他们的祖先原是亲兄弟的缘故。

中国古代逸史

宋元逸史

马昊宸⊙主编

线装书局

宋元戲文

帝王逸事

赵匡胤英雄救美却"误美"

　　宋朝开国皇帝宋太祖赵匡胤，其人身材魁梧，武艺高强，年轻时行走江湖，宛然是一位大侠客。我国民间现在仍有不少故事和戏曲都曾讲到他的英雄事迹，侠义之举。如有一戏曲名为《赵匡胤千里送京娘》，讲的是他救下一个被强盗捉去的素不相识的女子赵京娘，并步行千里送其返家的故事。

赵匡千里送京娘

　　赵京娘为湖北人氏，当时年方17，极有姿容，与其父在山西时有一日去寺院上香，不幸被强盗捉走，藏于一道观之中，赵匡胤恰住在此观中，一日遇到，问明情况后便拍胸脯说姑娘放心，保管让你安全回家。为避嫌疑，赵匡胤还与她结为兄妹，把自己的坐骑让与她骑，自己则不辞辛苦，步行由山西直到湖北，路上还遇到了劫走赵京娘的强盗，结果自不用说，被赵匡胤大棒料理得干干净净。

　　但比这故事情节更有意思的是，赵京娘在路途中爱上了这位赵大侠，为能使赵匡胤对她动情，她不惜装病让赵匡胤将她扶来抱去，自己则趁机对他莺声软语，呵气吹香。不想这赵大哥比木头还木头，或者说是整个一根湿木头，任赵京娘千娇百媚,也没燃着他的欲火,挑动他的情爱。后来赵京娘实在忍不住心中爱恋之情,便对他明说想以身相许,不想却招来赵匡胤一顿斥责,说即已结为兄妹,岂可再成夫妻?赵京娘又被泼一盆冷水,只得将心事藏在心里。

而到了赵京娘家后,赵家感其救命大恩,说愿将女儿嫁与英雄,侍奉箕帚。谁知这赵大英雄依然故我,不知是赵姑娘深情,而托家人成全其事,怒说自己若做此事与强盗何异?继而骑马而走,真是一根筋。

而赵京娘见事竟至此,心灰意冷,又不想听旁人非议被一男人送到家来,是否有私情等语,不久后悬梁自尽。

后来赵匡胤做了皇帝,听知此事后不胜悲叹,愧悔无地,遂下诏封赵京娘为"贞义夫人",并立祠纪念,表示自己接受了她为自己的妻子,以慰其泉下之灵。唉,早知今日,何必当初呢?

赵匡胤之千里送京娘,可谓史上"英雄救美"之经典篇章,其侠义之举如日月之昭昭,令人感佩不已。然英雄之误美人,怕也未有能出赵匡胤之右者。

赵匡胤素慕关羽忠义,也想学学关羽送皇嫂那样千里护花,然他虽然做到了,却终也未能保住美人性命,故赵匡胤虽后为赵京娘落英雄泪,却已然不及关羽,但大丈夫待人喜则喜之,不喜就不喜,既结兄妹,不做夫妻,是非分明,倒也无错,不负侠义之道,只是赵匡胤虽能安全将赵京娘送到家中,却仍未能保全她的性命,此事是他在做法上不够圆满,不能不说是他的过错。

宋徽宗的少年时代

宋徽宗赵佶是宋神宗的第十一个儿子。赵佶上面有十个哥哥,其生母也只是神宗的一个妃子,按照立嫡、立长的原则,赵佶此生本没有当上皇帝的指望,只能与其他没有取得太子资格的兄弟一样,被封为亲王,他三岁被封为遂宁郡王。当时正是比他年长五岁的六哥赵煦即位称帝的那年。十四岁时他又被封为端王,按习惯从这时他得离开深宫,到专门为他建成的端王府去居住。后来因为昔日的端王爷赵佶做了皇帝,所以人们说端王府是"潜龙"的地方,因而端王府也被称为潜邸。按照宋朝家法,赵佶虽然是皇子龙种,但是因为只是亲王,所以不得过问政治,更不得与朝中官员交往。并且为了避免有"问鼎"的嫌疑,甚至于不能有自己的抱负与事业,所以他的一举一动无疑都是有无形拘束的。

赵佶的几个兄弟,精神十分空虚,整日只知道花天酒地。而端王没有用酒精来打发消遣寂寞无聊的时光,而是狂热地热爱上了绘画、书法、诗词等。他经常把当时擅长书画,喜爱诗文、经史的名士邀到自己的府上,摆上酒席,高谈阔论,酒过数巡之后,便各自即兴挥墨,或诗或唱或画。当时的书画家吴元瑜、王先和赵令穰等人,都是他的座上常客。这些文人和端王的相交很好,可以不拘礼节,端王也将他们看作知音,还常常把自己填的曲子让歌妓们演唱。有时干脆自调琴弦,引吭高歌,也会博得满堂喝彩。在这样的环境里,赵佶的艺术造诣达到很高的水准。他现在存世的画有《芙蓉锦鸡》《池塘秋晚》,两者都是公认的珍品;他的字体初学黄庭坚,后来受另一大书法家薛稷的影响,逐渐推出新意,形成了别具风格的"瘦金体",另外徽宗的诗与词,也有很多的名篇佳作。

除了诗词书画,平常赵佶还喜欢打球、驯兽之类的娱乐活动。在唐宋时期,球类游戏是分两种的:一种是骑在马上打的称为马球,另一种是用脚踢的也就是"蹴鞠"。端王对于这名叫"蹴鞠"的玩意非常喜爱,"蹴鞠"是用脚踢的球,有双层皮,里面用一种动物尿泡做球胆,可以用来充气;外面再用柔软而结实的皮子包起来缝合,踢起来十分经久耐用,实际上"蹴鞠"就是今天风靡全球的足球的最初雏形。这种球可以组织对抗性的集体竞赛,也可以一个人玩,因而在当时的整个上流社会十分流行,不仅皇帝、大臣踢球,连闺中少妇仕女也都以踢球为时髦。赵佶在自己的院中建了一个十分漂亮的球场,平日里与手下人一块踢球,后来又招来一班王孙公子在这里角逐切磋技艺。端王因为攻门准确,在比赛中常常被推举为某一队的攻门手,也就是"球夫"。当裁判员宣布比赛开始,副攻门手把球传给他后,他能在很远的地方,起脚将球射入球门。端王自己爱踢球,也极为看重球艺高超的人。比如那位在《水浒》中有名高俅,原本是苏东坡的一个书童,写着一手好字,球也踢得很漂亮,后来转到王先门下。有一次,高俅奉了王先的命令给端王送东西,正好碰上端王在踢球,端王府的仆役便将高俅引入球场,并且禀报说:"王爷,王先大人派人求见"。端王正一个人踢得入迷,只说了一声"知道了",就继续去踢球。高俅在一旁垂手而立,毕恭毕敬地等着,也不敢搭话。这时,正巧球滚到了高俅脚下,高俅也是个爱球之人,他看到端王踢球,本来就已经脚痒难熬,这时看到球到了脚下,哪有放过之理,当下飞起一脚,球便唰得一声冲入了球门。"好球!"端王好长时间没有见过球技这样好的人,于是没有觉察到地喊出声来,他也忘了问来人是干什么的,当下邀高俅进场对踢。高俅本来就十分爱踢球,于是就痛痛快快地和端王踢起了球,两个行家在场上对阵玩得很是高兴。尽兴玩过之后,端王才问了高俅姓名和所属,于是命令手下人告诉王先说端王把东西和人一块留下了,于是高俅转到端王门下。哲宗皇帝英年早逝后,因为没有留下儿子,向太后又十分喜欢文学艺术造诣很深、声名当时已经享誉开封城的端王,所以后来端王当上了皇帝,高俅也随之飞黄腾达,端王手下的另一些人非常眼红高俅,对高俅也流露出不满的情绪,当了皇帝的赵佶便说:"你们谁要有高俅那样的脚下功夫,也让你们高升。"

少年时代的端王赵佶只是按照一个命定的亲王资格生活着,在这个天地里,他活得无忧无虑,放荡自在,没有谁想用"皇储"的条件要求他,也没有向他灌输儒家的"节欲""仁厚"精神和修身、治国、平天下的大道理,谁也不会想到,他那及时行乐的生活观点,他那些玩乐的癖好,竟会给国家带来了巨大的灾难。

宋徽宗将画院发扬光大

宋徽宗赵佶作为一个历史上有名的庸君,政治上实在是一塌糊涂,可是他在艺术上的天分,却被众人公认是历朝皇帝所无法相比的。宋徽宗个人性格及生活处世的特点,也反映到了他的政治风格上,其中徽宗大力提倡画院,将绘画并入科举取士的科目就是他的一大特色。

其实,画院并不是在宋徽宗时代才设的,而是设于晚唐五代。汉朝时,皇家曾设有画室,但规模不大,到五代西蜀和南唐时,正式从翰林院中分设出翰林图画院,可算是中国历史上画院真正设立的时候。北宋历朝皇帝,从太祖时起,就很注重绘画艺术,但是这时的画院只是供养画家的地方,规模也很小。到宋徽宗的时候,将绘画纳入科举取士之列后,画院就不仅仅是供养画家的地方了,而且皇家还在画院内建制设学,后人将这时期的画院比作西方中世纪的皇家美术学院,可见徽宗时期,画院的规模确实很大。

根据正史的记载,徽宗时的画院有一套完整的教学计划和方法,还有一套

宋徽宗书法

完备的招生考试制度，画院为宋朝皇室培养了专门的绘画人才，朝廷的提倡是宋朝绘画艺术达到高峰的有利条件。

宋朝画院的入学考试十分有趣，讲究诗画相映成趣。考试的内容常以唐朝名人的诗句来命题。像有一次考试画"野渡无人舟自横"，第一名的画中只有一条孤船横在江上，划船的人卧在舟尾，身边还有一根笛子。因为诗中所说的"孤舟"，并非船上无人，而是说没有过路的行人，显得环境荒僻安静。画面上的情景正好表明终日没有过路的"渡人"，船夫等待的疲倦不堪，以至丢下吹弄的笛子睡着了。这一构思突出了孤舟的寂寞和环境的荒僻。而第二名及以下的所有人都只是画空舟系在岸边，或者画一只白鹭立在船舷上。从中可看出前后两者意境上的差距。还有一次命题"踏马归去马蹄香"，获奖第一名的考生别出心裁，画了一群蜜蜂、蝴蝶追逐着飞奔的马蹄。又有一次以"蝴蝶梦中家万里"命题，夺魁的考生别出心裁，画了苏武牧羊小睡，苏武从汉朝以来就成为历代使者的典范，离家数十年，可见"出家万里"的深意；还有那次"竹锁桥边卖酒家"，各位考生都在"酒家"上下功夫，可是大画家李唐却独出新意，偏偏在"竹锁桥边"上立意，画面上桥头竹竿上挂一酒帘，可谓是真正"锁"住桥边酒家，深深为徽宗皇帝所喜爱。还有一次题目是"乱山藏古寺"。很多人把古寺画得只露出一个角落。被认为画得最好的，是在满幅荒山之中，只画了一根作佛寺标志的幡竿。这样，"藏"的境界就得了更巧妙的表现。

徽宗时，画院的招生对象很杂，有士大夫出身的"士流"，也由民间工匠出身的"杂流"，这体现了绘画选才的公平竞争。不过，画院也有它失之偏颇的一面,因为被选出入画院的画家们一旦进入了画院,就基本上必须按宫廷的意愿来作画,如果合乎皇帝意思就会嘉赏晋爵,可一旦不合皇帝心意,那马上就会招来斥责,施加严厉批评,这样的结果是限制了画家的创造力。像宣和年间,画家薛志所画的鹤十分符合皇帝旨意,就获得了徽宗皇帝"赏赉十倍"。而徽宗如果对画家所画之画稍有不称意,就会严厉批评,责令另选题材。

徽宗时对于画院的绘画教学十分严厉,他甚至多次亲自去"教授"画院的学生,他本人作画的态度也十分的认真细致,所以能够以理服人。一次,徽宗在龙德宫看见一幅拱眼斜枝月季花图,十分惊讶这幅画的作者竟然是位年轻人,于是特别奖励了这位年轻人。徽宗身旁的人看到那画本也平常,就很不解地问徽宗到底这幅画有什么精妙的地方,徽宗说:"天下最难画的就是月季,因为它四季早晚的花蕊叶片各不相同。而这幅画中画的月季是春天日中时的月季,这又是一年当中最难画的月季花,可是这位画者虽然年纪轻轻,却画得一点不差,他是费了很大工夫去观察了的,所以应当受到重赏。"人们听了,都很佩服宋徽宗那细致入微观察的能力。还有一次,宋徽宗要大家画孔雀,那些画士们各显神通,画得惟妙惟肖。但是宋徽宗却说画得不对头,所有的人都迷惑不解,这时才听徽宗细细道来:你们这些人,作画一定要观察仔细,孔雀上台阶时迈的是左脚,不是右脚,怎么能只凭想象呢?徽宗不仅严格要求画院的学生,而且他自己对于山水画和花鸟画也是无所不精,无所不能,他的《池塘秋晚》《五色鹦鹉》等作品人们都评价很高。

徽宗时,画院的规模建制十分严格,与现代美术教育有些相似。当时,画院的学制班次仿太学制,分为三舍三等。三舍由低到高分成外舍、内舍、上舍。画院的三舍升级十分严格。每月教师要考试学生一次,检验学习成果,补足内舍生;每年要舍试一次,补足上舍生。至于三等指的是上舍生分为三等:上等生充任官员;中等生免礼部考试;下等生免除解试。画院平时的课程设置分为专业课和公共课两类,看起来十分重视学生的全面素质培养。专业课分为佛道、人物、山水、鸟兽、花竹、屋木等六门,公共课则为《说文》《尔雅》《方言》《经义》等等。

由于徽宗时对画院的重视,使得画院在北宋末年得以兴盛起来。当时画院培养了一大批绘画人才。南宋著名的绘画大师李唐、苏汉臣、王希孟等都出自徽宗时所设的画院。

宋徽宗"玩掉"国家

宋徽宗是历史有名的"贪玩"皇帝,他少年时代喜爱诗词书画,对于蹴鞠、玩鸟、赏石一类的技术是无所不能,无所不会。即位后更是置国家大事于一旁,任用阿谀奉承的奸臣蔡京辅政,重用童贯为其搜括玩物。他在杭州设立造作局,挑选东南的能工巧匠,为他制造玉器,雕刻象牙,又下令设苏杭应奉局,专为皇帝搜集江南的奇异花木,怪石珍玩,用大批船只运往京城,称作"花石纲"。其实,纲是自唐宋以来,对全国各地运往京城的同一种类的大批货物所编的组名,以前有"盐纲""粮纲",专为救急使用,而宋徽宗时运往京城的"花石纲",却为享乐用。"花石纲"船队,日夜行走在淮河、汴水之间,首尾上千里,影响农业生产。有时甚至拦截州县运送粮饷的官船和私人的商船,给东南地区和运河沿岸人民带来了极大的灾难,不少人甚至为之倾家荡产。宣和二年,江浙等地百姓不堪忍受"花石纲"之苦而爆发了方腊起义。

当时苏杭应奉局的主管叫朱冲,他专为皇帝搜集江南的奇花异木,怪石珍玩。朱冲本是苏州的市井之徒,后来由于与蔡京相识,蒙蔡京的栽培,受宠若惊,办事格外卖力,不管是平民百姓还是官宦之家,只要有些稍可观赏的花石,朱冲和他的儿子朱耐便叫人贴上黄色封条,表示已属于"御用之物",稍有违抗者,差官立刻借口"对皇帝大不恭",轻则罚款,重则抓起来投入监牢,任意治罪。他动不动就拆屋毁墙,弄得鸡飞狗跳,比强盗还凶恶。民间搜遍了,就到长江和太湖中去打捞怪石。此外,应奉局还要替皇帝采办荔枝、龙眼、椰子等时令佳果,网罗供皇帝玩赏的珍禽奇兽。在几千里长的京杭大运河上,行驶着运送花石、贡果的船队,这些船十几只编组为一纲浩浩荡荡地向开封进发。有一次,为了运送一块巨大的太湖石,曾用上千人拉纤,悲凉的纤歌响彻运河两岸,在路过城镇桥梁时,大石难以通过,便扒开城墙,拆毁桥梁,总要按时将奇花异石送往京城。

朱家父子如此用心为皇帝办事,自然不愁高官厚禄的报酬,而且还可以出入皇帝的内殿,直接感受到天子的深仁厚泽。一次,朱耐在皇帝这边侍宴,酒兴浓时，皇帝突然起身说："卿父子为朕日夜操劳，无以为报，朕今为卿斟满这杯酒。"朱耐哪里敢受如此大恩，连忙诚惶诚恐地下跪，把头叩得捣蒜似的咚咚响，口里还不住地称"死罪，死罪"，弄的皇帝也紧张起来，他连忙伸手去拉朱耐的胳膊，并笑着说："卿是朕喜欢的忠臣，往后内廷不要多礼。"朱耐这才稍稍定神。从此之后，朱耐便用一块黄布把皇帝碰过的地方缠着，名义上是对皇帝摸过的地方不敢冒犯，实则是给自己贴上了"御用"商标，增加个人的身价。东南的地方官对朱家父子更是毕恭毕敬，谁要是不买账，用不了几天就得卷铺盖走人。朱家的奴仆也都衣紫腰金地当上了官，因此人们称朱家父子为"东南小朝廷"，还编了这样的顺口溜："金腰带，银腰带，赵家世界朱家坏。"

对于"花石纲"所运来的珍奇花木，宋徽宗先后役使上万工匠，修建了举行祭祀活动的"明堂"，举行宴会活动的"延福宫"和为祈求多生儿子而在方圆十里垒土建成的假山艮岳。艮岳是以人造山岳为主体的综合风景区，它巧夺天工，也是当时最大的动植物园。

而为了造成艮岳上的袅袅云雾，徽宗要工匠们制造了一些很大的油布袋，在水里浸湿以后，由宦官们在黎明时设在怪石之间，以捕捉早晨的云雾，然后妥为保藏，一旦皇帝游幸于此，便打开这些口袋，顿时，山间云雾缭绕，使人有置身洞天福地之感。这个花样叫作"贡云"。

这里还饲养着天南地北网罗来的各种动物，由专人驯养它们。有一次，赵佶领官僚去游万岁山，山上上万只鸟的声音响彻四野，赵佶大喜，这时，近侍又说："万岁山珍禽迎驾"，赵佶立即封了这人高官。

宋徽宗常常将价值百万贯的装点有奇花异石的华丽宅第赐给那些吹牛拍马奉承自己的大臣。宋徽宗宠爱的人有六个，被人们称为"六贼"，即蔡京、朱耐、王辅、李彦、梁师成和童贯六人。他们像苍蝇一样守在皇帝身边，奉承着皇帝，而背地却干着贪污受贿，搜刮民财的勾当。

宋徽宗不仅爱玩，还很迷信。在他统治期间，全国各地都在忙着搜集天神降临的征兆，今天是天神显灵坤宁殿，明天又是什么地方飞龙出现，要么在什么地方又看见了天书、地诰之类的东西，他都一一封赏。他喜欢道教，自封为"道君皇帝"，也喜欢别人称呼他"道君"或"道君皇帝"，有时甚至亲率道士数百人，前呼后拥去祀天。赵佶不仅自己信仰道教，还要下令让他的子民全都信奉道教。他每年拨给道士们大量钱财，一个寺院的上千亩田地也可以免税。在他的带领下，宋朝道士人数空前增多，而这些道士领到国家的钱后，就到处招摇撞骗，成为社会的寄生虫，腐化着社会的肌体，侵蚀着宋朝这个国家的活力。

宋徽宗这个"贪玩"皇帝将宋朝变得乌烟瘴气：官吏腐败，政治黑暗，民不聊生，怨声载道，农民起义此起彼伏，边境更是毫不稳定，北宋政权摇摇欲坠。到了清康二年（公元1127年）四月，徽宗和他的儿子钦宗被金人俘虏，自此，统治中国167年的北宋王朝宣告灭亡。

宋高宗用处女选太子

宋高宗赵构虽然后宫妃嫔如云，但是儿子却只有元懿太子一人，这元懿太子又偏偏短命，年仅三岁就夭折了，这件事使得赵构十分悲痛。最不幸的是宋高宗赵构，太子已经死了，他却又在南逃途中受到惊吓，患上了不育的疑难病症，不可能再有皇子。另外靖康一难中，宗室三千余人又全部掠走，这么看来，一时之间，竟然不能选出皇储来继嗣，这可如何是好？南宋刚刚建立，储君是一国安定的根本，如果不立储君，朝野就不能安心，国家的稳定也会随之受到很大的威胁。宋高宗赵构为了保住赵家江山，只得在太祖的后裔"伯"字行中"访宗求室"。其实从北宋初建到南宋初年，"伯"字行的太祖后裔已达一千六百四十五人，挑选的余地很宽，可是要从这一千余人中挑选出一人，那可就难了。宋高宗先挑出七岁以下的儿童十人，然后逐一审看，最后只剩一胖一瘦两个小孩。胖的是伯玖，瘦的是伯琮。

高宗赵构在从伯玖和伯琮中挑选合适接班人时很费了一番周折。粗看时决定"留胖去瘦"，留下伯玖，并赐伯琮三百两白银遣回原地。伯琮正要捧银出门，赵构又说没看仔细，让他二人叉手并立，自己站在一旁反复端详比较。正在高宗犹豫不定的时候，忽然间二人脚边窜过一只猫，伯琮立着未动，仍然目不斜视，可是伯玖却飞起一脚向猫踢去，高宗赵构这时很不高兴地说："如此轻狂，怎能担当社稷重任！"于是决定"留瘦去肥"。这样，伯琮便以候选人的身份被养育在宫中了。伯琮入宫时年方六岁，走路摇晃还需要人护持，高宗赵构便让张婕好养育。伯玖也被孤独无依的吴才人抚养。伯琮天资聪颖，博闻强记，与常人不同,受到高宗的钟爱。而伯玖也并非草莽之辈,才能也很出众,长大之后伯琮被加爵普安郡王,伯玖也被封为恩平郡王。二人才能不相上下,在这种情况下,赵构也犹豫起来了,不知道该下诏立谁为嗣才能不愧对列祖列宗。为了检验二人的品质优劣,赵构想出了一个办法,决定采用"处女"选太子。于是给伯琮、伯玖各赐宫女十人,几天之后,赵构将宫女召回,一一检验。结果,赐给伯琮的十人都未破身,赐给伯玖的十人都已被其奸过,不是处女了。宋高宗虽然并未将此事告诉别人,但内心已经分辨出谁更优一筹,当下决定立伯琮为皇储。伯琮本就不是好色之徒,宫闱生活也很值得称道,再加上他的老师史浩提前告诉他要谨慎从事,才能经受住高宗的重重考验,所以伯琮事事谨慎,从而轻而易举地击败了伯玖。

绍兴三十年,宋高宗赵构宣布立伯琮为皇子,更名为玮,封为建王,并诏告天下。之后,确定伯玖为皇侄,这样就确立了皇位继承人,免除了后顾之忧。绍兴三十二年,赵构又正式册立伯琮为太子,并下旨在紫宸殿行内禅之礼。可是赵玮死活不肯接受,他默默地退到了大殿一侧的旁门,想返回东宫。后来宋高宗不得不再次降谕旨,太子这才勉强答应。

可是赵构为什么要在此时禅位呢?难道又是在检验太子的品质吗?其实这时高宗真的已经心生退意了。原来,他自即位起,终日颠沛流离,半生戎马生涯已经使得他神疲身倦,早就想当太上皇享清福了。而在绍兴年间,金人屡次入侵,他带兵征讨多次失利,后来两淮又迅速失守,朝臣们已经被金兵吓破了胆,争相提出退避之计,却没有一人响应抗金。赵构说不敢抗金,可是又万万不能继续推行会招致天怒人怨的投降政策,在进退两难的时候,只好把这副担子扔给太子赵玮。太子赵玮他却不同于宋高宗,他年轻气盛,讨厌秦桧专权卖国,并且数年随赵构在军中供职,早已熟悉了朝中文武及军中将士,也许会扭转僵局,所以高宗坚持着要退位。太子赵玮只好接受了这一重任,可是他还是心有余悸,在行内禅礼时,文武百官齐聚殿门下,宣读禅位诏书后,按官阶高低鱼贯进入紫宸殿迎接太子登基。过了一会儿,太子赵玮身着朝服,由内侍扶掖来到御座前,但却拱手侧立不坐,七八次扶掖之后才稍稍就座,宰相率领百官祝贺,太子赵玮又忽然从座上跳起来,特别难过地说,我父高宗的命令太过独断了,天子的位子很重,我年纪尚不足以担当此重任啊,还是容我退避吧!群臣苦劝一番,太子赵玮又再三推辞几番,看实在拗不过众人,这才只好听从所请,继承了皇位,这就是历史上以孝著称的宋孝宗。即位仪式才刚刚结束,宋孝宗便身着龙袍,佩玉带,亲自送太上皇还宫,直到出了宫门还不肯止步,太上皇赵构再三辞谢,他才停下。赵构特别高兴,直说自己所托得当。

后人对赵构曾经有所评价,说他一生所行败事很多,可是在选立太子这件事上却很是公允。

后宫逸闻

韦太后在金国的遭遇

"靖康之变"时,宋高宗的生母韦太后作为金人的俘虏,同宋徽宗、郑皇后一起被押解北上,当时她不是徽宗的正宫皇后,只是一名贤妃。金国把俘虏分作七批送至燕云,她被编在第二批,一共三十五人。他们自汴京附近的刘家寺皇子塞出发,长途跋涉了两个月之久,才到达金上京(今黑龙江阿城南白城),

韦太后

韦贤妃被分配到洗衣院浆洗衣服。冬去春来,花开花落,一直到绍兴五年(1135年),她才有幸被金人释放,来到徽宗被羁押的地方——五国城(今黑龙江依兰)。原来被俘入金的宋朝女子,差不多都被集中到了上京洗衣院。这是金朝为惩罚宋朝女俘而专门成立的机构,不论是皇后皇妃,国戚贵族,只要进了洗衣院,通统都是奴隶。金朝的达官显贵经常到这里寻花问柳,稍有姿色的不是弄去当做妾媵,就是买去当作奴婢,不到几年,洗衣院便荒凉败落了。金人干脆关闭了洗衣院,将剩下的妇女分别遣往他处,韦太后就这样才来到了五国城。

但是传说,韦太后到底没有摆脱厄运,后来被盖天大王完颜宗贤索去当了夫人,不过,这些记载不见于正史,只见于稗史野乘,是真是假,已经无从查考了。据说,钦宗在徽宗崩逝于五国城后,被金人拘押到了北京大定府(今内蒙古宁城西大名城),完颜亮迁都燕京之前,金国的首都就设在这里。金人把钦宗关押在安养寺里,并派阿计替严加看守。绍兴十年(1140年)四月的一天,阿计替偷偷告诉钦宗,盖天大王与韦夫人将来寺里作斋。钦宗知道盖天大王就是完颜宗贤,但韦夫人是谁,却毫不知情。

到了这一天,只听见车轮辚辚,马蹄得得,钦宗从门缝中望见韦夫人同一虬髯长官联翩而来。旁边有一侍婢抱着一个四岁左右的孩子,不时呼韦夫人为母亲。一行人一律胡服装束。那钦宗与高宗虽然都是徽宗之子,但钦宗之母是王皇后,这时早已去世;高宗之母是韦贤妃,不过韦贤妃与钦宗名分上仍是母子。二人自"靖康之变"分手以来,一直没有见过面,过了十多年,钦宗才第一次看见韦贤妃,但自己身居囚室,不便叫她,而韦贤妃也不曾料到钦宗会在这里饱尝铁窗风味。钦宗想起已故的母亲,不禁潸然泪下。盖天大王与韦夫人做完斋事,略略憩息,便启程而去了。

钦宗被关在斗室之中长达数年之久,寺中人迹罕至,只有些达官显贵偶尔来做做法事。一天,寺里住持僧告诉钦宗:他是东京陈留(今河南开封东南)人,大观年间为僧,宣和年间因事北走契丹,其后契丹为金所破,他便滞留未归,受盖天大王之命主持此寺,如今已五十多年了。他因与盖天大王熟稔,也常到韦夫人处行走,韦夫人也经常打听钦宗动静。钦宗问他:"前日那个小儿是谁?"回答说:"韦夫人所生,今年五岁了。"又过了几天,住持僧人支开了阿计替,告诉钦宗说:"韦夫人要我向你致意,南北已经通和,以黄河为界,你归期有望了。"钦宗听后沉默不语。住持僧又说:"前日韦夫人得知太上皇(指徽宗)驾崩及朱、郑二皇后死讯,暗暗堕泪了好几天,悄悄交给我金钗一股,让我做佛事追荐。请您宽心,归期不远了,您多保重。韦夫人已同大王生子,绝无回去之理。"

此后,钦宗再也没听说过韦夫人的消息,约莫过了一年多,住持僧躲开监守,隔着窗户对钦宗说:"南朝皇帝(指高宗)多次派人索要韦夫人,如今盖天大王已同韦夫人一起去江南了。"钦宗想想自己后身陷囹圄,回归无期,忧惧交并,不长时间头发便全白了。

高宗即位后,母子情深,无时不挂念自己的生母,便遥尊母亲为宣和皇后,封外祖父韦安道为郡王,恩泽所及,韦家有三十多人被授为官。只要一有使节赴金,便让他们打听母亲消息。绍兴七年(1137年)徽宗、郑皇后崩逝的消息传来,高宗号恸不已,对大臣们说:"宣和皇后春秋已高,朕每念及,不遑宁居。忍辱负重,与金讲和,正是为了迎回皇后!"大臣朱震上疏,请遥尊之为皇太后,另一大臣吴表臣请求等为徽宗守丧三年后,再册封为皇太后,高宗准允所请,当即播告天下。

这年春天,高宗派王伦为迎奉梓宫使,迎护徽宗、郑皇后尸骨回国,并为韦后、钦宗各带去黄金二百两。临行,高宗叮嘱王伦说:"金人若能依从朕的请求,归还韦太后,割地赔款也在所不惜。"这年冬天,王伦从金国归来,说金人允许归还徽宗灵柩及韦后,高宗听了非常高兴。第二年,王伦再次出使到金。金熙宗完颜亶为他设宴三日,并派遣大臣萧哲、张通右为江南诏谕使,与王伦一起回到南宋复命。两位使节拍胸保证,韦后安然无恙,不久便会送回南宋。高宗欣喜若狂,赶紧筹建慈宁宫,等待太后归来,并派奉迎使等候。但是,金人口惠而实不至,一直到绍兴十年,韦太后仍滞留未归,高宗在慈宁殿册韦太后为皇太后,以后,每逢她生辰,都遥行贺礼。

绍兴十一年(1141年),羁留在金的南宋大臣洪皓得到了韦太后的一封书札,派人送回朝廷。高宗大喜过望说:"朕不知太后的情况已近二十年了,虽然遣使百人,不如见到太后一封书信。"金国派遣萧毅、邢具瞻来议和。高宗又告诉金使说:"朕已得天下,而不能赡养双亲,徽宗皇帝已经弃世,太后年逾六十,风烛残年,来日无多,每念及此,痛彻心扉!今天在这里立誓,当明言归我太后。

朕不耻讲和,否则朕将用兵到底。"萧毅等辞行归国,高宗又是恳求又是恫吓说:"为太后之故,我朝决定割让唐、邓二州,其余疆土以淮水中流为界。若太后今年从金方归还,朕当谨守誓约;如若今年太后不归,誓约便是一纸虚文。"

没有多久,南宋又派遣大臣何铸、曹勋到金朝答谢,高宗又把二人召到内殿叮嘱说:"朕北望庭帏,已逾十五载,几乎无泪可挥,无肠可断了!之所以忍辱负重,奉币求和,都是为了太后的缘故,一片诚心,皇天可鉴。"说着,不觉泪流满面,左右也都掩袖而泣。高宗又说:"你等见了金国皇帝,可以朕言相告:我朝皇亲贵族赖金方安顿,朕心甚为铭感。然而岁月既久,朕为人子,深不自安,何况亡者未葬,存者亦老,兄弟族属,剩余无几,每遇岁时节序,未尝不北向陨涕,若金国使朕父兄母子团聚,此恩此德,当没齿不忘。况且太后在金朝,不过是一个寻常老人,若在本国,则所系甚重。你们要以此天性至诚相告,想来金国皇帝也会受到感动的。"

何铸等到了金朝,第一个请求便是归还韦太后。金熙宗完颜亶说:"先朝业已如此安置,现在怎么好更改呢?"何铸说:"先前两国干戈不休,如今已签订了'绍兴和议',南北通和,遐迩一家,还请归还太后。"经过再三请求,金熙宗才答应归还太后,并派大臣高居安、完颜贤等扈从以行。宋高宗也派王次翁为奉迎使,迎接韦太后回銮。

韦太后身陷异域,对回归祖国已不抱任何希望,忽然得知回銮有期,不禁欣喜若狂。和她一起入金的乔贵妃听了消息,特地前来探望,又勾起了韦太后的往事。原来韦、乔二人出身寒微,入宫后都在郑皇后处服役。二人私谊甚笃,便结为姊妹,并相互约好先贵的人不要忘记旧好。不久,徽宗宠幸乔贵妃,贵妃不忘前言,积极荐引韦氏,徽宗对韦氏颇为钟情,封她为贤妃。徽、钦北迁,韦氏与乔贵妃也一路同行,在金国度过了十五年囚犯一样的生活。当时金使高居安已在韦太后处,乔贵妃从身上掏出五十两黄金递给高居安说:"些许薄礼,不成敬意,请太尉笑纳。此次太后回銮,还望太尉妥为照管。"又斟了一杯酒望着韦太后说:"姐姐回去就是皇太后了,一路多多保重。妹妹我永无还期,只能成为异域之鬼了。"太后一阵心酸,泪珠夺眶而出,乔贵妃也泣不成声了。韦太后说:"还有什么话要说?"乔贵妃说:"姐姐到快活处,莫忘了此间的不快活。"韦太后说:"怎敢忘掉今日!"寒暄过后,乔贵妃才依依惜别。

南归前夕,韦太后又见到了钦宗。原来"绍兴和议"后,金人虽不肯归还钦宗,但看管松得多了。钦宗挽着韦太后的车轮说:"倘我能与太后一起南归,没有其他奢望,只要能管理太一宫就心满意足了,请太后转达五哥(南宋宫廷称钦宗为八哥、高宗为九哥)。"韦太后回答说:"我南归之后,如不派人来迎你,当瞎了我的双眼。"钦宗无语堕泪,伫立良久才蹒跚而去。

绍兴十二年(1142年)初夏,韦太后自沙漠南归,高宗派遣参知政事王庆曾与韦太后之弟韦渊在国境迎接。金熙宗也派近臣护送。到了燕山,金使惧怕天气炎热,逡巡不前。韦太后从金朝副使那里借得黄金三百两,答应到达南宋国境时加倍偿还。她笃信佛教,三百两黄金除用少许营办佛事外,其余的全数犒赏了随从。随从们欢声雷动,冒着溽暑护送太后南行。到了宋朝国境,金朝使节要求偿还借款,然后前进。韦太后让韦渊想想办法。韦渊说自己虽受封为郡王,其实是闲散官职,要筹措金钱,应当与朝廷大臣王庆曾商量,他无能为力。而王庆曾出发之日,事无巨细都听宰相秦桧安排,秦桧没有吩咐的,他不敢越雷池一步,因此坚持不肯付钱。双方在边境上相持了三天,韦太后急得七窍生烟,愁得五内俱焚。后来还是专门为奉迎而来的王瑛慷慨解囊,其他人也拿出散碎银两,才勉强凑足六百两黄金交给金使,金使这才高高兴兴地办了交接手续,回朝复命去了。

韦太后一行从燕山迤逦东行,来到东平(今山东省)再由东平经安徽,然后到达楚州(今江苏淮安)高宗亲自到临平镇迎接。为了表示隆重,高宗下诏用半副銮驾迎接韦后,仪卫竟有二千四百八十三人之多,这是当时的最高礼遇。自北宋灭亡,金国以礼送回人质,这是第一次。高宗虽然割地赔款,但毕竟争回了面子,因而兴高采烈。宰相秦桧、大将张俊、韩世忠等人自帷幄外拜见太后。太后在北方时就听说韩世忠骁勇善战,特地召到帘前慰问说:"这就是韩将军吗?我在金国就久闻大名了。"韩世忠也慰问了一番,方才欠身离去。韦太后又问:"为何不见大小眼将军?"岳飞两眼一大一小,所以人称大小眼将军。一位大臣悄悄告诉她:"岳飞已经死在狱中了。"太后责备高宗说:"岳飞是国家栋梁,打得金人望风逃遁,为何置他于死地?"说着,便忿忿然要出家,慌得高宗连忙伏地请罪,韦太后这才消了怒气。据说,她从此之后终身都穿道士服装,表示对忠将岳飞悼念。

韦太后栉风沐雨,跋山涉水,历尽千辛万苦才回到了临安,结束了她在金国的屈辱的生活,太后被掳往金国时只有四十多岁,归来时已年逾六十,是一个垂垂老妇,太后一直活到八十岁才溘然长逝。

韦贤妃是怎样回到南宋的

南宋高宗赵构的母亲韦太后,原本是北宋徽宗的一个普通侍御,后来因为她聪颖机敏,娴静美丽,才渐渐赢得了徽宗的喜爱。大观初年,韦氏晋封为婕好,后来又晋封为婉容。生赵构后,母以子贵,晋封为龙德宫贤妃,人称韦贤妃。

靖康年间,金兵入侵北宋,攻破汴京后,就将徽、钦二宗和宗室成员、后妃三千余人掠往北边的金国。韦贤妃也在被俘之列,她和昔日那些锦衣玉食的后宫妃子夹在庞大的俘虏队列中迤逦而行,一路上所受的屈辱自是无法言表。到达金国后,韦贤妃知道反抗是没有用的,所以就强忍着泪,含垢忍辱,期望有朝一日回归大宋。

靖康二年(公元1127年)五月,赵构在南京(河南商丘)即帝位后,改元建炎,史称南宋。建炎元年,赵构就遥尊母亲韦氏为宣和皇后。又封韦氏的父亲韦安道为郡王,另授韦王家属官30人。绍兴七年(公元1137年),郑皇后和徽宗赵佶企盼南归无望,相继去世。翰林学士史震引用唐朝建中年间的故事,遥尊郑氏为皇太后,得到高宗的允准。于是,南宋朝廷先降御礼,布告天下后,将郑皇后的三代追封三爵。徽宗、郑皇后的去世对高宗实在震动很大,他马上想到了生他、养他的母亲韦氏,他的母亲以贵妃、太后的身份被掳掠到敌国,那还会有舒服的日子?他要不惜牺牲江山社稷,换回自己的母亲。他告谕辅臣说:"宣和皇后年岁已高,朕每次想到这一点,心里就特别不安,如今委屈求和,正是因为这个原因啊!"

于是,高宗派宋使频繁和金人交涉,使者临行前都带有口谕:"如果金人答应高宗的要求,让韦贤妃南归,那么高宗可以答应金国提出的任何条件!"最后,宋使王伦带回消息,说金人同意韦氏南归,但必须答应四个条件:宋朝割唐、邓、商、秦四州给金国;宋朝对金国奉表称臣;宋朝每年进贡银25万两,绢25万匹给金国;宋朝要杀掉抗金大将岳飞。对于南宋人民及赵宋国破家亡的宗室来说，这是四条极其屈辱的条件，可是高宗竟然不顾廉耻地全都答应了，他还理直气壮地说："朕临御天下，富有四海，可是却不能好好地奉养自己的双亲。朕的父皇已经去世了，可是母亲还在。我立下信誓，只要金人归还我母亲，我不惜一切代价，屈辱讲和。于是，高宗下诏杀死了精忠报国的大将岳飞，派宋使何铸、曹勋去面见金人，要他们在见到金主以后，告诉金主说对于金国来说，朕的母亲不过是一个老人而已，可是对于宋朝却是关系重大。还叮嘱他们一定要游说在理，感动金主！最终，高宗为了换回徽宗、郑皇后、邢夫人的尸体，以及他的母亲韦贤妃，遣散了抗金官兵，伤透天下官兵的心。

再说韦贤妃这边，当金人同意送徽宗梓宫返宋时，韦氏怕金人反悔，立即招呼侍役，准备启程。可是，当时正值北漠盛暑，金人不大乐意。韦氏怕又生变故，于是就在途中假称有疾，请求等凉爽一点再走。同时，韦氏向金国的使者借了黄金三千两，犒赏众人。于是，韦贤妃一行在金使高居安、完颜宗贤的护从下，经燕山，自东平乘船走，然后由清河直达楚州，渡过淮水，整整走了四个月，终于在绍兴十二年八月，在北漠流落达15年之久的韦贤妃随同三具棺材，一同回到了南宋。高宗下令参政王次翁为奉迎使，让韦太后的弟弟永乐郡王韦渊、秦鲁国大长公主、吴国长公主在淮水大道恭迎，他自己还亲自移驾临平奉迎，由普安郡王、宰相大臣、两省、三衙管军等侍从。

在临平见面时，韦贤妃和宋高宗母子抱头痛哭，感人至深，韦氏还立即提出召见大将韩世忠，在帘前好生慰问。等韦贤妃到达临安被迎入宫廷后，就住进了慈宁宫。高宗侍奉韦太后，常常半夜不舍离去。韦太后便说："你不必这样，要早些听朝，不要妨碍了国家大事。"韦太后又告诫高宗，说："两宫给使，都应当通用一致；不然的话，就有了你我区分，那样的话，奸人容易进谗言。"高宗陪同母亲进谒家庙，韦氏家族迁宫达两千人。

韦太后回宫后，高宗还没立皇后。韦氏多次请高宗册立，高宗心孝，请求母后选立，降书天下。韦太后为高宗册立吴氏为皇后，在册立典礼上，韦太后对宫中的所有典礼仪制，非常熟悉，官人都十分钦佩。高宗特别孝敬韦太后，他特地告诫随侍宫人："太后年事高，千万报喜别报忧，让她老人家安心。"在高宗的精心安排下，韦太后过上了安宁愉快的晚年生活。到绍兴二十九年，太后八十大寿时，宫中举行了盛大的庆寿典礼。韦氏亲属各迁官一等，宗室女子贡士以上凡是父亲年满八十的，都可以封授官职。之后，韦太后卧病不起，死于慈宁宫。韦氏亲属进秩十四人，授官三人。

自古忠孝难两全，高宗既然做了君主，就应当担当起君主的责任，临御天下，为天下苍生着想。可是他选择了做孝子，却舍弃了国家和民族的利益，所以高宗的孝并没有受到后人的称颂。

宋光宗李皇后独霸后宫

宋光宗赵惇的皇后李氏，是一个飞扬跋扈、工于心计的女人。

她出长于安阳，是庆远节度使李道之女，小名凤娘。李道驻节湖北时，听说道士皇甫坦擅长相面之术，便请到家中，让几个女儿出面拜见。及至凤娘行礼时，皇甫坦显出惊恐之状，不敢受拜，告诉李道说："此女相貌不凡，将贵为天下

宋光宗李皇后

之母。"李道只当他是信口开河，不以为意。皇甫坦云游京师，在高宗面前极力吹嘘凤娘，说她端庄贤淑，可以母仪天下。高宗深信不疑，即聘凤娘为恭王赵惇之妃。

说来凑巧，淳熙十四年（1187年），八十一岁的退位皇帝高宗赵构撒手尘寰。孝宗虽非亲子，但叔侄一向情笃，因而十分悲恸，不免心灰意懒，无意朝政，

也想效法高宗,禅位给太子惇。只是大臣苦谏,他又孝服在身,不好马上行禅让之礼,只得作罢。好不容易挨过了两年,六十三岁的孝宗皇帝自觉心神交瘁,体力不支,而守丧也已满期,便不顾丞相周必大、留正等的劝阻,在紫宸殿举行了受禅大礼,由光宗赵惇承继大统。老皇帝被尊为寿圣皇帝,退居重华宫,孝宗皇后谢氏为寿成皇后,高宗皇后吴氏为寿圣皇太后,并大赦天下,册立凤娘为皇后。那凤娘见皇甫坦的话已经应验,自己真的成了皇后,不由高兴得心花怒放。

凤娘虽然艳若桃李,但却生性悍妒。为太子妃时,就曾多次在太后、皇后宫中拨弄是非,诉说太子亲信的过错。高宗知道后很不高兴,对吴太后说:"太子之妃本是将种,不堪母仪天下,我被皇甫坦的花言巧语所误了。"孝宗也屡屡训教她:"应当像皇太后那样雍容大度,宽以待人,不然便废掉你。"凤娘听了,不仅毫无悔改之意,反疑心太后饶舌,因而怀恨在心。现在自己既为六宫之主,儿子赵扩也已晋封嘉王,位尊势重,便时时寻找机会,挟嫌报复。

光宗即位以后,看到宦官为非作歹,干预朝政,便想寻机诛杀,以肃朝纲。但他生性优柔寡断,迟迟未能下手。宦官得到消息,大为疑惧,合谋离间三宫(即高宗皇后吴太后、孝宗、光宗),并退请李后庇护,李后欣然答应。以后每逢光宗对宦官有所举动,李后便从中作梗,光宗郁郁寡欢,渐成心疾。寿皇(即孝宗)听说儿子有病,焦虑不已。一面让御医细心调治,一面遣骑四出,求购良药,打算等光宗来重华宫朝见时授给他。宦官知道了这事,就在李后面前挑拨说:"奴婢们听说太上皇购得药剂,专等皇上过宫朝拜时让他服用,万一出了意外,岂不危及大宋江山!"李后派人察,果然属实,便极力阻止光宗到重华宫去省亲。光宗原本没有重病,调治了几日,也就痊愈了。李后特于内宫设宴庆贺。酒过三巡,李后突然说道:"扩儿已经成人,陛下既封他为嘉王,何不索性册为太子?扩儿颇惧才干,定能助陛下一臂之力。"光宗答道:"皇后所见极是,朕也久有此意,待禀过父皇,再行册立吧。"李后听说要寿皇批准,心里好生不快,愤然厉色地说:"陛下贵为天子,难道做不得主?何况册立太子,乃祖宗常例,何须禀告寿皇?"光宗道:"太子重为国本,非比寻常小事。有道是父在子不能专,岂能不禀告寿皇,擅作主张?"李后无话可答,便悻悻而去。光宗自与李后成婚以来,事事让李后三分。久而久之,不管李后出了什么主意,就赶忙言听计从,从来不敢违拗。只是立储关系重大,光宗不敢自专,才没有答应。隔了一日,寿皇听后并没有通知光宗,竟一个人跑到重华宫来。寿皇问她:"皇上不是痊愈了吗？怎么没有同来?"李后叹口气说:"真是天有不测风云,本来已经好了,今天又偶染风寒,故尔臣妾一人前来见驾。"寿皇说:"正在壮年,便如此虚弱,将来又该如何呢?"李后趁机说:"臣妾也为此忧心忡忡,皇上既然多病,不如册立嘉王扩为太子,也好作为皇上的辅弼,不知父皇意下如何?"寿皇沉吟了片刻道:"皇上受禅刚刚一年,就要册立太子,未免过于匆忙,何况嗣君事关社稷,还须从长计议,岂可草草从事?"李后受了申斥,勃然变色说:"臣妾系六礼所聘,扩儿是妾亲生,册为太子,名正言顺,有何不可?"原来孝宗既非高宗亲子,谢氏也是由贵妃晋升为皇后,李后如此唐突,无异于指着和尚骂秃驴。于是寿皇大怒,拂衣而起。李后也怒气冲冲地登辇回宫去了。

恶人先告状。李后回到宫中,立即携嘉王赵扩向光宗哭诉说:"寿皇将要废逐臣妾,另立中宫,陛下可知道吗?"光宗如坠五里雾中,茫然看着李后说:"你这话是从何说起呢?"李后便添枝加叶地把朝见寿皇的情况叙述了一遍,说完竟抽抽噎噎地大哭起来。光宗不辨真假,竟然相信不疑,并安慰她说:"朕自即位以来,海内承平,没有失德之举。我既身为天子,难道保护不了自己的妻儿?"从此之后,光宗再也不去重华宫省亲了。

一天,光宗在宫内洗手,一位宫女捧着脸盆在旁边侍候,只见她皮肤细腻,指若春葱,不由得称赞了一声,当下李后也没有说什么。隔了几天,光宗正在便殿批阅奏疏,李后派人送来一个食盒。光宗只道是美馔佳肴,打开看时,却是这位宫女血肉模糊的两只断手。光宗内心惊悸不已,忧惧成疾,多日不能痊愈。转眼到了冬至,照例须由皇帝亲祀宗庙。光宗不得已,带病出宿斋宫。李后竟乘着这个空隙,将光宗所宠爱的黄贵妃杀死。那黄贵妃本是谢皇后宫中的侍女,温柔贤淑,光宗为太子时,孝宗见他没有别的侍姬,便将她赐给光宗。光宗对她非常宠爱,在即位之后,即封为贵妃。李后早想除掉情敌,但苦于无机可乘。这次趁光宗离开宫中,便将黄贵妃杀死,然后以暴死上奏光宗。祭礼这天,突然狂风大作,暴雨如注,蜡烛全被吹灭。光宗无法行礼,只得作罢。光宗本在病中,回宫后又听到黄贵妃暴亡的事,又遭了风雨袭击,病情愈加沉重,他终日辗转床褥,不能料理朝政。李后趁机把大权揽在手中,骄横恣肆、擅作威福,朝野上下,人人怨恨。但李后我行我素,毫不收敛。

寿皇闻知光宗染疾，亲自过宫探视。适值光宗睡眠未醒，寿皇告诫左右不要惊动他。直至光宗醒来，小黄门方才奏知。光宗矍然而起，下榻叩头请罪。寿皇安慰数句，忽然想起李后不在宫中，询问之下，才知她越俎代庖，忙着替光宗处理奏章。按照宋朝惯例，后妃不得干预朝政，李后竟然违反祖宗规矩，公然批阅奏疏。寿皇大为恼火，便把她叫来，狠狠地训斥了一顿。李后虽然不敢强辩，但对寿皇已是恨得咬牙切齿了。

绍熙三年（1192年）三月，光宗病体稍好，开始听政。宰相率百官恳请他到重华宫朝拜寿皇。光宗推说久病初愈，不能前去。于是文武百官纷纷上疏，流着泪苦谏。光宗无可奈何，才在四年间前往朝见寿皇一次。此后便一连半年没有再去过重华宫。直到十一月，丞相留正率百官至重华宫朝贺，兵部尚书罗点等上疏请光宗见寿皇，光宗竟拂袖退朝。大臣彭龟年慷慨激昂地说："寿皇当年侍奉高宗，极尽人子之道，陛下亲眼目睹。何况寿皇只有陛下一人，听说陛下有病，亲自探视，圣上爱子拳拳之心，尽人皆知。如今陛下误听小人离间之言，长久不去省亲，有愧于孝道，怎能慰天下之望？"宗室赵汝愚也反复讲谏。光宗又同李后商议，方点头答应。原来李后想归谒家庙，怕群臣谏阻，才做个顺水人情，答应过宫定省。寿皇却以为李后幡然悔悟，非常高兴，父子相聚，无话不谈。直到天色将晚，光宗夫妇才返回宫中。接着，李后便归谒家庙。在这以前，李后就把家庙修建得富丽巍峨，几乎与太庙相差无几，而护卫之士，竟然多于太庙。李后父、祖、曾祖三代都已封王，这次归谒家庙，又有亲属二十六人、故旧一百七十二人各授官职，甚至李家的门阁，尽管是鸡鸣狗盗之徒，也都封了官。这种反常现象，在宋朝历史上，再也找不出第二个人来。

光阴荏苒，岁月如流，不觉到了绍熙四年（1193年）重阳节。百官上寿已毕，请光宗朝见重华宫。光宗未得李后同意，不敢答应。大臣谢深甫上谏说："父子至亲，天理昭然，太上皇爱陛下，就像陛下之爱嘉王，人同此心，心同此理。太上皇春秋已高，倘不去朝见，千秋万岁之后，陛下何以见天下之人？"光宗听后怦然心动，当即传旨往朝重华宫。群臣得旨，非常高兴，鹄立静候。不料光宗刚刚走出御屏风，李后突然出现，拉住光宗的衣袖说："天气寒冷，皇上久病，快回去饮酒御寒吧。"光宗只得转身退回，百官、侍卫见此情景，一个个相顾失色，大臣陈傅良急中生智，百官都已齐集，陛下千万不可还宫，暮秋天气，并不严寒，请圣驾还是前往吧。"李后听得真切，一把拽住光宗，转入屏风后去了。陈傅良穷追不舍，也跟到了屏风里边。李后大声呵斥道："这里是什么去处？酸秀才难道不怕杀头吗？"陈傅良无可奈何，嚎啕大哭着走了出来。从此以后，京城之中，街头巷尾，从百官到庶民百姓，没有不对李后议论纷纷的。

寿皇在宫中望盼欲穿，却不见光宗前来探视。于是他郁郁寡欢，几乎寝食俱废。绍熙五年(1194年)六十八岁的寿皇悒郁成疾，到了四月，疾势越来越重。群臣请光宗过宫问候，光宗却与李后前往玉津园游玩去了。以后不管众大臣怎样上疏力谏，光宗始终不肯前往重华宫探望重病的父亲寿皇。万不得已，只好派遣太子嘉王前去探病。尽管如此寿皇也感动不已。

六月九日，寿皇病逝。群臣奏知光宗，光宗不肯过宫。到了十三日，寿皇大殓之日，光宗车驾仍未到来，群情汹汹不安，丞相留正等只好奏请吴太后主丧。吴太后是孝宗之母，见光宗不肯出面，只得代行祭奠之礼。朝野上下，见此情景，以为政事要有大变故，乱作一团。有的藏匿金帛，有的不告而辞，有的携眷归乡。

后赵汝愚等大臣同吴太皇商议以皇帝有病之由推立太子继位，是为宁宗皇帝。李凤娘自成为太上皇后，无法干预朝政，只好退居宫掖，颐养天年去了。

李皇后临危不乱立真宗

宋太宗赵光义(即位时改名赵炅)是在他母亲杜太后的帮助下才当上皇帝的。

宋太祖建隆二年，杜太后病得卧床不起，临死之前召集她的儿孙以及宰相赵普问话。她先问赵匡胤：

"你知道你怎么才当上一国之君的吗？"太祖哭着回答说："儿臣是在祖宗的保佑及太后的帮助下才得到天下的。"

太后说："你说的不对！原因在于周世宗让一个七岁的不懂政事的娃娃当了皇帝。假如他把皇位传给年长的儿子，你根本不可能当上皇帝。所以，你驾崩之后，帝位应先传给二弟光义，光义传给三弟光美，光美再传给你的嫡子德昭，保证我赵家的皇帝皆为年长之君。这样才能使赵家的江山得以延续下去。"

宋太祖唯唯诺诺答应说："儿谨遵母后教导！"

杜太后又对赵普说："你跟随我儿多年，就像一家人一样。请你记住我今天的话，一定要让皇上按我说的去做！"

赵普不敢不听。当下，赵普在病榻前为杜太后起草遗训，让赵匡胤立下誓言，保存起来，作为本朝开国成规，后人世世代代不得违反。

赵匡胤既孝敬母亲又疼爱兄弟。有一次，光义生病，他不但亲自看他，而且还拿自己的身体做尝试来为光义治病。赵匡胤还对大臣们说："光义以后一定是很有作为的皇帝。"他临终前遵照母亲的遗训，让赵光义做了皇帝。

赵光义当上皇帝后，没有立即正式册封皇后。他的第一个妻子在婚后不久就死了，光义又娶后周魏王符彦卿的第六个女儿符氏为妻子，即周世宗符皇后的妹妹。赵宋建国后，赵光义被封晋王，符氏被册封为越国夫人。她于三十四年后，即宋太祖开宝八年病死。此后，赵光义再没有结过婚。他当皇帝后，尹氏和符氏分别被册封为淑德皇后和懿德皇后。

在为数不多的后宫嫔妃中，宋太宗最宠爱的是李氏。李氏是真定（今河北正定）人，她的父亲是乾州防御使李英。宋太祖在位时，李英的女儿因为德容皆备而受到宋太祖的喜爱，便让她嫁给了光义，并封为陇西郡君。宋太宗登上帝位后又把她封为夫人。她生有两个女儿，可不幸都夭折了，又生了两个儿子名叫元佐和元侃。太平兴国二年（公元977年），在太宗想册立她为皇后的时候，却仅仅三十四岁便因急病去世。

至此，宫中一直没有合适的皇后人选。到太平兴国三年（公元978年），宋太宗想起了淄州刺史李处耘的二女儿，她是宋太祖在世时为他聘定的，当时因宋太祖驾崩便没有娶她进宫。于是，当时只有十九岁的李氏便马上被迎娶进宫，过了六七年后正式册为皇后。

李皇后温柔善良，她自己的儿子死了之后，便尽心抚育李妃生的皇子元佐和元侃，像待亲生儿子一样对待他们，即使是对后宫的其他妃嫔，也十分宽厚。所以，宫中上上下下都十分尊重她。

李皇后一生中的最大功绩，是她在关键时刻果断地保住了赵元侃的皇位。

赵光义为人阴险狡诈，他做了皇帝，便不再遵守母亲杜太后临死之前立下的遗训，而想让自己的儿子继承皇位。于是，他想方设法要杀死他的弟弟赵光美及侄子赵德昭。赵德昭不堪忍受叔父的猜忌,在前线自杀了。接着,太宗又听信小人的谗言,疑心赵光美想夺取皇位,便不顾手足之情,将光美赶出房州,又剥夺了他的自由。光美又气又急,因病而死。

清除障碍之后,宋太宗准备立长子元佐为太子,但是元佐却因叔父光美的屈死而心生郁闷,最后竟至癫狂。元佐从小聪明机灵,长得很像太宗,太宗非常喜欢他。元佐长大后文武双全,为巩固政权立下了汗马功劳,被加封为楚王,兼任检校太傅及太尉。元佐同叔父光美像父子一样亲密,太宗欲加害光美时,他曾再三为叔父求情,受到太宗的训斥。光美病死后,元佐忧愤交加,以至于得了癫狂病,有一次发病时,竟拿刀杀了很多随从。

有一年重阳,太宗见元佐的病和以前相比好多了,稍微松了一口气,便召集子侄们去御苑聚在一起玩乐,因元佐还没有完全恢复,就没有让他去。元佐知道后认为不让他去是嫌弃他,于是一个人喝闷酒,直到不省人事。侍从们以为他醉后应该去睡觉了,可是谁也没有想到元佐醒后放了一把火,把座豪华的楚王巨宅焚毁了。太宗听说后大发雷霆,派御史将他拘捕,打算发配去均州(今湖北境内),经大臣们再三恳求,才保住了性命,住在南宫。

元佐被废后,久久没有人提起册立皇太子的事。太宗至道元年的一天,大臣寇准向太宗提出册立太子的事,一语说中了太宗的心病,因为这一年,太宗已经五十七岁了,正在为皇位继承人的事情发愁。君臣商量决定立太宗的次子寿王元侃为太子。元侃是元佐的同胞弟弟,既聪明又英俊。小时候,他与堂兄弟们在宫中玩摆作战方阵的游戏,自称大元帅。由于受到赵匡胤的喜爱,小时候便被接入皇宫抚育。有一次,元侃在万岁殿玩耍的时候,恰被赵匡胤看见他悠然自得地坐在龙椅上玩耍,觉得很好玩,便疼爱地问道:"这是皇帝的宝座,你也想做皇帝吗?"他回答说:"这是命中注定的啊!"赵匡胤心中暗暗称奇。

这年的八月,宫中举行隆重的册立太子仪式,皇太子另取名为赵恒。在朝拜太庙之后的回宫途中,汴京城内老百姓对他热烈欢迎,称赞他是英俊有为的少年天子。这些话让太宗知道后,反而不高兴。他问寇准:"全城上下人人都向着太子,那我可怎么办啊?"寇准听了,匆忙给太宗道贺,说:"此乃我大宋王朝的洪福啊!"这才点醒太宗,但也表明了太宗是多么自私阴暗。

两年后,至道三年三月,宋太宗得了大病,无法再处理朝政了。在这人心惶惶的关键时刻，一个叫王继恩的宦官冒了出来。他阴谋弄权，想废掉英明的太子赵恒，改扶不能理政的元佐为皇帝。他与参知政事李昌龄、殿前都指挥使李继勋等人一起，企图乘太宗临死之时假传遗诏，实现其阴谋。谁知他们做事不慎，泄露给了李皇后手下的宫人。李皇后得知后，十分害怕，一时不知所措。正好此时，皇帝驾崩，李皇后只有偷偷地哭，不让皇上驾崩的消息传出。这时她想起太宗常对她提起，门下侍郎兼兵部尚书吕端值得信赖依靠，便派王继恩将吕端宣入宫。

被派去的王继恩并不知道太宗已死，而吕端却早已听说王继恩等人的阴谋诡计。听说自己被召见，便知事情有变。于是，他让王继恩来到自己的内书房，假意与其共同商计，王继恩刚刚一进屋，他便转身而出，将书房的门窗统统上了锁，王继恩被软禁在其中了。吕端派了人看守，随后急忙去见皇后。

李皇后见了吕端，向他哭诉道："皇上驾崩了"。吕端也悲痛万分，问："太子立谁?"李皇后故意问他："有大臣说立嗣皇当选长子，你意下如何?"吕端表情严肃地说道："先帝生前立好了太子，应遵从他的遗愿，何必再惹是生非?"李皇后心里一块大石这才落了地。

李皇后立刻派人去迎太子赵恒进宫，赵恒在太宗的灵柩前坐上了皇帝的宝座。次日清晨，吕端安排好了一切，文武百官接踵而至。在福宁殿上，低垂的珠帘后面站着一个人。吕端没有下拜，而是先让内侍卷起珠帘，当他确定帘里的人真是头戴皇冠、身穿龙袍的赵恒时才下拜，随后众大臣们一起下拜山呼万岁。此乃宋真宗。

当天，李皇后成为皇太后。她不仅是先皇正宫，还将缺少母爱的赵恒辛苦抚养长大，她待他和元佐就像亲生的孩儿，而且在关键时刻让赵恒顺利地继承皇位。因此，赵恒只将自己的生身母亲封为贤妃，而封李氏为皇太后。

此后，真宗还为皇太后建造了万安宫，专门给皇太后居住。在真宗即位七年后，李皇太后死去，享年四十五岁。

曹皇后听政不贪权位

庆历八年闰正月，仁宗兴致勃勃地玩了几天，还过了个元宵节，可他还觉得不过瘾,竟打算张灯两度元宵。皇后曹氏极力阻拦,她认为这样既耗费资财,又有损龙体。仁宗听了便没有再反对。

曹皇后,是真定人,是为宋代建国立下汗马功劳的周武惠王曹彬的孙女。当年郭后被废,杨太后将尚、杨二人逐出宫后,曹氏才被娶进宫成为皇后。曹皇后将门出身,对经史十分精通,她既温柔又大度,勤俭节约,成了中宫后,她常带着宫嫔们在苑内种谷养蚕,赢得了众人的敬重。

曹皇后还做了一件被传为佳话的好事。进了后宫后,她见仁宗身体虚弱,担心香火不能延续,虽然自己还年轻,以后还可以生皇子,但在向仁宗禀明后,将元份的孙子、才四岁的宗实带入皇宫,如亲生般抚养。

元宵节过后的第三夜,曹皇后的中宫十分安静,帝、后两人已熟睡。突然,一阵嘈杂声把他们惊醒,仁宗穿上衣服,想去外面看个究竟。曹皇后拦住他劝道:

"这么吵,定有大事,或许有人作乱,陛下要千万谨慎,以防万一。现在,得命人急速赶往都知王守忠那里,派人来这保卫。"说完,她命令宫人们将所有门和窗户关闭好,保护仁宗。

不一会,喧闹声越来越近,还带着求救声。曹皇后一听,脸色突变,知道事情不妙,确实有人谋反,她镇定神情,告诉皇上:"贼人已向我们这来了,而都知的卫队还未赶到,我们得先有所防备。"

而仁宗已吓得魂飞魄散,一切都由皇后做主。曹皇后召集了中宫所有的太监侍从编为一个个队伍,分别把守宫门。其中的一个太监是谋反者,他欺骗曹皇后说:

"说不定是些无稽的小事,没什么大不了。"

曹皇后怒火中烧:"是有人要谋反,你还胡说八道!"

曹皇后亲自督阵,鼓励太监们坚守宫门,等待王守忠的兵队,她还悄悄派人溜出去取水,尾随贼人,防止其放火。

不一会,由于宫门打不开,贼人真的放起火来,好在大火随起随灭,始终无法烧入内殿。直至天快亮,王守忠的兵团才赶到,打败了反叛者。曹皇后命令将谋反头子即宫廷侍卫颜秀等四人即刻处死,但不连带家属,也没有乱杀其他人。

宋仁宗见皇后在危急时刻镇定从容，十分敬佩，由衷地说："你那么镇定，指挥有方，真是名副其实的将门之后！"

曹后十分谦虚："此乃皇上的洪福，哪是我的功劳呢！"

正说着，后宫的妃嫔们一个个来到宫中，看望皇帝和皇后。为首的是张美人，后面是周美人、苗才人、冯都君等。张美人在后宫最为受宠，当初仁宗想要立她为皇后，而刘太后不同意才改立郭氏。她父亲很早便死了，留下母女二人，去投奔张美人的伯父，却不被收留。她母亲没有办法只好把女儿送进皇宫侍奉杨太后。张美人长大成人后非常机灵聪明，在仁宗面前很是受宠。尽管两度立后，张美人都落选，但她仍然谦虚有礼，没有一点点怨恨。她向仁宗说："是我没有福气，难以选为皇后，还是仍做美人吧！"因此仁宗更加宠爱她。仁宗总想把她封为贵妃却总找不到理由。

谋反一事过后，枢密使夏竦上奏说打败贼人的那一夜，是张美人首先赶去中宫的，就是说她护驾有功，理应嘉奖。如此一来正合仁宗心意，他顺水推舟，立即册封张美人为贵妃。一些大臣愤愤不平，翰林学士张祥说："张美人有什么功劳，完全是曹皇后的功劳，不嘉奖皇后而去封什么美人，哪有这样的道理！"仁宗心意已决，曹皇后也并不介意，一笑了之。

嘉祐八年，仁宗皇帝已五十四岁。他自幼就体弱多病，又因为毫无节制地纵欲，所以未老先衰。二月，便一病不起，可许多国家大事都还没有落实。

过去，仁宗曾按曹皇后的建议，将四岁的宗实带进宫抚养，以便日后立为太子。但是他又不愿把皇位传给别人的儿子，而希望后宫妃嫔能生一个皇子。偏偏事与愿违，那些妃嫔们，都生不出皇子，即使生了的，孩子也早早死去。

这件事急坏了众大臣。宰相韩琦、枢密使曾公亮、参知政事欧阳修等纷纷要求仁宗早早准备。仁宗没有办法，只好宣宗实马上进宫。

此时的宗实已快步入而立之年，根本不想进宫，便对家里人说："我哪有如此的幸运，还是不要出头为好！"可是仁宗再三召他进宫，他被逼无奈，只好进宫，临行时留下话："待皇上有了自己的骨肉，我就回来！"

仁宗驾崩于三月初的一天夜里，曹皇后派人锁了宫门，钥匙随身收藏。天亮之时，火速召宗实进宫，还召见了韩琦、欧阳修等人面对仁宗的遗体宣读传位遗诏。宗实听罢急忙推脱："我不愿当皇帝！"他正转身要走，却被韩琦等阻拦，强行按上御座上。宗实改名,赵曙被迫即位,他就是历史上的宋英宗,曹氏则成了皇太后。

没料到赵曙刚做皇帝就染上一种怪病,时常"大喊大叫狂奔乱跑,没有了任何礼节",无法处理国家大事。韩琦等人主张太后"参与管理国家大事",曹太后无法回绝,于是在内东门小殿实行垂帘听政。曹太后办事常以经史为依据,无法解决的问题便让大臣们去议决,从不把自己的意思强加给别人。她从不以公谋私,对待家人也毫不徇情,赢得了大家的尊重。

但是女人处理政务是那些顽固派大臣所不能接受和容忍的,尽管她大公无私,能力超群。司马光曾告诫曹太后说,不要效仿刘皇后,当妻子的就应以丈夫为纲,后妃不该参与朝政,只有国家、百姓的安定,才能从此退居长乐宫,才能享受荣华富贵。

治平二年四月,嫡妃高氏被封为皇后。她是曹太后胞姐之女,从小长在皇宫,与英宗一般大小,可谓是青梅竹马。仁宗活着时看到这对金童玉女,非常喜欢,曾经说:"以后就让他俩结为夫妻吧!"不久,他俩成婚。英宗主政后,高氏已生下了三子一女。这位高皇后,与太后关系亲密。

按常理说,英宗应该同曹太后相处得融洽亲近。但到了六月,英宗旧病复发,时好时坏,病症让人瞠目结舌,他有时甚至对曹太后也粗暴无礼。这一切被内都知任守忠看在眼里,于是乘机挑拨英宗和曹太后的关系。他居心叵测,希望曹太后改立无能懦弱的太子,能够为他控制。他开始在两宫之间挑拨是非,说得多了,大家也就信了。由怀疑生出怨气,由怀恨再生出愤恨,关系越来越坏。众大臣不知所措,只有上书调解,可是丝毫不起作用。

有一天,韩琦与欧阳修共同进宫去见太后,曹太后伤心地说起英宗的喜怒无常。韩琦安慰她说:

"皇上有病所以才举动失常,等病好了以后就不会这样了。您是皇上的母亲,还与他计较什么?"

太后听后更加悲痛,心想:皇帝不是我的亲生儿子,所以才这样对我吧。于是就流下泪来。欧阳修也安慰她:

"您已陪了先皇几十年,大家都认为您温淑贤德。以前的张贵人倚仗受宠而骄傲自满,您都能宽宏大量,更何况是母子之间,难道还能认真吗?"

太后稍稍稳定了情绪。两人继续开导太后。欧阳修说：

"先皇在位时国家安定，您也很贤明，但毕竟是一妇人，大臣们如果不是受先皇所托，谁会如此忠心效力呢？"

韩琦紧随其后："我们都在宫外，宫中之事不能一清二楚，若皇上出了事，太后您也会有麻烦的！"这话的意思是，要太后搞好两宫间的关系。

太后听了十分担心，说道："这话怎么说，我也很着急啊！"

韩琦和欧阳修赶紧下拜："太后生性善良，我们钦佩已久，所以愿您能善始善终。"

过了几天，韩琦去见英宗。两人仅仅谈了几句，英宗就感慨："太后对我有些不近人情。"由此看来英宗也在为同太后的关系而苦恼。

韩琦劝他道："父母慈祥，儿子孝顺是理所应当，不值得称赞什么，而父母若做得不好，但儿子仍然尽守孝道，那才能美名远扬。臣恐怕陛下还有不足之处啊！作为儿子，怎么能抓住父母的缺点不放呢？"

英宗被韩琦说动了，韩琦也没再往下说。

过了一些日子，英宗的病转好，韩琦指示翰林学士刘敞给皇上讲解《史记》，内容是尧舜如何因仁孝而为人所服，使英宗终于妥协。

英宗主动向曹太后问好，说自己生病头脑不清，惹恼了母后，希望得到她的原谅。曹太后满意地说道：

"那些事别再提了，希望我们今后和睦相处，我很高兴啊。你自幼入宫，无数个日日夜夜，我辛辛苦苦就为了今天。我是一心想着你啊。"话音刚落，又哭了起来。

英宗被曹太后感动得流下了热泪："您对我的一番苦心，我已记在心中。如果我再无礼，就不配做人了，哪还可以治国治天下？"

太后将跪着的英宗扶起，两人终于和好如初。

第二年夏天，英宗已可以有条不紊地处理政事了。韩琦等人希望太后可以还皇上政权，但又不敢贸然行事，考虑了许久，便打算试探曹太后。韩琦对太后叩头说道：

"皇上可以自行处理朝政，再说有太后在一旁指导，国事定能处理得当。臣年纪已经大了，恐怕担负不了重任，也该辞官还乡了！"

曹太后听后，吓了一跳，忙劝他："国家大事，还得倚仗您，您可不能辞官回乡啊？该是我退居深宫吧！"

韩琦在一旁说道："汉朝的马、邓两位太后，可谓一代贤后，却还是贪恋权势。而太后您的功德，远远不是她两人所能及，您打算什么时候撤帘还政？"

曹太后解释："我并不想掌握朝政，只是觉得龙体欠安，才勉强担此重任。撤帘随时都可以，就不用挑选日子了。"

韩琦很满意，于是宣布："太后有旨，今日撤帘，銮仪司快快遵行！"

銮仪司即刻走上殿，撤下珠帘。曹太后赶紧退到了屏风后面。

随后，任守忠离间两宫关系的恶行败露，结果被发配到了南方。

英宗做了四年皇帝，后来他的长子赵顼即位，就是宋神宗。曹太后也成了太皇太后。

英宗的儿子神宗更加聪明能干，他实行了王安石变法，还取消了不少弊政。人品方面则更加孝顺，对曹太后十分尊敬。而曹太后对神宗也尤其宠爱。神宗退朝迟了，她就很是担心，还跑到屏风处等候，而且亲自为神宗安排食谱。所以两人更加亲密无间。

曹太后有个弟弟叫曹佾，官至丞相。神宗建议："让他进宫，你们可以拉拉家常。"但太后拒绝了："国有国法，外家男子入宫探亲是不合规矩的。我弟弟做了丞相，已经是不应该了。所有政事，他都不可以干涉，也不可以让其入宫。"

宋神宗元丰二年冬，曹太后得了重病。神宗让她弟弟来探视，姐弟俩只寒暄了几句。神宗一离开，太后就对曹佾说："此地不适合你久留，你还是快些走吧。"曹佾忍着眼泪退出。

曹太后病危时，神宗日夜守候，亲自喂其汤药，一连好几夜都不睡觉。她死后，神宗难过了许久。

曹太后自十九岁入宫，做了四十五年太后。死后谥号"慈圣光献皇后"，人们把她和仁宗一起葬在了永昭陵。

孟皇后堪称南宋基业的开创者

十六岁就成为令每一个女人都羡慕的皇后，她就是宋哲宗的皇后孟氏。她是一个幸运儿，婚前婚后，她拥有一切荣华与荣耀，这也是她应该得到的。可是政权的变换改变了她的命运，在后宫的争宠中，她输得很惨。但老天善待她，半壁河山落入金人之手后，她为赵宋皇朝的延续立下了汗马功劳，成了南宋基业的开创者。

宋哲宗元祐七年夏四月，皇宫上下一片喜气，太皇太后高氏主持大典，为十七岁的皇帝举行婚礼。这次册后典礼相当隆重，很是罕见。为了选一个出色的好皇后，太皇太后和皇太后两人用了好大的力气，从宦门到仕族，一百多名秀女被选入行列，才海底捞针般地选出了母仪天下、端庄贤淑的孟氏，也就是眉州防御史兼马军都虞候孟元的孙女。

通过一些日子的宫廷礼仪训练，孟氏以其庄重娴雅的性格获得了两宫太后的欢心。于是，太皇太后便诏告天下：选孟氏为正宫皇后。由于前几朝的册后礼仪过于简略，太皇太后特地要翰林、礼官等妥善议定六礼，以将典礼办得隆重。为此，忙坏了一班大臣，大家翻阅史书，引用经典，商议了好几天，终于定下来一篇"册后仪制"，宰相吕大防亲自审核，再交由太皇太后最后确定。

太皇太后在第二天批准，命司天监选择良辰吉日，另外还有一个由宰相、学士、尚书亲王参加的礼仪班子，使六礼各司其职。

五月戊戌这天，被定为大婚之日。吉时一到，哲宗头戴皇冠，身着龙袍登上宝座，举行"奉迎之礼"。文武百官由吕大防等人率领，一个接一个进入，东西厢站定。首先将皇后册宝搁置于御案前，再由文武百官向皇帝朝拜，接下来由宣诏官传谕："今日选立孟氏为皇后，现在大家遵照礼仪迎接皇后入宫！"吕大防等再次下拜，接过册宝，又一次叩头。宣诏官再传太皇太后诏令："太皇太后有旨，要你等奉迎皇后！"吕大防率众官第四次跪拜，出宫迎皇后去了。

吕率众官员来到皇后住地，进了皇后家的厅堂，皇后的父亲跪向北面聆听皇太后诏书，接着拜谢太后的恩典，接受了诏书。皇后随仆人来到前厅，接受了行礼，又走到堂下，跪下感谢皇恩。礼毕，一名内侍小心翼翼地接过册宝，吕大防等随之退出，皇后登上宝座。皇后的父亲叮嘱道："千万要小心，早晚都要遵从皇命！"接着，皇后的母亲站在西阶，嘱咐她道："小心啊，孩子，一定要顺从皇命！"二老叮嘱完毕，皇后登上肩舆，被抬出了家门。吕大防等一路护送，到了宣德门，皇后要接受在那里等候的百官亲王们的行礼。他们一行还要经过文德殿、内东门、福宁殿。轿子在福宁殿停下，皇后要稍做休息。

身穿大婚礼服的皇上很快在殿前坐下，尚宫领着皇后出殿，于东西方向而立。尚仪跪下，请哲宗起身迎接皇后。哲宗来到殿前庭中，对皇后拱手行礼。接着二人一同走入内殿，停于御榻前，尚食呈上饮具后，皇帝皇后一起入座。头两次饮酒时用爵，再饮时用卺，合卺后婚礼就算完成了。此时一片寂静，皇帝、皇后脱下礼服，换上便服就寝，于是两人进入了帷帐。洞房花烛，龙凤同喜，恩恩爱爱。

次日清晨，小夫妻就去向太皇太后高氏、皇太后向氏以及皇太妃朱氏请安。第三天要按礼节去宗庙向祖宗行礼，回宫后又去面见太皇太后。高太后十分开心："皇帝娶了个好妻子，真是可喜可贺，愿你们白头偕老，不要让我失望。"

哲宗十岁就继承了皇位，由祖母高太后协助理政，宫廷内外的大事都落到太皇太后肩上。哲宗长大后，还是要听命于高太后，心中有些怨气。他曾暗自说："太皇太后命数十个宫女监视我。"这意味着哲宗还没有亲政时，宫中便已埋藏着深重矛盾。

高太后死后，哲宗开始亲政。宰相章惇伙同一些卑劣小人，向哲宗诽谤、污蔑高太后及其亲信大臣。章惇是王安石提拔的，属于变法派，和司马光、苏轼以及吕大防、范纯江、韩忠彦等人势不两立。双方不仅政治主张不同，而且有派系之间的倾轧纷争的倾向，甚至是忠奸、善恶之分。高太后的死使"元祐之治"成了"绍圣之治"，单纯的哲宗听信小人谗言，继承父亲神宗的"遗志"，致使苏轼被贬，吕大防、范纯江也相继下台；章惇、蔡卞、吕惠卿等乘机揽权，就连曾经拼命拍高太后马屁，谋立歧、嘉二王的邢恕也做了御史中丞。

章惇、蔡卞之所以针对高太后，因为她主张"元祐之治"，是吕大防、范纯江等一派的人。这些卑劣的人挑拨哲宗同高太后之间的感情，竟造谣说，神宗死时，高太后想废掉哲宗而立年长的歧王或嘉王为嗣君。他们还蛊惑高太后的堂弟，即高遵裕的儿子欺骗哲宗，说神宗临死时，宰相王珪曾询问过高遵裕赞不赞成高太后立歧王为帝的打算，被高遵裕好一顿骂，便做罢了。

哲宗信以为真，便要废黜高太后为平民百姓。此事遭到皇太后向氏与哲宗生母朱太妃的反对，她们告诉哲宗真相，以及高太后对哲宗是如何宠爱、关心，哲宗这才醒悟。对于章惇等人的谗言，皇上非常反感，并且指责章惇："再听你们的话,我如何有颜面去见皇祖英宗于地下?"

因为憎恨高太后的缘故,哲宗的皇后孟氏也不幸成了章惇等人的攻击对象,致使单纯的孟皇后步入了她人生的厄运。

宋哲宗绍圣三年的一天,孟皇后同众妃嫔去景灵宫朝祭。休息的时候,孟皇后坐在正中,众妃嫔坐于两旁。当时有一位丽人目中无人,站在帘下,背身而立,孟皇后见此便知道她是刘婕好。

当时皇上很宠爱这位刘婕好。她原来只是侍御,很小就被选进皇宫,天生丽质还有绝妙的迷人的手段,因此哲宗十分宠爱她。但孟皇后宽宏大量,从不与她计较,她却当其好欺负,便欺人太甚,将礼法抛于脑后。那些内侍宫女们看在眼里,心里愤愤不平。

目睹刚才的一幕,心直口快的皇后贴身侍女陈迎儿说道:

"是谁站在帘下?为什么独自一个人?"

刘婕好不但没有走过来,反而面向皇后瞪大双眼,像要把陈迎儿给吃了,她轻蔑地撇撇嘴,又转了过去不予理睬。

陈迎儿还欲开口,被孟皇后制止了。

过了一会儿,孟皇后要回宫,众妃嫔紧随其后,刘婕好也跟在后面,傲慢的杏脸上,还有很大的怨气。

一波未平,一波又起。

冬至节到了,按照惯例,孟皇后得和众妃嫔一起向太后祝贺佳节。到了隆祐宫,大家在偏殿等候皇太后。

偏殿中有一把朱漆金饰的椅子,只能给皇后坐,其他人只可坐普通的椅子,可是刘婕好一人独自站着,绷着个脸。她的心腹赶紧拿了一把朱漆金饰的椅子给她坐。孟皇后没有吭声,而其他的宫侍和妃嫔都十分不满。

正在这时,有人传话:"皇太后到!"孟皇后与妃嫔们赶忙起身,可半天也没见皇太后出来,大家便又坐下去。随着"扑通"一声,夹着一声尖叫,大家一惊,回过头去,忍俊不禁,原来是刘婕好身后的椅子没有了,她一屁股坐到了地上。

真是丢人!妃嫔们个个相视而笑,连孟皇后都心中暗喜。

刘婕好既吃惊又愤怒,又羞又气,正欲发火,但一想是在太后宫中,不能太过分,只得忍气吞声,心中暗想:"定是孟皇后的人所为,害我丢脸。我一定要报这个仇。"

侍女们替刘婕妤梳洗完毕,皇太后已出来了。贺节结束,刘婕妤狼狈地回宫,气得直掉眼泪。

随从劝她:"娘娘别太难过,若能早日生个王子,您还怕做不了皇后!"

刘婕妤恨恨地说道:"我与她不共戴天! 我必须将她打败!"

此时哲宗踱步进来,刘婕妤故意大哭起来,一个劲地掉眼泪。

哲宗不知所措,将刘婕妤揽入怀中,惊奇地问她:

"今日是个好日子,你怎么不高兴,难道是受了太后的训斥?"

刘婕妤答道:"太后的训斥当然得听从,我哪会背后生怨?"

"那是何人欺负你呢?"

刘婕妤立即跪下,一把鼻涕一把眼泪地说:"我都被人家欺负死了,您可得为我做主啊!"

哲宗多次询问,刘婕妤都支支吾吾,只是流泪,哲宗更加着急、怜爱。

郝随见机行事,跪下将发生的事说了一遍,并诬陷是皇后指使的。同宰相章惇同流合污的郝随,暗地帮助刘婕妤争夺后位真是煞费苦心。

哲宗并不完全相信,说:"皇后贤良淑德,怎么会干出这种事来?"

刘婕妤狡辩起来:"您难道认为我不对? 那就立即撵我出宫吧!"说罢在哲宗的膝盖上痛哭流涕。

如此一来,再明白的男人也要被迷惑,更何况是好色而又糊涂的哲宗! 在刘的娇媚和蜜语面前,一番谗言过后,端庄贤淑的孟皇后再也无法打动哲宗了。

也许是上天注定,没过多久,灾难又降到她身上。一天,她的女儿福庆公主病了,得的是种怪病,治不好。孟皇后有个姐姐懂得医术,曾治好过皇后的病,所以请她来为公主医治。但公主几日过去没有丝毫起色。她一着急,就把道家治病的符水带进了宫,想为公主治病。孟皇后吓了一跳,对她说:

"这种事是宫中禁止的? 倘若传出去,会有杀身之祸的!"

于是孟皇后把符水藏了起来,并找了个机会把这事告诉了哲宗。哲宗并未生气,说:"这可以体谅,你姐姐也是为公主治病心切。"孟皇后立即取出原符,当着哲宗面烧毁,以示诚意。

这事传到章惇等人耳朵里,被传得沸沸扬扬,哲宗不得不起疑。不久,郝随又进谗言：

"中宫如此弄神弄鬼，恐怕有不好之事，皇上要小心提防内变。"

哲宗动怒了，经调查得知，皇后的养母听宣夫人等人在宫中做法为皇后祈福。哲宗也不分青红皂白，下令逮捕中宫内侍与宫女数十名，一定要追查到底。

受命的梁从政与苏珪，早就同章惇、郝随等人相互勾结，竟私自滥用大刑，企图将抓来的人屈打成招。谁知不管他们再怎么用刑，那些人就是不能如他们所愿，他们承蒙孟皇后的厚待，不肯枉做小人。还有一些人，为皇后不平，痛斥章、梁等人的无耻阴谋，竟被残忍地割下舌头。

几番用刑，三十多名宫侍都奄奄一息。梁从政立即同章惇、郝随等密谋一番，伪造出供词，造成了一个天大的冤狱。哲宗派侍御史董敦逸复审，董敦逸来到监房看见犯人们惨不忍睹之状，渐主疑心，迟迟不忍心定罪。郝随怕董敦逸坏了他们的好事，便赶紧去找他，对他威逼利诱。董敦逸怕了，只得违心地给犯人们定了罪。

不久，孟氏被废，出居瑶华宫，号"毕阳教主玉清妙静仙师"，法名冲真。那时正是绍圣三年初冬。当日，空中彤云密布，电闪雷鸣。

董敦逸因做了亏心事而胆战心惊，于是上书谏阻哲宗，说："孟后被废，恐怕没那么简单，还是查清楚为好。废后那天，天气如此恶劣，可能是上苍不让废后；百姓们流泪，说明大家也不愿皇后被废。我虽复审但时间太短，难免有漏洞，还请皇上三思，再命良吏重新审理此案。若我审案有误宁可受到责罚，千万别冤枉了皇后。"

听完这些话，哲宗很惊诧，不知到底是怎么回事。哲宗去询问翰林学士曾布，曾布与章惇同流合污，便用含糊之辞敷衍了皇上。

对于废后这件事，哲宗还是不放心。想起孟后的贤良淑德和宽宏大量，他觉得做得有些过火了，自己不该如此，于是感叹"全是章惇的错"。但是为了面子，他只是一直未采取立后的行为来表示他的矛盾心情。

刘婕妤成了赢家，一心等着做皇后，就这样等了三年只是升为贤妃。她白费了一番苦心。

又过了一年，刘妃怀孕了，生下了皇子，这可把头次做父亲的哲宗乐坏了，哲宗终于册立刘氏为皇后。

一些正直的大臣表示反对。言官邹浩上奏哲宗说:孟后与贤妃的纷争,还不能下定论,即使是孟后不对,也应同时将两人都赶走。因为生了皇子便做皇后,实在可笑,历来都没有这样的规矩。立后应以其人德品行作为参考。

哲宗召邹浩入宫,说:"这件事,以前的皇上也做过,又不是我开的先例。"

邹浩说:"祖宗的德行可学习的太多了,您还有很多没遵行的,为何偏偏学那些不该学的,让百姓笑话呢?"

邹浩态度强硬,哲宗难免不生气,但他静下心来想一想邹浩的话,又觉得很有道理。他拿不定主意,第二天让章惇等人去议。

这下,邹浩全完了。章惇等人说他目中无人,多管闲事,把他贬到了亳州。

经过一番苦斗,刘妃总算做了皇后。那一年是元符二年。

好事不长,才两个月,刘皇后的儿子一天到晚只是啼哭也不吃不喝。医治无效,不久就夭折了。偏偏此时,哲宗也病倒了,在正月初八,驾崩了。

刘氏费尽心机却只做了两个月的皇后,真是人算不如天算。

而受尽欺辱的孟皇后,却是人人敬仰,在历史舞台上扮演了不可或缺的重要角色。

宋钦宗靖康二年元旦,汴京城被金兵打得乱七八糟,大臣们死的死,逃的逃,宫廷内外一片混乱。被逼无奈之下,徽钦二帝率领后宫皇族三千余人,忍痛舍弃了皇宫,直奔金营。宋太祖创下的大宋政权,经历了一百六十七年的风风雨雨,就这样不复存在了。

这场浩劫中,有一个人却因祸得福,她就是孟皇后。她一开始在瑶华宫,那里着了火,她就搬到延宁宫,不想又遇火灾,她只好入住相国寺母家。金人要求皇族全部北上,两个皇帝和皇后还有众妃嫔,全部遇难,只有孟氏一人死里逃生。

当其正在家中为亡国而伤心落泪时,"大楚皇帝"张邦昌把她带进宫,目的是想请她以太后的身份管理政务,然后把徽宗第九子、康王赵构接回来继承帝位。

再次搬进延福宫、当上太后的孟氏心潮澎湃。哲宗死了已有二十五年,政治风云变幻莫测,宫廷内外争乱层出,她自己也是命运多变幻,经历了大起大落。

徽宗赵佶一即位,向太后便开始听政,先是恢复了孟皇后的皇后名号,称"元祐皇后",她也搬回来居住;随后,向太后罢免了作恶多端的章惇、蔡卞等人,替孟氏报了仇。

然而徽宗崇宁初年,新旧党派的斗争再度复杂尖锐,又波及她和刘皇后。这时向太后、朱太妃都死了,蔡京、蔡卞掌握政权,孟氏再度被废,重回瑶华宫,与其关系比较好的大臣也被罢了官。而刘皇后反而被徽宗尊为皇太后。

大起大落尊贬之间,两个女人不得不加入这场纷乱的斗争。孟皇后很困惑,但重要的是死里逃生,比起元符皇后刘氏,她还是幸运的。刘氏当了太后之后,行为不检点,不但干预朝政,还和外廷大臣私通,惹恼了徽宗。政和三年被废,后上吊自尽,死时三十五岁。

面对国破家亡,孟氏能做些什么呢?此时的她暂时在延福宫垂帘听政。她认为国不可一日无君,得赶紧在赵家子孙中找一个皇帝,这样才能号令天下,打退敌军,重建江山。

谁有能力做皇帝呢?也许只有康王赵构了,这正合张邦昌的心意。汴京沦陷时,赵构曾和诸大将一同作战,在相州、大名一带奋杀金兵。

五月,孟氏以皇太后的名义,派人接康王回来继承皇位。朔月,康王在应天府登基,改元建炎,他就是南宋皇帝宋高宗。高宗登位后,孟太后就撤帘,把所有国家大事都交给他来决断。

可惜赵构并不十分英明。他做了皇帝后没有组织力量北上抗金,却怕死往南逃跑。金兵占据了河北各州郡,他躲在了扬州;金兵攻下徐州,他又躲到了镇江和临安。他只听信黄潜善、汪伯彦等人的谗言,而排斥李纲、宗泽等贤臣,因此这位皇帝让人非常失望,连大臣们也心有怨气。而一场政变则差点要了他的命。

建炎三年三月,护卫统制苗傅、刘政彦谋反,杀了高宗所宠爱的身居高位的王渊,又杀进高宗寝宫,杀死了百多中内侍。高宗闻风丧胆,吓得魂飞魄散。苗傅指着他的鼻子斥责道:

"你宠奸臣排忠良,赏罚不分,忠奸不辨。黄潜善、汪伯彦等人害国害民你不追究,王渊奋力保国,你反而责罚他。"苗傅还指责高宗不该登皇帝位。

高宗无奈之际只有让隆祐太后孟氏垂帘听政,以平民愤。隆祐太后有很大的威信，对苗、刘说："道君皇帝忠奸不分，才惹出今日大祸，你们也别怪高宗了。"

苗傅坚持要高宗退位，让其三岁的儿子登位，由孟太后垂帘听政。孟氏极力说服他们：

"大敌当前，我一个妇人和一个稚童怎么能掌管天下？若让敌人乘虚而入，岂不是毁了大宋吗？"

劝说还是无用，赵构只好退位，立赵遒勇为帝，孟氏辅佐，改元"明圣"。

迫于苗傅、刘正彦等人的压力，孟太后先是安慰他们，然后偷偷派人寻找韩世忠的夫人梁红玉，把她封为安国夫人，又命韩世忠讨伐苗、刘。不久，韩世忠打败苗傅、刘正彦等人。太后很是欣喜："这下我就轻松了！"她赶紧将赵构接回宫，让他复位。

建炎三年八月，金兵逼近，高宗又逃跑，孟后也逃到江西洪州。金兵穷追不舍，一面追高宗直逼浙闽，一面追孟氏进军江西。孟太后在吉州，金兵又追来，孟后只得坐船连夜逃命。谁知第二日早上船夫居心不良，把财物偷走，保护太后的将士们也各自逃命去了，只剩下太后与潘贵妃以及几十名卫兵仓皇而逃，从万安到虔州，一路走得精疲力尽。高宗派人沿途搜寻，才把太后安全接回，把她安排在赵州居住。

高宗绍兴五年春，孟太后得了风疾，久治不愈，死于赵州行宫，死时才五十九岁。

高宗赵构对孟太后很是孝敬，他曾说："我开始并不认识太后，是她将我迎到宝座之上，对我像亲生儿子一般。"有人曾诬告孟太后私养钦宗的儿子，为今后谋反。高宗坚决否定，说："我同太后感情非同一般，绝不会有这种事！"于是诬告者被严厉惩处。

高宗在孟后死后称她为"昭慈献烈皇太后"，把她埋葬在会稽上皇村。

有史书记载高太后在为哲宗选立皇后时，曾预测了孟后的一生，说："这个人聪明贤淑，但没有好福气，等到国家一有变化，她又要发挥不小的作用。"看看她的一生，真是如此。

因病变美人的谢皇后

宋理宗宝庆年间，朝廷要替刚刚继承皇位的皇帝挑选后妃。皇太后杨氏为还当年自己被册立为后时一心相助的丞相谢深甫一个人情，下令要从谢家诸女中选出一名皇后。

听到太后谕旨，全家人又喜又忧，因为家中只有一个女孩子，即谢深甫长子谢渠伯的女儿谢道清。道清之父早死，家境贫寒，由其叔父谢举伯抚养长大。谢道清长得又黑又不好看，脸上还有明显的疤痕，恐怕是不能入选。

"道清就算进宫，也只能做婢女，还是准备将她嫁人吧！"叔父举伯很担心。

元宵张灯时节，许多喜鹊飞到灯山上筑巢，谢家兄弟们认为这是个好兆头，象征着道清将顺利入选。他们坚持要把谢道清送进宫。

在京城，谢道清等待大选时突然生了病，而且十分严重，几日几夜昏迷不醒，没有吃任何东西。宫人们都认为她没有救了，可是十几天后，她竟然全好了。更令人难以置信的是，她的手蜕了一层皮，变得洁白如玉；沐浴之后，犹如出水芙蓉、带露海棠一般；一双黑亮的大眼睛如一泓清泉清澈透底，脸上的疤痕也消失了。

在召见新入选的妃嫔时，除谢道清外，还有一名倾国倾城、百般娇媚的贾氏。理宗喜欢美人，便喜欢上了贾氏，想册其为皇后。但是杨太后极力反对："谢女出身名门，知书达礼，端庄秀丽，应该立她为皇后！"

理宗拿不定主意，一些大臣私下议论："怎么可以不立真皇后，而去立一个假皇后？"

理宗不再坚持。宝庆三年十二月，册立谢氏为皇后，贾氏为贵妃。谢皇后宽以待人，对于理宗专宠贾妃也不介意。贾妃去世，理宗又只宠阎妃一人，后妃之间始终和睦相处。所以理宗对谢皇后一直都很尊重，谢皇后对一些国事的建议，理宗总是洗耳恭听。开庆初年，元兵来犯，渡江南下，理宗准备迁都四明，谢皇后表示不妥，这样会动摇民心，理宗便放弃了迁都的想法。

理宗做了40年皇帝，沉溺于声色享乐，任用史弥远、贾似道等卑劣小人，使南宋国势日衰。他于景定五年驾崩，无儿无女，便过继了同胞兄弟荣王的儿子赵禥。赵禥继承皇位,谢道清成了皇太后。

度宗赵禥更是昏庸无能,他把军政大权交给别人,自己只会玩乐,因纵欲没有限制,三十五岁就死了。当时,蒙古军队已渡过长江,就快攻入扬州了。掌握政权的贾似道为了个人权欲,反对立赵禥为帝,而希望立四岁的赵显为帝。他贪生怕死,还厚颜无耻地启奏太皇太后谢道清,要求朝廷迁都南逃。谢太后坚决不肯。

为平民愤,谢太后罢了贾似道的官,把他贬到循州。不知悔改、误国误民的贾似道最后被押解人员杀死。

元军逼近临安,垂帝听政的谢太后被迫亲自出马指挥抵抗元军。一些主管军事的枢密官员和将士们不战而逃,朝野上下鸡犬不宁。谢太后赶紧命各路兵马进京勤王,她说:

"我大宋江山维持了三百多年,对你们各位大臣官员向来都以礼相待。今日国难当头,你们竟无一人说一句救国的话,只会离职逃走,丢印弃城。御史言官和宰相们都不能各司其职,反而商量怎么在半夜逃走。你们都熟读圣贤之书,在这个紧要关头却如此没有出息,你们还有脸活着?死后也无颜去见先帝。"

大敌当前,谢太后的悲愤焦急并不能打动那些文臣武将,最后来上朝的文官,只有六个人了。元军已兵临城下,陈宜中请求谢太后迁都,遭到拒绝。文天祥、张世杰等抗元将领也希望两宫太后与皇帝暂时去东海避难,自己去拼死一战,可是,可恨的陈宜中派人捧着传国玉玺和投降书向元军投降了。谢太后也无可奈何。

德祐二年二月,蒙古军元帅伯颜来到临安,攻占了钱江,南宋灭亡了。三月,小皇帝赵显、皇太后全氏以及度宗的生父生母都成了俘虏,被带往北方。太皇太后谢氏因病无法前行,到了八月,也被押到大都,七年后因病而死,死时七十四岁。

马皇后生性简朴

马皇后的父亲是宿州徐王马公,母亲郑氏生下她就去世了。父亲因杀人逃到了朋友郭子兴那里,于是便把马皇后交给了郭子兴。当时江淮叛乱,郭子兴起兵攻下了濠州,明太祖朱元璋就是其军队中的一员。郭子兴的妻子张氏很看好朱元璋,主张将马氏嫁给朱元璋,她说:"这个人很是特别,应该重用他,把马公女儿许给他一定没错。"郭子兴觉得也是,便让朱元璋做了马氏的丈夫。可是郭子兴的儿子同朱元璋好像有仇,找了个机会把朱元璋关起来了,不准吃喝,要把他饿死。马氏私自带去锅巴给朱元璋吃。有一次她将一个刚蒸熟的馒头藏在怀中,给朱元璋送去,结果紧挨着馒头的乳房都被烫烂了。张氏可怜马氏,便放了朱元璋。一些将官外出归来,都会献上郭子兴喜欢吃的东西,只有朱元璋没有献,郭子兴很不高兴。马皇后请求张氏在郭子兴面前为朱元璋说好话,并且给郭子兴送去枣脯,这才让郭子兴消了气。马皇后很有才华,朱元璋每次出兵,都由她掌管文书、军令。她保管得很有秩序,哪怕是很久以前的事情她也记忆犹新。空闲时间,她便带领军将们的妻子为军将们准备衣服。马皇后担心元朝军队会追随朱元璋渡江,夫妻到时就无法见面了,所以她决定率领军将们的妻子,由太平抵达陈迪家。元朝军队控制住渡口,朱元璋无法渡江,这一切都如马氏所料的那样。也就在这个时候,马氏在陈迪家生下一子。在吴汉接壤之处,天天有战乱,马氏经常替朱元璋排忧解难,对他说:"平天下就是要得到百姓衷心的拥护,人心是最重要的,得到人心才能统一天下。"又说:"打仗总会有人牺牲,只要不以杀人为爱好,那么就不会杀太多人。"朱元璋觉得很有道理。洪武元年,朱元璋做了皇帝,马氏成了皇后。朱元璋告诉他的大臣:"皇后和我都是平民百姓出身,历经了风风雨雨。她不怕烫坏肌体,怀揣热食偷偷送给寄人篱下的我。郭子兴对我产生怀疑,皇后总能化解矛盾,让我脱险,我怎么敢忘本呢?"马皇后听了这些话,便说:"我听说夫妇之间很容易互相帮助,君臣之间就很难了。陛下记得我的好,我更希望陛下能记得群臣百姓的好。"

马皇后生性勤俭节约,经常把旧衣服拆了做成被褥,救济贫民。她还将裁衣服剩余的布头以及织工废下的丝线集中在一起,制成披肩,作为礼物赐给王爷的公主。而她自己的衣服则一洗再洗,坏了也不换新的。朱元璋脾气不好,喜怒无常,众大臣总是提心吊胆,马皇后总依着他,从容地劝解他,使许多事情得到化解,其中许多事都是外人不知道的。

清江有个范孺人,对古代女子的历史很熟悉,马皇后让他讲讲古今贤惠皇后的事情,讲到汉代窦太后尊黄、老时,马皇后不明白:"黄、老是什么教,太后为什么那么喜欢?"范孺人回答说:"黄、老的教义主张清静虚无,不提倡仁义,只求自然孝慈,这便是主要宗旨。"马皇后听后反对:"孝慈和仁义是有关联的,哪里有舍弃仁义而实行孝慈的呢?"

李文忠原来驻守严州,朱元璋在杨宪建议下召回李文忠去驻守扬州。马皇后说:"李文忠是个好臣子,深得当地人信任,如果让他去别地,就无人支持了。再说,敌军逼近,守城的将领不要轻易更换。"太祖便没调走李文忠,后来李文忠攻克了杭州。

李希颜是诸皇子的老师,一日,他打了皇子的额头,朱元璋不高兴了,马皇后开导他,说:"你若让人制衣服就得让人动剪子。总宠着孩子是溺爱,老师打他是没有错的。"

宋濂是大学士,因孙子犯罪而被抓了起来。马皇后念及他是皇子的老师,便为他求情:"宋学士长期不在他孙子身边,怎能严加管教?我听说别人请了老师,都会尊重、爱护他,何况我们皇族?"朱元璋说:"这事你不能干涉。"正好有一次马皇后侍奉朱元璋吃饭,她七次举筷又放下,表情很是悲凄。太祖不解,马皇后解释着:"我为宋学士感到难过,所以替皇儿们感到痛惜。"太祖想了想,终于放了宋濂,将他安置到茂州。

朱元璋本打算让死囚修筑都城来赎刑,马皇后说:"用辛苦劳作来赎自己的罪过,这是皇上仁慈。但是,这些死囚犯人一直被关,体弱多病,奄奄一息,如果让他们从事太重的苦力活,只会让他们死的更快些。"朱元璋听后,放弃了原来的想法,把那些囚犯全放了。

马皇后许多事情都亲自过问,尤其是饮食之事。皇上一退朝,便与近臣以及进朝奏事的官员一起吃饭,马皇后总是要先尝一下。皇上的饮食,她是每日必须查看的,宫中的人认为没有这个必要,她却认为这是侍候丈夫的一种礼节。一次,朱元璋嫌汤太凉了,掀翻了整盆汤,汤水洒到马皇后的衣服上,马皇后让热了再端上来,没有对其他人发火。每当朱元璋对宫女们发火时,马皇后就命令把宫女送到宫正司受罚。朱元璋事后问她:"你为什么不自己责罚她们呢?"马皇后说:"赏罚要公正,才能服人。明智的君主应不以物喜,不以己悲。陛下发怒难免意气用事,所以把人交给宫正司斟酌处理才比较妥当。"朱元璋又问:

"那你为何也发火？"马皇后说："我发火是要消解陛下的怒气啊。"

马皇后一直都很好学，她对朱元璋说："法令不能轻易改动，否则就会失去作用，那些罪恶的事情就无法禁止，天下就会不太平。如若百姓困苦，那国家必会大乱。"朱元璋非常赞同，说："真是金玉良言呀。"并且记载下马皇后的话。

马皇后生病，群臣要让巫医来治，马皇后坚决反对，说："生死是上天安排好的，巫医也没有办法，如果因治不好巫医被关押治罪，那就是我的过错了。"她还说："皇上和我都是平民出身，凭借陛下的宠爱我才有了荣华富贵。做了皇后，我已很满足，我现在只想说，希望皇上多用贤人，采纳好的建议。"

马皇后生子时，寝室中出现了龙。她曾梦见做皇后之前，一次从野外归来，一群头戴红帽子的强盗追她，成祖牵来一匹马，扶她上马，并且拉着缰绳，强盗一见全吓跑了。马皇后于是非常钟爱成祖，但是从不说此梦。朱元璋认为成祖身体柔弱，不适合做皇上，马皇后便把这个梦告诉了朱元璋，但叮嘱他不要把这个梦说出去。

政坛趣话

赵普半部《论语》治天下

从宋太祖赵匡胤建立宋朝政权时，五代十国的动荡局面才算结束。之后宋太祖开始平定天下，治理国家，赵普是他主要的谋士，立了不少大功。宋太祖拜赵普为宰相，事无大小都跟赵普商量。

赵普出身小吏，比起一般文臣来，他的学问差得多。他当上宰相以后，宋太祖劝他读点书，他答应了，于是每次回家后就关起房门，从书箱里取书认真诵读。第二天上朝处理政事，思维就十分敏快。后来家里人发现他的书箱里藏的不过是一部《论语》。于是人们就流传一种说法，说赵普是靠"半部《论语》治天下"的。

宋太祖很信任赵普，赵普也敢于在宋太祖面前坚持自己意见。有一次，赵普向宋太祖推荐一个人做官。接连两天，宋太祖没有同意。第三天赵普上朝的时候，又送上奏章，坚持要求宋太祖同意他的推荐，这下可触怒了宋太祖。宋太祖把奏章撕成两半，扔在地上。

赵普趴在地上，不慌不忙地把扯碎的奏章拾起来，放在袖子里。退朝回家以后，赵普把扯碎的奏章粘接起来，过了几天，又带着它上朝交给宋太祖，宋太祖见赵普态度这样坚决，只好接受了他的意见。

还有一次，赵普要提拔一名官员，宋太祖也不批准。赵普就像前次一样坚持自己意见。宋太祖说："我就是不准，你能怎么样？"

赵普说："提拔人才，都是为国家着想，陛下怎能凭个人的好恶专断！"宋太祖听了，气得脸色变白，一甩袖就往内宫走。赵普紧紧跟在后面。宋太祖进了内宫，赵普站在宫门外不走。宫门前的卫士见宰相站在门口一直不走，只好向宋太祖回报。这时候宋太祖气已经平了，又觉得赵普说得有理，就叫太监通知他说已经同意他的请求，叫他回家了。

张咏巧治士兵扰民

北宋初年，任益州地区任知府之职的人是张咏，他是个做事利落，非常精明能干的人。当时朝廷派的招讨使王继恩打败了起义军李顺的队伍后屯兵益州，他的部下因为打了胜仗而居功自傲，恣意妄为，在益州横行霸道，百姓们都不敢惹他们，每当在大街上遇到这些兵，百姓们纷纷躲开，生怕招惹上麻烦。

有一天，有个在大街上摆摊卖包子的小贩向张咏告状，说王继恩帐下的士兵仗势欺人，自己的生意是小本经营，一天也赚不了几个钱，而且家里还上有老下有小，就等着自己卖包子的钱活命呢，可是那王继恩帐下的士兵，吃了他的包子不但不给钱，还故意找毛病，说是昨天有个士兵在他这个摊子上吃包子，吃完了就拉肚子，非要向他要医药费。

这小贩越说越难过，对张咏说："我那包子都是上好的肉馅，每天我都是早上起来去买最新鲜的肉，我卖了那么多年的包子，还从来没有谁吃了肚子疼的。我不给那士兵医药费，他就砸了我的摊子，更过分的是，他们砸了我的摊子，还来到我家，把我家的鸡、猪都给牵走了，就连屋里的鸡蛋都被抢走了。我那老娘看到这些,奋力保护,就被他们一把推到一旁,摔成了重伤,到现在还在炕上躺着呢?"说着就哭了起来。

张咏听了小贩的诉说,先劝他回家,并说一定会还他一个公道。张咏早就听说王继恩的军队在益州城里胡作非为的事情,但由于王继恩手握兵权,自己不好和他撕破脸皮,所以就一直容忍他。不料王继恩不但不感谢,还越来越放肆,总是纵容自己手下的士兵。于是张咏打算要给这些胡作非为的士兵们一点颜色看看。

再说那个捣乱的士兵听说小贩去官府告了他,就趁着天黑拿了一个长长的绳子伸到城墙下连夜逃跑了。张咏听说后立即派人去捉拿那个士兵,还吩咐办案的人说:"你们抓住那个士兵后,不用把他带回来,找口井把他衣冠整齐地推进井里,然后再回来向我报告,就说此人逃走后投井自杀。"衙役们就照张咏吩咐的去做了。

王继恩的军官们听说有人告军营里的士兵,都气恼得不行,纷纷议论,要去找张咏讨个说法。但这时他们又听说了那个士兵投井自杀的消息,也就无话可说了。于是张咏不但惩罚了士兵,而且还避免了与王继恩不和的后果,而那些士兵也都不敢再那么嚣张了。

柳永因写词开罪宋仁宗

柳永原名三变,字耆卿,因在家族中排行第七,又有柳七之谓。柳永是个风流才子,自命为"白衣卿相",常出没于秦楼楚馆,混迹于烟花柳巷,因擅长作词曲,而且常常在词曲中表露对遭遇不幸的歌妓的同情,颇得歌妓们的好感,在歌妓圈流传着一句话:"不愿君王召,愿得柳七叫;不愿千黄金,愿得柳七心;不愿神仙见,愿识柳七面。"

而生于官宦世家的柳永并没有沉沦于秦楼楚馆,他一生对仕途不懈追求,少年时就赴京城应试,但没想到自断前程:第二次落榜后,牢骚盛极的他无以排遣心中的郁闷压抑,作了一首《鹤冲天》:

黄金榜上,偶失龙头望。明代暂遗贤,如何向?未遂风云变,争不恣狂荡?何须论得丧,才子词人,自是白衣将相。

柳永雕像

烟花巷陌,依约丹青屏障。幸有意中人,堪寻访。且恁偎红翠,风流事,平生畅。青春都一饷,忍把浮名,换了浅斟低唱。

这首词不胫而走,传到了宋仁宗的耳朵里,仁宗其为浮艳虚华之文,以致在柳永考进士临发榜时,原本欣赏柳永的宋仁宗特地把他的名字勾掉,曰:"且去浅斟低唱,何要浮名?"后又有人向仁宗推荐柳永,希望朝廷任用他,仁宗说:"得非填词柳三变乎?……且去填词!"

柳永受了这种打击,别无出路,自我解嘲称:"奉旨填词柳三变",在京城、苏杭等地流浪。奔波30多年后,他改名柳永才考取进士,在江、浙一带做了几任小官。晚年穷愁潦倒,死时一贫如洗,是他的歌妓姐妹们集资安葬。死后亦无亲族祭奠,每年清明节,歌妓都相约赴其坟地祭扫,并相沿成习,称之"吊柳七"或"吊柳会"。

晏殊以诚实得信任

北宋政治家、文学家晏殊,字同叔,抚州临川(今属江西)人,他小时候便以诚实著称。在他14岁时,有人把他作为神童举荐给皇帝。皇帝召见了他,并要他与1000多名进士同时参加考试。结果晏殊发现考试是自己十天前刚练习过的,就如实向真宗报告,并请求改换其他题目。宋真宗非常赞赏晏殊的诚实品质,便赐给他"同进士出身"。

晏殊当职时,正值天下太平,京城的大小官员都经常到郊外游玩或在城内的酒楼茶馆举行各种宴会。晏殊家里相对比较贫穷,无钱出去吃喝玩乐,只好在家里和兄弟们读写文章。有一天,真宗提升晏殊为辅佐太子读书的东宫官。大臣们对此惊讶异常,不明白真宗为何做出这样的决定。真宗说:"近来群臣经常游玩饮宴,只有晏殊闭门读书,如此自重谨慎,正是东宫官的合适人选。"

而晏殊谢恩后却说:"我其实也是个喜欢游玩饮宴的人,只是家贫而已。若我有钱,也早就参与宴游了。"宋真宗听了哈哈大笑,直夸晏殊敢说真话。

这两件事,使晏殊在群臣面前树立起了诚实的信誉,而宋真宗也更加信任他了。后来晏殊成为北宋两朝重臣,官至礼部、刑部、兵部尚书,封临淄公。

司马光以品德荐才任人

北宋名相司马光并非一直春风得意,在他失意赋闲在家时,他曾一度消沉。好在他热爱读书,喜欢交朋友,与友人一起举杯小酌,谈古论今,时光也好打发。

司马光后来当上宰相,日理万机,案头文书堆积如山,其中有不少是旧友来函。这些人在给司马光的信中,多半是回忆旧情,欲勾起司马光的怀旧情结,然后就是叙述个人目前处境如何不好,大有怀才不遇的感叹,继而或暗示或者恬不知耻地表示希望得到司马光的提携……司马光对这些来信并不是每函必复,对其中啼饥号寒者有时也给以恰当的接济;对有意进取功名者复函表示鼓励;对厚颜讨官要爵者则置之不理。

司马光也并非全然不念旧情;没事时他也偶尔忆起故旧,对旧友中那些德行好、有才气的人,他是忘不掉的。

这一天,史馆的刘器之来拜望司马光,谈完公事后,司马光问刘器之道:"器之,你可曾知道,你是怎样进入史馆的?"

"知道知道! 若不是君实(司马光字君实)兄为荐,器之将依旧是布衣寒士……"

不等刘器之说完感恩图报之类的话,司马光又问他道:"那你可知我为何要推荐你呢?"

"知道知道! 这完全是君实兄有念旧之情……"

"哈哈! 这点你就说错了! 我的故友旧交倒确实不少,如果仅因念旧而荐人,那朝廷里不到处都会有我的旧友?"

刘器之听后一时茫然,他静待司马光说下去。

司马光便接着说道:"在我赋闲居家时,你经常去我那里。我们在一起谈文论史,各抒己见,有时还争得面红耳赤。回想起那段生活,还真有些意思。我当时心境不好,你常常宽慰我,鼓励我。我那时无权无势,能有你这样的朋友,真是幸事!后来我做了官,如今已是宰相,那些过去的泛泛之交,甚至仅见过一面、对答过几句话的人,都纷纷给我来信,借叙旧为名,行要官之实。可只有你是从不给我来信的人!你并不因为我居高位而生依附之心,你对我一无所求,依旧读书做学问!对失意人不踩,对得意人不捧,这就是你与其他人的最不同处。我就是冲这一点竭力向朝廷推荐你的……"

刘器之听罢,起身对司马光深深一揖:"君实兄知我,我由此更知君实兄!"

司马光固执废新法

宋朝神宗时期,朝廷任用王安石为宰相实行变法,后因得罪的势力太多,宋神宗不得不将王安石罢相,之后宋神宗还把王安石定下的新法维持了将近10年。宋神宗元丰八年(1085),宋神宗病死,年才10岁的太子赵煦即位,就是宋哲宗。哲宗年幼,由他祖母高太后临朝。高太后是一向反对新法的。她一临朝,就把反对新法最激烈的司马光召到东京担任宰相之职。

宋神宗在位的时候,司马光担任翰林学士。司马光和王安石本来是要好的朋友,后来王安石主张改革,司马光思想保守,两个人在政见上谈不到一块儿。王安石做了宰相以后,提出的一件件改革措施,司马光没有一件不反对。有一次,司马光向宋神宗提出要求取消青苗法,同时以老朋友的资格写了一封信,责备王安石侵犯其他官员的职权,惹是生非,搜刮财富,还拒不接受别人的意见。

王安石看后写了一封回信,对司马光的四条责难针锋相对地做了反驳,信里说:我受皇上的命令,改革法制,怎能说我侵犯别人职权;为国家办事,怎能说我惹是生非;为天下理财,怎能说是搜刮财富;驳斥错误的言论,怎能说拒绝意见。

司马光接到回信非常生气,但是眼看王安石有皇帝撑腰,也无可奈何。最后,他辞去朝廷职务,离开京城开封到了洛阳,表示不愿过问政事,关起门来写

他的《资治通鉴》去了。

神宗死后高太后临朝执政，把司马光召回朝廷，此时的司马光已经是又老又病了。但是他反对王安石新法的意见却丝毫不肯放松。自他一当上宰相，第一件大事就是废除新法。有人劝阻他说，神宗刚刚去世，马上把他的政治措施改掉，总不大好吧！司马光气呼呼地说："先皇帝立的法度，好的自然不要去改动，像王安石搞的那一套，却是害民的事，为什么不能改？再说，现在高太后执政，高太后是神宗的母亲，做母亲的改动儿子的主张，有什么不可以？"

就这样，他不顾许多官员的反对，到了第二年宋哲宗元祐元年（1086），就把王安石建立的新法一股脑儿废除了。王安石听到这个消息也十分生气，不久后郁郁而终。而司马光的病也越来越重，在王安石死的那年九月也死了。

陈莹迎合时势避凶趋吉

陈莹是北宋时期的高官，他在宋神宗元丰二年（1079）考中了探花，被朝廷授官湖州掌书记之职，后又历任礼部贡院检点官、越州、温州通判、左司谏等职。其为官以敢于"直谏"闻名。

宋神宗元丰四年（1081），陈莹任越州通判。越州太守蔡卞认为陈莹德才兼备，对他特别礼遇。陈莹却认为蔡卞心术不正，对他避而远之，后因一件事不小心得罪了蔡卞。蔡卞便对这件事情耿耿于怀，总是想找机会收拾他。

当时陈莹曾一度担任朝廷学子考学的主考官。蔡卞就四处放风说："听说陈莹想全部录取懂史学的学子，而排斥懂经学的学子，他的目的是想破坏国家正在进行改革的大政方针，而动摇王安石变法的学说基础罢了。"

当时王安石正在进行大刀阔斧的改革，他以经学为改革之基础，而陈莹一向重视史学也是事实。现在蔡卞造谣说陈莹重视学史学的人才，无疑是在挑拨王安石与陈莹的关系，借王安石之手来打击陈莹，从而坐收渔利。蔡卞的这些话，在开科取士之前就在官员们中间传得沸沸扬扬，如今蔡卞计谋已定，就只等陈莹开科取士，在他的录取工作中找碴了。

陈莹早就知道蔡卞会来这么一手，所以心里早有防备。在录取的名单下达以后，蔡卞傻了眼，陈莹录取的前五名学子都是研究经学的和王安石一派的人。

但是在五名以后,所录取的几乎全都是通晓古籍的史学人才。

蔡卞因此气得头脑发胀,在家里休息好多日子才来上朝。这一劫过去后,陈莹的好友都觉得这一次真的是太险了,于是就问他说:"你是怎么想到这么一招的啊?"

陈莹说:"如果当时我坚持自己的意见,而不退让的话,我和蔡卞的矛盾就会激化,更重要的是,如果我都取学史学的人,那也无异于得罪了王安石,王安石现在正得到皇上的恩宠,蔡卞是想借王安石的手来打倒我啊!我岂不明白?而如果我按照蔡卞的想法去做,那史学也许就因此而被废弃了。所以,我只能隐藏自己的真正想法,附和当时的风尚,以保存自己的力量,以备将来有力量改变那种风尚。我们办事情不能简单地考虑,只图一时之快啊!"

陈莹深知为官之道,更能够洞察他人的心理活动。王安石变法是当时的主流,如果陈莹逆王安石的意思行事,无疑是给自己找麻烦。所以,一时的失意并不可怕,而不要因此而丧失了信心和勇气,暂时隐藏锋芒,积蓄力量,待他日再做打算,这才是正确的做法。

宋代朝廷尊崇"火神"

宋代朝廷十分尊崇"火神",得从战国时邹衍提出的"五德转移"学说讲起。"五德转移"学说是关于朝代德运的说法,它深刻地影响了古代的政治。据称周代属于火德,秦代自称水德胜过火德,汉代则称以水德上承周朝而将秦代列为下位,朝代的建立者都用"五德转移"学说来证明自己政权的合法性。从秦汉以来,历代王朝统治者没有不对本朝之"德运"而大伤脑筋的,他们苦心求索本朝承天应命的合法性,以求与五德转移的天意相符合,宋朝的建立自然也不例外。

宋初有三次对国运的论辩,后周显德七年的正月,赵匡胤登上皇帝宝座,在《登极赦书》中,宣布他因为五运推移而受命于天,宣布定"大宋"为国号,并且在三月确定宋朝的"德运"命属为火运。因为宋朝是受了后周小皇帝的禅位,后周为木德,木生火,所以宋朝应当以火德称王天下,颜色崇尚青色。腊月是年终百神祭祀的日子,火德腊祭规定是在戌日。又根据汉儒的说法,帝国兴亡,一定是天地感应而生,所以在乾德元年(963年)闰十二月,尊奉赤帝为感生帝,每年的正月,专门祭祀他,这样国家的德运体系就确立起来了,其中包括命尚之德为火德,命尚之色为赤色,命腊之日为戌日,感生之帝为赤帝。赵匡胤曾作过后周的宋州节度使,称帝后,就以"宋"为国号。宋州后来设为南京应天府(今河南商丘)。商丘在西周时就是宋国的都城。根据古人对天文分野的解释,认为天上的心宿正与地上的宋地相对应。心宿中央的大星古代称为大火,又称大辰。这本来只是巧合,可是却引发了对火神的顶礼膜拜。

宋初在郊外祭祀上帝时,心宿中央的大星即大火就已经在从祀之列,可是秦朝火神的阏伯祠在商丘上,却受到冷落,丘高二十余丈,祠屋规模狭小,只是每年当地的府吏祭祀一下,阏伯祠是不受朝廷重视的,这种情况正好说明宋前期还是没有将这位火神与国运联系起来。后来由于火灾不断,康定元年又有官员请奏,修葺"火祀",礼官议定,后来才完全同意。就在康定元年的十二月四日,专管礼仪的太常礼院呈上南京大火坛的设计方案,获得朝廷的准许,对阏伯旧庙进行修葺。同时还规定按"中祠"的标准,每年的三月九月由朝廷降旨颁发祝版,由留守看管阏伯祠的长史奉祭来操办祭祀。到庆历七年(1047年)七月,朝廷再次下旨,对商丘火祠坛庙的颓毁之处加以修缮。宋朝对大火及阏伯这位火神的崇视逐渐开始隆重。不过直到北宋中期,商丘的火祠仍然没有成为礼制中的重心问题,以致在熙丰变法时期,发生了变卖"火祠"的事情。新法规定,祠庙可以由私人买卖,来赚取利润。当时张方平任南京应天府的官职,其中有阏伯庙、宋公微子庙已经由百姓承买,阏伯庙纳钱四十六贯五百文,微子庙十二贯文,并且三年为一界。张方平本就对新法表示不满,现在又看到买卖阏伯祠,于是就上奏说,阏伯庙主祀大火,而火为国家德运所在,本朝历代皇帝尊奉为大祀,他请求不要出卖阏伯庙和微子庙,来适应宋初国家所定的德运。神宗知道出卖庙宇后大发雷霆,他认为这种做法实在是有辱国家和神灵,他下令给那些负责的官吏,立即停止出卖阏伯庙和微子庙,从此商丘火神的地位更加提高。崇宁六年(1104年)四月八日,翰林学士张康国上奏章请求修葺火德真君殿,祭祀大水,以阏伯庙相配,同时还对阏伯旧庙进行了修饰。徽宗时,由于内乱外患纷扰不断,国事艰难的时候,朝廷不是积极应对,采取办法使国家昌盛,而是寄希望于国家德运,太常寺、礼部又请求在全国建离明殿,殿以"离明"为名,这样的事情正取昌明火运之意,火神成为国家命运之神,保护之神。

　　靖康年间,契丹大举入侵中原,大半江河落入了金国的手中,当时人们都认为国家危急,朝廷应当重新振作,将敌人赶出去。可是面对半壁江山,偏安东南一隅的南宋小朝廷仍旧不思进取,皇帝大臣只是常常谈论火运再兴,将希望寄托在那些个缥缈德运上面,有关火德的谶纬之说纷纷而生。南宋初,皇帝下旨阏伯由"公"升格为"王"。绍兴七年,礼部官员上奏在宋朝境内,每逢辰戌之月,都要设位来望祭感应帝炎帝,保持德运使国家得以长久,那时崇祀火德的殿宇也纷纷建起来。靖康二年,宋高宗赵构在南京即位,年号"建炎",取意正是重建炎德即火德之意。当初高宗召集群臣商讨年号时,有人提出用"炎兴"作为年号,取的意思是火德兴旺。但是马上有人指出此年号曾为短命的蜀汉用过,所以就改为"建炎"。德佑二年(1276年)五月一日,南宋灭亡的前夕,广王在福州登基,改元"景炎",意思也是重建火德,但是这些都无法挽回宋朝大势已去的局面。宋南宗室旧臣附和说金朝是水运,宋朝火运已去,必为水灭,并不是君臣的罪过,岂不荒谬哉?

"八贤王"的原型

　　在有关杨家将的故事或戏剧中,常常出现一个正气凛然,仗义执言的"八贤王",他诙谐、幽默、机智,在皇帝、奸臣、杨家将之间屡屡周旋,并且往往在最关键时刻助杨家将一臂之力,使奸臣闻风丧胆,让忠臣安心为皇家办事。这位八贤王在故事或戏曲《杨家将》中的名字是赵德芳,但对于他真正的历史身份并不是很清楚,也没有过多的历史记载,民间往往认为"八贤王"是赵匡胤的次子赵德芳。

　　戏曲《杨家将》中的说法一般是:宋太祖赵匡胤猝死,留下了"烛影斧声"的千古疑案,接着皇弟赵光义灵前继承了皇位,太祖皇后因为赵匡胤死得不明不白,所以就让长子赵德昭上殿质问,宋太宗赵光义大怒,要一剑杀死德昭,德昭为了免受其辱,就一头撞死在殿堂之上。太祖皇后听说之后,十分气愤,立刻带了赵德芳上殿,数落太宗赵光义的过错。宋太宗这时心生后悔,连忙向太祖皇后道歉谢罪,还赐给了她尚方宝剑,并封入养老宫,另外还封赵德芳为八贤王,从此赵德芳成为朝野上下举足轻重的人物。八贤王与太宗尽释前嫌，辅助太宗治国，对太宗朝出现太平盛世景象起到了重要作用。杨家将的故事是有历史依据的，这位八贤王当然也不会是凭空捏造的，现实历史中一定是有他的原型，但是他究竟是哪一个历史人物的化身呢？

根据戏曲中八贤王的名字赵德芳来看，他并不是宋太祖的次子，而是太祖的第四子。在正史宗室传中曾经记载：太祖有四个儿子，第四子就是赵德芳，被封为秦王，任山南西道节度使、同平章事等重要职务，到太平兴国六年（公元981年）病亡时，才刚刚二十三岁。他在世的时候，杨家将中老令公杨业还活着，六郎杨延昭也未任边关统帅，因此这个赵德芳从生辰年代来看，似乎并不是杨家将故事中所写的八贤王，因为他与杨家将中老令公死后发生的一连串故事不可能有任何的关系。那么戏曲中的八贤王不是太祖四子赵德芳，只是借用了赵德芳的名字。

有人认为，八贤王的原型应当是宋太祖的长子，也就是名正言顺的皇位继承人赵德昭（德芳之兄）。赵德昭自幼聪明英武，喜怒不形于色，受到太祖的喜爱与信任，还得到太祖御赐的金简一柄，太祖赐予他特权：如果朝野有不法之辈，可以用此金简诛戮。只是在太祖不明不白地死后，皇位便传给了皇弟太宗，赵德昭也就失去了当天子的机会。此后虽然太宗封他为武功郡王，朝会时也位居宰相之上，但其实太宗内心里对这位文韬武略都很出众的侄子是存有很大戒心的。太平兴国四年太宗率军亲征幽州时，某天夜里，太宗突然失踪了。闹得宋营中人心惶惶，军营中惊扰不安。军士四处找寻太宗，却久久不知太宗踪影，这时有些人便认为大敌当前，军中不可一日无主，众人纷纷闹着要立德昭为帝。不久太宗回来了，得知要立德昭为帝，便对德昭的戒心更大了。恰逢回朝后，德昭又像往常一样提醒他论功行赏，太祖却用一种充满了怀疑、嫉恨的口吻说："等德昭你坐了这个位子，再赏也不迟啊。"赵德昭是个聪明人，他深知在猜忌心极重的太宗手下，一旦受到猜疑，决不会得善终的。听到这种话，明白自己终究难逃一死，回去就自刎了。持这种观点的人认为创作戏曲的人对这位被害死的皇子非常同情，可是又在现实中毫无办法，于是就让他在戏曲中化身为有上殿不参、下殿不辞，上打昏君、下打谗臣特权的公正无私、一忠二孝的八贤王，还让他帮助杨家将对付那些危害朝政的权臣。也许人们确实是为了抑恶扬善才

国学经典文库

中国古代逸史

·宋元逸史·

图文珍藏版

赋予赵德昭八贤王这个艺术形象,不过历史上从未记载赵德昭被封为八贤王,史书中赵德昭的事迹也与八贤王不相符,所以赵德昭也不是戏曲中的八贤王。

还有人认为八贤王就是太宗第八子元伊。正史记载此人相貌堂堂,有一副不可侵犯的严毅神情,人们都很忌惮他,他的声名朝野上下都知道。当时人们称呼他为"八大王"。虽然这八大王的所作所为与八贤王的故事相距甚远,但他的事迹很可能影响、丰富了八贤王的传说,现实中的八大王经过艺术的加工就成了戏曲中的八贤王的形象。

上面所提到的"八贤王"的历史原型的事迹都与戏曲、传说中的八贤王相距甚远,所以很多学者认为"八贤王"这个人并不是现实中存在的人,太宗朝的统治还是皇权至上,怎么会允许有这么一个能管皇帝的人存在呢?所以戏曲中的八贤王只是虚构的人物,他或许有某些历史依据,由宋初宗室中的一些逸闻,加上人民群众的感情倾向,再经过剧作家的艺术加工融合而成的人物。他出现在民间传说中,不仅增加了戏剧性的冲突,还满足了人们惩处权奸、崇敬忠臣的心理要求。正是这样,这位虚构的戏曲形象"八贤王"赵德芳,才会千百年来一直为人们所称颂。

宰相留正辞官

南宋光宗皇帝与自己的父亲孝宗皇帝关系搞得特别僵,到孝宗皇帝老年,光宗与光宗父子失和,在当时成了朝中大臣们关注的大事。绍熙五年(1194年)六月,宋孝宗去世,光宗称病没有亲临治丧,光宗的不孝引起了很多朝臣的非议。当时,在左相留正等的一再要求下,竟由吴太后出面主持丧礼,闹出了儿子在世,却由祖母主持丧礼的古今未有的奇事。皇室的形象和日常的朝政都受到影响。

宰相留正对光宗的健康情况十分担心,所以一直鼓动他早日立皇子嘉王赵扩为太子,万一遇到什么不测,也好有个照应。可是,光宗始终就是不做答复。现在,既然光宗"病重"得连父亲的丧礼都不能参加,留正也就只好重新提出了这件事。留正与文武百官不待治丧结束,就联名上书,再次请求光宗立赵扩为皇太子,以便在光宗生病期间暂时代理军国大事。但是,光宗丝毫没有理会,奏章送入宫中就像石头沉入大海,有去无回。留正不得不再次直接对光宗晓以利害:"近年来,朝廷里接连发生多次变故,导致了国家内外人心不安,民间也有各种各样的流言四处传播,百官对于这种情况十分担忧,大臣们商议后一致认为,当前最要紧的事情莫过于立下太子,以杜绝奸险小人的觊觎之心。臣斗胆希望陛下早做决策。"光宗只是含含糊糊地听了,还是不表态,留正于是不厌其烦一奏再奏。几天以后,终于等来了光宗的手谕。留正展开一看,原来上面只写了"甚好"二字,这含含糊糊的两个字着实在让留正一筹莫展。留正等官员为了让光宗有个明确的表态,又想出一个办法:先拟好立太子的诏令,然后送入宫中,请光宗明旨批示。光宗对于留正这种为人臣子过火的做法,却是没有反应,他还是没有正面回答留正的要求,只是批下了"朕历事岁久,念欲退闲"几个字。

留正这下大吃一惊了,他见光宗有退位之意,心里特别害怕皇帝治他的罪。因为留正他请立皇太子,是从光宗身体欠佳,而国家军政大事又急需有人主持的实情出发,并没有强迫光宗退位的企图,留正此举很大程度上为光宗留下进退出路,如果光宗病愈,可继续再作他的皇帝,如果光宗想称病,那就顺理成章地传位给太子,因为皇子赵扩这时也已经成年,可以处理朝政,再加上皇太子代理朝政历史上早有先例。不过,因为事情的发展情况超出了留正的预料,所以留正一个人决定不了,他认为这样做不太妥当。因为直到今日,光宗仍未正式立嘉王为太子,现在却急急忙忙要传位于他,不合情理不说,到时还可能弄得光宗父子两人之间的关系难以协调。因此,他主张只可让嘉王暂时邻国摄政。可是,大臣赵汝愚却分析说光宗如果有了退位的意思,作臣子的就来个顺水推舟,具体的做法可以先派人说通吴太后,然后让吴太后下旨让光宗传位给皇子嘉王。大臣们对于这件事都议论纷纷,也有不少人出于对光宗的不满,附和赵汝愚的观点。一时间,宰相留正势单力薄,竟然成了少数派。留正见大势已去,自己已经无法把握局势的发展,也就不再与大臣们争辩什么了。留正权衡再三,决定急流勇退,因为他深知此事有关千秋功过,如果顺利传位,自己当然有辅佐之功;可是,一旦光宗反悔了,那么等待自己的只能是身败名裂的结果。留正冥思苦想了整整一晚上,他在第二天入朝时,就故意一不小心摔倒在地,众人连忙将他扶起,关切地询问他伤在何处。留正一面感谢大家的好意,一面唉声叹气地说:"老了,老了,不中用了。"各位臣子也没有多想,还真的以为留正是年老体衰,才跌了一跤,所以还特意把他送回家里。没想到留正就以老病为由,顺理成章地向光宗提出了辞职,一时弄得前线将士人心惶惶,纷纷猜测皇室一定要发生什么事情了。

留正面对问题,不是积极去应对,而是选择急流勇退、明哲保身的谋略,逃出矛盾的漩涡,虽然他作为一个臣子来说,这样的做法更有策略,也更稳妥,可是作为当朝宰相,他没有带领群臣很好地处理问题,所以事后受到了其他同僚的非议。宁宗即位后,虽然也宣召留正复任还给予丰厚的封赏,留正还是很有自知之明地推辞了。

宋真宗专为王旦设使职

真宗时的宰相王旦,年老时因为体弱多病所以多次请辞宰相,可是真宗实在舍不得这位受人拥护的宰相,于是专门设使职给王旦,让他兼听国事,宋朝专门设置使职便是从王旦开始的。王旦有何德何能,为何受到真宗如此器重呢?

王旦,字子明,大名莘(今山东莘县)人,与寇准同朝为相,也是名重一时。他懂得如何做官,人品也好,所以受到人们的爱戴。

王旦考虑事情周全,很受真宗信任。当初真宗想人降天瑞、封禅泰山来宣扬自己的美名,但是却害怕遭到宰相王旦的反对,于是找机会叫来王旦一起饮酒,席间君臣很是高兴。在王旦告退时,真宗还赐给他一坛美酒,说:"这是一坛极好的酒,送给你吧!"等到王

宋真宗

旦回府打开坛一看,原来里面装的全是珠宝,王旦顿时明白真宗的意思。从那以后,有关天书、封禅这种事,王旦从不反对。从此以后真宗更加信任王旦,凡有大臣请奏,真宗总是说:"不知王旦怎么看?"王旦性格沉默寡言,神情严肃,朝廷每次议事时,大家众说纷纭,可是只要王旦慢条斯理地说一句话,就能把事情定下来。封禅泰山前,契丹要求在每年宋朝给的三十万岁币之外再借些钱

币。真宗和王旦商量该怎么办，王旦说："陛下即将外出封禅，契丹不过是想乘机试探我朝。他们所要的只是些小钱财，不必在意就行了！"于是王旦下令在每年给予的三十万以外再借出六万，并通知契丹，这六万将在明年所给的岁币中扣除。又有西夏赵德明向宋朝声称国内遭逢饥荒，求讨粮食万斛，如果不给即日攻宋。众臣都说："赵德明刚刚与我大宋订立誓约，现在却要违背，希望朝廷发书谴责。"真宗又与王旦商量，王旦却请求真宗批准让有司运各地粮食百万斛到京师，通知赵德明来取。赵德明得到诏令后，十分惭愧地下拜说："宋廷确有能人啊！"真宗处理好了边疆问题，所以得以顺利封禅。

王旦重用贤臣，不以权谋私，这也是真宗看重他的原因之一。寇准虽然常说王旦的短处，可王旦却极力称赞寇准。真宗有时看不惯，把这些和王旦直说了，可是王旦说："从事理上说应该是这样。我长期为相，政事上可能犯了不少的错误而不自知。寇准能对陛下直言相告，说明他忠诚正直，这也是我所敬重他的主要原因。"真宗因此更加倚重王旦了。当时寇准在枢密院，王旦在中书省，某次中书省送到枢密院的文书格式有误，寇准马上奏给真宗，结果王旦受到了责备，并亲自到寇准府上谢罪，中书省的堂吏也都受到了惩罚。没过几天，枢密院送文书到中书省，文书的书写格式也有错误，众堂吏都非常高兴地拿给王旦看，王旦却让人送回枢密院告知修改。寇准见了王旦很惭愧，问王旦怎么有如此度量，王旦没有回答。尽管寇准屡次和王旦过不去，可是王旦却不计较，他在寇准被贬官后，仍旧向真宗推荐寇准，使他升武胜军（治所在今四川武胜县）节度使、同中书门下平章事，得以为国家效力。寇准有时生活过于铺张，甚至超过皇上，真宗就对寇准有了看法，一次和王旦提到，王旦只慢慢地说："寇准确实贤能，只是有时呆得没有办法。"真宗觉得说得也是，就没有追究寇准。王旦对于贤臣重用，不计个人得失，可是对于那些奸佞小人，王旦却是丝毫不让他们得势。当年真宗想以奸臣王钦若为相，王旦极力反对，使得在王旦生前，王钦若没在朝中得宠。直到王旦逝后，王钦若才被任为宰相，他对人说："因为王公的缘故，我为相晚了十年。"还有真宗朝的另一奸臣丁谓，王旦也不重用他，说："丁谓才气虽好，但人品不行，如果将来能居人上，让他独当大权，定会祸累其身。"后来丁谓的结局，正如王旦所言。

王旦为官清廉，他从不置办田宅，还勉励子孙要自立，不可过于依赖祖宗。

一次真宗看到他的住所简陋,想要赐给他新居,可是他却以先人遗留的旧舍为由婉言辞谢。旧宅大门坏了,主管的人拆掉重新修复,暂时从侧门出入,王旦到了侧门,俯在马鞍上而过,大门修好后,又从大门走,从不问起这件事。

王旦从泰山封禅复命后,身体多病,每年都要求解职,真宗只是褒奖他,却当面谕告他不准辞职。他后来又向真宗奏请,真宗仍然不允。一天,王旦单独和真宗见面时又提到这事,真宗却命皇太子(仁宗)出来拜见王旦,王旦惶恐要走,太子追着拜见他,王旦说:"太子盛德,他日定能承担起陛下交付的重任。"并向太子推荐了十余人作为大臣,后来这十余人只有李及、凌策未至相位,但也是名臣。王旦再次要求解职,真宗这时看他去意已决,就同意了他的请求,仍旧给他宰相俸禄一半。罢去相位之后仍任使职,宋专门设置使职便是从王旦开始的。

王旦病危时,告诫子弟说:"我家一向有清德盛名,今后你们要勤俭朴素,保持门风,千万不要奢侈,我死后不要把珠宝放入棺柩之中,更不许厚葬。"他还将好友杨亿请到卧室,托他代撰遗表,并说:"我曾任宰辅,不可在临终为宗亲求官;只是叙说我生平受圣上恩遇,希望圣上能够妥善料理朝政,任用贤能之士,但也不要操劳过度。"表呈上后,真宗十分难过,于是亲自到他府中探望,并赐白银五千两。王旦坚决推辞,再次上表,表末亲自写了几句话:"臣一向不喜积藏财货,更何况我也用不着,不如把这些银两散赏别人。"财物送回内宫之后,真宗再次下谕王府,可是内侍刚到王府,王旦就去世了。真宗亲临王府吊唁,十分悲痛,下令废朝三日,追赠王旦太师、尚书令、魏国公,谥号文正。

秦桧被金人掠走

秦桧,字会之,江宁府(今江苏南京市)人。他年少时正值北宋王朝末年,宋徽宗是个昏庸荒淫的皇帝,他整日沉迷于酒色犬马,不以国家社稷为意,朝政也被蔡京、童贯等"六贼"把持,他们朋比勾结,排斥方正,榨取民膏,致使举国上下怨声载道,边境也是危机重重。

秦桧自幼聪颖灵悟,才华过人,并且为人机敏,能屈能伸。他在宋徽宗政和五年的科举考试中,对"夷夏之别"的论题,引经据典,并且联系宋朝开国以来边患频频的局势,提出了"威以制夷""德以化夷"的策略,受到了考官的大力称赞。于是,秦桧便以状元的光彩面目步入了宋朝政治舞台。

政和五年登第后,秦桧被派到密州(今山东诸城一带)负责州学教务。这是一个小官,与政事关涉不大,升迁的希望也不大,因此,秦桧心中很不自在。后来,朝廷允许及第的进士再试词学兼茂科,每年取五人充任国子监官员,于是秦桧又试此科,一举得中,被授予太学学正的职务,成为堂堂京官。

宣和七年,北方的金国在连年侵占宋朝疆土之后,又于这一年十月大举南伐,兵势如破竹,直达宋朝都城汴京(今河南开封)。昏庸的宋徽宗见国事不可收拾,便草草将皇位禅让给长子赵桓,自己则逃到淮、浙躲避金兵去了。靖康年间,国家形势危急,太学几乎关闭。秦桧这时便开始关注时局的变化。当时,金兵直抵汴京城下,要挟宋朝割太原(今山西太原一带)、中山、河间(今河北河间一带)三镇作为退兵条件,目的很明显,就是要宋朝京畿以北屏障不战自除。这一条件过于苛刻,秦桧猜度钦宗决不会接受,于是就上书给皇上说:金人贪得无厌,如三镇轻易求得,日后将会提出更多非分要求,所以朝廷不应该割三镇,即使应允金人的要求,鉴于金人阴谋多变,也要提防其中有诈;还有,在这样危急的时刻,不应仅由一两个权臣决断大事,而应广集京官,咨询良策;另外,是关于外交礼仪的,他说宋朝为华夏大国,不应以上礼接待金使。虽然这本奏折呈上后,没有被钦宗采纳,宋朝仍然割让了三镇,金人也在靖康元年二月开始退兵;不过,秦桧的才思还是得到了钦宗的欣赏。不久,秦桧便被任为职方员外郎,成为兵部中的重要官员。

此时宋朝已有二十万勤王大军集中到汴京的周围,形势逐渐有利于宋朝,于是,钦宗诏命秦桧以礼部侍郎身份赴金议和,秦桧奉诏不得已入金。可是后来钦宗追悔割计之诏,重命三镇将士固守不让,致使秦桧使命落空,秦桧却也未受金人留难而顺利返回了汴京。一时间,秦桧成为众人议论的对象。趁此机会,秦桧四处放言自己如何深切体会钦宗苦衷而未向三镇守将传达割地诏命,如何坚定而又灵活地与金人交涉等等。御史中丞李回认为秦桧是不可多得的人才,于是极力向钦宗保荐。钦宗命秦桧担任殿中侍御史,不久又擢升他为御史中丞,成为御史台的最高长官。从此秦桧成为天子近臣,掌握弹劾大权。

金人没有遵奉和议,于靖康元年八月再度南侵。仅仅用了短短三个月时间,金兵再次进逼汴京城下,不久攻破,宋钦宗和宋徽宗先后被拘禁,连同宋朝宗室、后宫三千多人被掠往金国,金人还授意立宋朝宰相张邦昌为帝,不准再立赵氏子孙为王。

当时,宋朝的文武百官畏惧金人的权势,都附和拥立宋朝宰相张邦昌为帝,可是秦桧等御史却写了诉状,里面强调了赵氏不当废也不可能被废,指出若立张邦昌为帝则宋朝臣民决不会心服,反抗之举一日都不会停息,还在后面一一签了名字。可是在诉状递到了金人后,金人并不理会,还是册立了张邦昌为"大楚皇帝"。秦桧因为违忤金人的旨意被执拘。靖康二年四月,秦桧与另外几个违忤金人的宋朝官员举家随徽、钦二帝被金兵一同押往燕京。

宋徽宗宠信蔡京

宋徽宗为什么会宠信蔡京呢？这主要是因为徽宗喜欢以字识人。蔡京本来是个无名小卒,可是因为写着一手好字,所以深得徽宗喜爱,官职逐渐越做越大。哲宗前期,蔡京曾任户部尚书,后来担任翰林学士承旨,徽宗即位后,臣僚上书说蔡京专爱钻营,因此被贬官杭州。

一日,蔡京正闷闷不乐地斜躺在太师椅上,忽然一个贴心的侍者兴冲冲地走了进来:"老爷,好事来了!""什么好事?"蔡京一下子站起来问,"童贯到了杭州。"童贯是徽宗非常宠爱的一个宦官,蔡京原来就想和他拉拉关系,正苦于无法接近,不想侍者如此善解主意,把这个消息搞到了,这真是天赐良机。接着,侍者又告诉蔡京,童贯这次来杭州,是替皇上搜求字画、珍玩的,这更是令蔡京喜出望外,他真想马上见到这位皇帝面前的红人。但一想,白天童贯那儿客人一定很多,自己是个获罪之人,与宦官结交已招惹嫌疑,更不好深谈些什么,于是吩咐侍者:"晚饭以后,准备五千两银子,随我去童贯那儿。"

蔡京为什么听说童贯来杭州搜求宝画便如此高兴?原来,蔡京的书法、绘画也是一流的。当年,他在翰林院供职,手下有两个属员对他极为殷勤,大热天一人一把白团扇,轮流为他煽风纳凉,蔡京一喜之下,在他们俩的扇子上各题杜甫诗一首。几天之后,这两个人忽然穿戴一新。原来,这两把题有蔡京字迹的扇子,不知怎么被当时还是端王的赵佶看见了,用几万贯钱的高价把扇子给买下了。可见徽宗对蔡京的书法是极为欣赏的，这次童贯来东南搜求字画，只要打通他的关节，由他把自己的字画转送给皇帝，最好顺便在皇帝面前为自己美言几句，自己今后不仅能摆脱目前沦落失意的光景，还可能飞黄腾达。

一切都如蔡京想象的那样顺利，天刚黑，蔡京便乘了一顶小轿来到了童贯的住处，递上名刺（名片），即由童贯手下人引入正厅。因为蔡京是获罪被贬之人，童贯在厅内迎接，拱手落座之后，蔡京又说了一番旅途劳累之类的套话，接着二人便谈起东南的名草、西湖的山水来了。童贯自然知道蔡京的醉翁之意，他也很清楚本朝素有厚待文官的家法，朝臣中几起几落的事是常见的，因

蔡京

此他对蔡京并不敢有所怠慢。更紧的是，像蔡京这种急于重返政治舞台的人，身上更有油水可挤。果然，蔡京起身告辞之前，要他那位侍者捧上了红布包裹的五千两银子，并用一种很不经意的口气说："一点薄礼，不成敬意，望童大人笑纳。"那个时候，官场中送礼之风极盛，时人称之为"通关节"，因此童贯推辞一番之后，也就心安理得地收了下来，但他知道，往下还会有戏。果然又隔一日，蔡京邀童贯泛舟西湖，面对着一片湖光山色，蔡京大谈其报国爱君之心，并自认与童贯是相见恨晚的同道。童贯也觉得，自己在外朝的官僚中，至今还没有一个可靠的党羽，蔡京倒是个可信的人，于是蔡京如愿以偿，童贯不仅答应把他的字画献给皇上，同时还为他谋划如何迁动更多的人，以影响皇上的视听，到此，蔡京的东山再起只是时间问题了。

童贯从杭州满载而归，把搜来的字画、珍玩呈送御前，并有意把蔡京字画放到最后呈上，皇帝果然物睹思人，说："蔡京的翰墨，朕在端王邸中时即十分喜爱，只是人家都说他品行不正，专务钻营。你这次到杭州，有否听到一些对他的议论？"童贯赶忙回答说："臣所听到的与朝中说法不大相同，人们都说蔡京望

身为国,才可大用。这次贬官是遭了旧党的一些小人算计。"皇帝听了些话,嘴上并没有说什么,但心里却为之一动。正在这时,宰相曾布为了挤去另一个政见不合的宰相韩忠彦,也向皇帝力荐蔡京就其是天下大才,可用以为相;而后宫的一些妃嫔,以及一些专门负责谏议的言臣,因为从蔡京那里得了小少好处,也一致称赞蔡京,八面来风把皇帝吹昏了头,于是徽宗终于起用蔡京为宰相,把治理国家的重担交给了这位在当时颇有些神秘色彩的人物。

面圣之日,蔡京向皇帝力陈他的治国方略,要想国家安定,必须继续哲宗的"绍述"之政,推行神宗新法,为此也必须将那些爱发议论,惹是生非的旧党请出朝廷。这正合皇帝当时的心思,于是便放手让蔡京实施这些政策。蔡京对旧党发动接二连三的攻击,最后,凡是与旧党稍有牵连的,都被列入"邪等",与旧党合为一籍。本人及子孙永远不得为官,并石刻天下,以便对他们的罪恶永志不忘。后来凡是与蔡京政见不合的人,也统统被赶出国门,蔡京爬到了一人之下,万人之上的权力高峰。铲除了异己之后,蔡京又开始揣摩皇帝心思,为给皇帝纵情享乐提供依据。他马上就专营出了一个"丰亨豫大"的理论,宋徽宗更是以此为据心安理得地纵情享乐,将追求享乐作为国家的头等大事。徽宗对蔡京更是信任有加,将朝中大事都交给他处理,蔡京于是成了朝廷中的权臣。

宋朝人被称为"宋鼻涕"

民间给宋朝人起了外号"宋鼻涕",为什么这么叫呢,其实并不是宋朝人懦弱,爱哭,而是由于他们有两个爱哭懦弱的皇帝,成天只会求和哭哭啼啼,最终外族入侵,把大好河山拱手与人了。

宣和七年,金兵南下,在大宋土地上攻城掠地,其势可谓凶猛。宋徽宗遭此巨变,整日哭哭啼啼地下罪诏,调兵前去抵抗金兵,可是汴京的军队很久没有训练,骑兵上不去马,使开封市民看得哈哈笑。守卫黄河天险的军队,没看见金兵的影子,就放火烧了桥,向南潮水般败溃下来,金兵用小木船花了几天工夫,没受任何阻击渡过了黄河,直扑汴京城。朝中一些大臣早就不满于徽宗的弊政,他们以李纲为领袖,要求处罚祸国殃民的"六贼",要求失去臣民信任的徽宗下台,禅位给太子赵桓,于是徽宗下诏逊位,由太子继位,是为钦宗。徽宗自称太上皇,带着童贯等一帮亲信,乘船南行,准备先去镇江。太上皇所以如此痛快地让位,一来是他已失去了臣民的拥护;二是他断定金兵是抵挡不住的,一旦汴京失陷,性命不保,不如先逃到南方去,依靠长江之险,或许可保安全,至于钦宗的死活,他是不会考虑的。

船到镇江,地方官接驾,迎入早已准备好的太上皇行宫。徽宗退位南来,身边只带了童贯这些宦官和一些贴身卫队,慌忙中连妃嫔也丢在汴京,一边静待汴京方面的消息,一面与宦官们玩玩斗鸡、骨牌,以此打发时日了。但没过几天,就有点耐不住寂寞了,童贯便和手下人到处查访镇江的官、私妓院,找了一位叫彩屏的姑娘,虽不及李师师,倒也是此地无双的美人,能够得到徽宗的眷顾,自然是求之不得的幸运,太上皇对嫖妓已是轻车熟路,因而很快就打得火热。又过了几天,汴京传来了消息,说金人包围了汴京,朝廷已经乱作一团,主战的李纲已经被贬去,眼看北边的江山就要完了。徽宗身边的人一下子精神振奋起来,他们劝徽宗赶紧控制江南,重新登上皇位,这正中徽宗下怀。于是他以太上皇的身份,下诏江南州县,说现在汴京正在议和,各地勤王的军队原地待命,原应运往开封的衣粮武器要就地封存。这一手,对于正陷于包围之中、日夜盼望救援的钦宗来说,简直是背后被捅了一刀!于是,钦宗急急忙忙地与金兵订立城下之盟,答应割地赔款,金兵方才退兵钦宗立刻下诏起用重新李纲,到镇江迎回这位十分危险的太上皇。

李纲到了镇江,向太上皇报告了金兵北退的消息,并告诉他,钦宗希望他回去共享父子天伦之乐,并没有半点责怪的意思。徽宗虽然不愿意,但天下已经无事。钦宗已是社稷之主,怎敢不听命人家!徽宗无奈,只好从镇江回到了开封。谁知钦宗并不来见他,倒是把守门的侍卫都换了,童贯、蔡京等人也先后被下诏处死,还有人在钦宗面前,追究起太上皇在镇江截留军队和给养的事来,太上皇这才知明白自己已经被软禁起来了。后来,还是李纲等人劝说钦宗,国难当头,两宫当以和好为急,以安天下之心。于是,钦宗算是勉强到徽宗的宫里去看望父亲,徽宗自然很高兴,忙叫人设筵款待,可是酒斟满了杯后,钦宗看了看忽然脸色大变,起身便走,徽宗马上明白了:这是怕我用酒毒死他啊!一下子失声痛哭起来,从此便不再出宫门。第二年,即公元1127年,金兵再次包围了汴京城,不久攻破城池,废掉二帝,另立汉奸张邦昌为伪楚政权的皇帝。四月初,金人把二帝和宗室、亲王、后妃共三千余人俘虏北退,北宋遂告灭亡。启程那天,宋朝文武百官在南薰门向二帝遥拜告辞,开封市民夹道送别,哭声震天动地,还有的人哭得昏了过去。二帝早已换下了黄龙袍,一身灰蓝布装束,钦宗泪流满面地向人们狂喊:"救救我吧,救救我吧!"徽宗的表情很木然,他不好意思哭,也没资格哭,因为这一切都是他造成的,他不敢直视任何一个送行的人,只觉得羞惭。

这支庞大而奇特的队伍终于登程了。两位皇帝各乘一辆牛车,妃嫔、亲王们则是几个人挤在一辆车上,像出殡似的嚎啕着北行。钦宗特别爱哭,几乎每过一个城市便要大哭一场,而徽宗仍然是默默无语。然而,他内心里是极不平静的。大概到了燕京(今北京附近),他看到了园中闹春的红杏时,不禁触动了心事,写下了《燕山亭》一词,在描写了杏花的香艳之后,他这样写道:

易得凋零,更多少无情风雨,愁苦! 问院落凄凉,

几番春暮,凭寄离恨重重,这只燕何曾会人言语。

无遥地远,万水千山,知他故宫何处? 怎不思量,

除梦里有时曾去,无据,和梦也新来不做!

他以易遭风雨摧残的杏花,来比喻命运的悲惨,绝望又凄婉地道出心中无限的愁苦,但又无法割断对往日生活的怀念,只好希望多做些怀旧的梦,但有时连梦也吝啬得不肯降临。这便是他此刻心理的写照。除了心理上饱受折磨,这一对亡国之君一路上尝尽了辛苦凌辱。押运的士兵动辄用鞭子抽打,而且吃不饱饭,喝不上水,渴得急了,只得趴在路边喝泥沟里的污水,晚上投宿时,他们父子与后妃的手腕被捆在一起,为的是防止他们逃走。有一次,士兵们甚至向两个皇帝身上撒尿,而那个军官,一路都打钦宗妃子朱氏的主意,有几次当着这父子的面对她动手动脚。没等到燕京,这些人已是蓬头垢面,没有人形了。

二帝到了燕京,由金朝的皇帝举行了受俘仪式,便辗转到了五国城,五国城在今天黑龙江省依兰,松花江的下游,当时是极北边的所谓"沙漠之地",原来辽国的皇帝曾在这里囚禁过几个少数民族的酋长。为了渡过极端寒冷的冬天,二帝也和当地人一样,住进了几尺深的地窖里,睡在金人发明的火炕上。这时父子俩都已欲哭无泪,恶劣的气候、凄惨的遭遇,使徽宗到此不久即头发脱落,耳聋眼花。南宋高宗绍兴五年,宋徽宗死在五国城,享年五十四岁。当时出使

金国的南宋使臣朱弁，闻讯后朝夕痛哭，并作哀辞一首，其中有"叹马角之未生，魂消雪窖；攀龙髯而莫逮，泪洒冰天"的名句。从此，宋朝人便被金人讥为"宋鼻涕"，以后还流传了开来。

元代"诈马宴"

元人自称"国朝大事，曰征伐，曰搜狩，曰宴飨，三者而已"。这三件大事，也就是用兵打仗、围猎和宴饮。大规模的战争正在江南进行，围猎则需要合适的季节，现在朝廷中的头等大事就是朝会后例行的宴饮了。出席宴会的人，都要身着同样颜色的衣服。这种衣服，称为"质孙服"（又译为"只孙服"），由皇帝颁赐给蒙古宗王、后妃、驸马、朝廷大臣和近侍卫士等人。没有质孙服的人，也就没有资格参加大宴。天子的质孙服，冬季穿的有十一等，夏季穿的有十五等；百官等人的质孙服，冬季九等，夏季十四等。服装颜色分为大红、桃红、紫、黄、白、蓝、绿、枣褐、驼褐、鸦青等。质孙服衣、帽、腰带配套，大多用绣金锦缎制成。宫廷大宴，一般要进行三日，每日换一种颜色的衣服。这种大宴，被称为"质孙宴"；波斯语把"质孙"叫作"诈马"，所以又称为"诈马宴"。

大宴的第一项内容，是由蒙古大臣高声诵读"大札撒"。"大札撒"是成吉思汗颁布的法令，其中既有国家的法律规定，也有成吉思汗的训言。每个蒙古宗王都收藏一部大札撒，并且要熟悉它的内容。札撒对军队的要求颇严，这些要求约束着元军官兵。成吉思汗是这样说的：——万夫长、千夫长和百夫长们，每一个都应将自己的军队保持得秩序井然，随时做好准备，一旦诏令和指令不分昼夜地下达时，就能在任何时候出征。——居民平时应像牛犊般地驯顺，战时投入战斗应像扑向野禽的饿鹰。——军队的将官们应当很好地教会儿子们射箭、骑马、一对一地格斗，并让他们练习这些事，通过这样的训练把他们练得勇敢无畏。——十夫长不能统率其十人队作战者，将连同其妻子、儿女一并定罪，然后从其十人队中另择一人任十夫长；对待百夫长、千夫长、万夫长也这样。——只有在行军时能考虑到不让军队饥渴、牲畜消瘦的人，才配担任首长。

按照游牧民族的传统习惯，蒙古人以十进制将军队编组成十户、百户、千户和万户，各级设官长（蒙古语称为"那颜"）；有时在十户与百户之间，还有五十户的编制。十夫长又称为牌子头、甲长,蒙古语称为"阿儿班那颜"。五十夫长亦直称为五十户(下同),蒙古语为"塔宾那颜";百夫长(百户)为"札温那颜";千夫长(千户)为"敏罕那颜";万夫长(万户)为"土绵那颜"。

蒙古国时期,来自西方的人盛赞蒙古军队的吃苦耐劳、行动迅速和服从指挥,对它的战斗力从不抱任何怀疑态度。在欧亚大陆上,几乎没有任何军队能和它抗衡。成吉思汗曾骄傲地宣布他灭国四十,他的后继者又灭掉了西夏、金、大理、斡罗思(俄罗斯)各公国、黑衣大食等国。骤然兴起的蒙古狂飙已经使全世界的统治者们惊慌失措。现在,伯颜统领的大军,再现蒙古军队的雄威,札撒的约束,自然起了重要的作用。

札撒中还把治国、齐家和律己联系在一起,做出了许多规定,作为蒙古人的道德标准,如尊重长者,信任贤人,注意言行,和睦亲族,重信誓而不说谎话,不偷盗,不淫秽等。成吉思汗还有这样一段话作为总结:凡是一个民族,子不遵父教,弟不聆兄言,夫不信妻贞,妻不顺夫意,公公不赞许儿媳,儿媳不尊敬公公,长者不保护幼者,幼者不接受长者的教训,大人物信用奴仆而疏远周围亲信以外的人,富有者不救济国内人民,轻视"约孙"(习惯)和"札撒"(法令),不通情达理,以致成为当国者之敌,这样的民族,窃贼、撒谎者、敌人和各种骗子将遮住他们营地上的太阳。

蒙古人有醉酒的习惯,不少人因此而伤身害命。对此成吉思汗留下了相当具体的训诫:酒醉的人,就成了瞎子,他什么也看不见;他也成了聋子,喊他的时候,他听不到;他还成了哑巴,有人同他说话时,他不能回答。……喝酒既无好处,也不增进智慧和勇敢,不会产生善行美德;……国君嗜酒者不能主持大事,颁布诏旨和法令;官员嗜酒者不能掌管十人队、百人队或千人队;卫士嗜酒者将遭受严惩。酒不管你是什么人,无论善恶好坏的人它都让你麻醉……它毁坏了所有的感官和思维器官。如果无法禁止饮酒,一个人每月可饱饮三次。只要超过三次,他就会犯下上述过错。如果他只喝两次,那就较好;如果只喝一次,那就更为可嘉;如果他根本不喝酒,那就再好不过了。但是到哪里去找这种根本不喝酒的人呢,如果能找到这种人,那他应当受到器重。

在蒙古宫廷中,能够参加诈马宴,是一种特殊的荣誉,谁也不愿意因为不会喝酒而失去这大好的机会,所以在大宴前宣读祖训,只是警告人们不要由于酒醉而失态,同时提醒大家不要忘记祖上创业的艰辛和对后代的期望。这已经成为一个固定的制度。

在大宴上饮用的,有葡萄酒、蜜酒、米酒、阿剌吉酒、黑马乳、舍儿别等。阿剌吉酒用葡萄酒、枣酒等好酒蒸馏而成,制作方法刚从西域传来不久,乃是中国烧酒的鼻祖。黑马乳就是马奶酒,用马奶发酵后搅拌而成,色清味美,是蒙古人极喜好的饮料。朝廷中专门有负责制作黑马乳的人,称为"哈剌赤"。蒙古人称黑为"哈剌",故有此名。"舍儿别"是用水果或药物、香料配成的清凉饮料,可以解酒,制作方法也是从西域传入的。宫廷中掌制"舍儿别"的人,就叫作"舍儿别赤"。宴会上备有各种食品,而羊肉是必不可少的。每逢大宴,宰杀的羊要以千、万头计。宴饮时,皇帝和臣僚各有座次,不可越座乱动。旁边有乐工奏曲助兴,还有各种艺人献技,热闹非凡。

大宴上用的各种器具,非常考究,最引人注意的是贮酒的大瓮时人称为"酒海"。蒙哥汗时,来自巴黎的工匠曾造出一个大型供酒器,以银树为主体,树内装有四根管子,接通帐外的贮器,一旦需要,各管可分别涌出葡萄酒、黑马乳、蜜酒和米酒。忽必烈即位后,这架酒器已不知去向。忽必烈命人在宫中各殿安放了酒海。至元二年(1265年)十二月制成的渎山大玉海,由整块黑玉雕成,高七十公分,直径一点三五公尺,重约三千五百公斤,放在万寿山上(现在依然陈列在北京北海公园团城的玉瓮亭内)。

在大明殿上,还摆放着一架七宝灯漏。这架灯漏是顺德邢台人郭守敬设计制造的,高一丈七尺,以金为架,共分四层。灯漏上既有调节机内水流缓急的戏珠龙,又有代表日月星辰的四神和按时跳跃的龙虎乌龟。更为奇妙的是漏中装有十二个小偶人,各执子、丑、寅、卯等时辰牌子,每个时辰的初刻,木偶人执牌开门而出,面对御榻报时。灯漏下层四角,又各立一人,分掌钟、鼓、钲、铙,一刻鸣钟,二刻敲鼓,三刻响钲,四刻鸣铙。当然,在饮酒正酣的时候,人们都不太留意时间,因为大宴总是要到日暮点灯时才散。

刀笔小吏刘秉忠

刘秉忠十七岁时入侍邢州节使度使府,任小吏令史,以养其家。

一天，因作文案工作不顺，投笔叹道：我家世代为官宦，我岂能自甘沦落为刀笔小吏？大丈夫生不逢时，不为世人所识，自当隐居起来，以待机遇再展宏志。"说罢他即刻弃职而去，隐居于武安山（今江西武宁县东）中，以读书为乐。后来，江苏天宁寺虚照禅师听说其人其事，就派徒弟招他入寺，剃度为僧，改名子聪，在寺中掌书记之职，时人称为"聪书记"。后又游历山西云中（今山西大同市），留居南堂寺。无论是隐居还是出家，对刘秉忠来说都不过是创造一个读书深造和静待机遇的良好环境。他在寺中勤奋地博览群书，诗、书、五经无所不读，天文、地理、律历、史典、佛经以及三式、六壬、遁甲等占卜之术，亦无所不通，尤其对《易经》和邵雍的《皇极经世书》颇有研究。

元太宗后马真氏元年（1242 年），蒙古国进入一个特别时期。这时，蒙古国已灭掉了金国，征服了东亚北部和中亚地区，版图空前辽阔。太宗窝阔台新逝，拔都征西未归，新帝不能选出，皇后马真氏摄政，后党专权，政局不稳。就在这时，身居漠北和林藩王府的忽必烈乘机招揽人才，结识天下儒士和名流。燕京大庆寺寺高僧海云禅师应召前往漠北谒见，途经云中，闻知南堂寺僧人子聪博学多才，特意前去拜访，结果一见如故，随即邀他一同去谒见藩王忽必烈。隐居以求志的刘秉忠，终于等到了机遇。他立刻收拾行装，随海云一同北上。此一去，刘秉忠得遇明主，遂愿平生。刘秉忠来到漠北，随海云一同谒见忽必烈。忽必烈见到海云身后的年轻僧人气度不凡，便召前询问。刘秉忠应答自如，谈吐不俗，引起忽必烈注意。以后忽必烈又屡次召见顾问，刘秉忠议论天下大事，如同谙悉指掌，满腹经纶，才华横溢，深得忽必烈赏识。当海云禅师南归时，刘秉忠被留在了藩王府。忽必烈是位胸怀大志的蒙古宗王，在漠北藩王府闲居期间，他不像其他宗王那样终日沉溺于声色犬马之中。他喜欢结识儒士和释道名流，"好访问前代帝王事迹"，尤其赞赏唐太宗李世民得天下治国家的业绩，他"闻唐太宗为秦王时，广延文学四方之士讲论治道，终致太平，喜而慕焉"，因此，他十分器重像刘秉忠这样有才能的汉族儒士和僧道。

刘秉忠看到忽必烈睿智非凡，胸襟开阔，虚怀若谷，求贤若渴，且对中原历朝帝王文治武功甚感兴趣，胸怀帝王之志，料定他将来必能成就一番大业。因此，刘秉忠决心尽心竭力为他出谋划策，以报答知遇之恩。

公元 1251 年，忽必烈之兄蒙哥即大汗位。刘秉忠看时机成熟，便将自己精心准备的建议上书忽必烈,洋洋数千言记数十条,都是陈述治国平天下之道的。刘秉忠首先明确主张"治乱之道,系乎天而由乎人",继之提出"以马上取天下,不可以马上治"的大问题,并以中国历代封建王朝治乱兴衰的经验教训,灌输给忽必烈,劝导他像当年周公辅佐武王一样辅佐蒙哥。接着,刘秉忠进一步分析了蒙古国旧的制度政策所造成的弊端,主张效法汉文景、光武和唐太宗等明君,采取建朝省、立法度、定官制、省刑罚、整饬赋税、采用汉法、奖励农桑、置库设仓、招揽人才、知人善任、广开言路等一系列措施。刘秉忠的这些主张,实际上为忽必烈承袭中国帝业,以汉法治国平天下,勾画出了一个基本蓝图。

在元宪宗蒙哥初继汗位时,即授命忽必烈经略漠南汉地,后又将关中封赐忽必烈为领地,忽必烈于是率领身边的一批谋士离开漠北南下中原。从此,忽必烈有了赖以实现自己宏大志向的根据地,当然,刘秉忠也得到了试行汉法的用武之地。

刘秉忠的家乡邢州就在忽必烈的统治下。几年前,刘秉忠因奔父丧回家守孝一段时期。他亲眼看到家乡的悲惨情况。邢州八县原在金时有居民八万余户,至元太宗窝阔台汗时期,减少到一万五千户。窝阔台将这万余民户分赐给两个蒙古贵族功臣。由于他们"不知抚治,征求百出,民不堪忍受",因此,人民便以逃亡的方式来反对蒙政权的野蛮统治。结果,到忽必烈受封之初,当地百姓已锐减至五、七百户。针对上述情况,刘秉忠上书忽必烈说:"天下户过百万,自忽都那演(即失吉忽秃忽)断事之后,差徭甚大,加上出征军马的调发,使臣烦忧,官吏乞取,民无法承受如此重负,所以就以逃亡求生存。现在,该地已归王爷管辖,应采取休养生息的政策,赋役应比过去减半,或三分之一,就现有之民户人数来定差税,招抚逃者复业一事,以后再行定夺。"接着,刘秉忠又进言说:"现今人民生活困敝,没有比邢州更为严重的了","邢州原有万余户百姓,兵兴以来不满数百,而且社会凋敝日甚"。因此他建议:"选派能人前往治理,责其克期见效,以作为四方效法的榜样,使天下均受到恩赐"。对所需人选,他还推荐说:"只要有像张耕、刘肃这样优秀的牧守前去治理,一定可将邢州恢复生机"。

忽必烈决定采纳刘秉忠的建议,以邢州为推行汉法的试点。他奏请朝廷批准,选派内侍脱兀脱、牧守张耕、尚书刘肃等人为正副安抚使前往邢州。后来,

"三人至邢,协心为治,洗涤蠹弊,革去贪暴,流亡复归,不期月,户增十倍。"忽必烈从治理邢州的成功经验中看到了推行汉法的巨大成效,感触很深。从此,他对汉儒谋士更加器重,广泛采纳他们的计策和建议,各种政事重任逐步交由刘秉忠等人处理。

自元宪宗二年(1252年)以后,忽必烈先后采纳了刘秉忠、姚枢、张文谦、郝经、董文炳等人的一系列计策和建议,在河南唐、邓等州和陕西凤翔、京兆等地推行汉法,采取了诸如实行屯田,招抚流民,劝课农桑,兴修水利,发行纸钞,整治官吏,整肃汉军,减轻赋役,建置学校,保护儒士等措施,兴利除害,收效显著。这样,在忽必烈主管漠南汉地后,用了不到十年的时间,就使中原一部分地区得到初步的治理,为他后来夺取帝位,统一全国,打下了较好的政治基础和经济基础。

然而,忽必烈重用汉儒、推行汉法的所作所为却引起了蒙古贵族和朝中大臣里的一批反对行汉法的守旧势力的不满,一些别有用心者乘机发难。元宪宗六年,有人在蒙哥面前进谗言,说忽必烈有"得中土之心",这就使蒙哥怀疑忽必烈有另立王国之意,不由得顿生敌视情绪。他派遣亲信大臣阿蓝答儿为大钩考,在关中设立钩考局,借审查之名给忽必烈宗王府所辖关中的许多官吏,罗织各种罪名,严加惩罚,致使许多官吏无辜被杀被罚。忽必烈在谋士姚枢的劝说和策划下,以放弃漠南汉地管理权,返回和林居住为条件,求得蒙哥的谅解。失宠的忽必烈回到和林后,在刘秉忠等谋士们的帮助下,继续暗中聚集力量。可能在刘秉忠等人的建议下,忽必烈说服蒙哥同意在靠近中原的地方另建一陪都,迁王府于陪都,这样做表面上是表示无意"得中土",实际目的则有两个,一是为了摆脱漠北和林守旧势力的干扰,二是为了将来重新控制漠南汉地建立一个大本营。刘秉忠受命在桓州(今内蒙古正蓝旗北)东北、滦河北岸的龙冈(今内蒙古多伦西北)选择了一块风水好地营建王府宫室和房舍,历时三年建成,定名开平。忽必烈在这里聚集了一批重要谋士,成为忽必烈集团的根据地。

从上述风波上不难看出,在当时推行汉法,对于元朝蒙古贵族统治者来说,确是件不易之事。这不仅是统治政策的改革,尤其关系到统治观念的改变。在这方面,如何将儒家"得民心者得天下"的仁治观念,灌输到忽必烈的头脑中,改变其视征战杀戮为寻常事的落后观念,这在忽必烈率军出征时期甚至是比推行汉法更亟待解决的问题。为此，刘秉忠等许多汉族谋士都很费了一番苦心。

元宪宗三年，忽必烈奉命远征大理，刘秉忠与姚枢等一班谋士都随军出征。刘秉忠一有机会就在忽必烈身边宣扬佛家和儒家爱护生灵、兴正义之师的道理，宣称"天地之神是好生的，真正的王者神武而不妄杀"，极力主张执行怀柔政策。忽必烈也曾公开表示，不妄杀无辜。忽必烈率军一路征战，进至距大理城不远的地方，忽必烈派使臣前去招降，结果一去不复返。忽必烈料想他们凶多吉少，便与大将兀良合台分军继进，连克堡塞，包围了大理城。大理国国王段兴智与权臣高祥、高和兄弟率领军队出城迎战，结果大败而归。忽必烈再次招降，段兴智等不降，乃率残部弃城而逃，大理城于是被克服。忽必烈派人找到了被杀的使者尸首，大怒，立刻要下令屠城。

刘秉忠急忙上前劝阻道："殿下，杀使拒命者是高祥等人，并非城民之罪。姚枢先生所讲宋将曹彬征南唐的故事，您难道忘了吗？您还记得您对姚枢先生许下的诺言吗？"姚枢、张文谦也恳请忽必烈饶恕城民。忽必烈这才从盛怒中清醒过来，想起以前的许诺，结果使大理城中百姓得以免遭屠杀。由于劝行怀柔政策在远征云南的战事中取得了很大的成功，刘秉忠每遇忽必烈出征，便不遗余力地督促其坚持推行怀柔政策。元宪宗九年，忽必烈受命配合蒙哥大举伐宋。在出征前，刘秉忠又以征大理的经验再次向忽必烈进言说："王者之师，有征无战，对谁作战都应一视同仁，不可嗜杀。"忽必烈当即答应道："期望与卿等共守此言"。待大军入宋境后，忽必烈遂命各队统将不得妄杀百姓，不许焚烧房屋，作战时所俘虏的军兵丁口一律释放。正是由于推行了怀柔政策，使得忽必烈军作战进展较顺利，南宋许多城镇和军队都是望旗归降，大军所至，南宋军民"全活不可胜计"。所以，元军很快就打到了长江边，并由战略要地阳罗堡（今属湖北）渡江。这时，刘秉忠又向忽必烈献策说："古人领兵作战都要及时行赏，以便激励将士的士气，奋勇杀敌立功。现在，我三军野战多日，所向披靡，却没有得到应有奖赏犒劳。应即刻派一名近臣前往犒赏三军。"忽必烈认为此策甚好，立刻派近臣忽鲁苏代表自己到前线劳军，以谕其志。因此全军士气大振，人人乐为忽必烈效力，个个奋勇争先，结果在突破长江天险后，几乎马不停蹄地又进围南宋重镇鄂州。

就在这时，蒙哥病死于西南前线。消息传到军中，忽必烈立刻召集诸将、诸谋臣商议。谋士郝经提出"断然班师，亟定大计"之策，得到刘秉忠、董文炳、姚枢等一班谋臣武将的大力支持。忽必烈采纳了这个计策，立即罢兵议和，迅速返回开平王府，并于公元1260年三月在开平单方面召开忽勒台大会，在部会诸王贵族支持者的拥戴下宣布即位。接着，忽必烈凭借着近十年经营漠南汉地所集聚起来的经济和政治实力，一举打败了另立为汗的阿里不哥，确立了君临天下的绝对地位。

卢世荣善理财

卢世荣生活在元世祖忽必烈时代。畏兀儿人总制院使桑哥，"荐卢世荣有才术"，元世祖召见，奏对称旨。又召中书省官员与卢世荣廷辩，不能胜卢世荣。右丞相和礼霍孙等被罢，起用安童为右丞相，以卢世荣为右丞。安童、卢世荣既居中书，为更好理财治国，又劝告元世祖对那些虽与阿合马有牵连，但善于规划钱谷，通才可用者，不应当作罪人而应给予擢用，使前河间转运使张弘纲、撒都丁等多人，受命理财。

卢世荣执掌财政，当即奉旨整治钞法，提出并实施理财措施。

整理钞法是卢世荣经国治世的经济政策的主要内容之一。桑哥在举荐他时就说他"能救钞法，增保额，上可裕国，下不损民"。他主张一种钱、钞并行，反对专以纸币为流通工具的制度。他建议"依汉唐故事，括铜铸至元钱。及制绫券与钞参行"，改变当时专靠宝钞作为流通工具的办法。废除人民不得私自买卖金银的禁令，允许金银自由买卖，扩大金属货币在流通中的作用。早在忽必烈中统年间（1260～1284年），就曾提出以文绫织为中统银货的主张，但"未及行"。而今他的建议就是要控制纸币中统钞发行流通的数量，允许金银自由买卖，并发行铜币，减少社会对纸币需求的压力，从货币制度本身去满足市场对货币的需要，削弱通货膨胀的趋势。卢世荣不仅强调控制发钞，还努力采取各种财经措施，多方面地扩大财政收入，这也是对付通货膨胀的重要对策。他还主张发挥平准库和常平仓制度的作用，以稳定物价，这对减少通货膨胀的压力也是有帮助的。卢世荣能提出一套货币、财政和物价相互配合的政策来抑制通货膨胀，在当时中国封建社会的历史条件下是难能可贵的。

卢世荣主张各路设平准周急库。平准库的作用原为通过现金和钞币的兑换以稳定宝钞的购买力。将平准库扩大为平准周急库,使库存的金银除作为稳定宝钞购买力之用外,还可作为向贫民提供低利息放贷的资本。他认为以往虽立平准库,然无晓规运者,以致钞法虚弊、诸物踊贵。各路设平准周急库,轻其月息以贷贫民,"如此则贷者,众而本且不失"。使贫民免遭"羊羔息"的盘剥,打击了当时猖獗的高利贷,也使封建国家从事放货取息以增加财政收入。这与王莽五均赊贷、王安石的青苗法有些类同。

卢世荣为反对通货膨胀,维护社会稳定,还注意价格的稳定和降低。他改革货币制度,设平准周急库,就是为稳定钞币的购买力,使物价不致继续上涨。他主张实行酒专卖,既增加国家酒课收入,也抑制商人抬高酒价。创立常平盐法,由国家各路控制三分之一的盐,平价出售。这也是为平抑盐价,增加财政收入,保护社会需求。设常平仓,以国家专营冶铁所得利润加上平盐局所得盐课收购粮粟充实常平仓,在粮价上涨时,使之有力量开仓平价出售,控制粮价上涨。通过这些措施稳定价格,抑制通货膨胀,增加财政收入,维护社会的稳定。

在国内商贸方面,卢世荣放松了一些控制,如竹货业、渔业。他使"怀孟竹货,人民买卖收税","江湖听民捕鱼,只纳鱼课"。这对促进农副业和渔业的发展,农副产品的流通,满足人民生活的需求,增加封建国家税收,都起了积极作用。

但卢世荣对酒、铁则强调国家的垄断专卖。他认为"京师富豪户酿酒酤卖,价高昧,且课不时输,宜一切禁罢,官自酤卖"。通过酒的专卖,防止富豪权势之家控制酿酒,牟取非法之利,以增加政府财政收入。但对乡村百姓酿造酒、醋食用,并不限制。对于铁他主张"尽禁权势所擅产铁之所,官立炉鼓铸为器鬻之"。以所获利购粟充实常平仓。对盐他采取了国家干预的办法,创立常平盐法。元朝时政府垄断盐业生产,盐课是封建国家重要收入,"国人所资,其利最广者莫如盐"。而盐商多为权豪富贾,他们哄抬盐价,牟取暴利,使"贫者多不得食"盐,国家盐税也难以保证。他奏请忽必烈创设常平盐法,"以二百万引(每引四百斤)给商,一百万引散诸路,立常平盐局,或贩者增价,官平其值以售"。这是通过国家掌握足够数量的常平盐与不法的豪富盐商斗争的措施。

在对外贸易上,卢世荣的政策是维持西北陆路贸易的自由往来,垄断海外贸易。宋元时期,海外贸易发达,从事海外贸易可获厚利,市舶贸易的抽解(抽进口税)等收入也是元政府的主要财政来源。权豪富商也经营海上贸易获取巨额利润。《辍耕录》中写道宋末降附元朝的朱清、张瑄,就是经营海外贸易的权豪富商,他们位极人臣,"田园宅馆遍天下,库藏仓庾相望,巨舰大舶帆交番夷中"。至元二十二年(1285年),卢世荣提出国家垄断海外贸易的具体政策,建议在泉州、杭州设立市舶都转运司,由国家造船给商人,从事海外贸易,利润官七商三分配,严禁私人泛海进行外贸。"权势之家,皆不得用己钱入蕃为贾,犯者罪之,仍藉其家产之半。"他提出这种垄断海外贸易的"官本船法",目的是抑制权贵富豪,增加政府财政收入。

卢世荣秉政百余天,在减免赋税、私租、劳役负担,改善人民处境方面多次提出建议。如减免赋税私租方面,就有建议"免民间包银三年";"官吏俸免民间带纳";"免大都地税";"乡民造醋者,免收课税";"江南田主收佃客租课,减免一分",即减收十分之一的私租剥削。减轻免役方面,像建议"逃移复业者,免其差役"。减轻站户负担,"除驿马外,其余官为支"等。改善贫苦人民的处境,如建议"宜官给衣食与行乞、老幼、疾病人民"。建议对"江淮民失业、贫困,鬻妻子以自给者,所在官为赎,使为良民"。他的这些建议对于缓和阶级矛盾,稳定社会秩序,巩固元朝统治起了积极的作用。

卢世荣理财重点放在开发经济收入上,而不是放在扩大对农民强制性的赋税收入上。他建议开发的经济收入的项目是多方面的:有酒的专卖收入;有国家半专利的盐引收入和冶铁专利的收入,有海外贸易垄断专营的收入(官七商三;)有设常平仓,平抑粮价,官府获厚利的收入;有平准周急库的贷放利息的收入;有在上都、隆兴诸路设牧场,畜牧业产品的收入(官取其八,牧民取二),有各都市易司的牙侩收入,(四给牙侩六做官俸);还有发行绫券、铜钱、纸钞也能增加财政收入,还有微薄的竹货业、渔业的税收等等。他主张主要从抑制权豪富商,专卖盐、酒、铁,垄断海外贸易来获取大利润,解决财政收入,强调地主要减轻对农民的私租剥削,封建国家要减免农民的一些赋役。

卢世荣是我国元代著名的理财家。其财政政策,曾一时收效颇著,但由于某些方面背离了经济发展规律,实行封建"官营",其最后结果却是国民经济遭受重大损失,民怨沸腾。

波罗兄弟

中统元年(1260年),伊儿汗国(统治今高加索山、里海以南,印度河以西,幼发拉底河以东,波斯湾和阿拉伯海北岸)旭烈兀汗(忽必烈之弟)派使者朝见蒙古大汗。在布哈拉城(今乌兹别克共和国境内),使者遇到两个准备去东方的商人,哥哥叫尼柯罗·波罗,弟弟叫马菲奥·波罗。

尽管在尼柯罗和马菲奥之前,已有许多白种人到过和林和上都,忽必烈还是热情地接待了他俩。大漠草原的统治者有征服世界的勃勃雄心,对待远方客人也有广阔的胸怀和特殊的豪爽。忽必烈向他们询问了欧洲各国和罗马教廷的情况,波罗兄弟到各地经商,熟悉各地的风土人情和宗教信仰,一一做了回答。忽必烈十分满意,聘请二人为副使,带领使臣柯嘉达出使罗马教廷。

使团出发不久,使臣柯嘉达身染重病,不能前行。为了早日完成大汗的使命,波罗兄弟将柯嘉达留下养病,然后继续前进。至元六年(1269年)四月,他们抵达阿迦(今属叙利亚)。听说教皇刚去世,新教皇还没选出来,波罗兄弟决定在威尼斯家中静候。

阔别家乡十五六年,尼柯罗的妻子已死。儿子马可波罗已经十五岁了。听说父亲、叔叔由遥远的东方归来,整天缠着父亲、叔叔,让他们讲述东方的所见所闻。梦幻一般的东方奇闻,引起了他对东方的憧憬和向往,决心跟随父辈到中国去,一睹东方中华大国的风采。

不觉两年过去了,新教皇仍没选出。波罗兄弟心急火燎,不能再等了,他们决定先取得圣油,向大汗复命。马可波罗兴高采烈地收拾行装,随同父亲、叔父一起出发。

三人到耶路撒冷取了圣油,来到剌牙思(小亚细亚南濒地中海港口)。正好新教皇格雷戈里第十继位,把他们召回阿迦,并派两名教士随行到中国。当他们再回到剌牙思时,逢上巴比伦苏丹率阿拉伯大军侵犯亚美尼亚,往来的使者大都被杀害。两名教士吓坏了,把教皇的证书、公文、礼品委托给波罗三人,就原道返回了。

马可波罗和父亲、叔父三人,不畏艰险,沿着古丝绸之路东行,经过伊朗高

·宋元逸史·

图文珍藏版

原,越过帕米尔,取道新疆,沿途历尽艰辛,到达大都时已是至元十二年(1275年),前后走了三年半的时间。波罗三人向元世祖呈上教皇的书信、圣墓上的灯油和带来的礼品,并讲述了漫长的旅途经历和交涉情况。元世祖大加赞赏,还将马可波罗列入荣誉侍从的名册中,并把他们三人留在宫廷中供职。

那年,马可波罗已是二十一岁的青年了。他聪明好学,很快熟悉了蒙古语言和朝廷礼仪,还学会了骑马驰射。由于他办事认真谨慎,博得了元世祖的宠信。每年来往于大都和上都之间,元世祖经常让他随行。为了加强对各地的统治,元世祖经常派人到各地巡视,马可波罗就是其中的一个。如果在过去闭关自守的中原王朝,朝廷派来个碧眼黄发的白人当钦差,不把他当作魔鬼才怪呢!可在多民族、多人种杂处的元朝,人们已经不以为怪。

由于世祖的派遣,马可波罗先后游历了山西、陕西、四川、云南、山东、江苏、浙江、福建等地,还出使过缅甸、越南、菲律宾、印度尼西亚、爪哇、苏门答腊等地。后来,他把各地的所见所闻都写进了《马可波罗游记》中。

据说,元世祖曾委派马可波罗做过三年的扬州地方官。在《马可波罗游记》中是这样记载的:"离开泰州,我们向东南(应为西南)走一天,经过一段很好的地方,有许多城市和村落。我们以后到了一个很大而繁荣的城市,名叫扬州。还有,你们要知道,这城是极大,极有权力的,共有二十七个别的城市属于它。一齐皆是广大富庶,商业兴盛。这城被选为十二省城之一,所以大可汗的十二个总督之一是住在该城里。人民崇拜偶像,用纸币,臣服大可汗。这书讲的马可波罗先生,曾亲受大可汗的命令,治理这城三年之久。"

马可波罗和父亲、叔父在元朝宫廷供职十七年,虽然很受优待,可总免不了思乡之情,多次委婉呈辞,要求西归。元世祖舍不得他们离开,又担心回去的路途太遥远,太危险,总是没有恩准。

至元二十三年(1286年),伊儿汗国阿鲁浑汗的妻子卜鲁罕去世,临终要求她的族人继为汗妃。元世祖为阿鲁浑选出了卜鲁罕家族的少女阔阔真为元室公主。阿鲁浑的专使陪着阔阔真公主去后,又因道路阻塞,中途返回。刚好,马可波罗出使印度一带,由海道归来,向元世祖报告各国的情况和航行经过。消息传到阿鲁浑的专使那儿,奏请元世祖批准,由马可波罗和父亲、叔父引路,改从海道返回。

元世祖虽割舍不得马可波罗等父子三人，但也难以再阻止他们回意大利与家人团聚，只好要求他们住一段时间后仍回中国。

至元二十八年（1291年）初，福建泉州海港停泊着十四艘四桅十二帆的大海船。码头上人山人海，热闹非凡。送亲的队伍簇拥着阔阔真公主和阿鲁浑汗的三位专使登上船头。马可波罗和父亲尼柯罗、叔叔马菲奥也一同登船。临行，元世祖赐给他们圣旨金牌两块，还有大量赏赐。另外，又交给马可波罗许多国书，要他交给法国、英国、西班牙等国的国王。还拨给了全体随行人员足够两年用的粮食和一切用品。

海船扬帆起锚，码头和欢送的人群渐渐向后退去，如愿以偿的马可波罗家三人却感到说不出的留恋和失落，在这个古老而美好的国家生活了十七年，"西天十万里"，何年何月能够再返回这块乐土？三人不觉流下了怀恋的热泪。

这次航行，历时两年半才到达波斯湾。狂风暴雨、惊涛骇浪、礁石险滩，使他们备尝艰辛，九死一生。上船时共一千余人，最后仅剩下十八个人。马可波罗家族三人，凭着走南闯北锻炼出的体质和适应力，奇迹般地全部幸存下来。

到了伊儿汗国，阿鲁汗已经去世，按当时蒙古风俗，把阔阔真公主许配给他的儿子合赞汗。完成元世祖的嘱托，马可波罗等人回到了故乡威尼斯。在这期间，他们得到元世祖去世的消息，极度悲痛之中，打消了重返中国的打算。回到故土时，已是公元1295年了。

马可波罗等人从东方返回的消息像一阵风吹遍了威尼斯。人们以为马可波罗带回无数珍宝，称他为"百万"，并纷纷前来探望。马可波罗念念不忘在中国的美好岁月，滔滔不绝地向人讲述中国和东方之行，把那些善于经商，自以为经多见广的威尼斯人震得目瞪口呆，心驰神往。

马可波罗在家住了四年，正逢威尼斯人和热那亚人打仗，志愿参加了战争，不幸战败被俘，在热那亚的监狱里蹲了四年。由于他从东方回来名声很大，不断有人找他谈东方的事情，他受到热那亚当局的优遇和全城人民的欢迎。这也是天赐良机，小说家鲁思梯切洛和他关在一起。四年铁窗里，由马可波罗口述，鲁思梯切洛笔录，完成了马可波罗的全部东方行纪，这是举世闻名的《马可波罗游记》。

《马可波罗游记》向中世纪的欧洲人展示了一个奇妙而又崭新的东方世

界,娓娓动听地讲述了他的东方之行和在东方所见所闻。如对元朝的都城大都,是这样描写的:"很早以前,一个遥远的国家有一座迷人的城市。那里有金碧辉煌的宫殿,庄严的庙宇,华丽的牌楼,优美恬静的园林以及由成千上万座灰色瓦房组成的世界最大的港口,在这个商埠,商品、宝石、珍珠的贸易之盛,的确是可惊叹的。"他赞叹苏州"人烟稠密,至不知其数";杭州"人处其中,自信为置身天堂"。除了记载辽阔的疆域和繁华的城市外,像用煤、育蚕治丝、造纸、使用纸币、印刷术、宫殿桥梁建筑艺术等,也都做了介绍。

十三世纪的欧洲远远落后于东方,《马可波罗游记》所谈到中国巨大的商业城市和高度发达的政治、经济、文化,远远超出了西方人的认识水平,许多人虽被这些梦幻般的新奇所倾倒,可也有不少人看作是东方的"天方夜谭",说马可波罗是个骗子,说大话的狂人。甚至英国学生都用"这简直是马可波罗"来比作骗局。公元1299年,威尼斯和热那亚议和,马可波罗被释放回威尼斯,直到公元1324年才死去。在他弥留之际,亲友们仍认为他撒下弥天大谎,劝他忏悔,以拯救他的灵魂。马可波罗啼笑皆非,拒绝说:"我所说的还不到我所见到的一半。"直到十四世纪末,随着人们地理知识的加深,《马可波罗游记》才开始被卓识的欧洲学者认为是可信赖的真理之泉。

马可波罗是世界著名的旅行家,中国人民的好朋友。他以称颂和赞美的口气把中国介绍给西方世界,为中国和意大利及欧洲各国架起了一座相互沟通的桥梁。

阿合马任人唯亲

经过一个时期官场风云变幻的阿合马,越来越奸诈、圆滑,对权利的贪嗜也越来越强。至元九年,尚书省并入中书省,阿合马为平章中书省事。表面上是尚书省并入中书省,实际上,阿合马以尚书省的班底控制了中书省,至元十年,阿合马任用长子忽辛为大都路总管,兼大兴府尹。忽辛是个不学无术、毫无才干的蠢货,上任后无所作为,沉湎酒色,极不称职,故右丞相安童奏请另选他人代之。时隔不久,枢密院的阿合马同党为报答"知遇"之恩,又奏请忽辛为同金枢密院事,这次,连忽必烈都说:"彼贾胡事犹不知,况可责以机务耶!"却而

阿合马

不用。

至元十五年（1278年）四月，中书左丞崔斌看到阿合马把自己的家人亲戚全都安排成要官，便对忽必烈说："先以江南官冗，委任非人，遂命阿里等澄汰。……阿合马溺于私爱，乃以不肖子抹速忽充达鲁花赤，佩虎符，此岂量才授任之道。"忽必烈也感到阿合马太过分了，便接受了崔斌的建议，罢免了他们的官职。可是，不久，在阿合马许多同党的请求下，忽辛等人又官复原职。接着，又有人请求恢复阿合马的另一个儿子麻速忽和侄子别都鲁丁、苦思了等人的旧职，忽必烈虽然没有同意，但到至元十六年，阿合马通过多方活动，还是如愿以偿了。别都鲁丁甚至被提升为参知政事、行中省事、河南等路宣慰使，真是"一门悉处要津。"

阿合马不但千方百计地为四个儿子和两个侄子安排了重要的位置，甚至还让自己的家奴忽都答儿等人掌管兵权。至元十七年秋天，又把同党郝祯、耿仁升为中书左丞，狼狈为奸，"阴谋交通，专事蒙敝"。到此，阿合马权高势重，以致不少大臣畏惧其权势而阿附于他，一些文人也纷纷为阿合马歌功颂德，更有许多商贾为了得到官职而向他大量行贿。他还广占美女，有些人为了当官竟把妻子或姐妹献给他。这些投靠他、贿赂他的人，或大或小都可以得到官职。至元十九年,他在朝廷上下的同党竟多达七百一十多人,可说是势倾朝廷,炙手可热了。他的同党往往依仗着阿合马在朝中的权势,相互勾结,肆意侵吞国家财物。阿合马还强占大批良田,将农民的"附郭美田""据为己有"。他的私田多达数千顷,牛马牲畜数千头,百姓恨之入骨,"天下之人无不思食其肉"。

元朝刚立尚书省时曾规定,凡是选拔官员,先由吏部拟定资品,呈尚书省,再由尚书省与中书省商议,然后上奏。阿合马却从不理睬这一规定,选拔多为同党,安童对此进行干预,他却公然说:"事无大小,皆委之臣,所用之人,臣宜自择。"大有飞扬跋扈,不可一世之势。阿合马为安排党羽做官,滥设官府,到至元十九年,滥设官府二百零四所,安排数百亲戚、同党以及献有贿赂和美女的人前去做官。这些虚设的官府,每年都要耗费元朝大量的俸禄。阿合马经常敲诈勒索,吸吮劳动人民的骨髓。一些大臣看到阿合马权倾朝野,为所欲为,极为担忧,如国子祭酒许衡便认为阿合马一门掌管军国大权,是一种不祥之兆,因而十分忧虑地对忽必烈说:"国家事权,兵民财三者而已。今其父典民与财,又子典生命,不可。"忽必烈问:"卿虑其反邪?"许衡回答说:"彼虽不反,此反道也"。他主张削弱阿合马家族的大权,以防止发生不测之祸。中书左丞崔斌也再三陈述弊害,力请削弱其权势。忽必烈虽然采纳了他们的部分建议,略加抑制,然终不以阿合马为罪。

至元五年(1268年),朝廷大臣议论设立尚书省,让阿合马统领。这时,忽必烈的亲戚安童任中书右丞相,他直言敢谏,不惧强权,故阿合马视他为心头之患,决心把他排挤出朝廷。但是,阿合马又清楚地知道这不是轻而易举就能成功的,弄不好反而引火烧身,自取灭亡。经过反复策划,他向忽必烈奏请升安童为三公,妄想虚给名声,实夺权力,以架空安童。后在参知政事商挺等人的揭露和极力反对下,才未得逞。

至元七年,阿合马任尚书平章政事后,有事从不与大臣商议,不断排斥"异己"官吏。安童把这件事报告给忽必烈,忽必烈说:"岂阿合马以朕颇信用之,故尔专权耶。不与卿议,非是。"阿合马连连磕头,唯唯诺诺表示听从"圣旨",可是背地里仍然我行我素。一些大臣如史天泽、廉希宪、许衡等都非常愤恨,纷纷起来抗争。但因阿合马巧言善辩,史天泽等人往往辩不过他,因而,双方的争执,常由忽必烈亲自裁决。有时候,对阿合马的行为忽必烈也抑制一下,但总是认为阿合理财本领高,功劳大,在许多方面还是听了阿合马的主意。阿合马也十分清楚忽必烈嗜财重利的性格。因为,庞大的军费开支,巨额的例行赏赐,蒙古贵族的奢侈耗费,造成了忽必烈对钱财的强烈需求欲望。而在一朝重臣中,只有阿合马能满足忽必烈的这种欲望,忽必烈也就必然宠信和重用阿合马,因此,阿合马的行为并没有真正为忽必烈所抑制,就更不会有所收敛了。

至元十年,安童见阿合马专权日甚,企图匡救,就毅然向忽必烈奏道:"阿合马、张惠,挟宰相权,为商贾,以网罗天下大利,厚毒黎民,困无所诉"。可是,忽必烈并未对阿合马采取任何限制措施,反而称赞阿合马是回回人中的相才。这一年的秋季,元境或水或蝗,民不聊生,饿莩遍野。这些阿合马全然不顾,照样逼迫百姓交粮纳税,多少人被他活活逼死!

阿合马为中饱私囊,不仅手下有大批人经商,还敲诈其他经商者,动辄罗织罪名,没收其财物入己私库。这种卑鄙的手段,恶劣的行径,非但没有受到惩处,反而因为忽必烈的宠信更加恣意妄为了。

像历史上许多奸佞之徒一样,阿合马不容异己,顺我者昌,逆我者亡。元初,阿合马的同党内部发生了一次内讧,互相攻击。有人告阿合马盗窃国家财物据为己有,忽必烈下令让中书省调查。中书省的官吏畏惧阿合马的权势,互相推诿,谁也不敢过问,唯独廉希宪毫不惧怕,亲自究查,证据确凿,立即给忽必烈写了一个报告,忽必烈令阿合马到朝廷核实。阿合马心知不妙,来到朝堂后犹想申辩,却不料廉希宪正在朝中,一看见这个心怀狡诈、荼毒黎民、丧尽天良的国家蠹虫,不由怒火中烧,拿棍就向阿合马打去,阿合马正跪在地上,还来不及躲闪,棍子就打到了屁股上。因此,阿合马对廉希宪十分嫉恨,伺机报复。

元至七年,忽必烈为显示圣治厚德,"诏释京师系囚",其中有一个叫匿赞马丁的人,曾在蒙古政权中做事,家资万贯,被怨家所告,囚禁在大都(即今北京)监狱,这次也被释放。这年秋天,忽必烈从外地巡幸回来,怨家又向忽必烈报告匿赞马丁的罪状,廉希宪,"取堂版补署之,曰:'天威莫测,岂可幸其独不署以苟免耶'。希宪入见,以诏书为言,帝曰:'诏释囚耳,岂有诏释匿赞马丁耶?'"廉希宪时任中书右丞,历来刚直不阿,"每奏议帝前,论事激切,无少回惜",此次也是颇感不平,因说:"不释匿赞马丁,臣等亦未闻有此诏。"忽必烈闻言震怒,想不到廉希宪竟这样大胆,非常生气:"汝等号称读书,临事乃尔,宜得何罪。"于是,免去了廉希宪的官职。

一天,忽必烈问侍臣,希宪在家干什么,侍臣回答在读书。忽必烈说:"读书固朕所教,然读而不肯用,多读何为?"指责廉希宪罢政不求进步。阿合马当然不会忘记廷杖之辱,一看时机到来,即对忽必烈说:"希宪日与妻子宴乐尔"。忽必烈却也知希宪不至于如此,斥责阿合马道:"希宪清贫,何从宴设。"阿合马本想利用一切机会谗毁廉希宪,但忽必烈一加斥责,却马上低头哈腰,一副温顺模样。因为廉希宪在朝廷官吏中的地位很高,极有威望,所以阿合马既恨他,又怕他,还妄想利用他。诬蔑陷害与拉拢利诱并用,正是他对付朝廷要员的惯用伎俩。廉希宪曾有大病在家,忽必烈派御医前去诊治,医生说须用砂糖作饮,病才能好。当时砂糖非常难得,家人四处求访。"阿合马与之二斤,且致密意"。希宪听后非常生气地说:"使此物果能活人,吾终不以奸人所与求活也。"

有一个叫亦麻都丁的人,阿合马在制国用使司时,与他不和。后来,亦麻都丁欠了官府银子而无力偿还,阿合马遂借机罗织罪名,加以陷害。同僚畏其权势,也助桀为虐,而其党羽更是争相附会,结果亦麻都丁入狱。

宿卫秦长卿,布衣出身,"尚书节,好论事",他目睹阿合马妄杀无辜,无恶不作,就上书忽必烈:"臣愚赣,能识阿合马,其为政擅生杀人,人畏惮之,固莫敢言,然怨毒亦已甚矣。观其禁绝异议,杜塞忠言,其情似秦赵高;私蓄逾公家赀,觊觎非望,其事似汉董卓。《春秋》人臣无将,请及其未发诛之为便。"一个身位低下的宿卫上书弹劾权倾朝野的阿合马,是冒着杀头的危险的。事情交给中书省处理,中书省的一些官吏害怕阿合马的势力,奉迎阿附还来不及,怎敢太岁头上动土!阿合马又拿出大量的钱财贿赂他们,让他们在忽必烈面前多讲好话,为自己鸣冤,加之阿合马同党的多方解救,这事竟不了了之。从此,阿合马大恨秦长卿。时过不久,阿合马以长卿忠直敢言、才华过人为由,请求任命秦长卿主管铁冶事。秦长卿到任不久,阿合马就指使心腹"诬以折阅课额数万缗",逮捕下狱,又派人抄没他的家产,妻儿老小均无一幸免。还有一个叫刘仲泽的也忤犯了阿合马,阿合马想把亦麻都丁、刘仲泽和秦长卿三人杀掉,兵部尚书张雄飞力持不可。阿合马派人送去重礼,并让人捎信说:"诚能杀此三人,当以参政相处"。张雄飞将来人赶走,并且说:杀无罪以求大官,吾不为也"。阿合马见软的不行,就来硬的,遂向忽必烈奏请张雄飞为澧州(今湖南澧县)安抚使,把他排挤出朝廷,随之即买通狱吏,将秦长卿害死在狱中,刘仲泽和亦麻都丁都未逃出阿合马的魔掌,也被阿合马害死在狱中。

阿合马一党控制着朝廷许多大权,凡是反对他们的人都遭到排斥打击,廷臣侧目,莫敢谁何。至元十五年,中书左丞崔斌跟随忽必烈到察罕脑儿(今内蒙古乌审旗西南,忽必烈曾建行宫于此),忽必烈问江南各省抚治得怎样,崔斌回答说:"治安之道在得人,今所用多非其人",遂即历述阿合马之奸蠹行为。忽必烈也开始觉察到阿合马的问题,命御史大夫相威、枢密副使孛罗调查,"汰其冗员,黜其亲党,检核其不法,罢天下转运司。海内无不称快"。但还是舍不得罢黜阿合马的官职。

忽必烈为了加强对江淮地区的管理,任崔斌为江淮行省左丞。崔斌到任后,力除积弊,抚慰百姓,政绩卓然。但因为崔斌多次向忽必烈指摘其奸,阿合马恨之入骨。至元十六年,他以清理江淮行省的钱粮为名,派同党前去调查,指诬崔斌擅自改任官吏,私铸铜印,擅支粮食等罪名,竟因此被杀。崔斌被杀时,真金正在东宫吃饭,他立即扔掉筷子,派人速往制止,已来不及了。崔斌之死,"天下冤之"。

益都千户王著,平生疏财仗义,疾恶如仇,他看见阿合马心狠手辣,积恶无数,黎民百姓深受其害,因而发誓为国除奸,为民除害。他与高和尚反复计议,决定等忽必烈离开京都,就开始动手。他们密铸了一个大铜锤,并联结八十余人,假称太子还京作佛事,进入京都。三月十七日,他们先派二僧人到中书省窥探路线,又派崔总管矫传太子真金的命令,让张易在夜里发兵到东宫门前听候调遣。王著亲自去见阿合马,说夜里皇太子将到京都,让中书省的主要官员到宫前迎接,并派右司郎中脱欢察儿等率领精骑出城远迎,阿合马平时最怕皇太子真金,听说真金将到,赶忙吩咐手下人安排出迎,自己也换上新服,准备恭恭敬敬地为太子接风。这天夜里,天漆黑一团,凉风习习,阿合马早早就派脱欢察儿出城等候。脱欢察儿不敢怠慢,率领几十名精骑往城北走去,走了十多里路,迎面遇到伪太子和他的随身侍从。伪太子斥责他们见到太子无礼。下令将这些人斩首。他们还没弄清怎么回事,脑袋就搬了家。伪太子大摇大摆地进城了。深夜,他们没有遇到任何阻挡就到了东宫门前。伪太子骑着马,威风凛凛,其余的都下马站立,等待命令。阿合马听说太子来到,立即跑出来迎接。他施过礼，刚刚低头站好，被王著一把抓住，说时迟，那时快，王著拿出藏在袖中的大金锤向阿合马的脑袋击去，只见脑浆崩裂，阿合马一命呜呼。这个祸国殃民的千古罪人，终于得到了应得的惩罚。

达元帅泰不华

泰不华，原名达普化，生于元成宗大德七年（1303年），元文宗赐以今名。少年时代的泰不华，一直居住在青山秀水的台州之地。家乡的山水滋润了他的肌肤，也净化了他的心灵。泰不华虽家境清贫，却从小喜好读书，勤奋刻苦，稍长即博闻强记，学业日精。同乡周仁荣见他清纯质朴、聪颖过人，将他收入门下，养而教之。周仁荣家学渊源，精通《易》《礼》《春秋》，尤善文章词句。泰不华在周仁荣的指导下，悉心研读四书五经，穷钻程朱理学，颇得要领，他常常和学友们一起讲《易》论《诗》，切磋学问，交流体会，所以进步很快。十七岁时，泰不华参加江浙乡试，高中第一。至治元年（1321年）他参加会试，顺利进入殿试，对策朝廷，力挫同科，直取状元，赐进士及第，授集贤修撰。

泰不华才华横溢，喜欢写诗作赋。他平时极好登山泛水，与文人骚客同游同吟，遇上好纸好墨则欣然写下，后来汇成《顾北集》。可惜此集现已散佚。现从《元诗选》中摘录一首，以供欣赏：

衡门有余乐，初日照屋梁。

晨起冠我帻，亦复理我裳。

虽无车马喧，草木日夜长。

朝食园中葵，暮撷涧底芳。

所愿不在饱，颔颐亦何伤。

此诗自然纯朴、清标雅韵，大有晋唐之风。泰不华的诗歌，不仅形式典雅清丽，内容也情真意切。其中有些诗句描写战争给劳动人民带来的灾难。如《卫将军玉印歌》中有句云：

祁连山下战骨深，中原父老泪满襟。

反映了他对劳动人民苦难生活的深切同情。他的诗中还有关心社会生产，关心人民生活的内容。如《陪幸西湖》中有：

布政亲巡省,观民或怠荒。

麦禾连野迥,桑柘出林长。

反映了他希望人民安居乐业,丰衣足食的良好愿望。此外,他还告诫统治者要勤于政事,不要贪图享乐,这样人民才会安定,国家才会兴旺。如《陪幸西湖》中有:

朝野崇无逸,邦家重有光。

反映出他对元朝末年封建政权腐朽衰败充满了焦虑的心情,以及对封建国家长治久安所具有的长远眼光,所以在元末蒙古官员中,要论及在诗词歌赋上有所成就的,当首推泰不华。泰不华还善于文章。他在江浙任职期间曾为人作《瑞竹堂记》,时人评价极高,称之构思缜密,用词工整,清新可读,琅琅上口,及迂儒所望尘莫及也。加上他精通经史,曾被召入修史馆,参加编纂辽、宋、金三史。他自己曾重编过《复古编》十卷,其考证讹字,均引经据典,可见其功底扎实、治学严谨。泰不华专心学习过书法,善篆隶。他曾拜元代书法家徐铉、张有为师,稍变其法,自成一家。他行笔圆熟,温润遒劲,常常用汉刻题额之法为当时的碑额题字。

当时见过他碑额的人,对他的题字莫不赞叹称羡,说他的字是"篆逼汉中郎","极高古可尚非他人所能及。"

泰不华是蒙古族子弟。由于蒙古入主中原不久,他父亲虽久任江南官吏,但对汉族语言未精通,汉化程度远远不够。而泰不华,作为接触汉文化不久的少数民族子弟,却能够如此迅速、熟练地掌握汉族文化,真是难能可贵。

泰不华以科举入仕,历任集贤修撰、秘书监著作郎、江南行台监察御史、奎章阁学士院典籍、中台监察御史、河南廉访使、江浙行省左右司郎中、礼部侍郎、绍兴路总管、秘书卿、礼部尚书、江东廉访使、翰林侍读学士、都水庸田使、浙东道宣慰使都元帅、台州路达鲁花赤等职。他始终恪尽职守,因而颇有政绩。

顺帝年间,浙江西部遭受重大水灾,农田淹没,庄稼受损,元朝统治者却熟视无睹,地方官吏照旧如虎似狼,颗粒必征,豪强势家依然贪婪掠夺,尽情搜刮,致使民间苦楚不可胜言,适逢泰不华北上入朝,于是他上言中书省,详告灾情,请求蠲免租税,以缓民疾、舒民力。至正年间(1341~1368年),浙江一带吏治败坏,生产遭到严重破坏。元初,为了鼓励开荒,政府募民耕种荒田,官给牛种,税其半。一时,大量荒地得到开垦和利用。可到了元末,官府常常以官种官牛为名,强行勒索民间所获。泰不华任绍兴路总管时,下令整治吏弊,革除牛租,让民间实报其田,以均赋税。这一做法效果良好,深受浙江百姓的欢迎。至正四年五月,黄河暴溢,平地水深二丈余,山东、河南、江苏等地许多郡邑都遭受水灾,沿河两岸的广大人民先是农田被淹、民屋倒塌,接着瘟疫蔓延,死者过半。泰不华奉朝廷之命,携珪玉白马,致祭河神。他亲眼目睹受灾地区百姓痛苦万状的悲惨情景,回京后上言朝廷,力言治理黄河一事,经实地考察,他建议政府在江苏淮安以东黄海入海处,依照宋制设置撩清夫,专门负责管理河道,确保疏通无阻。我们知道,泥沙淤积,河床升高,水道壅塞,加上河堤单薄,不抵冲力,则河水泛滥成灾,为了及时清除黄河上游冲刷下来的泥沙,泰不华建议,把树枝、石头等装入事先做好的圆柱形的铁笼中,然后将其堆砌成堤,再打桩加固,这样,一则可以增加阻挡河水冲刷堤壁的能力,二则可以荡泥沙,使之随潮入海,朝廷虽然认可了他的建议,但此事终因元末经济危机四伏,急需大量民工屯田,无暇顾及黄河水害而暂时作罢。

在他任监察御史时,南台御史大夫脱欢怙势贪暴,豪取财富,影响极坏。泰不华毅然向朝廷直言弹劾,请求罢免其职,泰不华对朝廷盛行的滥赏之风深恶痛绝。至顺四年(1330年),元顺帝妥懽帖睦尔即位后,又大肆赏赐:加封文宗后不答失里太皇太后称号,赐予权臣伯颜和燕铁木儿之侄大量田地。而这时国家财政早已入不敷出、捉襟见肘了。泰不华遂率同僚向朝廷上章奏言:"当今皇上婶母不宜再加封尊贵的称号了,左右辅助大臣也不应再受土封王了"。太后闻后十分愤怒,想杀了上奏的人解恨。泰不华得知后,镇定地对同僚说:"向朝廷上奏一事是由我发起的,现今触怒太后,我愿独自承担,甘受诛杀,决不连累诸位。"幸好不久太后怒气消了,不仅没有杀人,反而赞扬泰不华直言敢谏,太后说:"有如此维护风化法度的大臣,我大元王朝就有望守住祖宗立下的法规了!"并赐金币二枚,以示奖励。泰不华一方面对统治阶级中的衰败腐朽现象十分痛恨,另一方面又能举贤荐能,对于那些正派率直的官员十分推崇。当时有个名叫武恪的人,向以耿直正派著称。此人服丧期满后,泰不华向朝廷竭力推举他任平阳沁水县(今山西沁水县)尹。此事虽因武恪坚辞不就而未果,但却反映了泰不华尊贤举能的胸怀。

泰不华一向体恤民情，为官清廉。在任台州达鲁花赤时，他常常微服私访，体察民情，有时夜宿村家，未明即去，所以很受当地百姓的尊敬。据说，一次泰不华外出察访。夜宿村民家中，隔壁房中有妯娌二人彻夜纺织，因夜深寒冷，她们便借酒驱寒。嫂嫂对弟媳说："我有瓶酒放在床下，你将上面一半清纯的倒出留着奉送给姑子，我俩把剩下混浊的饮了"。弟媳按她的话把清纯的酒轻轻倒进另一个瓶中，并小心放置好，口中不时念叨："此酒清纯似达元帅（此指泰不华），我们不配品尝它。"泰不华听到这话后甚为欣慰。泰不华每到一处赴任新职，往往喜欢寻找当地年高德迈、熟知情形者，向他们询问当地地理物产、风俗习惯，以便因地制宜，因势利导，使百姓安居乐业。浙西山区，原本山水清新秀朗，人民质朴安业，泰不华任绍兴路总管后更是着意引导。他利用乡饮酒礼这一古老传统敦厚邻里，纯朴民风，教民兴让。每逢泰不华离职赴任他处，则当地德高望重者或前去家中送诗赠赋、依依话别，或送至驿亭恋恋不舍，可见他节操高尚，为政清廉，感人之深。

泰不华性情耿直，为人豪爽。他与朋友相处崇尚节气，不随俗浮沉。当年，中书台丞相太平为御史台官员弹劾，被罢免丞相职务，贬谪吐蕃。太平离开大都时，情状甚为凄惨，泰不华毅然独自为他饯行，并送至都门外。太平对此很受感动，但又怕祸及泰不华，遂劝阻道："您且就此留步吧，不要因为我而连累了您啊。"泰不华却说："壮士甘愿为知己者死，难道还怕遭什么连累"。后来，泰不华为此遭到了继任丞相的排斥，但当时一些正直之士，无不赞许他那豪爽侠义的情怀。

他身为蒙古族子弟，因为从小接受了良好的汉文化教育，所以深深懂得儒家思想在统治和管理以汉族为主体的广大劳动人民时所起的重要作用。加上他德操端正，自觉身体力行儒家所倡导的温、良、恭、俭、让，所以能勤于为政，廉洁奉公，执法不阿，严于律己，时人对他称赞备至，说他"以科名甲天下，以行义著朝端，洁白之操寒于冰霜，清明之躬炳乎日月，"确实是封建统治阶级中难得的人才。

元代利用权臣除权臣

元顺帝即位后，与权臣的矛盾日益尖锐，他往往利用权臣间的相互倾轧而打击权臣。后至元元年(1335年),他利用权臣伯颜杀旧权臣燕铁木儿之子唐其势、塔剌海及其女伯牙吾皇后(顺帝后),到后至元六年又利用伯颜之侄脱脱等人,夺其重权,迫其自杀。大权转入脱脱之手后,顺帝又利用哈麻兄弟打击脱脱,将之削爵流放,后用药酒毒死。这些斗争加速了元朝统治的灭亡。

哈麻受到元顺帝的无比宠信,声势一天高似一天。自藩王和宗戚以下,都送来各种珍贵的礼物;以贿赂哈麻。后来,哈麻因为企图谋害权臣脱脱,被贬到南安(今云南双柏),不久召回任礼部尚书,很快又升为同知枢密院事。至正初年,脱脱为右丞相,其弟也先帖木儿为御史大夫,权势日重。哈麻因而趋炎附势,投降脱脱兄弟之门。至正七年(1347年),右丞相别儿怯不花因旧怨,潛脱脱之父马扎尔台,顺帝下诏徙之甘肃,脱脱随之而行。别儿怯不花多次欲在顺帝面前中伤脱脱,哈麻则每每极力维护脱脱,因此脱脱没有受到伤害。马扎尔台死后,顺帝念及脱脱的功劳,把他召回京师。

至正九年,左丞相太平、御史大夫韩嘉纳、中书右丞秃满迭儿等人企图合伙斗倒哈麻,使监察御史斡勒海寿上奏弹劾哈麻。在所列举的罪过中,小的有私受宣让王等人的骆驼、马匹等礼物,大的有在皇帝的御帐之外设置自己的账房、藐视君臣之分等罪行,更甚者,是哈麻依恃着提调掌管皇后钱粮的宁徽寺之名,随便出入顺帝的庶母脱脱忽思皇后的居处,尤为干犯君臣名分。哈麻知道以后,来了个恶人先告状,跑到顺帝面前进行辩解,说这些罪名都是太平等人编造的。等到御史大夫韩嘉纳将御史的本章上奏,顺帝大怒,拒绝接受。第二天,再次上奏,顺帝不得已,只得将哈麻和他的弟弟雪雪革夺官职,使之居于草地。同时将太平降为翰要学士承旨,韩嘉纳降为宣政院使,很快又贬出为江浙行省平章政事。哈麻还到脱脱忽思皇后处进行鼓动,脱脱忽思皇后跑到顺帝跟前,哭哭啼啼地诉说:御史台官员弹劾哈麻,实际上是侵犯了她自己。顺帝愈益恼怒,下诏革除斡勒海寿的官职,令其归田,禁锢不用。

不久,脱脱重新任右丞相,并掌领教育太子的端本堂,脱脱之弟也先帖木儿也重任御史大夫。"脱脱既复入中书,恩怨无不报。"这时脱脱兄弟就将太平谪导陕西,又加韩嘉纳以赃贿之罪,杖流奴尔干地方(今吉林省一带),置之于死。别儿怯不花被罢相后,出居般阳(今山东淄博),中书右丞秃迭儿也被降为四川行省右丞,脱脱兄弟又加之以罪名,派人追到半路,将他们杀死。不久,哈麻被重新召回重用。脱脱兄弟因其过去对自己的恩惠,对之极为感激。

脱脱兄弟的权势和气焰如日升腾,哈麻兄弟也站稳了脚跟,步步扩展势力。哈麻更加受到顺帝的器重和赏识。至正十二月九月,顺帝赐给哈麻钞三百锭让他买玉带。十月,使哈麻同知经筵事。次年正月,哈麻由中书添没右丞升为正除右丞,并赐司农司旧署。脱脱与哈麻的矛盾日益突出。脱脱十分信任一个叫汝中柏的人,自平章政事以下对他的意见都是唯唯称是,但哈麻依仗自己受到顺帝宠信,经常与他当面进行争论。汝中柏常在脱脱面前数说哈麻的不是之处,脱脱对哈麻也越加不满起来。这年八月,将哈麻降为宣政院使,并在院中位居第三。由此,哈麻与脱脱之间便结下了刻骨的仇恨,总在伺机对对方进行报复陷害。

徐州被元军攻下以后,元顺帝以为从此天下太平,该好好享乐一番了。哈麻知其所好,为进一步取得顺帝宠幸,就偷偷地将会运气术的西方僧人引进宫廷,介绍给元顺帝。西方僧人教给顺帝"演撰儿法",汉语意思就是"大喜大乐",是一种房中术。据说该法能使人身之气,或消或胀,或伸或缩,其快无比。顺帝大喜,将西方僧人封为司徒。哈麻的妹婿名叫秃鲁帖木儿,官居集贤学士,也受到顺帝的宠爱。他和顺帝的母舅老的沙、顺帝的弟弟八郎,以及答剌马吉的,波迪哇尔玛等共十人,都号称"倚纳",共同学习房中运气术。秃鲁帖木儿又将通晓秘密法的西蕃僧伽璘真推荐给顺帝,伽璘真对顺帝说:"陛下虽然居万民之上,富有四海,也不过只能保有今生今世而已。人生能几何,欢乐无多,请你学习我这种秘密大喜乐禅定。"顺帝又学习这种叫秘密法的房中术,并把西蕃僧伽璘真封为大元国师。伽璘真之徒四处掠取良家少女,或以三女,或以四女奉伺一人,称作"供养"。

顺帝每日和蕃僧学习房中运气术,从宫内宫外广取妇女,整天唯以淫戏为乐。哈麻和秃鲁帖木儿、八郎等所谓"倚纳",在顺帝面前做出各种下流动作,甚至男女混杂,赤身裸体,同处一室。所处之室号称"皆即兀该",汉语意思是"事事无碍"。顺帝君臣争相宣淫,群僧随意出入宫廷,"丑声秽行,著闻于外,虽市井之人,亦恶闻之。"皇太子爱逎识里达腊一天天长大,渐渐懂得了羞耻,对于这一伙人的所作所为,十分痛恨,极想除掉他们,但却无力能够做到,只好记恨于心。

至正十三年五月,张士诚在泰州(今江苏泰州市)起义。他攻占高邮,以此为中心,国号大周,自称诚王。元政府几次派兵攻打高邮不下,又想让脱脱领兵出征。十四年九月,顺帝诏脱脱以太师、中书右丞相的身份。"总制诸王各爱马,诸省各翼军马、董督总兵、领兵大小官将,出征高邮。"脱脱率领百万大军,浩浩荡荡,出京而去。十一月,脱脱大兵到达高邮城下,将高邮重重包围,全力进攻。城中支持不住,张士诚准备突围下海。正在危急关头,元军方面情况却发生了突然变化。

在元朝朝廷中,哈麻乘着脱脱领兵在外的机会,四处活动。这年十二月,他重新进入中书省为平章政事,晋阶光禄大夫,脱脱领兵出京时,升汝中伯为御史台治书侍御史,让他辅助也先帖木儿。汝中柏屡次对也先帖木儿说,必须将哈麻赶下台去,不然迟早会成为祸患,但也先帖木儿没有听从汝中柏的建议。哈麻知道以后,新仇旧恨涌上心头,企图来个先下手为强。他趁脱脱不在朝廷之机,跑到顺帝皇后奇氏跟前大说脱脱的坏话。奇氏是高丽人,顺帝不顾众人反对,将之立为皇后。因别的皇后无子,就将她生的儿子爱道识里达腊立为太子,但一直没有举行授予皇太子册宝的仪式。哈麻对奇氏皇后说:"皇太子名位早定,然而册宝之授及郊庙之礼久久不能举行,都是由于脱脱兄弟反对的缘故。"奇氏皇后听了哈麻的话,心里恨透了脱脱兄弟。哈麻又伙同桑哥实里、明理明古等人,到皇太子跟前讲脱脱兄弟的坏话。皇后和太子一齐在顺帝耳边吹风,不由得使顺帝对脱脱产生了不满和疑虑。

正巧这时脱脱的弟弟、御史大夫也先帖木儿因病住在家里,监察御史袁赛因不花秉承哈麻的旨意,乘机上奏弹劾也先帖木儿的罪恶。奏章中说:"脱脱出师三月,略无寸功,倾国家之财以为己用,半朝廷之官以为自随。又其弟也先帖木儿,庸才鄙器,玷污清台,纲纪之政不修,贪淫之心益著。"奏章一连上递三次,元顺帝才批准了。因为这牵涉到手执国柄的重臣脱脱,他也不得不慎重对待。然而最后他还是下诏,收御史台印,令也先贴木儿出都门听旨,以宣徽使汪家奴为御史大夫。接着,又是一道诏旨,说脱脱"劳师费财,已逾三月,坐视寇盗,恬不为意。"将之削夺官爵,安置外地。并任哈麻之弟雪雪为知枢密院事,取代了脱脱的领兵大权。

脱脱正在高邮城外全力攻城,张士诚急切难支。突然间,元顺帝派人带圣旨来到军中。钦差当众开读诏书,结果,百万大军一时四散。一部分投入红巾军中,起义军势力因此越发壮大。张士诚在高邮城里趁机出击,转危为安。

脱脱交出了兵权,被流放淮安路(今江苏淮安一带)。至正十五年正月,又有圣旨将他安置亦集乃路(今内蒙古额济纳旗)。二月,刘福通红巾军立韩林儿为小明王,国号大宋。军旗上大书:"虎贲三千,直抵幽燕之地;龙飞九五,重开大宋之天。"表明了要推翻蒙古族人的统治,恢复了故宋天下的决心。元朝危在旦夕但哈麻兄弟为了一己之私利,哪能顾得了国家兴亡,仍然一心只用在如何陷害脱脱之上。脱脱虽已被削官流放,哈麻兄弟仍不解恨,担心斩草不除根,必有后患。又指使御史台臣上奏,捏造了许多脱脱兄弟的罪行,必欲置之死地而后快。这年三月,顺帝诏将脱脱流放于云南大理宣慰司镇西路,也先帖木儿流放到四川碉门。脱脱长子哈剌章安置肃州(甘肃酒泉);次子五三宝奴安置兰州。脱脱兄弟家产人口被尽数籍没入官,哈麻则趁机霸占了也先帖木儿的全部家产。脱脱被陷之后,哈麻兄弟更加受到顺帝的宠信,四月,哈麻之弟雪雪由知枢密院事拜御史大夫,五月,哈麻拜中书左丞相。至此,"国家大柄,尽归其兄弟二人矣。"哈麻兄弟为永保自己的权力,更加紧了对脱脱的迫害。十二月,哈麻假传圣旨,派遣使者携带药酒,毒死了脱脱,不久,又将脱脱之弟也无帖木儿害死。

而哈麻兄弟正当极受宠幸之时,突然被贬死。人们不知道这是由于哈麻阴谋废立,惹恼了元顺帝,而都以为是顺帝恼恨他们诬害脱脱兄弟的缘故。

元顺帝将权臣逐个除掉,自己的江山也走近尾声。

刘伯温报国无门

刘基,字伯温。元至大四年(1311年)出生在浙江处州府青田县南田山(今浙江省文成县)武阳村一个书香地主家庭里。从小就受到良好家风的熏陶,使他在学业上打下坚实的基础,同时也培养造就了他豪爽刚正、疾恶如仇的性格。

泰定元年(1324年),十四岁的刘基入郡庠(即府学)读书。他从师习春秋经。这是一部隐晦奥涩、言简义深的儒家经典,很难读懂,尤其初学童生一般只是捧书诵读,不解其意。刘基却不同,他不仅默读两遍便能背诵如流,而且还能根据文义，发微阐幽，言前人所未言。老师见此大为惊讶，以为他曾经读过，便又试了其他几段文字，刘基都能过目而识其要。老师十分佩服，暗中称道"真是奇才，将来一定不是个平常之辈！"一部春秋经，刘基没花多少工夫就学完了。元统元年（1333 年）二十三岁的刘基赴京参加会试，一举考中进士，从此步入坎坷曲折、跌宕起伏的仕途生涯。

至元二年（1336 年），即刘基考中进士七年后的第三年，他被授为江西高安县丞。这是辅佐县令的地方小官，位卑职微。但刘基并不因此而松懈自己的责任。他廉洁奉公，护爱百姓，忠于职守，执法严明，很快做出了政绩。一次他受命复审一桩人命案

刘伯温雕像

狱。此案初审裁定死者为自杀致死。但原告不服，呼冤上诉。刘基受理此案后，认真审阅案卷，发现其中破绽，于是明察暗访，重新调查勘验，终于查明这是一起蓄谋杀人案。初审官受被告贿赂，徇情枉法，故意将杀人案判为自杀案。刘基知道初审官乃是当时属第一等级、持有特权的蒙古贵族，但他还是如实向上禀报案情。上司被迫重新判决，初审官也以渎职罪罢官。刘基不避强权为民申冤之事，一时成为远近美谈。但在这好人难做、清官难为的社会环境里，刘基为此案也得罪了初审官及其周围的一帮恶势力，他们纠集在一起，造谣诽谤，企图加害刘基。幸好江西行省大臣因看重刘基，不惑谗言，在暗中加以保护，才使他免遭迫害。不久，刘基被调至江西行省为职官，当时元朝政纲紊乱，官场腐败，大小官吏都因循守旧，争相谀迎。刘基秉性耿直，看不惯这种风气，便常常直言谏事，不顾情面。这样，刘基很快又遭到上司和其他幕官的忌恨和排斥。他看到在这种环境中自己很难有所作为了，于是毅然投劾辞职。至元六年

（1340 年）刘基回归青田老家，闭门读书。

此时刘基已经声名在外，回家不到三年，江浙行省以儒学副提举第二次起用他，授行省考试官。但这次当官与前次一样，并未长久。到任后不久，他见不平事激愤直言的脾气又犯，上书揭发了监察御史失职的事。上锋斥责他多管闲事，所言不实。一气之下，他又辞职而去。在心灰意懒中，他移居杭州，寄情山水，在西子湖畔、武林山麓，饮酒赋诗，遣兴自娱。

至正十一年（1351 年），台州人方国珍在海上举兵，攻占浙江沿海诸州郡，朝廷大惊，急命江浙行省着力防范。刘基谙熟兵法韬略，在浙江早有口碑，因此，行省于次年（1352 年）以浙东元帅府都事再次起用刘基。他虽对元朝政治极为不满，但为君主、朝廷效忠的愚昧正统思想并未泯灭，在踌躇一番后，他还是出了山，与官府一气，参与镇剿方国珍的机宜。针对方国珍常以浙东宁波为跳板进袭内地的情况，刘基提出建筑宁波城墙，以防方国珍攻占的对策。筑城后方国珍果然不敢轻易进犯宁波了。至正十三年（1353 年）江浙行省左丞帖里帖木耳升刘基为行省都事，召至杭州商议招抚方国珍事。原来，方国珍在海上举兵起事后不久，就接受朝廷招安，授定国尉，但他不安此职，仍多次下海反元，迫使朝廷不断加官招抚。这次方又重演故技，以起兵要挟朝廷。刘基从维护元朝统治的立场出发，反对一味招安。他认为对方氏之乱应剿抚两法互济并用，方氏兄弟时降时反，意在谋得高位厚禄，对此不能姑息，定捕斩之；其部下大都是胁从者，则宜招安之。帖里帖木耳觉得言之有理，便禀报朝廷，按此计而行。刘基用这一分化瓦解之计，镇压方国珍义军的策略，确实险恶。方国珍知后自然也很惊慌，立即暗中派人给刘基送去金银丝帛，希望他放弃剿捕之计，宽行诏谕之法。刘基拒绝贿赂，坚持自己主张。方国珍只好改变方法，以重金直接贿赂大都朝中大官，很快打通关节。朝廷不但招了方国珍的安，而且还斥责刘基主张剿捕方氏之计，是伤朝廷好生之仁，擅作威福，责令江浙行省将刘基羁管于绍兴。对朝廷一片忠心，得到的却是如此报应，这对刘基无疑又是当头一棒。刘基被迫第三次辞官回家。

名人逸史

晏殊爱惜后生得佳句

晏殊是北宋文坛上地位很高的文人，《宋史》说他"文章赡丽，应用不穷。尤工诗，娴雅有情思"。他一生富贵优游，所作多吟成于舞榭歌台、花前月下，而笔调闲婉，理致深蕴，音律谐适，词语雅丽，为当时词坛耆宿，在北宋文坛上享有很高的地位。诗、文、词兼擅。

有一次晏殊路过扬州，在城里玩累了，就进大明寺里休息。进了庙里后，晏殊看见墙上写了好些题诗。他挺感兴趣，就找了把椅子坐下，让随从给他念墙上的诗，却不许念出题诗人的名字和身份。

随从念了一会儿，晏殊觉得有一首诗写得挺不错，就问："哪位写的？"随从回答说："写诗的人叫王琪。"晏殊就叫人去找王琪来聊天。

王琪被找来了后，晏殊跟他一聊，还挺谈得来，便有惜才之心，就高兴地请他吃饭。吃完饭后两人一块到后花园去散步。此时恰逢晚春时节，满地都是落花，一阵小风吹过，花瓣一团团地随风飘舞，非常有诗意。晏殊看了一会儿，触动了诗情，不由得对王琪说："王先生，我每想出个好句子，就写在墙上，再琢磨个下句。可有个句子，我想了好几年，也没琢磨出个好下句。"

王琪连忙问："请大人说说是个什么句子？"

晏殊就念了一句："无可奈何花落去。"王琪听后想了一下说："您干吗不对个'似曾相识燕归来'呢？"

晏殊一听便拍手叫好说："妙，妙，太妙了！"

王琪的下句对得确实好，跟上句一样，说的都是春天的景色。拿"燕归来"对"花落去"，又工整又巧妙。用"似曾相识"对"无可奈何"也恰到好处。这两句的音调正好平仄相对，念起来非常和谐好听。

晏殊对这两句非常喜欢，他写过一首词《浣溪沙》，里边就用上了这副联语,词曰:一曲新词酒一杯,去年天气旧亭台。夕阳西下几时回。无可奈何花落去,似曾相识燕归来。小园香径独徘徊。

这首词写作者在花园饮酒,看到满地落花,心里十分伤感。虽说词的情调不太高,不过,写得情景交融,艺术上还是有可取之处的。晏殊非常喜欢"无可奈何花落去,似曾相识燕归来"这两句,后来他在一首七言律诗里也用了这两句。

欧阳修勤学认真成文学大家

北宋时的欧阳修,字永叔,庐陵(今江西省吉安市)人,历史上杰出的文学家和史学家。他4岁那年,父亲去世了,家里生活非常困难。他的母亲郑氏一心想让儿子读书,可是哪里有钱供他上学呢? 郑氏左思右想,决定自己教儿子。郑氏年轻时在娘家受过几年教育,加上自己酷爱读书,颇有些学识,教儿子识字自然不成问题。她买不起纸笔,就拿荻草秆在地上写字,代替纸笔,教儿子认字。这就是历史上有名的"画荻教子"的故事。

欧阳修聪明伶俐,读书也非常刻苦专心,什么书读过数遍就能背诵。家里的书读完了,他就向一李姓的很富有的邻居借书。遇到重要的书还亲手抄写一部。经过母亲的辛勤教育,再加上自己的努力,使他在少年时代就打下了很好的文化知识基础。

欧阳修

有一次,他在李姓邻居家里偶然发现了唐朝大文学家韩愈的《昌黎先生集》,便借出来阅读。宋朝初年,有些人写文章,只追求辞藻华丽,句子和句子之间讲究对称,内容却非常空洞。韩愈的文章内容充实,说理透彻,一下子就把欧阳修吸引住了。欧阳修越读越觉得有

味道。他立志要做韩愈这样的文学家,于是下苦功钻研阅读,甚至连吃饭和睡觉都忘记了。这本书对他后来的文学思想有极大的影响。

欧阳修20多岁的时候,到西京(今河南省洛阳市)做留守推官(地方行政长官的助手),当西京留守钱惟演的幕僚。钱惟演是当时有名的文人。他手下的许多幕僚,都很会写文章。有一次,钱惟演在西京修建了一所驿舍,叫尹师鲁、谢希深和欧阳修三个幕僚各写一篇文章,记述这件事情。三个人把写好了的文章拿来互相观看,谢希深的文章700字,欧阳修的文章500多字,只有尹师鲁的文章300多字。尹师鲁的文章虽短,文字却十分精练,叙事清晰、完整,而且结构严谨。欧阳修看了,不甘心落在尹师鲁的后面,就带了酒去拜访他。两人讨论文章的写法,彻夜不眠。

尹师鲁对欧阳修说:"你的文章写得还好,不过格调较低,废话较多。"欧阳修明白了自己文章的缺点,就重新写了一篇。重写的文章比尹师鲁的还要少二十几个字,内容却更加完整。尹师鲁看了之后,非常钦佩,对人称赞说:"欧阳修进步真快,简直是一日千里!"

后来欧阳修总结自己的写作经验,说:"写文章要有三多,看得多,做得多,还要同别人商量多。"

欧阳修的写作态度严肃认真。每当他写好一篇文章,就贴在墙壁上,不管是坐下还是躺下来,随时可以看到并加以修改。一直改到他自己满意,才肯拿出来给别人看。据说,他写的著名散文《醉翁亭记》的原稿开头写道,滁州(今安徽省滁县)四面有山,东面有什么山,西面有什么山,南面是什么山,北面又是什么山,这一来,就写了好几十个字。欧阳修写完一看,觉得太啰唆,就反复修改,到最后定稿的时候,只剩了"环滁皆山也"五个字。这样开头,字数极少,语言精练,意思又都表达清楚了。

到了晚年,欧阳修又把过去所写的文章,一篇篇拿出来,仔细地进行修改。他的夫人劝阻说:"为什么要这样吃苦呢?你又不是学生,难道还怕先生责怪吗?"他笑着回答说:"我虽然不怕先生责怪,但是怕后生讥笑。"

正是由于这样的勤学和认真,使得欧阳修有了博大的文学学识和深厚的文学素养,终成为北宋古文运动的领袖,被公认为"唐宋八大家"之首,在我国文学史上占有重要地位。他一向反对浮华艰涩的文风,提倡文章要写得通俗流畅。他还积极培养人才，对当时的诗文革新运动做出了很大的贡献。他的散文、诗、词都写得很好，是一位具有多方面才能的作家，他一生写了大量的著作，除了诗文集《欧阳文忠集》150多卷以外，还编写了两部历史著作，一部是和宋祁等人合编的《新唐书》，另一部是《新五代史》。这两部史书，为后人研究历史提供了宝贵的史料。

欧阳修一生所以能取得这样大的成就，主要靠他自己的勤奋努力，认真向学，同时和他母亲早年的辛勤教育，给他打下了坚实的文化知识基础也是分不开的。

范仲淹"割齑划粥"终建功立业

范仲淹是北宋时期大家都很熟悉的杰出的政治家、文学家。他不仅在政治上有卓越贡献，而且在文学、军事方面也表现出非凡的才能。著名的《岳阳楼记》就是出自他手，文章中"先天下之忧而忧，后天下之乐而乐"的名句深为后人喜爱，广为传诵。

范仲淹在担任陕西西路安抚使期间，指挥过多次战役，成功抵御了外族的入侵，使当地人民的生活得以安定。西夏的军官互相告诫说："小范老子（指范仲淹）胸中有数万甲兵。"话里对范仲淹充满敬畏之心，这在北宋的历史上是罕见的。

范仲淹之所以有这样杰出的才能，与他在青少年时期的刻苦努力有着必然的因果关系。早年的辛勤耕耘，换来了日后的丰硕果实。

范仲淹的祖籍以前在陕西，后来才到了江苏吴县。宋太宗端拱二年（989）八月初二，范仲淹在这里降生。范仲淹不到3岁的时候，父亲范墉因病去世了。他的母亲谢氏贫困无依，只好抱着襁褓中的仲淹，改嫁山东淄州长山县（今山东邹平县附近）一户姓朱的人家。范仲淹也改从其姓，取名朱悦，在朱家长大成人。

范仲淹从小读书就十分刻苦，朱家是长山的富户，但他为了励志，常去附近长白山上的醴泉寺寄宿读书，晨夕之间，便就读讽诵。他遍读不懈的精神，给这里的僧人留下深刻的印象。

这样过了差不多3年,一个偶然的事件,暴露了范仲淹家世的隐秘。他惊愕地发现,自己原是苏州范家之子,这些年来,一直靠继父的关照度日。这件事使范仲淹深受刺激和震动,愧愤交集之下,他决心脱离朱家,自树门户,待将来卓然立业,再接母归养。于是他匆匆收拾了几样简单的衣物,佩上琴剑,不顾朱家和母亲的阻拦,流着眼泪,毅然辞别母亲,离开长山,徒步求学去了。

宋真宗大中祥符四年(1011),23岁的范仲淹来到睢阳应天府书院(今河南睢阳区),拜当时著名学者感同文为师,学习经邦治国的知识,立志报国为民。

在应天府书院期间,生活条件非常艰苦,他每天只煮一锅稠粥,凉了以后划成四块,早晚各取两块,拌几根腌菜,调半盂醋汁,吃完继续读书。后世便有了"断齑(jī)画粥"的美誉,但他对这种清苦生活却毫不介意,而用全部精力在书中寻找着自己的乐趣。

一天,范仲淹正在吃饭,他的同窗好友来看望他,发现他吃的食物非常的糟糕,于心不忍,便拿出钱来,让范仲淹改善一下伙食。范仲淹很委婉但又十分坚决地推辞了。他的朋友没办法,第二天送来许多美味佳肴,范仲淹这次接受了。

过了几天,他的朋友又来拜访范仲淹。他吃惊地发现,他上次送来的鸡、鱼之类的佳肴都变质发霉了,范仲淹连一筷子都没动。他的朋友有些不高兴地说:"希文兄(范仲淹的字,古人称字,不称名,以示尊重),你也太清高了,一点吃的东西你都不肯接受,自己在那里吃粗茶淡饭,您这到底是为什么呢?您这样真的让我们这些朋友太伤心了!"

范仲淹笑了笑说:"老兄误解了,我不是不吃,而是不敢吃。我担心自己吃了鱼肉之后,咽不下去粥和咸菜。你的好意我心领了,你千万别生气,我这也是不是办法的办法啊!"一旁的朋友听了范仲淹的这一番话,更加佩服他的人品高尚。

有人问起范仲淹的志向,范仲淹说:"不是当个好医生,就是当个好宰相。好医生为人治病,当宰相治理国家。"这种不为个人升官发财而读书的伟大抱负,让周围的人非常敬佩。后来,范仲淹当了参知政事,相当于副宰相之职,提出并实施了许多利民富国的措施,实现了自己当年的志向,成为一代伟人。

范仲淹谏善言保众臣

北宋仁宗时期,有一支起义军在首领张海的带领下攻城略地,有一天他们去攻打高邮城。高邮的知军晁仲约反复考虑后,认为自己的力量还无法抵御他

范仲淹塑像

们,就晓谕城中的富户,拿出一些金银玉帛、牛羊好酒前去迎接和犒劳张海,张海欣喜高邮人的热情举动,竟然未去攻打。

此事传开以后舆论大哗,朝廷里的文武百官都十分生气,皇上也动了怒,大臣富弼也建议诛杀晁仲约。

范仲淹却另有看法,他说:"一般来说,一个郡县的兵力,是完全能够战胜这帮乌合之众、守住城池的。晁仲约遇到强盗不组织力量予以抵抗,反而贿赂他们,当然应该依法追究的。可是当时高邮城里的情况是既没有一兵一卒,又没有一枪一戟,况且老百姓的心理是'消财免灾',所以,大家宁愿凑集些财物,而免于被烧杀掠夺。因此他们对晁仲约的决定就非常赞同,若在这种情况下杀了晁仲约,恐怕就不符合我们当初制定法律的本意了。"

宋仁宗听后觉得有理,便饶恕了晁仲约。

富弼在事后却十分气愤地对范仲淹说:"皇上正要依法行事,你就跳出来多方阻挠,今后凭什么治理百姓?"

范仲淹悄悄地对他说:"老兄,宋朝自开国以来,还未曾轻率地诛杀过一个下臣,这是阴积盛德的好事,我们为什么要轻易破坏了圣上的这一德行呢!倘

若以后皇上把手杀顺了,恐怕我们就会成为砧上之肉了。"

富弼当时还不以为然,以后他与范仲淹奉命出京去巡视边防,富弼先从河北返回京城,到了京城大门时,守门的却不准他进去了。富弼一时怎么也猜测不透朝廷的意思,这一夜他惊恐不安,在床边踱来踱去,觉得弄不好会有杀身之祸,因为即使自己不做坏事,又怎能避免被人诬陷呢?皇帝对他人不开杀戒,那么自己相对也是安全的,倘若皇帝杀出性来,谁又能保证哪天他不杀了自己呢?想到这里不由地感叹道:"范公有先见之明,真是个圣人啊!"

富弼德才兼备成晏殊女婿

北宋时期的名臣富弼德才兼备,年少时有一次走在洛阳大街上,有人过来悄声说:"某某在背后骂你!"

富弼说:"大概是骂别人吧。"

那人又说:"人家指名道姓在骂你呢!"

富弼想了想说:"怕是在骂别人吧,估计是有人跟我同名同姓。"

这话传到骂他的人耳朵里,结果使得骂他的人惭愧不已,赶紧向富弼道歉。

富弼虽然年少,却分明已经学会了假装糊涂,这显示了他的聪明睿智。

富弼所处的时代可谓是人才辈出、群星灿烂,大宋王朝井喷似的涌现出许多人才:范仲淹、司马光、欧阳修、文彦博、苏东坡、王安石等,都轻轻松松地通过科举考试中了进士,取得了功名。富弼的科举之路却不很顺利,最初他是以茂才(秀才)的身份登上文坛的,但他不气馁,从容地和"大腕们"交往。当时的文人们经常搞文艺沙龙,在酒楼聚会,吟诗作赋。大家看到一个青年,面目清秀,稳重大方,但20岁出头了,还是一个茂才,都替他感到惋惜。这个年轻人却不卑不亢,来了就找一个角落坐下来,安静地听别人诵诗,末了才稳稳地站起来,把自己的作品念给大家听。他的文章真是好,每每成为诗会的压轴之作。大家最后总结评判,都说这个洛阳小伙子的文章不错。富弼由此被誉为"洛阳才子"。

当时范仲淹已经颇有名气,认识富弼后,对富弼大为赞赏,说他有"王佐之才",把他的文章推荐给当时的宰相晏殊。晏殊则可说是文章奇才,不到20岁就考中进士，写出"无可奈何花落去，似曾相识燕归来"这一名句。他一下便看出富弼很有发展前途，就问范仲淹："这位洛阳才子可曾婚配？"

范仲淹回答说尚未婚配，晏殊高兴地点了点头，便有把他招为女婿之意。

当时晏殊尚有一女待字闺中，正托知贡举陈祥帮忙选婿。陈祥对晏殊说：我观富弼之文章气度，大有宰相之才。范仲淹见晏殊喜欢富弼，就和陈祥从中撮合，这样富弼终成为晏殊的东床快婿。

富弼不入俗流得范仲淹欣赏

北宋时的富弼虽然才高，但却不擅考试，虽然在当时很有名气，但考试经常落第。宋仁宗天圣八年（1030）时，富弼终于考中进士，当时他已经27岁了，属于茂才异等科及第。步入仕途后，他先到河阳（今河南孟州）任节度判官厅公事，接着到绛州（今山西新绛）、郓（yùn）州（今山东东平）为官。

在郓州为官时，山东一带多有兵变，有些州县长官见乱匪势强，软弱无能，不但不去镇压，反而开门延纳，拿礼相送以求平安。后来朝廷追究，派出以范仲淹为首的工作组下来严查。

范仲淹可说是富弼的老师，也是他仕途上的领路人，他坐镇郓州处理这些事，富弼心里很踏实，就对范仲淹说："这些州县长官拿着朝廷俸禄，竟然姑息养奸，形同通匪，都应定死罪，不然今后就没人再去剿匪了。"

范仲淹则说："你不知道啊，土匪势强，远在山林，难以围剿，地方政府兵力不足，贸然围剿，只能是劳师伤财，让老百姓白白受苦罢了。他们按兵不动，以图缓剿，这大概是保护百姓的权宜之计啊。"

富弼不同意范仲淹的看法，脸红脖子粗地与自己的恩师争执起来。有人劝富弼："你也太过分了，难道忘了范先生对你的大恩大德了吗？"原来，富弼考中进士后，正值皇帝下诏求贤，要亲自考察天下士人。范仲淹听到这个消息，马上派人把富弼叫来，给他备了书房和书籍，让他集中精力写出对政事的看法，富弼因此得以被皇帝赏识。

可是，富弼回答："我和范先生交往，是君子之交。先生举荐我，并不是因为我的观点始终和他一致，而是因为我遇到事情敢于发表自己的看法。我怎能因为要报答他而放弃自己的主张呢?"

范仲淹事后说:"富弼不同俗流,我欣赏他,就是因为这呀。"富弼遇事有主见,不盲从,不随便附和别人,即便对天子也是这样。所以朝廷中都认为他是个担当大任的人。

王安石教导苏轼谦虚向学

王安石是北宋时期的著名宰相、改革家,他不但在政治上有极高的建树,而且博学多才,为时人所不及,大文豪苏轼就非常佩服他。

苏轼字东坡,是当时非常著名的文学家、书画家,比王安石小 15 岁,他天资聪颖,过目成诵,出口成章,被时人称为:"有李太白之风流,胜曹子建之敏捷。"苏东坡曾官拜翰林学士,在宰相王安石门下做事。王安石很器重他的才能,然而,那时的苏轼还比较年轻,自恃聪明,常常说出一些得罪人的话。

有一次,苏轼和王安石坐在一起谈文字,论及坡字,坡字从"土"从"皮",于是王安石认为"坡乃土之皮"。苏东坡笑道:"如相公所言,滑字就是水之骨了。"王安石听了呵呵笑了,但心中很不高兴,不过当面也不好发作。

又有一天,王安石与苏东坡谈及鲵字,鲵字从"鱼"从"儿",合起来便是鱼的儿子的意思。苏东坡又调侃说:"鸠可作九鸟解,毛诗上说:'鸣鸠在桑,其子七兮。'就是说鸠有七个孩子,加上父母两个,不就是九只鸟吗?"王安石觉得苏轼这肯定是自作聪明,心里就十分反感,觉得他还欠历练。

后来,苏轼在湖州做了 3 年官,任满回京。想当年因得罪王安石,落得被贬的结局,这次回来应投门拜见才是,于是便往宰相府来。

此时,王安石正在午睡,书僮便将苏轼迎入东书房等候。苏轼闲坐无事,见砚下有一方素笺,原来是王安石两句未完诗稿,题是咏菊。如果是会做事的人,肯定会夸奖王安石的文采一番,但是苏轼还是自以为聪明,他笑道:"想当年我在京为官时,他写出数千言,也不假思索。3 年后,正是江郎才尽,起了两句头便续不下去了。"苏轼把这两句念了一遍,不由叫道:"其实,这两句诗是说不通的。"

那首诗是这样写的:"西风昨夜过园林,吹落黄花满地金。"在苏东坡看来,

国学经典文库

中国古代逸史

·宋元逸史·

图文珍藏版

西风盛行于秋,而菊花在深秋盛开,最能耐久,随你焦干枯烂,却不会落瓣。想到这里,苏轼就觉得自己的想法实在是太好了,便在王安石的诗后面添了两句:"秋花不比春花落,说与诗人仔细吟。"待写下后,又想如此抢白宰相,只怕又会惹来麻烦,若把诗稿撕了,不成体统,左思右想,都觉不妥,便将诗稿放回原处,告辞回去了。第二天,皇上降诏,贬苏轼为黄州团练副使。

苏轼在黄州任职将近一年,不知不觉已经到了秋天,这一天,忽然刮起了大风,风息之后,后园菊花棚下,满地铺金,枝上全无一朵。东坡一时目瞪口呆,半晌无语。此时方知黄州菊花果然落瓣!不由对友人道:"小弟被贬,只以为宰相是公报私仇。谁知是我的错了。我自以为是,真的是大错特错啊!"

苏轼认识到了自己的错误,便想找个机会向王安石赔罪。想起临出京时,王安石曾托自己取三峡中峡之水用来冲阳羡茶,由于心中一直不服气,早把取水一事抛在脑后。于是便想趁冬至节送贺表到京的机会,带着中峡水给宰相赔罪。

此时已近冬至,苏轼告了假,带着因病返乡的夫人经四川进发了。在夔州与夫人分手后,苏轼独自顺江而下,不想因连日鞍马劳顿,竟睡着了,等到醒来,已是下峡,再回船取中峡水又怕误了上京时辰,又听当地老人道:"三峡相连,并无阻隔。一般样水,难分好歹。"便装了一瓷坛下峡水,带着上京去了。

苏东坡先来到相府拜见宰相。王安石命门官带苏轼到东书房。苏轼想到去年在此改诗,心下愧然。又见柱上所贴诗稿,更是羞惭,倒头便跪下谢罪。

王安石原谅了苏轼以前没见过菊花落瓣。待苏轼献上瓷坛,取水煮了阳羡茶。王安石问水是从哪里取的,苏轼回到说:"巫峡。"王安石笑道:"又来欺瞒我了,这明明是下峡之水,怎么冒充中峡的呢?"苏轼一下子慌了神,急忙辩解道误听当地人言,三峡相连,一般江水,但不知宰相是怎么辨别出来的。王安石语重心长地说道:"读书人不可道听途说,定要细心察理,我若不是到过黄州,亲见菊花落瓣,怎敢在诗中乱道?三峡水性之说,出于《水经补注》,上峡水太急,下峡水太缓,惟中峡缓急相半,如果用来冲阳羡茶,则上峡味浓,下峡味淡,中峡浓淡相宜,今见茶色半天才现,所以知道是下峡的水。"苏轼听了以后,自愧弗如。

王安石又把书橱都打开,对苏东坡说:"你只管从这二十四橱中取书一册,念上文一句,我若答不上下句,就算我是无学之辈。"苏轼见书橱中书如此之多,

图文珍藏版

心中不信，便专拣那些积灰较多，显然久不观看的书来考王安石，谁知王安石竟对答如流。苏轼不禁汗颜，赞叹道："老太师学问渊深，非我晚辈浅学可及！"之后性格终于变得谦虚，更开始发愤学习，并与王安石成为至交好友。

苏轼尚且如此，而那些才不及东坡者，更应谨言慎行，谦虚好学。一个人读不尽天下的书；参不尽天下的理。正如古人所说："宁可懵懂而聪明，不可聪明而懵懂。"所以说，一个人耍小聪明是没有好处的，尤其是在智者面前班门弄斧，这样的行为是非常不可取的。

司马光砸缸和写史书

司马光是北宋名臣，陕州夏县（今山西夏县）人，很小的时候，他的名声便已经流传开了。一是因为他聪敏勤学，再有就是他砸缸救人的行为。

司马光从7岁开始就专心读书。不论是炎热的夏天还是数九寒冬，他总捧着书不放，有时候专心得连吃饭喝水都忘了。

他不但读书用功，而且心思也很机灵，有一次，他跟小伙伴们在后院子里玩耍。院子里有一口大水缸，有个小孩爬到缸沿上，一不小心掉到缸里了，缸大水深，那孩子一下便掉到水下面去了，别的孩子们一见出了事，吓得一面哭喊一面往外跑，找大人来救。而司马光却不慌不忙，他从地上搬起一块大石头，用力朝水缸砸去。只听"哐啷"一声，水缸被砸破了，缸里的水全都流了出来，被淹在水里的小孩也得救了。

这件事情使幼小的司马光很快出了名。东京开封和洛阳有人把这件事画成图画，使得这个故事广泛流传。

司马光喜爱读史，所以对历史很有研究，他认为治理国家的人，一定要通晓从古以来的历史，从历史中吸取兴盛、衰亡的经验教训。他又觉得从上古到五代，历史书实在太多，做皇帝的人没有那么多时间看。于是，他很早就动手编写一本从战国到五代的史书。宋英宗在位的时候，他把一部分稿子献给朝廷。宋英宗觉得这本书对巩固王朝统治有好处，十分赞赏这项工作，便专门为他设立一个编写机构，叫他继续编下去。

宋神宗即位以后，司马光又把编好的一部分献给宋神宗。宋神宗并不信司马光的政治主张，但是对司马光编书却十分支持。他把自己年轻时候收藏的2400卷书都送给司马光，要他好好完成这部著作。还亲自为这本书起了个书名，叫《资治通鉴》（"资治"就是能帮助皇帝治理天下的意思）。

司马光因与当时的宰相王安石政见不同，不同意他的变法，就回到洛阳专心写《资治通鉴》，一共花了19年时间，才把这部著作完成。这部书按历史年代编写，从战国时期公元前403年到五代时期公元959年，记载了1362年的历史。

为了写这一部巨大篇幅的著作，司马光和他的助手们收集和整理了大量资料，除了采用历代的正史之外，还参看各种历史著作300多种。据说，这部书写成的时候，原稿足足堆放了两间屋子。由于它的材料丰富、剪裁恰当和考证严格，加上文字精练生动，所以成为我国史学史上最有价值的著作之一。它对于后来的人研究历史，提供了比较完备的资料。

司马光在洛阳写了10多年书，但是因为他反对新法出了名，一些保守的官员都很记挂他。他虽然口口声声说不谈政治，但是许多人还待他当作"真宰相"看待，连普通百姓也知道洛阳住着一个司马相公。

在整整19年时间里，司马光把全部精力放在这部著作上面，每天工作到深夜。到《资治通鉴》完成的时候，他的身体已经十分衰弱，眼睛昏花，牙齿大多脱落了。由于他在史学方面做出了贡献，所以他被认为是我国历史上著名的史学家。

苏轼学老农做"东坡居士"

苏轼是我国北宋时期的文学家、诗人，豪放词派的代表人物。他和父亲苏洵，弟弟苏辙，在宋代文坛上皆享有盛名，被后人称之为"三苏"，还被列入唐宋古文八大家。若从学问这个角度来看，苏轼算不上是一个很严谨的学者；但是在人生的道路上，苏轼却是一个变通的能手。

虽然后来苏轼在文学上取得了不菲的成就，但是他的人生经历却坎坷多舛。早在青少年时代，聪颖好学的苏轼便"奋厉有当世志"，具有报国安民的雄心。北宋仁宗嘉祐二年（1057），年仅21岁的苏轼与弟弟苏辙同科进士及第，深

苏轼

受文坛领袖欧阳修的赏识。然而，就在这个时候，苏轼的母亲病故了，苏轼立即与父亲、弟弟回乡奔丧，并在家守丧两年。

继母亲去世以后，苏轼接着又经历了丧妻、丧父之痛，仅仅当过三年多的凤翔府签判。接着，王安石变法，尽管苏轼主张革新政治，却力主渐进，坚决反对王安石的变法，遭到了新党的不满，他们常常想办法孤立苏轼。宋神宗熙宁四年（1071）元月，苏轼被任命为杭州通判，此后辗转到密州、徐州和湖州。后来，新党中的投机政客以"谤讪新政"的罪名将他逮捕，企图将他置于死地，这就是著名的"乌台诗案"。

经过多方营救，苏轼被责授黄州团练副使，但是不得签书公事。这是他在政治上遭到的第一次重大打击。苏轼在黄州待了四年，这一时期也是他一生中极为重要的一段。为了糊口，他不辞劳作，情愿做个躬耕自给的农夫，也不受他人的怜悯。

苏轼的好友马梦得曾替他在东城门外请领了一处荒弃的营地耕种。苏东坡一向爱好白居易的诗，当年白居易作忠州刺史时作有一首《东坡种花诗》，而忠州、黄州皆是他们的谪地，且都是在城东，所以苏轼就给这块土地称之为东坡，从此自号为"东坡居士"。黄州的生活对于苏轼来说变成了一种享受，他在此地交游，读书作文，以豁达的心境享受着这里的田园之乐。

宋神宗元丰七年（1084）三月，宋神宗手诏苏轼改任汝州团练副使，诏中有"人才实难，不忍终弃"的句子，苏轼看了既感动又欣喜。不久神宗驾崩，新皇帝登基，小皇帝赵煦年方9岁，由祖母高太后摄政。在治国上，高太后倾向于保守派，反对变法，她对于苏轼的才华也颇为赏识，于是就召苏轼回京，到任五日以礼部郎中召还京师,很快升迁为起居舍人、中书舍人,成为官居三品的翰林学士,负责起草诏书,即翰林学士知制诰。苏轼达到了他一生仕途的最高峰,也是他人生的又一个转折点。

但在政治上,苏轼既反对王安石的改革派,也不入司马光的保守派,可谓是两派的共同敌人,这一次自然在劫难逃。宋哲宗绍圣元年(1094)十月,苏轼又被贬到惠州,他在这里学习佛经,吟咏创作,支撑他的无疑又是他的达观和洒脱。绍圣四年,一些反对派看到苏轼如此旺盛的生命力,自然是恨得咬牙切齿,于是,苏轼再次被贬为琼州别驾,安置于昌化军,也就是儋州,位于海南岛的西北部,即所谓的"天涯海角"所在地,这里可是历代贬官的最远的地方。可是苏轼在此依旧活得丰富多彩,更为可喜的是他的创作在此时也极为丰富。

宋哲宗元符三年(1100)正月,哲宗驾崩,年仅24岁,即位的是宋徽宗,向太后垂帘听政。向太后也是倾向于爱戴元丰老臣的,于是流放边地的许多人接诏内迁,当时有人作诗曰:"时雨才闻遍中外,卧龙相继起东南",苏轼也是在这次的召还之列,年过花甲的苏轼得以生还,自然感慨万千,他与苏辙决定聚首常州。

不幸的是,他在到达仪真的时候染病,坐船来到常州后,仍不见好转,而且病情日益加剧,后于宋徽宗大观元年(1107)七月二十八日病逝,终年66岁,死后苏辙遵遗嘱将其葬于汝州的峨眉山。

总之,苏轼的后半生一直处于新党与旧党斗争的夹缝之中,几起几落,饱经忧患。虽然他任地方官时有所作为,但却远远没能实现其富国强兵的抱负。晚年的他,更是境况凄凉,令人悲叹。

然而,在我们的印象中,苏轼绝非那种悲悲切切、顾影自怜的落魄者,而是一个豪迈洒脱、个性鲜明、开一代风气的大作家。确实,作为中国文学史上最杰出的作家之一,苏轼尽管有失望,有牢骚,有悲愤,却始终在追求人生的价值和个性的张扬。这首先取决于他那高尚正直的人格,忧国忧民的精神,乐观开朗的胸襟,随遇而安的生活态度。而这一切,都倾注于他终身不怠的文学创作之中。虽然一生命运坎坷,事业屡遭不顺,但是他却从不气馁,也不放弃,在逆境中却写出了很多传诵至今的豪放派诗词,表现了他变通的做人原则和达观的人生态度。

在临终之时,苏轼把三个儿子叫到身边说:"我一生没有做过坏事,我不会下地狱。"话中充满了自信与达观,他曾说:"吾上可陪玉皇大帝,下可以陪田院乞儿,眼前见天下无一个不好人。"他执著而善于变通,独特的思维和人格,无论在朝还是在野,都始终如一保持着自己,未曾有所改变。

而今天我们吟读苏轼之诗、之文、之词,品味其书画,再看他得意或者贬谪之时的所作所为,可以得到很好的启迪。

如他那首更加脍炙人口的《念奴娇·赤壁怀古》,其词曰:大江东去,浪淘尽,千古风流人物。故垒西边,人道是,三国周郎赤壁。乱石穿空,惊涛拍岸,卷起千堆雪。江山如画,一时多少豪杰,遥想公瑾当年,小乔初嫁了,雄姿英发。羽扇纶巾,谈笑间,樯橹灰飞烟灭。故国神游,多情应笑我,早生华发。人间如梦,一樽还酹江月。

该词全篇气势磅礴,格调雄浑,撼人心魄,为宋词开创了全新的境界,被誉为"千古绝唱"。吟诵这壮美的词章,谁能想到苏轼已经被贬黄州,正承受着巨大的精神压力?所以,得亦不喜,失亦不忧;顺境思危,逆境亦乐,才是我辈应有的变通处世之道。

苏轼与苏小妹戏谑斗趣

北宋大文豪苏轼有个妹妹,世称苏小妹,能诗善对,人又聪明,据说其诗才不在其两个哥哥(苏轼、苏辙)之下。

苏小妹长得不胖不瘦,薄薄的丹唇,圆圆的脸蛋,乌溜溜的大眼睛,再配上高高的额头,突出的双颚,一看就是一副调皮的样子。她从小就爱与两个哥哥比才斗口,一派天真,尤其是大哥苏轼满腮胡须,肚突身肥,穿着宽袍大袖的衣服,不修边幅,不拘小节,更是她斗口的对象,于是整天在家口战不休。

一天苏东坡拿妹妹的长相开玩笑,形容妹妹的凸额凹眼是:未出堂前三五步,额头先到画堂前;几回拭泪深难到,留得汪汪两道泉。

苏东坡形容妹妹长得难看,一般女孩子都会勃然大怒的,但苏小妹却不是,只见她嘻嘻一笑,当即反唇相讥:一丛哀草出唇间,须发连鬓耳杳然;口角儿回无觅处,忽闻毛里有声传。

这诗讥笑的是苏轼那不加修理、乱蓬蓬的络腮胡须。女孩子最怕别人说出她长相的弱点，苏小妹额头凸出一些，眼窝深一些，就被苏轼抓出来调侃一顿，苏小妹说苏轼的胡须似乎又还没有抓到痛处，觉得自己没有占到便宜，再一端详，发现哥哥额头扁平，了无峥嵘之感，又一幅马脸，长达一尺，两只眼睛距离较远，整个就是五官搭配不合比例，当即喜滋滋地再占一诗：天平地阔路三千，遥望双眉云汉间；去年一滴相思泪，至今方流到口边。

苏轼一听，乐得拍着妹妹的头大笑不已。苏家兄妹戏谑起来，可说百无禁忌，常常是语带双关，让人一不小心就着了道。

苏轼苏辙兄弟的中药保健法

苏轼是宋代大文豪，又是美食家兼食疗专家，官至尚书右丞，直到晚年仍身体康健、才思敏捷。他对食疗养生颇有研究，著有《苏东坡养生集》传世。

苏轼钟情芡实，以为食疗佳品。芡实，为睡莲科一年生水生草本植物芡的成熟种仁，味甘性平，归脾肾经，具有滋补强壮、补中益气、开胃止渴、固肾益精等作用。《神农本草经》载，芡实"补中，益精气，强志，令耳目聪明"。苏东坡极喜欢吃芡实粥（又称鸡头粥），常下厨自煮之，经常服食，并称芡实粥"粥既快养，粥后一觉，妙不可言也"。另外，苏东坡吃芡实别出心裁，尚有一法，即取熟的芡实一粒，剥去外壳，放入口中，缓缓含嚼，直至津液满口，再鼓漱几遍，徐徐下咽，每天用此法吃芡实 10~30 粒，日复一日，年复一年，对身体保健很有效。

北宋著名史学家刘贡与苏轼是好友，有一天，其父请苏轼等文人学士喝酒，苏轼的弟子有事找他回家，苏轼便起身告辞，此刻刘贡父正喝得高兴，意欲挽留，笑曰："幸早里，且从容"。

苏轼不假思索地答道："奈这事，须当归"。在座宾客们听见这般对答，都纷纷称赞两位才智过人，出口成对。

原来，刘贡父的出句表面意思是时间还早，不要着急，但实际这六字中却包含了三味水果和一味中药，即杏、枣、李和苁蓉（一种中药，寄生植物，本身无根）。

答句的本意是怎奈这事，必须我回去处理，妙的是其中六字也含三果一药，即奈(苹果之一种)、蔗、柿和当归(一种中药)。

苏辙在文坛上素有盛誉,在食疗方面也颇有造诣,说起来挺有趣味。苏辙少时多病,夏则脾不胜食,秋则肺不胜寒;延医而治,治肺则病脾,治脾则病肺,服药而不能愈。32岁那年,经名医指点,以食疗病,始食茯苓,一年诸疾皆痊。此后,苏辙对食疗情有独钟,对茯苓的食疗作用赞以诗曰:"解急难于俄倾,破奇邪于邂逅"。他还作《服茯苓赋并引》,其中说:"松脂流地下为茯苓,茯苓千岁,举则为琥珀。可以固形养气,气而却老者"。茯苓为多孔菌科真菌茯苓的菌核,性味甘平,心脾肾经。约在公元2世纪成书的《神农本草经》,把茯苓列为上品,指出"久服安魂养神,不饥延年"。

苏小妹新婚夜三难秦观

苏东坡的胞妹苏小妹到了婚配之年,大家便为她的婚事张罗起来。

先是黄庭坚做媒想把王安石的儿子王雱介绍给苏小妹,并乐颠颠地把王雱的得意之作拿来给苏小妹品评,苏小妹左看右看,最后告诉黄庭坚王雱的作品是:"新奇藻丽有余,含蓄雍容不足,难成大器。"黄庭坚还想争取,说是王雱绝顶颖慧,读书一遍就能了然于胸。这时一直坐在旁边默不作声的苏询冷冷地说:"这有什么可稀奇的,谁的儿子看书还要看两遍呢?"黄庭坚无话可说,实际上论家世,论相貌,论才气,王雱都足以与苏小妹比,可苏小妹就偏偏瞧不起人家,这也算是两人没缘分吧。

秦观塑像

就在大家都为苏小妹的婚姻着急的时候,苏轼一次偶然的机会认识了秦观,秦观字少游,今天江苏高邮一带人,出生在一个家道已中落的地主家庭,田园收入不足以自养。少年时期也曾在扬州、越州一带与一些歌妓,"香囊暗解,罗带轻分","漫赢得青楼薄幸名存。"秦观在宋哲宗元丰五年(1082)和元丰八年(1085)两度入京应试失败,宋哲宗元祐五年(1090)他第三次进京,这次多亏了苏轼,得以及第并留京5年提任大学博士,兼国史院编修,从此他和苏东坡的关系介于师友之间。

秦少游也就经常出入苏家,青春年少的秦少游慢慢地引起了苏小妹的注意,那天她在哥哥那里看到了秦少游的诗文,发出由衷的赞叹,这是十分少见的事,苏家父兄便心里有数,于是积极设法来促成这段婚姻。

只要苏小妹这边没有意见,作为苏门四学士之一的秦观自然是无话可说,于是苏门四学士之中的另一位黄庭坚又做了个现成的媒人。由于秦少游尚无一官半职,而三苏已是声名赫赫,婚事自然由苏家主办。

一般来说,新婚之夜新娘子都只会在羞涩、喜悦和焦急的等待中等着新郎官去征服,可机灵古怪的苏小妹却别出心裁,在占尽了"地利"和"人和"的情况下,居然要新郎官解开她出的三个题目才准新郎官进洞房。

第一道诗谜是:

铜铁投烘冶,蝼蚁上粉墙;

阴阳无二义,天地我中央。

此诗第一句"铜铁投入烘炉中冶炼,就是"化"的意思。第二句蝼蚁爬上雪白的粉墙含有"沿"的意思,"沿"与"缘"相通。第三句反过来看阴阳中只有一义,那就是"道"。第四句天地宇宙中间的,就只有"人"了。四句合起来就是"化缘道人"。

秦少游略有思考便想通了此节,不禁哑然失声。原来当黄庭坚告诉秦少游,苏家准备把苏小妹嫁给他为妻时,他虽然当即应允,但想到传说中的苏小妹突额凹睛,风流少年秦少游对自己未来妻子的容貌着实放心不下,他从来没有看见过苏小妹,由于理学盛行,强调男女授受不亲,订婚之后更是不可能再见,又不好向别人打听,这一块心病着实越来越深,那天终于得知苏小妹要入庙进香还愿,秦少游计上心来,把自己打扮成"化缘道人",先在庙门前等着,苏小妹的轿子一到,秦少游就上前去求道:"小姐有福有寿,愿发慈悲!"

苏小妹在轿子里立即拒绝:"道人何德何能,敢求布施?"

秦少游要的就是苏小妹的搭腔,立即说道:"愿小姐身如药树,百病不生!"

苏小妹就是好斗,不甘示弱,跟着说:"随道人口吐莲花,分文无舍。"边答边想,听这道人的口音甚是悦耳动听,年龄一定不大,就不知长得如何,从他化缘的语言看也颇多才思,苏小妹好奇心一起就忍不住掀开轿帘要看个究竟。

秦少游要的就是苏小妹露出脸孔,遂赶紧走上一步,苏小妹豁然觉得这人就是秦少游,香也不愿进了,示意丫鬟转身就走,秦少游追着说:"小娘子一天欢喜,为何撒手宝山?"

苏小妹心中烦恼,愤愤地答道:"疯道人恁地贪痴,那得随身金穴。"边说边一阵风似的起轿回府,秦少游终于见到苏小妹,觉得她还不算丑,特别是气质高华,清奇逼人,好不高兴,苏小妹回到家中却是越想越气,于是就有了洞房之夜的第一道难题,考一考秦少游,报一箭之仇。秦少游少年时期是在扬州等地歌妓场中混过的,在风月场中脸皮早已修炼得比牛皮还厚,想通了那一"诗谜",提笔就回了一首:

化工何意把春催,缘到名园花自开;

道是东风原有主,人人不敢上花台。

诗中每句句首的字合起来就是"化缘道人",全诗也隐含着道歉的口气,苏小妹看了芳心窃喜,一喜丈夫才思敏捷,二喜他终于向我认错。当即又传出一首诗谜,并声明全诗打四位历史人物,必须一一注明谜底。诗谜是:

强爷胜祖有施为,凿壁偷光夜读书;

丝缕缝线常忆母,老翁终日倚门间。

秦少游学富五车,想都未想就猜出:第一句强爷胜祖是孙权,第二句凿壁偷光的是孔明,第三句由丝缕缝线想到"慈母手中线,游子身上衣;临行密密缝,意恐迟迟归。"自然就是"子思",第四句老翁整天倚依门间,自然是望,那就是太公望。遂写了名字递了过去。

秦少游顺利过关,这一场考试,对秦少游来讲就好像是行军打仗,每解一题就前进一步,这时已走到苏小妹的闺阁外面,而苏轼等人好奇,遂偷偷地前来观看。

闺房的窗户慢慢打开一道缝,露出苏小妹的纤纤素手,递出一张纸来,仆人马上接过递到秦少游手上,只见上面写道:

"双手推开窗前月,月明星稀,今夜断然不雨。"

苏轼在旁看了,暗暗发笑,伸出一个指头,指着"雨"字,秦少游心领神会,立马答出:

"一石击破水中天,天高气爽,明朝一定成霜。"

"今夜断然不雨"表面是接月明星稀而来,但实际隐含了"云雨交欢的意思,还有"雨"与"语"谐音,也就有今夜不和你说话的意思。秦少游以"明朝一定成霜"作答,"霜"与"双"谐音,既然成双就一定云雨。

纸条一递进去,房门打开,苏小妹含笑和羞站在门边,秦少游欣然入内,二人共度良宵。

新婚之后,秦少游与苏小妹非常恩爱,可惜天妒其缘,婚后只有几年,苏小妹就撒手尘寰。当时秦少游在外做官,政治上失意,被贬在外,听到这一消息,悲痛地写下一首《千秋岁》:

"水边沙外,城廓春寒退,花影乱,莺声碎。飘零疏酒盏,离别宽衣带。人不见,碧云暮合空相对。

忆昔西池会,鹓鹭同飞盖,携手处,今谁在? 日边清梦断,镜里朱颜改。春去也,飞红万点愁如海。"

王怀隐种枸杞济世救民

北宋著名的医学家王怀隐是专为赵氏皇族看病治病。著有《太平圣惠方》传世。他曾反复研读《神农本草经》,对书中所载枸杞能"坚筋骨,耐老,除风去虚劳,补精气"深信不疑,从而研究出了枸杞食疗方。

如"益寿枸杞汤",其做法是用银耳、枸杞子、龙眼肉各 15 克,冰糖 15 克。制法:银耳泡好,洗净,放入开水中烫一下,枸杞子洗净,龙眼肉切丁。银耳、枸杞子上屉蒸熟;锅置火上,注水烧开,加入冰糖使其溶化,然后加入银耳、枸杞子、龙眼肉煮开片刻即可。此汤有强身滋补、养阴润肺的功效。

有趣的是,他在《太平圣惠方》一书中,写下一则有关枸杞的故事,耐人寻味。故事云:有一使臣去西河办事,正在赶路,遇上一桩怪事,只见一年轻妇女正在责打一位八九十岁的老人。使臣深感不平,愤然问那女子:"这老者是你何人"? 女子答曰:"是我孙子。"使臣略惊,又问:为何责打于他? 女子说:"我家有良药,他不肯服用,老得如此,故而责打"。使臣再问:"你家的药有几种,能否告诉于我? 女子道:"药有一种,春名天精,夏名长生草,秋名枸杞子,冬名地骨。按四时采服之,可与天地同寿"。

据记载,王怀隐除广为传播枸杞作用外,还广植枸杞于山野,任由百姓采摘,济世救民。

陈瓘观蔡京知其豺狼本性

北宋徽宗时期的大奸官蔡京,残害了许多的忠臣良将与百姓。在他还没有发迹时,任谏官的陈瓘在一次京城朝会时认识了蔡京。在一个公共场合,蔡京给大家表演了他的一种能力,即他可以两眼直直地望着太阳,很久也不眨一下眼。陈瓘看后就私下里对旁人说:"这个蔡京竟然能够长久地看着太阳而不眨眼,真是不一般啊。他既然有这样特殊的功能和精力,来日一定能够显贵。"其他大臣也纷纷附和说:"是啊,是啊,世上有这种奇异本领的人,不多啊!"

陈瓘接着说:"不过,他以先天禀赋为资本,敢和太阳相比,这个人他日得志后,恐怕会目中无人,要结党营私,专横霸道,恣意妄为,肯定是个不好对付的人啊,我们一定要小心才是!"大臣们都觉得陈瓘可能把话说得太严重了,都不敢苟同。

后来,陈瓘做谏省官时,曾多次揭发蔡京的恶劣行径。不过这个时候,蔡京还是个小官,皇帝根本不知道他这个人,他的奸猾凶恶的本性也还没有完全地表露出来,因而大家都说陈瓘是言过其实了,蔡京也依仗人们对他的维护而自我辩解。

可是,陈瓘仍然坚信蔡京他日一定会成为朝廷的祸害,他就援引了唐朝大诗人杜甫的诗说:"射人先射马,擒贼须擒王。"从而更加卖力地揭发蔡京的恶行,但是一直都没有受到皇帝的重视。

后来,蔡京通过到处结交权贵,左右逢迎,果然得了志,他的劣迹也就暴露无遗,他残害忠良,污蔑与他政见不同的官员,在朝中安插自己的党羽,好多官员和百姓因此而受了苦,这时人们才认识到陈瓘的话是对的。

奸臣蔡京当政后,因为他一向嫉恨大臣邹浩,就指使党羽伪造了一封邹浩当时的奏折,其中说:"刘后杀了卓氏而抢去了她的儿子,以此来冒充为自己的儿子,这骗人也许还可以,但怎么能够蒙蔽上天呢?"

宋徽宗看了这封奏折,误认为是真的,于是下诏披露了这件事。接着再次将邹浩降职为衡州别驾,以后又贬到昭州,这一切都证实了陈瓘当初的话。

有一次陈瓘奉旨从外地赶回京城,刚刚到京就听说皇帝命令中书、尚书、门下三省将那些由于上奏而遭到贬谪的臣僚们的奏章全部都送缴上去,三省打算照办。

这时,陈瓘赶忙对宰相幕僚谢圣藻说:"这一定是有奸臣欲盖弥彰,打算洗刷自己从前的罪过而想出的这么一个花招。如果全部都交上去了,那么以后时局有个什么变化,三省的官员们将用什么来为自己开脱呢?"

他随即便举出户部尚书蔡京曾上书请求诛灭侍御使刘挚等家族,就捏造刘挚曾非法携剑进宫,想斩尚书左仆射王硅等几件事。谢圣藻一听,胆战心惊,忙请教如何是好,陈瓘便对谢圣藻说应将准备上缴的奏章全部都录下副本,以防万一。谢圣藻回禀宰相后,宰相也觉得有理,便照办了。

没过几年,果然蔡京一伙的欺君妄上的罪行又被揭发出来,并得到了较为彻底地解决。他们的这一罪行之所以难以洗刷干净,就是因为奏章的副本中还有纪录。

宋徽宗评画以意取胜

宋徽宗赵佶治国上很无能,最终还成了亡国之君,但在艺术上却是一个很有成就的诗人和书画名家。其书法和绘画都独具一格,书法世称"瘦金体",都有着极高的艺术成就。

宋徽宗当政时创立了一个画院,广泛招收画家。画家进入画院,必须经过考试,主考评画的就是他自己。

有一次,宋徽宗摘取古人的两句诗作为画题,要新来的画家作画。题目是"野水无人渡,孤舟尽日横",应考人一般都画了这样的情况:一只小船傍着岸边停泊,船舷间或舱篷上停着几只鸟雀,有的还画了两只小鸟斜翅飞往船舱中,以示无人。然而这些画均被宋徽宗认为"与题不切"。相反,被认为画得最好的,却画了一个船夫倦睡在船尾上,身旁还丢着一根短笛。

题为"无人",却何以画上一个人呢?这就牵涉到审题的问题。仔细推敲,原诗所说的"无人",并非说船上没有人,而是说没有渡河的人。而这幅画上的情景,正好表明了这层意思:荒郊野水,终日没有过路的行人,船夫等得疲倦,以致丢下了竹笛睡着了。这样岂不是更加突出了孤舟的寂寞和环境的荒僻安静?

有一次宋徽宗出了"深山藏古寺"这样一个画题。多数人在古木苍葱的乱山中画了古寺的一角,或露出幡竿一支。只有一位画家画了一个小和尚在山脚下的小溪边挑水。徽宗看了,说此画不画古寺而古寺自在画中,巧妙地点出了"藏"字,应评为第一。

又有一次,宋徽宗出了这么一个画题:"踏花归来马蹄香"。一般画家的画法都是踏花归来,马蹄上还残留着一些花瓣,用以体现"马蹄香"的题意。可是,有一位画家却不如此画,而是围绕马蹄画了两个飞舞的蝴蝶,以示其香。徽宗看了,说这幅画对"马蹄香"的体现是最好的,因而评为第一。

还有一次,宋徽宗出了一个名为"竹索桥边卖酒家"的考题,不少考生画的都是密密竹林中隐隐露出一座小酒店。尽管这些考生用心良苦,画得细致入微,纤毫毕现,但都被认为画得平庸。唯独考生李唐独辟蹊径。不在描绘酒店上下功夫,却在桥边竹林之中,别出心裁地画一杆酒旗迎风招展,结果独占鳌头。

还有一次,徽宗皇帝的考题是"万绿丛中一点红"。考生们一般的画法,有的在绿柳掩映的楼台上画一美人,有的画一少女在林中采桑,有的画一只仙鹤立于万年林中……而考生中有个叫刘松年的,则画了一片浩瀚无际的海水,一轮红日在水天交接处喷薄而出,徽宗认为此画立意超群,规模阔大,应列榜首。

周邦彦谱词写宋徽宗嫖妓

北宋名媛李师师风华绝代,当时有不少才子和高官都拜倒在她的石榴裙下,就连当时的皇帝宋徽宗赵佶也不例外。

李师师与当时的才子,任税监的周邦彦关系很好,有一次两人正在李师师住处耳鬓厮磨，不料宋徽宗驾到。周邦彦一时无处藏身，只好匆匆躲到床铺底下。

宋徽宗坐定后，把刚从江南用快马送到的新橙拿出来与师师分享，两人边吃边调情的情景被床铺底下的周邦彦全都看在眼里，记在心里。

事后，周邦彦特地为此填了一首词，词名为《少年游——感旧》，词中写道："并刀如水，吴盐胜雪，纤指破新橙，锦幄初温，兽香不断，相对坐吹笙。低声问，向谁行宿？城上已三更，马滑霜浓，不如休去，直是少人行。"

这首词将徽宗狎妓的细节传神地表现出来，令读者犹如身临其境目睹此情此景。

徽宗再次来时，师师把此词唱给他听，徽宗问道："这是谁写的？"

师师回答说："是周邦彦所作。"

徽宗不禁恼羞成怒，第二天上朝，就让蔡京以收税不足额为由，将周邦彦罢官免职押出京城。隔了两天，徽宗又去师师处，却不见其人。问过师师家人后才知原来她为周邦彦送行去了。徽宗等到很晚才见李师师回来，却看她一副愁眉不展的样子，睫毛上还挂着泪珠。徽宗生气地问："你到哪里去了？"

师师回答："妾罪该万死，妾得知周邦彦得罪皇上，被押出京城，就聊备薄酒一杯，为他饯行，实在不知皇上到来，在此守候多时。"

徽宗问道："他又有新词吗？"

师师回答："有一首《兰陵王》。"

徽宗说："唱一遍让我听听。"

李师师便唱道："柳阴直，烟里丝丝弄碧。隋堤上，曾见几番，拂水飘绵送行色。登临望故国，谁识，京华倦客？长亭路，年去岁来，应折柔条过千尺。闲寻旧踪迹，又酒趁哀弦，灯照离席。梨花榆火催寒食。愁一箭风快，半篙波暖，回头迢递便数驿，望人在天北。凄恻，恨堆积！渐别浦萦回，津堠岑寂，斜阳冉冉春无极。念月榭携手，露桥闻笛。沉思前事，似梦里，泪暗滴。"

这是周邦彦用心之作，经师师一唱，徽宗开始觉得周邦彦不但有才，还是个有真性情的人，遂转怒为喜，立即下诏召回周邦彦，任命他为管音乐的大晟府乐正。

李师师死别宋徽宗

宋徽宗是北宋的亡国之君,虽然在艺术和文学上的造诣非常高,但在私生活上却非常荒淫放纵。

徽宗的后宫中妃嫔如云,数量惊人,除了夫人、九嫔、二十七世妇、八十一御妻,还有"三千粉黛,八百胭娇"。据史书记载,后来金人侵入城内,命令开封府开列出一个皇帝家属的详细名单,以便金军元帅据此捕人。其中所列徽宗的妃嫔,年龄最大的42岁,最小的只有16岁,多数在17~19岁之间,而徽宗当时年已46岁。

后宫数千人还不能满足徽宗这个昏君的淫欲,他竟然不顾帝王之尊,经常微服出宫去妓院嫖娼。当时名妓李师师天姿国色,技压群芳,名满京城。他听说后便穿了文人的衣服,乘着小轿找到李师师处,自称殿试秀才赵乙,求见李师师,终于一睹师师芳容。听着师师执板唱词,看着师师和乐曼舞,几杯美酒下肚,徽宗已经神魂颠倒,以为自己已入仙境,直到漏尽更残,仍不肯离去。从此以后,他就经常光顾李师师的青楼。后来他干脆把李师师召进了宫中,册为李明妃。

北宋一朝始终承受着来自北方草原民族的军力压力,至宋徽宗时,女真人兴起,他们灭了辽国,后攻打宋朝,最终攻破开封,俘虏了宋徽宗和他的儿子宋钦宗,以及后宫嫔妃、朝廷官员和其家小等数万人。

但这些人中并无李师师,因为她已出家了,当时金人已立张邦昌为宋朝皇帝,准备押徽、钦二帝去金国。即将启程的时候,忽然看见一个佳人穿了一身素服,装束如道士一般,不避斧钺闯进金营来和太上皇诀别。原来这就是甚得徽宗宠爱的李师师,徽宗让位给钦宗后她便求为女冠,隐迹庵内。金人久闻师师艳名,攻陷汴京后就到处寻找她,只是苦于没有消息。如今李师师自动找上门来,好不欢喜,当时便要将师师带走。师师从容说道:"待我见过太上皇,便随你们北去。"

师师与徽宗见面后,两人抱头痛哭,说不尽分离和受辱的苦楚。金人将他们拖开，师师口中说着："太上皇保重。"哭得如泪人一般。过了一会儿，她忽然柳眉紧蹙，桃靥泛白，含含糊糊喊了八声"太上皇"，就翻身倒地，香消玉殒了。金人验尸后发现是师师吞服金簪自尽。后人有诗咏李师师，认为一位娼妇尚知殉节，宋廷诸臣，竟甘心臣事异姓，真是连一个娼妇也不如。

韩侂胄不听书生言终尝恶果

韩侂胄是两宋时的权臣，北宋时，韩侂胄原先在南海县任县令，后来到南宋时，他以外戚的身份任平章事，权力大得可以秉持国政了，因此他颇有志得意满之感。

一日，有一位他曾在南海聘用过的、现时已是一名进士的书生前来拜访他。这位书生他是十分器重并信任的，只是由于自己的升迁，一时失去了联系。今见书生主动来访，非常高兴，一定要邀请书生做他的幕僚，可书生执意不受。

韩侂胄无奈只好留他暂住几天，以便叙叙旧，谈谈心。韩视这位书生如心腹，与他几乎无话不谈，这日设宴款待书生，席间韩侂胄斥退左右，把座位移到书生近前，问道："我现在掌握国政，谋求国家中兴，外面的舆论怎么说？"

不料，这位书生立即皱起了眉头，端起一杯酒，一饮而尽，叹息着说："平章的家族，面临着覆灭的危险，还有什么好说的呢？"

韩侂胄知道他从不说假话，因而不由得心情沉重起来。他苦着脸问："真有这么严重吗，这是什么缘故呢？"

这位书生用疑惑的眼光看了韩侂胄一下，摇了摇头，似乎为韩侂胄感到奇怪，说："危险昭然若揭，平章为何视而不见？册立皇后，您没有出力，皇后肯定在怨恨您；确立皇太子，也不是出于你的努力，皇太子怎能不仇恨您；朱熹、彭龟年、赵汝愚等一批理学家被时人称作'贤人君子'，而您却把他们撤职流放，士大夫们肯定对您忌恨；您积极主张北伐，倒没有不妥善之处，但军曹们借准备北伐之机大肆搜刮民财，以饱私囊，本是路人皆知的事实，都不见您追究。北伐中主事者缺勇少谋，致使战事屡战屡败，不仅将士们记恨您，而且普天下的老百姓也会归罪于您。平章，您以一己之身怎能担当起这么多的怨气仇恨呢？"

韩侂胄听了,事实确实如此,不禁大惊失色,汗如雨下,一阵沉默后,又猛灌了几杯酒,才问:"你我曾名为上下级,实际上我始终待你亲如手足,你能见死不救吗?你一定要教我一个自救的办法!"

这位书生,再三推辞,可韩侂胄仗着几分酒意,固执地追问不已。于是,这位书生最后才说:"有一个办法,但我恐怕说了也白说。"

韩侂胄说:"我最相信你的话,你出主意怎能白说?我可是指望你救我的啊?"

书生听了便诚恳地说:"我亦衷心希望平章您这次能采纳我的建议!当今的皇上倒还洒脱,并不十分贪恋君位,如果您迅速为皇太子设立东宫建制,然后,以昔日尧、舜、禹禅让的故事,劝说皇上及早把皇位传给皇太子,那么,皇太子就会由仇视您转变为感激您了。太子一旦即位,皇后就被尊为皇太后,那时,即使她还怨恨您,也无心再报复您了。然后,您趁着辅佐新君的机会,刷新国政。您要追封在流放中的贤人君子,抚恤他们的家属,并把活着的人召回朝中,加以重用,这样,您和士大夫们就重归于好了。"

书生见韩侂胄在很认真地听,就又接着说:"这些安排好以后,您还要安靖边疆,不要轻举妄动,先犒赏全军将士,厚恤死者,这样您就能消除与军队间的隔阂。您还要削减政府开支,减轻赋税,使老百姓尝到起死回生的快乐。这样,老百姓就会称颂您。最后,您再选择一位当代的大儒,把平章的职位交给他,自己告老还家。您若做到这些,或许可以转危为安,变祸为福。"

谁知,这时的韩侂胄表面上在听,内心却在琢磨起来,觉得这样做会浪费掉不少自己的利益,单说要韩侂胄主动让贤,放弃这炙手可热的权柄,就无异于要他的性命,所以韩侂胄便不想听他的话了,真可谓忠言逆耳啊。

书生说完后,韩侂胄口头应承说:"极是,极是。"心里却暗骂书生在胡说八道。

日后,韩侂胄仍然我行我素,独霸大权,滥开战事,岂知好境果然不长,朝廷感觉到他的威胁,便先下手把他除掉了。

包公智审牛舌案

民间传说,在包拯的做官生涯中,有很多别人看来没有头绪的案子遇到包拯就会得到妥善地处理。包拯不冤枉好人,将坏人狠狠治罚,被人们称作"包青天",在包拯所处理的这些案子中,最著名的就是他审理盗割牛舌案的那次了。

当年包拯考中进士后,被派到天长县(今属江苏省境内)做七品县令。在天长县任职期间,他秉公执法,清正廉洁,想百姓所想,急百姓所急,被百姓赞为"清官",受到了天长县人民的广泛爱戴。

包拯任天长县县令的一年秋天,正是农忙时节,百姓都在热水朝天地收割庄稼。这天,包拯正在大堂办理繁忙的公务,忽然听大堂外有人击鼓喊冤。包拯放下手上公务,赶忙让手下衙役们将击鼓鸣冤的那人带到大堂上。

过了一会儿,庄稼汉被带到了公堂里。

包公塑像

只见他一进公堂,立刻就跪在包拯面前,哭着喊着说:"包大人啊!求您给草民做主!有人想置小人于死地,小人实在是冤枉啊!"包拯看到这种情形,一拍惊堂木,止住了那位农民的哭喊,问:"你有什么冤屈,从实招来,本官为你做主。"这位告状的庄稼汉才歇了口气,把事情的前因后果讲了出来。

原来,这位农民名叫王三,他租种了大地主田六的几亩薄地,王三每年只要向田六交上一定的田租,就可以用交租所剩粮食来维持生计,如果哪年收成不好就得挨饿。由于他家里只有他和女儿,人手不够,所以为了保证在农忙季节赶时间收好庄稼,就不得不向田六租用耕牛,虽然多交田租,但也毫无办法。不料想却在这农忙季节,正是需要这头耕牛出力的时候,耕牛的舌头却被人割掉了,眼见着耕牛奄奄一息,马上就要死掉,田里的庄稼也没了指望,他怎能不急呢?

王三又说:昨天下午,他还赶着牛在田地里干活,晚上还喂给牛草料,可哪知今天早上正要赶牛到田里劳作时,却惊奇地发现耕牛的口中血流不止,掰开一看,牛舌头不知怎的却不见了。王三是老实人,一见这样,顿时和女儿吓得哭作一团,赶紧跑来报案了。

是啊,耕牛没舌头,这在不知情的人看来就是蓄意杀死耕牛,那时滥杀耕牛是犯法的。朝廷出于保护农业生产的目的考虑,三令五申严禁百姓杀掉耕牛。王三作为一个平民老百姓,他没有耕牛不能收割庄稼是小,大不了饿一个季度,可是如果因为杀耕牛触犯法令,那就是要杀头的啊。王三一再向包拯保证牛不是他杀的。

包拯一时感到这件事特别棘手,因为这头耕牛除了嘴里没舌头,口吐鲜血外,丝毫没有其他证据找到凶手,而如果找不到凶手,王三就有宰杀耕牛的嫌疑,而且按律当斩!包拯心里盘算着这件事的来龙去脉。

包拯想了一会,对王三说:"回去干脆把耕牛杀了,偷偷把牛肉卖掉,也许还能减少些损失。"王三一下子被吓傻了,也不哭了,抬头看着包拯说:"包大人,您这不是把我往死路上推吗?屠宰耕牛,这是要杀头的啊!您的话我不敢听啊!"包拯口气很坚决地说:"王三,我让你杀掉,你就回去杀掉,不要声张出来,卖肉就行了,有什么闪失,我来承担。没你的事,你就照我说的放心去做吧!"王三听从包拯劝说,回去后偷偷地把耕牛杀掉了。包拯继续处理别的公务,也不去调查这件割牛舌事情。

事隔几日,县衙又来了一个地主模样的人,说是告状。包拯升堂问这人状告何人,这地主跪在地上说:"小人有一佃户,租了小人家的耕牛一头,可是前天却把耕牛杀掉了,还把牛肉卖掉,这杀牛之罪,应当处斩啊!请包大人明察。"

包拯听到这人是状告杀牛,心中一下子明白这说的王三的那头耕牛,包拯故意不说话,停了一会儿,他把惊堂木狠狠一拍,喝道:"大胆刁民,你为何要把佃户耕牛的舌头割去,你究竟是何居心,竟如此歹毒!"

这个地主原来就是田六,他顿时吓呆了,不过他还是争辩着,不肯承认。包拯又把王三说的话加了一些详细地想象描述,说:"田六你是不是半夜叫人潜入王三家中,将牛舌割去,企图以宰杀耕牛的罪行,将王三置于死地。"包拯接着问田六:"你究竟居心何在?"田六一见这种情形,以为包拯已详细地掌握了盗割牛舌的来龙去脉,就把实情招认了。原来田六看中了王三待嫁的女儿,想纳她为妾,无奈他说破了嘴皮子,王三与他女儿还是死也不从。于是田六为了报复,就派家人半夜潜入王三家中割掉了牛舌头,以为这回可置王三于死地,不料却被包公识破了其中机关。

最后,地主田六被判故意宰杀耕牛罪,依法处斩,佃农王三无罪,杀牛得钱归为己有。地主田六在天长县一向为非作歹,恶待佃农,对于包拯这样的判决,全县佃农无不拍手称快,有恶习的地主也不敢再明目张胆地为非作歹,包拯因为这件案子也名扬天长县,那时百姓都说他们来了个好知县。

杨六郎守边广得人心

杨六郎是老令公杨业的儿子杨延昭,他原名杨延朗。小时候沉默寡言,只爱玩打仗的游戏。老令公杨业对杨六郎十分看重,曾经欣慰地指着他对大家说:"这个孩子最像我。"杨业每次带兵出征,都让杨六郎跟随,让他参与谋划作战。长大成人后,杨延昭继承家道,在边关驻守长达二十多年,他作战智勇双

杨六郎画像

全,而且又训练出一支英勇善战的部队,契丹兵将都很畏惧他,不敢在北宋的边疆胡作非为。宋人亲切地称呼他为杨六郎,说他有老令公的遗风。他去世时,河朔一带的百姓都流着泪护送他的灵柩,可见杨六郎受到了人们的拥戴,他守

边的业绩实在是功不可没。

宋太宗在位时，杨老令公还健在，曾经率军进攻应州、朔州，老令公命杨延昭担任军队的先锋。在与敌军战斗时，杨延昭奋勇作战，置生死于度外，深受到人们的钦佩。尤其是在朔州城下与辽军大战时，流箭射穿了杨延昭的手臂，伤势不轻，但杨延昭并未退下阵来，而是咬牙继续杀敌，英猛更比以前为甚。辽军见到打仗这么凶猛的人，很是胆怯，也不敢恋战了，于是下令立刻撤军回营。杨延昭在朔州之战后威名大震。

真宗时，咸平二年冬天，契丹军队再次来侵扰大宋的边境地区。当时杨延昭驻守在边境小城——遂城，契丹军四面围住遂城，进行猛攻滥打，然而一连数天，遂城仍旧坚不可破。契丹国的萧太后听到这个消息十分生气，亲自到遂城下擂鼓督战。辽国兵将士气大震，争先恐后向遂城杀去。守城的宋军大为恐惧，一时间有些难以招架，情况顿时危急起来。危急时刻，杨延昭采用灵活机变的战术，命令城里的壮丁穿上武器铠甲，武装起来登上城墙，然后又命人提水到城墙上，浇在城墙上。这时宋军才缓过劲来，略微缓解了一下紧张的局势，争先恐后地提水、浇水。北方的冬天气候十分寒冷，一夜之间整个遂州冻成了一座冰城，城墙坚硬光滑辽兵想尽办法也没有爬上去，反而死伤惨重，最后辽兵终于被迫退去，放弃了对遂城的攻击计划，杨延昭这次因为阻敌有功，真宗命他担任莫州刺史，官升一级。在遂城保卫战中，杨延昭多次在情况危急时，请求握有重兵的将军傅潜（当时驻扎在中山，离遂城不远）发援兵相助，但是傅潜不同意，等到辽兵从遂城退兵后，傅潜被皇帝责罚贬职，而杨延昭则威名响震边关，受到了宋真宗的召见。咸平二年的辽兵入侵，真宗十分重视，还到战前亲征，当时在驻地召见了杨延昭，向他询问了边防的紧要所在，杨延昭都很流畅地应答。真宗十分高兴，对身边的各位亲王说道："杨延昭的父亲就是先朝杨无敌，杨延昭守边得力，有老令公的遗风，应当嘉奖啊！"于是真宗皇帝重赏杨延昭，命他好好守边。

咸平四年冬天，契丹军又向南侵犯，杨延昭埋伏精锐部队于羊山以西，从北面向契丹军突袭，然后且战且退，将契丹部队引入羊山以西的包围圈中，埋伏的精锐宋兵突然杀出，契丹军大败，杨延昭再次升官，任莫州团练使。

咸平五年,契丹转而进攻保州,保州危急,向相邻州县求救,杨延昭率军前去救援,不料由于军队行走慌忙,仓促之间未排成阵势,遭到早已准备停当的契丹军的猛烈袭击,杨延昭所帅部队死伤无数。宋真宗很生气,命令李继宣、王订接替杨延昭,准备狠狠惩处杨延昭。

不料,咸平六年夏,契丹军进攻望都时,李继宣却率军停驻,不敢进兵,致使宋军受损,于是真宗削去李继宣官爵,重新起用杨延昭做都巡检使。

后来,萧太后率契丹军大举入侵,深入宋境。兵临澶州。杨延昭上奏说:"契丹军队虽已屯驻在澶州,但他们出兵已久,兵疲马乏,部队虽人马众多但战斗力却不强,希望能下令各路军队扼住敌军所经要道,这样敌军不难消灭了,乘机也可收复幽州、易州等州郡的失地。"但是奏章并未得到回复。于是杨延昭率军杀入辽境,攻克古城,辽国后院失火,出师时间又长,无心再战,便向宋真宗求和。真宗奖励杨延昭任知保州兼缘边都巡检使。景德二年,又追奖杨延昭为保州防御使,不久调任高阳关副都部署。

真宗曾对宰相说:"杨延昭虽出自外官之家,但尽忠报国和勇猛杀敌为国立功丝毫不让外人,朝中嫉妒他的人很多,只是由于我极力庇佑他,才得以升迁。"杨延昭确实如真宗所说,尽心守边,他英勇善战、号令严明,和士兵们同甘苦共患难,遇到敌人身先士卒,行军作战克敌制胜后,又将功劳推给部下,得到的俸禄和赏赐全用来犒劳部队,极少过问家事,部下十分拥戴他。杨延昭率兵驻边二十多年,受到边关百姓的爱戴,尽心尽责为国守边,这就是杨延昭广得人心的原因啊!

寇准断案轶事

寇准,字平仲,华州下邽人,他是我国北宋时期著名的政治家。他少年时英俊豪迈,通晓《春秋》三传。十九岁时,就考中进士,做了知县的官职,那时他年轻有为、机智灵敏,为百姓做了不少实事,几百年来人们都十分尊敬和爱戴他,他的事迹也广泛流传。其中最有名的故事就是寇准智审铜钱案。

一日,寇准像往常一样正在县衙处理公务。忽然,有两个人拉拉扯扯、争吵不休地来到大堂告状,其中一个的手里还拿着一个袋子,里面盛着铜钱。寇准一拍惊堂木,问大堂上跪着的两个人:"你们谁是原告,谁是被告?状告所为何事?快快与本官讲来。"寇准话音还未落,两人就大声嚷嚷着说:"青天大老爷,我是原告,他是被告。"寇准再拍惊堂木,呵斥道:"真是岂有此理,怎么你们两人都会是原告呢?你们不要争,一个一个慢慢地说。"

这时,只见其中一个向前走了两步,说:"我是本地一个专卖羊肉的屠夫,他是我的一个远房亲戚。我们两人都是单身汉,同住在一起。我辛辛苦苦卖了一年多羊肉,攒了两千铜钱,让他替我保管,原准备是用这钱娶个老婆的。这几日,媒婆给我说了户人家,我急等着钱用,就让他把钱给我,不料他竟想吞掉这些钱,说钱是他的,还说是我敲诈他。青天大老爷在上,请您为我评评这个理。"

接着另外一个来告状的人忙不迭地说:"大老爷,别听他胡说。我天天上山砍柴卖掉,好不容易才积攒了这么多钱,今天早晨,他硬是要把这些钱全部拿走,说是他的。小人冤枉啊!这确确实实是我卖柴挣来的钱。请大老爷为小人做主。""你胡说,分明是想吞了我的钱,我实在是看错你这人了。""什么,这是我的钱,天地良心,我没拿你的钱。"这时,卖羊肉的与砍柴的两人又在大堂上争吵起来。寇准明白事情的原委了,他又拍惊堂木,转向卖肉人问:"你说钱是你的,可有什么证据?"

卖肉人一听寇准问这样的话,跪在地上又磕头又是作揖,口里说道:"大老爷,我们两人是亲戚,平时吃住都在一起,我每天卖肉的钱都是他替我保管的,虽然没有什么证据,但这是实情啊!"砍柴的人大声申辩说:"他是胡说,他挣的钱怎么可能会让我保管呢?他怎么自己不保管呢,大老爷,别听他的,没有这回事。"卖肉的已经气得说不出更多的话,只是喃喃地说"你,你,你昧了良心!……"

寇准看到这里,心中已经有了主意,他沉思了一会,然后对一个衙役说:"去拿个盆来,里面要盛满清水。"又对另一个衙役说:"你去找个火炉子来。"两个衙役马上出去奉命办事。片刻工夫,他们就把火炉和盛满清水的一个盆弄到了大堂上。众衙役和告状的两个人都很奇怪,猜不透寇准葫芦里到底卖的什么药。这时只听寇准命令两个衙役:"把钱袋子里的两千铜钱全部放水中,把水盆放到火炉上。"不一会儿，盆里的水冒出了热气。寇准起身离座到水盆边看了看，扭身又回到了座位上。这时他已胸有成竹，用劲一拍惊堂木，厉声说道："这些钱是卖肉人的钱，大胆刁民，你拿人家的钱，反说是自己的，该当何罪？"砍柴人不理解，还想狡辩，寇准命令一个衙役把他带到水盆边，让他亲眼观看盆里的铜钱。堂上所有人都伸长脖子看盆里的钱。只见盆里的水上浮着一层厚厚的油花，一股羊膻味也从盆里散发出来。这时真相已经很明白了，砍柴人也不敢说什么了，低下了脑袋，就差没有地缝钻进去了。所有的人都点头称赞寇准聪明，接着寇准斥问砍柴人："砍柴的刁民，你今天要给本官解释清楚，你卖柴得来的铜钱，上面如何有这么多的羊油？"砍柴人再也不敢狡辩了，跪在地上浑身只打哆嗦，口中叫道："是小人一时贪财，请大老爷饶命！请大老爷饶命！"

最后，为了严肃县风，砍柴人受到了应有的惩罚，两千铜钱分文不少地归还卖肉人。从此寇准机智断案的名声也越传越远了。

李若水殉节而死

靖康元年（1126年）十一月，寒风呼啸，大雪纷飞，在这样天寒地冻的季节里，金兵以数十万大军将北宋的都城汴京城团团包围。宋朝的救援部队离京城还有十万八千里，宋钦宗一看大势已去，就准备亲自前去金军大营投降，可怜巴巴地乞求金人能赏脸给自己留一两座城镇继续当皇帝。临行前，宋钦宗在朝堂上宣布了亲自到敌营求和的消息，北宋的一帮文武大臣们也顾不上什么君臣之礼了，大声地嚷嚷起来，说什么的都有。李纲等主战派将领虽然被剥夺了兵权，但是仍然高声反对投降，主张城在我在，城亡我亡。而占了朝臣中绝对多数的以李邦彦、张宗昌为代表的投降派这时为了自己的个人利益，坚决主张让钦宗出面议和，钦宗早已经没了主意，只顾着自己长吁短叹。过了半天，钦宗说话了："众位爱卿，眼下金兵逼得实在太紧，去议和也是没有办法的事情！再不去议和恐怕连投降的机会也没有了；各位也都别争吵了，我们就这么定了，明日一大早，朕就亲自到金人营中议和，不知哪位大臣愿陪朕前往？"

这时朝堂上立刻鸦雀无声，李邦彦、张宗昌那些投降派大臣个个老奸巨猾，都知道此番前去议和必是凶多吉少,万一有什么差错,被砍头都是说不准的事情,所以一下子都不言语了,唯恐钦宗会让自己去。而李纲等主张与城共存亡的大臣们十分大义凛然,都表示愿意随钦宗前往。可是钦宗心里清楚,让这些人去,一定会坏了自己的大事,他不同意,可是谁能随自己前去议和呢?钦宗心里还真犯嘀咕。

就在这时,吏部侍郎李若水缓缓从一班大臣中走出,只见他不慌不忙地对皇帝说:"臣情愿随陛下前往。"宋钦宗和各位大臣都很高兴,这个李若水一向言少行谨,从来不乱惹是非,即便在金兵入侵,皇帝和各位大臣已经大失方寸的时候,他也只是默默地将皇帝交给自己的事情办好,所以宋钦宗马上就同意了吏部侍郎李若水的请愿。

次日早上,宋钦宗带了李若水和几名禁军,连马都没有骑就走出汴京城到金军大营去投降。他们几个人刚刚走到金军大营的门口,正要进去,就看见一队凶悍的金兵骑着高头大马从里面冲出来了。这队金兵为首的是个小校官,他看见宋钦宗一伙人,就立刻跳下马来,拽出两套女真人的服装,非要钦宗君臣二人换上才肯让他们进去。宋钦宗天天在皇宫里锦衣玉食,哪里遇过这种情况,早就吓得什么话都说不出来了。他站着没动,既不说话,也不穿那女真的服装,就那样呆呆地站在那里。可是这时李若水生气了,只见他大步走上前去,猛地一用力就推开了挡在路中央的那个蛮横的小校官,大声地告诉他:"这女真的服装我们不能穿。今日我堂堂大宋皇帝亲自来你们的大营谈判,是有要事相商,不是要和你们闹矛盾,古语说得好,士可杀而不可辱,你们为什么这样苦苦相逼?难道非要我们撕破脸皮吗?我们是来找粘罕将军的,快些带我们去见。"

这些金兵在宋朝的土地上已经作威作福很长一段时间了,他们哪里听得进别人的顶撞,马上就发火了,嘴里喊着:"哼,来到老子的地盘,不穿女真服,这恐怕由不得你吧。"说着便要按住钦宗,给他强行穿上女真服。李若水也急了,他一把推开金兵后,死命地抱住钦宗,不让那些金兵得逞,可是毕竟金兵人多势众,一伙金兵对李若水又打又踢,终于将他打得昏死过去了。这时,大将粘罕听到叫喊,就从大帐里走了出来,命令金兵把两人带到大帐来了。

粘罕听了手下人对李若水刚才行为的叙述,再加上早有金人的探马探知李

若水是一位颇有影响的大臣，于是等他一苏醒，就劝他为金朝效力。李若水回绝得十分干脆："古人教诲说，忠臣不侍奉两位主子，我李若水愿意做个忠臣，宁死不降。"粘罕又说："你虽然自己不怕死，但是你也是上有父母，下有妻子儿女的人，你怎么就不为他们着想呢？"李若水义正词严地说："我今天跟随我大宋皇帝前来，就没有想能活着回去，现在我大宋危机重重，我又何必再顾及自己的个人得失呢？"粘罕气急败坏，他看不能从这君臣两人身上炸出油水，就向卫兵们摆摆手说："把宋朝的这些蠢猪给我关到大牢里去。"李若水看到粘罕这个人是个言而无信的小人，根本就没有谈判打算，于是干脆破口大骂起来："粘罕，你真卑鄙，把我们君臣骗到这里，原来就是要把我们作为人质关起来，你不是人。"

粘罕听到李若水骂个不停，就更生气了，他下令武士们："把李若水的嘴撕破，看他还怎么骂？"可是被豁开了嘴、满口喷血的李若水还是骂不绝口。粘罕恼羞成怒，凶狠地下了命令："把这个宋朝的蠢猪推出帐外，立刻斩首示众。"直到死，李若水也没有丝毫惧意，终于被金兵残忍地割舌而死。李若水遇难的消息传到汴京城，主战派官员李纲失声痛哭："国家快要灭亡了，我大宋满朝文武大都是些不顾及廉耻的人，只有李侍郎这样的人才是知廉耻的啊！"

李若水的浩然正气，永远值得人们敬佩。

吕端受到人们的赞誉

吕端，字易直，北宋幽州（今北京市）人，他是北宋初年有名的大臣，人们都说他"小事糊涂得要命，大事却毫不含糊"，他的做法为后世很多人效仿。

宋太祖后期，赵普做宰相时，吕端已经做到副宰相，地位显赫，权势很大。吕端虽然身为朝廷一品，但是却从不关心财产积蓄的事情，甚至连家事也不过问。做官十几年里，吕端的家中没有添置任何财产，生活还常常十分窘迫。有时，吕端刚刚领到一些俸禄，路上碰到穷人，马上就施舍给他们了，自己分文不留。一次，吕端的妻子告诉吕端家中的粮食只够吃三天了，要他快点想些办法，他却满不在乎地说："先过了这三天，再想办法吧？"气得他的妻子直骂他糊涂。可是就是这样一个家事糊涂的人，宰相赵普却说他很有才能，赵普在世时就经常对宋太宗说："吕端为人沉稳有度量，受到陛下的表扬时，不喜形于色；在朝廷上碰了钉子时，也不发愁。有做宰相的才能，臣百年之后，请陛下一定要任用他为宰相。"太宗听到后有些诧异，因为他一向对吕端可没有什么好印象，于是就对吕端暗暗观察。经过全面了解之后，宋太宗就在至道元年四月提出，任命吕端为宰相。

但是，马上有官员极力反对说："吕端为人糊涂懦弱，家事都处理不好，怎么能治理好国家呢？"太宗这时已经胸有成竹，再加上老宰相在位时就曾竭力推荐过他，所以还是决定任命他为宰相，太宗说："吕端小事糊涂，大事不糊涂。"这就是"吕端大事不糊涂"的出处。

吕端升任宰相后，果然对于国家大事一点都不含糊，兢兢业业，每一件事都做得无可挑剔，让大家心服口服，成为太宗皇帝的得力助手。

宋太宗时，集中全力意图收回幽云地区，和辽国频繁地发生战争。西夏国首领李继迁总是趁火打劫，经常率兵侵犯宋朝的西北地区，在一次激烈的战斗之后，宋朝的军队俘虏了李继迁的母亲。寇准向太宗建议把她就地斩杀，以儆效尤。当吕端得到这个消息后，立即进宫上奏，反对杀李继迁的母亲。他对太宗说："西夏并非礼仪之邦，孝顺不孝顺也许看得并不是很重；况且李继迁并非等闲之辈，那些意图要干一番大事业的人，在关键时刻是不会考虑父母安危的。汉刘邦和项羽交战时，刘太公被项羽俘获，项羽威胁说要把刘太公煮了吃，刘邦不是还要向项羽分一杯羹吗！我朝的敌人是辽国，对于西夏我们要有适当的拉拢。杀了李继迁的母亲只会加重他对我朝的仇恨之心，对我们是没有任何益处的。"

太宗认为言之有理，就问他怎样才能较好地处理这件事。吕端回答说："最好仿效三国时曹操对徐庶母亲的做法，把李继迁的母亲软禁在延州（今陕西延安），安排给她舒舒服服的生活，再加以劝慰，让她捎信给李继迁，或许能让他不战而降。即使他不来投降，也可能会惦记他的母亲还活着，不会经常大规模地向内地进攻了。"太宗于是下令按吕端的建议执行。后来李继迁确实收敛了很多，不再经常骚扰宋境了，他死后，他的独生子归顺了宋朝。

另外在宋太宗晚年病重时，政局稍微有些混乱，人心也是惶惶不安。吕端作为宰相，主持大局，严谨稳当。那时皇后不喜欢太子，便和宦官王继恩谋划，企图采取计策，更换太子，控制朝政。吕端察觉此事后，不加声张，暗自布置了防范措施，以防有变。吕端在太宗病重期间，让太子日夜守护在病床前照顾太宗，寸步不离左右。粉碎了皇后和王继恩等人意图在太宗神志不清时进谗言废太子的诡计，同时，吕端还设计神不知鬼不觉地除掉了太监王继恩，使这些有反叛之心的人群龙无首。

直到太宗死后，真宗即位，吕端还亲自上殿，仔细辨认一番，确信真宗坐在龙椅宝座上后，吕端这才率领文武大臣下拜，确定君臣名分。皇后对此也是毫无办法，因为吕端的措施实在是无懈可击。吕端的"大事不糊涂"使得真宗顺利即位，得以避免了一场大的宫廷政变。为此人们心服口服，纷纷称赞吕端办事谨慎，是国之栋梁。后人有诗赞叹："诸葛一生唯谨慎，吕端大事不糊涂。"

王安石与司马光反目

王安石（1021～1086年），抚州临川（今江西抚州）人，字介甫，号半山，庆历二年进士。王安石二十一岁中进士，历任知县及知州等地方官，1068年，任翰林学士，两次被召入京，第二年升为参知政事，不久任宰相，开始推行变法。司马光（1019～1086年），陕州夏县（今属山西）人，字君实，二十岁中进士，历任地方及中央官职。司马光曾在京任天章阁侍制兼侍讲、龙图阁直学士等职，并与王安石同为翰林学士。从私人情谊上讲，司马光与王安石相当融洽，是当时号称"嘉祐四友"中的两位。但由于两人在推行新法问题上意见不一致，在熙宁、元丰的变法期间，成了针锋相对，势不两立的政治对手。

虽然两个人生年相近，经历相仿，所受教育也比较类似，在对待当时的统治学说——儒学上的观点有相似之处，比如两个人都尊奉孔子、扬雄，却不信奉释老之说，但是二人在对待孟子的观点上却是有不同意见的。王安石历来崇敬孟子，并以孟子为效法榜样，它对于孟子的学说除个别有异议外，一般是坚决赞同的，并常常在论著中引为立论依据。不仅如此，王安石还在他担任宰相期间，规定《孟子》为诸生考试的必修科目，尊《孟子》为经。司马光则对孟子不以为然，他甚至专门著书《疑孟》,驳斥了孟子所谈的一系列问题。司马光说孟子宣称学孔子,但所持论点却有背离孔子思想之处,又说孟子有些谈话与经传不符,有的看法和主张违反了君臣之义、人之大伦和实际情况,不仅无益于治,而且将使那些尸位素餐之人用此观点欺骗君主。王安石之所以特别崇尚孟子,是因为孟子的政治主张王安石极力赞成,孟子有一点卓而不群的傲世风格,王安石也非常欣赏。司马光从维护君权,严守等级名分出发,对于孟子的一些言论,特别是民贵君轻的言论,十分反对。显然这两者是难以相容的政治观点,司马光据君臣之义,守孔子之道,当然要责难孟子。此外,王安石把《孟子》和周礼作为变法活动的理论依据,也是司马光反对《孟子》的重要原因之一。

另外,在对待荀子的观点上两人也有分歧。荀子是以谈礼著称的大儒,王安石却说他断然不知礼,驳斥荀子把礼放在高于一切的位置,反而不能发挥礼对于国家治理的重要作用。并且荀子思想与王安石主张变法的论点不相吻合。但是司马光的观点与荀子就有许多相似之处,在政治措施方面,司马光尊奉荀子的观点,主张节裕民,但是司马光并不完全赞同荀子的观点。不过王安石与司马光在思想上虽然有很多不同之处,但总的来看,仍然都是尊奉儒学,大同小异而已。

王安石与司马光发生冲突是在王安石主张变法之时。宋神宗即位不久,面对一系列统治危机,就提出理财是当务之急,他的着眼点在于府库,即国库的收入和积存。对于这一问题,司马光的回答是要节流,即裁省浮费,减少皇帝大臣的赏赐等费用,以期上行下效,普遍裁省冗费。王安石立刻站出来反对司马光的主张,他认为节省开支,无补于国,并且提出"不加赋而上用足"的想法。司马光针锋相对,说王安石的主张不过是空谈,"不加赋而上用足"的做法不过是设法侵夺民利。但是王安石并没有放弃自己的主张,而是在后来的变法中迅速变成行动。这就使王安石与司马光的意见分歧转化为激烈的矛盾斗争。王安石与司马光在论证"法不可变"的时候也发生了分歧,王安石坚决主张变法,而司马光却认为:第一,法可以变,但当时不必变,有弊病可以修补改正;第二,即使要变法,也要有良匠、美材,而现世不具备;第三,王安石变法弊多利少,如果长此以往,梁倾屋倒,无地容身。在用人上,王安石把吕惠卿当成变法的支柱,而司马光则认为吕惠卿"奸巧",坚决反对任用此人。但是,王安石善辞令,司马光却专务实际,拙于辩论,二十来岁的宋神宗听王不听司马。王安石与司马光两个人先因变法意见不合,后来竟然发展到私人意气,相以为仇的地步。1071年春,司马光离开永兴,到洛阳专注于编撰《资治通鉴》等历史巨著,从此十五年不问政事。

后来变法处于困境之时,王安石被罢相,新法名存实亡。之后宋神宗病死,不满十岁的哲宗即位,太皇太后听政,新法危在旦夕。司马光被召入京,上台执政。如果说司马光在反对新法时,尚且知道对于时政应该存善革弊,那么重新上台后的司马光也犯了和王安石同样的急躁病,他既不问新法是否尚有可用之处,也不问废除新法需要时间,而是将仅剩的新法全部废除了。

司马光任相时,已经罢相在家的王安石深为忧虑,当他听到新法被废除时,感到非常绝望灰心。王安石死后,司马光放弃个人偏见,还对王安石的文章节义加以称道。不久,任相一年多的司马光也去世了。

受人尊敬的朝廷元老吕公著

吕公著,字晦叔,寿州(今属安徽凤台县)人。他是北宋时代的著名人物,他的父亲就是真宗、仁宗两朝的宰相吕夷简。吕公著在仁宗庆历年间考中进士后,曾经在仁宗、英宗、神宗、哲宗四朝做官,到宋哲宗元祐元年(公元1086年)已经官至尚书右仆射,兼中书侍郎,当时是和司马光等同朝为相,是受人尊敬的朝廷元老。

吕公著从小勤奋好学,读起书来常常废寝忘食。他的父亲吕夷简很器重他,常说他是宰相之才。在吕公著考取进士后,首先在颍州任通判,他与当时的颍州太守欧阳修都是知识渊博的人,因此常在一起讨论学问,成为挚友。欧阳修对他的学识、人品非常尊崇。有一次,在欧阳修出使契丹时,契丹国主问他,大宋的朝廷中哪一个臣子的学问品行最好,欧阳修将吕公著推为第一。当时,学识渊博的司马光也同样十分钦佩吕公著,他曾对人说:"每次听到吕公著的讲论,便觉得自己所说的话真是啰唆!"还有大文学家王安石虽然自己一向能言善辩，没有被人说服过，但是他对吕公著却很佩服，因为吕公著往往能以精辟的学识和简约的语言让他心服口服。

吕公著少年时学习历史知识首先重视的便是"治心养性"，因此他的一生行为端正，品性纯真，对名利之类都看得很淡。平常他总是凝重清静，行为端庄稳重，甚至夏天不见他挥扇，冬天不见他烤火，也从不见他疾言厉色。吕公著作官后，他除了学识渊博、能够明断是非外，还善于考察人才，兼听善恶，正确评价任用。另外他遇到事情也很决断，如果他认定了是对国家有利的事，从来不因为私情而动摇，人们都称赞他这一优点。宋神宗也非常佩服他毫无私心的品格，曾经赞扬他道："吕公著为人真诚，他做事就像用来称量物体的秤一样，公正无私，很让人放心。"他在朝中即便作了处理政务繁忙的宰相，每当遇到要决定什么政事时，他的决定总是能博采众善。如果他认为这件事应当去做，也会义无反顾，决不会迁就谄媚别人。正因为吕公著具有这些优秀的品质，所以他在朝为官受到了人们的称赞，皇帝也很信服他。

吕公著的为官为人的优秀品质，使他的儿子吕希哲、吕希纯等也深受的影响。吕公著的妻子鲁氏也是一个为人正派、能识大体的人。吕公著和妻子对儿子的教育十分严格，在儿子们年少的时候，就要求他们对平时生活中的点点滴滴，丝毫都不能马虎。吕公著很喜欢儿子希哲，但却要求吕希哲平时一言一行都要循规蹈矩，不可有越轨之处。据史料记载，吕希哲在刚刚十岁时，不管晴雨寒暑，哪怕是一整天站在长辈身边侍候，长辈不叫他坐，他从来就不敢坐下，一直会毕恭毕敬地站着，也不出一声。吕希哲见长辈时，总是衣冠整齐，即使再热的天，在长辈面前，他也从不解衣脱帽，进进出出，都十分注意自己的言行举止。并且由于吕公著的妻子鲁氏的管束，吕希哲从小就养成了极为良好的行为习惯，平时从来不到酒店茶馆这类地方去，也从来不听那些有失教养的谈话，更不看那些不好的书籍。

不仅大儿子吕希哲行为端正，有乃父之风，而且由于吕公著夫妇的严格管束，其他两个儿子品行都很好，也十分有出息。吕希哲终生没有出来做官，他志节高尚，淡泊名利。即使父亲吕公著贵为当朝宰相，他也不因为父亲的关系改变自己的志向。当初，吕公著与王安石关系很好，而吕希哲跟王安石也很对脾气,所以关系也很好。有一次,王安石曾经对吕希哲说:"功名利禄都如过眼烟云,真不应该去追求,做人真应该淡泊名利。"吕希哲听后,认为说的极是,从此竟然没有参加科举,也不再追求做官仕取。后来,吕希哲在地方上很有贤名,王安石可惜他这个人才,于是想要叫他出来做官。可是吕希哲却志向已定,要做那种淡泊名利的古代隐者一样的人,就对王安石说:"承蒙相公看重,与我相知相交这么长时间,可是一旦我出来做了官,我们之间难免就会有意见不相同的时候,那么过去你对我的一番好意也一定会完结了!这是我的选择啊!"王安石听他说了这番话,得知他志向已定,便不再劝他入仕。吕公著却十分可惜他这个儿子虽是个人才,却未能得其所用。吕公著曾经惋惜地对妻子说:"当世的人才我都收罗尽了,希哲却独独因为我的缘故没有参加科举考试,这真是人的命啊!"吕公著妻子鲁氏一向都开明贤达,她对吕公著说:"你实在还没有真正了解你的这个儿子啊!"吕公著的另外两个儿子后来都在朝为官也都有了一定的地位,他们的政绩人品都很好。

吕公著在朝为官尽职尽责,受到同僚大臣的敬佩,被皇帝所重用;在家为父,和妻子鲁氏将三个儿子都教育成才,所以他于国于家都是值得称赞的。

沈括出使辽国

沈括是杭州钱塘(今浙江杭州)人,众所周知,他创作了世界上第一部大百科全书《梦溪笔谈》,该书记述了天文、地理、农业、建筑等多方面的古代科技成果,对很多问题都提出了自己独到的见解和完整的解决方案,他称得上是我国古代杰出的科学家,这样一位孜孜于科技领域的人,同时还是一位外交能手,这一点却是鲜为人知的。

北宋年间,辽国经常找借口侵扰宋的边界。神宗熙宁八年(公元1075年),辽国又想进攻宋朝,但是苦于没有借口。于是就派了一个叫萧禧的使者来到汴京城面见北宋神宗皇帝,假称河东路黄嵬一带的土地是辽国的土地,现被宋朝占领,请求归还。萧禧说得有板有眼,并且拿出了辽和宋签订的有关条约文本作证明。负责和辽使谈判的大臣们心里都清楚,宋朝和辽国自有交往以来,宋

沈括

朝的领土就只有减少的份，从来也没有增加过，黄嵬一带一定不是宋朝侵略辽国所得的，但是现在辽使有双方条约文本作证，这些条约好像也不是假造的。如果不承认，辽国有根有据；如果承认，这明显是辽对宋的讹诈。负责谈判的大臣们被萧禧弄得特别狼狈，想和他辩明此事的原委。结果神宗也被辽使耍笑了一番，心里虽然恼恨，但嘴上却说不出来，因为自己没有根据。萧禧当着神宗的面，态度十分强硬地说：你们必须马上把黄嵬一带归还我大辽，否则由此而引起的一切后果完全由你们承担。萧禧怒气冲冲地返回北方，向辽国皇帝汇报谈判的结果去了，战争的阴影又笼罩在宋辽边界，大有一触即发的态势。神宗皇帝面临着一个特别大的难题：如果不能妥善地解决边界纠纷，宋辽战争将不可避免，那时北宋就又要面临内忧外患的境地，刚刚进行起来的改革说不定也会功亏一篑。

正当他心烦意乱的时候，沈括主动请求出使辽国，继续谈判边界的领土归属问题。他对神宗说："臣仔细查阅研究了资料，近年来，在我朝与辽国所签订的所有条约，准确的边界应该是以古长城为国界，而辽使所讲的黄嵬是位于长城之南30里的一个名不见经传的小地方，它理应是我朝的领土。辽人是欺负我朝无人知道黄嵬的准确位置，故意挑衅想发起战争。臣请求皇帝准许，让我出使辽国，凭着三寸不烂之舌和辽人辩明是非，说清曲直。"说完，沈括就把有关条约的副本拿出来让神宗过目。宋神宗看过后，喜形于色，不由得长出了一口气。他对沈括说:"负责谈判的大臣们都是酒囊饭袋,谈判了几天,竟然没有搞清楚黄嵬的来龙去脉,差点误了大事。"于是宋神宗就任命沈括为出使辽国的全权负责大使,去谈判黄嵬一带的归属问题,戳穿辽国人的欺骗把戏。

沈括到辽国之后,辽国的宰相杨益戒亲自出面和他谈判边界的领土归属问题。在正式谈判之前,沈括就先让自己的随员把带来的条约副本和北方边界地点的地名、位置等内容背得滚瓜烂熟。在谈判中,沈括不露声色,镇定自若。在一连几次的谈判中,对于辽人提出的问题,随员们都能讲得头头是道,无懈可击。双方共谈了6次,而沈括和他的随员们每次都处于上风,所谈的内容符合宋辽双方条约公允的规定,辽国人也找不到任何破绽。辽国的宰相杨益戒恼羞成怒,原形毕露说:宋朝连这几里地大小的土地都不忍割舍,这不是明明想断绝和大辽的友好关系吗?沈括毫不退让,据理力争:"军队作战,理直士气就是旺盛,理曲士气就是衰退。杨宰相不会不清楚这一点吧。黄嵬虽小,可是条约上明白无误地写着应属大宋,你怎么能说是我们破坏两国关系呢?这是你们背弃自己祖先的信义,置以前签订的条约于不顾,想强占我大宋的土地,并且不惜以武力相威胁。我想你们以此为借口出兵恐怕不能说是名正言顺吧?辽国的老百姓也未必会为了这几里大小的土地就愿意和大宋朝开战吧?大宋虽然软弱,但也未必就怕和你们辽国打仗。"一席话说得那个嚣张的宰相杨益戒哑口无言,他看到沈括和他的使团成员们软硬不吃,就只好上报辽国皇帝,再另想别的办法挑起战争了。

沈括出使辽国不辱使命,从道义上制止了辽国以领土问题为借口而发动战争的企图,黄嵬终于也没能成为新的宋辽战争的导火线,沈括的出使功不可没。在出使辽的路上,沈括绘图记载了所过地方的山脉河流的情况和当地风俗特点,了解了北方的人心向背,作成《使契丹图抄》呈报给北宋朝廷,它对日后宋朝处理北方边境的许多事务都起到了一定的作用。

梁红玉为夫击鼓助阵

梁红玉原籍池州,也就是现在安徽省贵池县,生于宋徽宗崇宁元年,祖父与父亲都是武将出身，她自小聪明颖慧，善于织蒲，而且还跟父兄练就了一身功夫。后来，宋徽宗宣和二年，睦州居民方腊，啸聚山民起义，迅速发展到几十万人，连陷州郡，官军屡次征讨失败，梁红玉的祖父和父亲都因在平定六腊之乱中贻误战机，战败获罪被杀。梁家由此中落。

梁红玉为夫击鼓助阵

北宋末年，当金兵侵犯到淮河流域时，为避兵祸，梁红玉随着母亲一起来到镇江，在这种战乱纷仍的局势下，梁红玉不幸沦落为妓，做了军中的一个艺妓。在一个偶然的机会中，她结识了一位年轻勇武的部卒韩世忠，两个人一见钟情，不久便定为百年之好，她还给韩世忠生了一个儿子，名叫韩亮。后来韩世忠屡建奇功，被升为浙西制置使，驻守秀州。

北宋灭亡以后，康王赵构一路狂逃来到临安，建立南宋王朝，改国号为建炎，史称赵构为宋高宗。高宗是一个意志薄弱的皇帝。邻近的金国利用他优柔寡断的弱点，经常入侵，使宋朝国土遭受到巨大的破坏，民不聊生。

当时南宋朝中有两个大臣御营统制苗傅与威州刺史刘正彦拥众作乱，袭杀了执掌框密的王渊，分头捕杀了宦官，强迫高宗让出帝位，内禅皇太子，由隆裕太后垂帘听政。以为妇人孺子执政，可以为所欲为。在这次叛乱中，梁红玉和儿子韩亮也被扣压在京城中。不过,因为韩世忠手握重兵,作战勇敢,威名素著,苗傅等人对他颇为忌惮,所以对梁红玉母子颇为客气。

事变发生之后,宋高宗已是行动毫无自由,宰相朱胜非与隆裕太后密商,派梁红玉出城,驰往秀州,催促韩世忠火速进兵杭州勤王,并由太后封梁红玉为安国夫人,封韩世忠为御营平寇左将军。这里商量妥当,朱胜非就对苗傅说:"韩世忠听到事变后,不立即前来,说明他正在犹豫,举棋不定,如果你能派他的妻子前往迎接,劝韩世忠投奔你,那么你力量大增,别的人就用不着惧怕了。"苗傅听后大喜,认为是一条好计,立即派梁红玉出城,梁红玉回家抱了儿子,跨上马背,疾驰而去,一昼夜赶到秀州。韩世忠了解情况后,当即会同刘浚、刘俊,带兵平定了苗傅等人的叛乱。宋高宗喜出望外,亲自到宫门口迎接他们夫妇,立即授韩世忠武胜军节度使,不久又拜为江浙制置使。

1130年,金军又大举南侵,高宗闻风而逃,一直逃到了温州。金军统帅金兀术大破杭州城后,率领十万大军,满载劫得的金银珠宝,经现在的嘉兴、苏州,沿着大运河来到镇江,企图通过镇江北撤,当时43岁的韩世忠和夫人梁红玉率领八千水军守卫镇江:敌众我寡,他的军队只有八千人,而敌军却超过十万人,这区区的军队,又怎能阻止金兵渡江呢?

就在韩世忠苦思行兵布阵之法时,梁红玉从船后走出来对韩世忠说:"我少敌多,倘若与他奋力战斗是难以取胜的。明天交战不如把我军分为前后两队,四面截杀敌人。中军由我暂时管领,专事守备,并发号令,倘若金军杀来,只用枪炮矢石射住他,不让他前进。中军无懈可击,金兀术必定带他的部队向左右冲突,准备脱身。这时你就带前后两队军马,只看中军的旗号行事,我坐在船楼上面,击鼓挥旗,我的旗往东,即往东杀去,我的旗往西,即向西杀去。如果能一举歼灭金兀术,那就是特大的胜利。"

韩世忠听了后,连声喊妙计,说:"好,那我前去诱敌!"

"那我就在这山顶上给将军击鼓助威!"

第二天交战,宋朝军队不与金兵正面交战,他们尽量利用埋伏,并用"火箭"攻打敌人。梁红玉亲自挥旗击鼓,指挥士兵作战。宋军人数虽少,在梁红玉的指挥下,却个个士气高昂,奋勇杀敌。

这样的战略果然奏效。后来虽然金兀术用了奸细的计谋，突破了韩世忠的包围圈，但韩世忠用梁红玉的计谋，以少于敌军十倍的兵力包围敌军达四十八天之久，也足以名震华夏，名震夷狄。黄天荡一战使金军丧胆，再也不敢随便过长江南侵。

金兵败北之后，梁红玉不但不居功请赏，反而因金兵突破江防，上疏丈夫韩世忠"失机纵敌"，请朝廷"加罪"。这一义举，使举国上下，人人感佩，传为美谈。朝廷为此加封她为"杨国夫人"。

不久之后，韩世忠又被任命为武宁安化军节度使，京东淮东路宣抚处置使，驻宁楚州。梁红玉随韩世忠率领将士以淮水为界，旧城之外又筑新城，以抗击金兵。经过战乱的浩劫，楚州当时已遍地荆榛，军民食无粮，居无屋，梁红玉亲自用芦苇"织蒲为屋"。在寻找野菜充饥时，在文通塔下的勺湖岸畔，发现马吃蒲茎，便亲自尝食，并发动军民采蒲茎充饥。淮人食用"蒲儿菜"，相传即从梁红玉始。蒲儿菜因此称作"抗金菜"。由于韩世忠、梁红玉与士卒同劳役，共甘苦，士卒都乐于效命。经过苦心经营，楚州恢复了生机，又成为一方重镇。梁红玉韩世忠驻守楚州十多年，"兵仅三万，而金人不敢犯"，楚州人民得到了短时间的休养生息。

后来，奸相秦桧掌权后，力主和议。宋高宗听信秦桧的谗言，下令前线撤退，更以"莫须有"的罪名杀害岳飞。韩世忠听说秦桧竟以"莫须有"三字杀岳飞于风波亭，当面责问秦桧："莫须有三字，怎么能服天下人心？"不久韩世忠也被罢去兵权，韩世忠乘机上表请求解职，夫妻二人从此闭门不出。

梁红玉在 1135 年因病逝世。宋高宗得知梁红玉去世的消息，特地赐给她的家人贵重的礼物，以示哀悼，并对她的贡献，表示赞扬。梁红玉对丈夫的忠心，协助丈夫保卫国家的壮举以及英勇作战的精神，使她成为中国历史上一位杰出的女性，留名青史，永垂不朽。

陈之茂冒犯秦桧

宋高宗时的宰相秦桧是一个遗臭万年的大奸臣，他以莫须有的罪名冤杀岳飞，又与金国订立了屈辱的和约，正直之士都十分痛恨他。不过宋高宗却很重视秦桧，将秦桧看作是议和大功臣，把朝廷上下的大事小事一律交给秦桧处理。秦桧与他的爪牙们掌握了国家大权后，更加胡作非为，对那些正直官员大加迫害。许多官员出于个人利益往往见风使舵，纷纷向秦桧讨好。可是朝廷上，还是有看不惯秦桧的官员坚持自己做人做官的气节，冒着杀头的危险与秦桧作对。一再提拔陆游的官员陈之茂就为了伸张正义而不为秦桧所用，并且与秦桧斗争到底。

陈之茂年轻时勤奋好学，知识十分渊博。后来，他到京城参加进士科的科举考试。陈之茂在这科考试的时务策文章中，畅谈了自己对当时的政治的看法。他引经据典地说朝廷上有些人苟且偷生、不抗击金军，这会给国家和百姓带来灾难，他甚至说朝廷应该把这些人除官。其实，当时的人谁都明白陈之茂骂的就是秦桧这帮主张和金人议和的权臣。秦桧听了非常生气，他想："小小的陈之茂竟然敢冒犯我这个当朝的宰相。"秦桧坚决要删除陈之茂的名字，不录取他当进士。那时的主考官是为人正直的张九成，他很喜欢陈之茂的策子，说他写得很好。现在，他看陈之茂要被除名，十分着急。他要求宋高宗录取陈之茂。宋高宗是一向偏着秦桧的，可是又不好意思真把这个策子已经名震朝野的陈之茂给除名了。于是，宋高宗就赐给陈之茂一个"同进士出身"，"同进士出身"就是进士副榜的意思，比进士差了一等。还派他到休宁县做了县尉。不过，虽然陈之茂没有被进士科录取，但是，人们都很敬佩他，知道他是个敢说真话的正直人。

陈之茂当了休宁县尉之后，工作认真负责，治县的成绩很显著。以后得到上级的赏识，慢慢地他就被提升到朝廷做官了。这一年，进士科考试的主考官缺人。因为陈之茂学识渊博，对四书五经也相当有研究，所以朝廷就让他主持当年的进士科科举考试。科举考试的都是四书五经里的知识。陈之茂一向认真负责，这次为了把真正的人才选拔出来，更是做了周密的准备工作。朝臣们认为有这样一位正直的主考官，这回的科举考试一定很公正。

秦桧也和陈之茂套近乎，还派人去请陈之茂到府上来。陈之茂十分纳闷，他也不知道秦桧这个狡诈阴险的小人到底找他干什么，但转念一想一定没有好事,又想起以前那件不愉快的事,本不想去的,可是毕竟秦桧是当朝的宰相,主宰着他的命运,所以陈之茂最后还是去了。秦桧一看到陈之茂就和他亲近起来,对陈之茂问长问短。秦桧还问了很多关于这次考试的事情,秦桧这种一反常态的热情让陈之茂很摸不着头脑。最后秦桧才说:"这回我的孙子秦埙也参加进士科的考试。我这孙子读书很用功,他的老师说他是天下少有的奇才。你当了主考官,可要好好地看一看他的文章。如果他能考上进士,那自然是最好的事啦。"这可把陈之茂难倒了。其实谁不知道,秦桧的孙子秦埙和他的父亲秦熺(xī)都是不喜欢读书只喜欢玩乐的人。虽然秦桧给他请了最好的老师,但他总是学不好。秦熺年轻的时候,仗着他父亲的权势,贿赂主考官,得了那年进士科考试的状元。陈之茂这才明白秦桧请他到府上来是要干什么,原来秦埙又想依靠他爷爷弄个状元当当。如果答应秦桧,录取他的孙子做状元,怎么能对得起朝廷的信任呢,秦桧这个阴险毒辣的小人,国家的人才取士难道是儿戏吗?陈之茂听着就一肚子火气,但是他还是压制住自己的怒气,转念一想:"如果我现在就拒绝他,秦桧这奸臣一定会把我的主考官的职务撤掉,不让我来主持这场考试,我又怎么能够为天下才子做主呢!"陈之茂想了一想,终于有了主意。他对秦桧说:"如果您的孙子的确很有才气,那他一定考得很好。只要他的文章真的比别人的都好,那我一定录取他为状元。"秦桧一听见"状元"两字,心里非常高兴,以为陈之茂已经答应了,就很客气地送陈之茂走了。

考试的那一天,所有的举人都来到考场。那时候在科举考试中,为了防止一些不公正的主考官作弊,每个考生是单独在一间屋子里的,外面用锁反锁上,考生在里面答题。答完后,把考卷统一上交,外面的人才把锁打开,放考生出来。考试结束的时候,还要把考生的名字用纸粘上浆糊盖起来。

考试完毕后,陈之茂就开始判卷了。他发现这次考试的卷子里面有一篇写得特别好的文章,里面有一套先进的治理国家的主张,充满着为国效力的热情。陈之茂当下就决定定这名考生为此次考试的状元。接着陈之茂揭开盖住姓名的纸,才知道这考生名叫陆游,是越州山阴(浙江绍兴)人。陈之茂又把秦埙的文章拿来和陆游的文章一比,觉得陆游的文章比他好多了。于是就没有顾及秦桧的面子,而把陆游录取为状元。

秦桧在公布考试结果的那天,看到陈之茂把状元给了陆游,就特别生气。自从当宰相以来,他从来没有遇到一个敢违抗他的人,秦桧已经恼羞成怒了。不过,他在发榜时还不敢对陈之茂怎么样的。他害怕陈之茂在朝廷上把他营私舞弊的丑行揭露出来,他还害怕参加考试的举人都反对他。他想到明年还要复试和殿试才能定状元,心里也就平静了一点。他暗下决心,一定要让孙子在下两回的考试中夺得状元。

第二年的春天,礼部的复试开始了。陆游竟然考得比以前一回还好。礼部就又录取他为状元,秦埙为第二名。秦桧实在受不了了,他气急败坏地要抓陆游。罪名是陆游的文章有妨碍宋金议和的文字,还说要查办主考官陈之茂的责任,陆游吓得逃走了。因为状元缺席,所以秦桧就让他的孙子秦埙当了状元。

礼部的复试榜一公布,考生们都气极了,见到秦埙就咒骂他。秦埙十分气恼,脑袋发蒙,也没有把由皇帝在皇宫里主持的殿试考好。宋高宗只把秦埙定为第三名,考生们觉得真是大快人心。可是秦桧却气得生了一场大病,没过一年就死了,也就没有查办陈之茂。

辛弃疾活捉叛徒

辛弃疾,山东历城人,他是南宋著名的爱国词人,他一生和陆游一样,坚决主张抗金,并且参加了抗击金军的斗争,还曾经活捉叛徒张安国。

辛弃疾出生在靖康之耻13年后,那时金兵已经将他的家乡山东历城全部占领。辛弃疾的父母双亡,他从小与年迈的爷爷辛赞相依为命。当时,由于金兵肆虐是中原大地,爷爷辛赞从辛弃疾懂事起,就不断地给他讲述岳飞等爱国将领和那些抗金义军的故事。辛弃疾决心长大后,一定要到战场上奋勇杀敌,保家卫国。年轻时,辛弃疾曾跟随老师蔡伯坚学习知识,但是他更多的是关注金兵在中原地区的一举一动。

在辛弃疾二十一岁那年,金海陵王完颜亮率领金兵军南侵,辛弃疾立刻就组织了老百姓二千余名奋起抗金,没过多久,辛弃疾的这支部队就被整编到农民领袖耿京领导的抗金义军中。耿京十分信任辛弃疾,让他当上了主管大印,

辛弃疾雕像

信符和处理重要文书的"掌书记"。

当时,和辛弃疾一同来投奔耿京的,还有辛弃疾的一个叫义端的朋友。义端原本是个和尚,积存有很多的金银财宝,可是被金兵抢走了,所以他就率领一千多人起义抗金,也把队伍带去投奔了耿京。义端不服从别人的领导,总想把起义军的大权骗到自己手里。可是他的阴谋没有得逞,于是义端又想去投降金军。

义端准备以耿京的大印为见面礼去投降金军,于是就趁辛弃疾出去巡逻还没有回来时,偷偷地溜进辛弃疾的营帐里到处乱找,把辛弃疾放在床上的耿京的大印偷走了。然后,义端就骑上快马往金军的营地奔去,辛弃疾回来后发现大印不在,人们告诉他义端来过,可是却到处找不见义端的人影。辛弃疾就断定大印是被义端偷走了。他马上告诉耿京,耿京一听,就气得要杀掉辛弃疾。辛弃疾请求先去追回大印,回来再受刑。耿京同意他的请求。辛弃疾立即骑上快马,顺小路追上义端。辛弃疾很勇猛,终于杀掉义端,夺回大印,避免了义端的叛变和起义军的损失,所以耿京也就原谅了他。

第二年,金世宗自立为金国皇帝。他让起义军投降他,说如果投降的话,就给起义军好处,否则就要全力攻打,直到消灭他们。辛弃疾和耿京商量:应该马上和南宋军队联合,两面夹击敌人。于是耿京就派他到建康,把这个建议告知宋高宗。宋高宗就让他们把队伍带到南方海州去。辛弃疾高兴地回去复命。可是,就在辛弃疾路经海州,去拜见当地的南宋将领李宝和王世隆时,他们却告诉辛弃疾,耿京队伍中的叛徒张安国暗中杀害了耿京,带领队伍投降了金军。辛弃疾听了,大骂张安国是个大叛徒。骂完了,就跃上战马,跟王世隆一起,带领了50个士兵,去济州(今山东钜野)捉拿叛徒张安国。这时候,张安国已经当了济州知州了。

辛弃疾到济州城时,张安国正在和金军主帅喝酒。他知道辛弃疾才智在常人之上,所以就想劝降辛弃疾来归顺他,可是没料到辛弃疾见到张安国,二话不说,一手举剑,一手抓住张安国,就提到了马上,而随行王世隆则迅速地拿出绳子把张安国捆绑在马上,他们一行人就飞奔而去了。而此时张安国的部将还愣在那里呢!辛弃疾把张安国带回南宋,朝廷下令把张安国杀了,还给辛弃疾升官。后来,辛弃疾就一直在南方的湖北、湖南和江西等地做官,进行抗金。可是,南宋的抗金斗争立场很不稳定。一会主战,一会又主降,后来辛弃疾因为主张抗金被罢免了官职,他心中非常担心南宋的江山,就常常用诗词来抒发心中的感情。他的词作风格也随着他的抗金情绪而时起时落,有时表现出雄心壮志没法实现的沉重和忧郁的心情,有时却又充满了爱国的热情和抗金必胜的信心。人们看了他写的词,有时会和他一起感到悲哀,有时又会受到很大的鼓舞。辛弃疾是南宋有名的爱国词人,人们常把他和北宋的大词人苏轼合称"苏辛"。

辛弃疾晚年写了非常有名的一首词,抒发他哀叹南宋的北伐都没有成功的失落心情。这首词叫《永遇乐·京口北固亭怀古》:

千古江山,英雄无觅孙仲谋处。舞榭歌台,风流总被雨打风吹去。斜阳草树,寻常巷陌,人道寄奴曾住。想当年,金戈铁马,气吞万里如虎。

元嘉草草,封狼居胥,赢得仓皇北顾。四十三年,望中犹记,烽火扬州路。可堪回首,佛狸祠下,一片神鸦社鼓!凭谁问:廉颇老矣,尚能饭否?

这首词就是说:千古的江山还在,可是像孙权一样的英雄却没有了。他所有的辉煌业绩也都被历史的风雨洗刷去了。遥想当年,刘裕时的北伐是多么壮观宏大。宋文帝刘义隆在毫无准备的情况下北伐,落得大败而还。金军攻打了扬州四十三年了。可现在,南宋统治者却生活在醉生梦死之中。是谁问的,廉颇老了,还能带兵打仗吗?

这首词是说南宋朝廷非常腐败,辛弃疾感到南宋再也没有希望了,纵有满腔的爱国热情,希望为国效力,可是却没有人能了解他。

后来,辛弃疾得重病去世了,弥留之际,他还用尽所有的力气连喊"杀贼!杀贼!"。

宗泽死前高呼"过河"

宗泽是两宋之交的一员名将,就凭他一人在开封坚守不退,金朝的大军就不敢越雷池一步。他始终认为收复河北失地并不是没有可能的事,屡次上书要求进攻金朝,但是他的奏章都被朝中的奸臣扣押了。壮志不能伸的苦闷加上年老重病,终于打倒了这位老英雄,但是就是这样,他念念不忘的仍旧是为国收复失地的事情,在临死之前他高呼三声"过河! 过河! 过河!"才气绝身亡,令在场的将士们无不落下眼泪。这三声"过河!",也就成了这一代名将的最后绝唱。

宗泽墓

北宋灭亡以后,康王赵构一路南逃,到了公元 1127 年五月,他在南方大臣的拥护下,在南京即位作了皇帝,就是宋高宗。这个偏安的宋王朝,后来定都临安(今浙江杭州),历史上称作南宋。

宋高宗即位以后,在舆论的压力下,不得不把守卫东京有功的李纲召回朝廷,担任宰相。李纲提出了许多抗金的主张。他还跟宋高宗说:"要收复东京,非用宗泽不可。"

宗泽是一位坚决抗金的将领,北宋灭亡之前,宋钦宗曾经派他当和议使,到金朝去议和。宗泽这次出使是抱着必死的决心去的,他跟人说:"我这次出使,不打算活着回来。如果金人肯退兵就好;要不然,我就跟他们争到底。宁肯丢脑袋,也不让国家蒙受耻辱。"可是宋钦宗还一心想求和呢,听到宗泽口气那么硬,生怕他妨碍和谈,就撤了他和议使的职务,派他到磁州去当了一个地方官。

金兵第二次攻打东京的时候,朝廷命令各地的守军都去支援东京。宗泽接到命令,就率兵去打击金兵,一连打了好多次胜仗,形势很好。他写信给当时的康王赵构,要求他召集各路将领,会师东京;又写信给三个将领,要他们联合行动,救援京城。哪知道那些将领不但不愿出兵,反嘲笑宗泽在说疯话。宗泽没办法,只好单独带兵作战。

有一次,他率领的宋军遭到金军的包围,金军的兵力比宋军多十倍。宗泽对将士说:"今天进也是死,退也是死,我们一定要从死路里杀出一条生路来。"将士们受到他的激励,以一当百,英勇作战,果然杀退了金军。

宋高宗早就听说了宗泽的抗击金军的勇敢事迹,这次听了李纲的推荐,就派宗泽为开封府知府。

这时候,金兵虽然已经撤出开封,但是开封城经过两次大战,城墙全部被破坏了。百姓和兵士混杂居住;再加上靠近黄河,金兵经常在北岸活动。开封城里人心惶惶,社会秩序很乱。宗泽一到开封,就马上着手整顿当地的秩序。他下了一道命令:"凡是抢劫居民财物的,一律按军法严办。"命令一下去,城里仍旧发生了几起抢劫案件。宗泽就当众杀了几个抢劫犯,开封的社会秩序这才逐渐安定下来。

当时,金朝的军队在各地烧杀抢掠,无恶不作。河北的人民实在忍受不了金兵的掠夺烧杀,就纷纷自发地组织义军打击金军。李纲知道这些义军正是抵抗金军的急先锋,就在朝中竭力主张依靠义军力量,组织新的抗金队伍。宗泽到了开封之后,秉承了李纲的策略,积极联络义军。河北各地义军听到宗泽的威名,都自愿接受他的指挥。

河东有个义军首领王善,聚集了七十万人马,想袭击开封。宗泽得知这个消息,单身骑马去见王善。他流着眼泪对王善说:"现在正是国家危急的时候,如果有几个像您这样的英雄,同心协力抗战,金人还敢侵犯我们吗?"王善被他说得流下了感动的眼泪,说:"愿听宗公指挥。"

杨进、王再兴、李贵、王大郎其他义军也都有人马几万到几十万。宗泽也派人去联络,说服他们团结一致,共同抗金。这样一来,开封城的外围防御巩固了,城里人心安定,存粮充足,物价稳定,恢复了大乱前的局面。

但是,就在宗泽准备北上恢复中原的时刻,宋高宗却嫌南京不安全,准备继续南逃。李纲因为反对南逃,被宋高宗撤了职。

这时候,宗泽手中的军队和河北各地义军民兵互相呼应,宋军的防御力量,越来越强了。他一再上奏章,要求高宗回到开封,主持抗金。但是这些奏章根本就没能送到皇帝的手里,在半路上就被那些奸臣扣押住了。

没有多久,金兵又再次分路大举进攻。宗泽下定了决心,要坚守开封。当金朝的军队接近开封的时候,宗泽派出几千精兵,绕到敌人后方,截断敌人退路,然后又和伏兵前后夹击,金军大败而逃。

宗泽曾经派部将郭振民、李景良带兵袭击宗翰,但是这两个人打了败仗,谁都不敢回去复命。后来,郭振民投降了金军,李景良则是畏罪逃走。

宗泽派兵捉拿到李景良,责备他说:"打仗失败,本来可以原谅,现在你私自逃走,就是目中没有主将了。"说完,下令把李景良推出斩首。

郭振民向金军投降之后,宗翰派了一名金将跟郭振民一起到开封,劝宗泽投降。宗泽在开封府大堂接见他们,对郭振民说:"你如果在阵地上战死,算得上一个忠义的鬼。现在你投降做了叛徒,居然还有脸来见我!"说着,喝令兵士把郭振民也斩了。

宗泽又回过头对劝降的金将冷笑一声说:"我守这座城,早准备跟你们拼命。你是金朝将领,没能耐在战场上打仗,却想用花言巧语来诱骗我!"

金将吓得面无人色,只听得宗泽吆喝一声,几个兵士上来,把金将也拉下去杀了。

宗泽一连杀了三人，表示了抗金的坚定决心，大大激舞了宋军士气。他号令严明，指挥灵活，接连多次打败金兵，威名越来越大。金军将士对宗泽又害怕，又钦佩，提到宗泽，都把他称作宗爷爷。

宗泽依靠河北义军，聚兵积粮，认为完全有力量收复中原，接连写了二十几道奏章，请高宗回到开封。不用说，那些奏章都被黄潜善他们搁了起来。

这时候，宗泽已经是快七十岁的老人了，他受不了这个气，背上发毒疮病倒了。部下一些将领去问候他，宗泽病已经很重。他张开眼睛激动地说："我因为国仇不能报，心里忧愤，才得了这个病。只要你们努力杀敌，我死了也没有遗憾了。"

将领们听了，个个感动得掉下热泪。大伙离开的时候，只听得宗泽念着唐朝诗人杜甫的两句诗："出师未捷身先死，长使英雄泪满襟！"接着，又用足力气，呼喊："过河！过河！过河！"才阖上眼睛。

开封军民听到宗泽去世的消息，没有一个不伤心得痛哭流涕。

宗泽去世后，宋朝派杜充做东京留守。杜充是个昏庸残暴的人，一到开封，把宗泽的一切防守措施都废除了。没多久，中原地区又全都落在金军手里。

虞允文阻止金军

南宋和金朝签订了绍兴和议以后，南宋的皇帝对这种偏安一隅甘做人臣的局面非常满意，在临安修筑起豪华的宫殿府第，过着纸醉金迷的生活，把收复失地的事忘记得一干二净。但是与此同时，金朝一边拿着宋朝的岁贡，一边却没有放弃灭亡宋朝的计划，仍然在虎视眈眈地注视着南方的局势，随时准备发动进攻。

没过多久，金朝统治集团发生内讧，贵族完颜亮杀死了金熙宗，自立为帝，就是历史上的海陵王。完颜亮是一个完全的战争狂人，他把金朝的京都从上京迁到燕京，一心想发动战争，消灭南宋。

公元1161年九月，完颜亮做好了一切准备，发动全国六十万兵力，组成三十二个军，全部出动，进攻南宋。出发之前，完颜亮还趾高气扬地跟将领们说：

"从前梁王(指兀术)进攻宋朝,费了多少时间,没取得胜利。我这次出征,多则一百天,少则一个月,一定能扫平南方。"这个时候,南宋的高宗皇帝却还在皇宫中喝酒呢! 要是有谁向他报告说金朝马上就要进攻了,他就会大发脾气,说这是谎报军情。

完颜亮的大军逼近淮河北岸,防守江北的主帅刘锜正在生病,派副帅王权到淮西寿春防守。王权是个贪生怕死的家伙,听到金兵南下,吓得丧魂落魄,根本没想抵抗。完颜亮刚一渡过淮河,王权还没见到金兵的人影儿,就早已闻风逃奔,一直逃过了长江,才感到有天险可恃,心里安定了下来。

宋高宗听到王权兵败的消息,才知道那些军情都是真实的,开始害怕起来。他把王权撤了职,派李显忠代替,并且派宰相叶义问亲自去视察江淮守军。可是丞相叶义问也是一个胆小鬼,不敢亲自上前线,就派了手下的一个小官中书舍人虞允文代替他去慰劳驻扎在采石的宋军将士。

虞允文到了采石,王权已经走了,接替他职务的李显忠还没到。对岸的金兵正在准备渡江。宋军没有主将,群龙无首,人心惶惶,秩序混乱。虞允文到了江边,只见宋军兵士三三两两垂头丧气地坐在路旁,把马鞍和盔甲丢在一边。

虞允文问他们说:"金人都快要渡江了,你们还坐在这里等什么?"

兵士们抬头一看,见是一个文官,没好气地说:"将军们都跑了,我们还打什么仗?"

虞允文看到队伍这样涣散,十分吃惊,心想等李显忠已经来不及了,就立刻召集宋军将士,告诉他们说:"我是奉朝廷的命令到这里来劳军的。你们只要为国家立功,我一定报告朝廷,论功行赏。"

大伙儿本来发愁无人领导,现在见虞允文出来做主,也打起精神来了。他们说:"我们吃尽金人的苦,谁不想抵抗。现在既然有您做主,我们愿意拼命作战。"

有个跟随虞允文一起去的官员害怕惹祸上身,就悄悄地劝虞允文说:"朝廷只是派您来劳军,又不是要您督战。别人把事办得那么糟,您何必背这个包袱呢? 打赢了还好,要是打输了罪过可就大了!"

虞允文气愤地说:"这算什么话!现在国家遭到危急,我怎么能考虑自己的得失,逃避责任。"

虞允文只是个整天握笔杆子的书生,以前从来没有指挥过战斗。但是爱国的责任心使他鼓起勇气。他立刻命令步兵、骑兵都整好队伍,排好阵势,又把江面的宋军船只分为五队,一队在江中,两队停泊在东西两侧岸边,另外两队隐蔽在港汊里作后备队。

宋军布置刚刚结束,金兵已经渡过江来了。宋朝的兵士们都士气高涨,拼命冲杀。金兵进军以来,从没有遭到过抵抗,一下子碰到这样强大的敌手,就都垮下来了。江面上的宋军战船,也向金军的大船冲去,金朝的战船纷纷被撞沉在水中。

这一战一直打了多半天,太阳已经下山了,天色暗了下来,江面上的战斗还没有结束。这时候,正好有一批从别的战线上逃回来的宋兵到了采石。虞允文要他们整好队伍,发给他们许多战旗和军鼓,从山后面摇动旗帜,伪装成伏兵的样子。江上的金兵听到南岸鼓声震天,看到山后无数旗帜在晃动,还以为是宋军的大批援兵到来,纷纷逃命。

第二天,完颜亮又派金军渡江,虞允文指挥两队战船夹击。金兵尝过虞允文的厉害,没心思反抗。三百只大船被困在江心和渡口,宋军放起一把火,把敌船全烧了。

完颜亮见在采石实在无法渡江,一气之下杀了不少士兵,带着留下的人马绕到别的地方去了。

宋军在采石大胜之后,主将李显忠才带兵到达。李显忠了解到虞允文指挥作战的情况,十分钦佩。虞允文对李显忠说:"敌人在采石失败之后,一定会到扬州去渡江。对岸镇江那边没准备,情况很危险。您在这儿守着,我到那边去看看。"李显忠马上拨给虞允文一支人马,由虞允文率领前往镇江。

镇江原来是由老将刘锜防守。那时候,刘锜已经病得不能起床了。虞允文只好再次担起了指挥军队组织抵抗的重任。他命令水军在江边演习,还制造了一批车船,由兵士驾驶,在江边的金山周围巡逻。

北岸的金兵看到对岸防守的这样严密,心中都很害怕,赶快报告完颜亮。完颜亮听了却大发雷霆,把报告的人打了一顿板子。他还下令,如果有兵士逃亡,就要杀死负责的将领,将领逃亡的就杀死主将;并且宣布第二天全军渡江,畏缩不前的处死。金军将士对完颜亮的残酷统治再也忍受不住,还没等完颜亮发出渡江命令,当天夜里拥进完颜亮的大营,把他杀死了。完颜亮一死,金兵就撤退了。谁也想不到,虞允文这一届书生运用自己的勇敢与智慧阻止了金军的大举南侵,为南宋王朝赢得了更加长久的和平。

叶梦鼎拒绝皇帝的任命

南宋末年,度宗皇帝多次请叶梦鼎入朝做官,可是都被他拒绝了,叶梦鼎是何人,他又为何要拒绝皇帝的任命呢?

叶梦鼎,字镇之,南宋宁海(今浙江宁海)人。理宗淳祐年间,曾经上书皇帝,建议召见人才,固定国本,所以,在朝野中一向享有声望。宝祐五年,他以集英殿修撰差知赣州(今江西赣州)。当时,朝廷中佞臣丁大全独霸朝政,丁大全几次以高官拉拢叶梦鼎,都遭到了叶梦鼎委婉地拒绝。后来,又有贾似道专权倾国,叶梦鼎也不愿与他同流合污,几次向理宗辞官,都被理宗驳回。理宗去世后,叶梦鼎再次提出辞职。可是,度宗刚刚登基,百事待兴,当然不能答应叶梦鼎这位德高望重的老臣的请辞。再加上权臣贾似道出于借名人标榜德政的需要,也一再告诫度宗不要放走叶梦鼎,他说:"一旦参政(指叶梦鼎)辞职,江万里、王烨等名士都不会前来就任。"可是,叶梦鼎坚决要离开朝廷,度宗只得答应。咸淳三年,在贾似道的建议下,度宗再次召叶梦鼎为参知政事,叶梦鼎连续六次上书坚决推辞。可是度宗重拜他为右丞相兼枢密使,并让官员到叶梦家中敦促他启行。度宗的盛情实在让叶梦鼎不能推辞,他只得勉强重返京师,与贾似道共掌相权。

南宋末年,在权臣的压制下,士大夫寡廉鲜耻,阿附权贵,卖身投靠,毫无气节可言,朝廷内外已经腐败到极点。可是叶梦鼎几次出入朝廷,始终刚正不阿,洁身自好,为士人所罕见,所以在朝内外名声很好。叶梦鼎也并不只顾及自己的名声清白,在任上时他也和贾似道针锋相对,在某定程度上限制了贾似道的胡作非为。贾似道提倡施行"公田法",这是贾似道搜刮民财的恶劣行径,如果实行,会使很多农民因而失去土地。叶梦鼎就以避免民怨为理由,反对"公田法"在全国执行,最后这个法令只在浙江地区推行。还有一次,贾似道为了敛聚民财,想要发行关子来代替早已经发行的会子。关子和会子都是南宋通行的一种纸币。叶梦鼎认为如果全部用关子替代会子,会令百姓承受不起,怨而生恨,所以制止了贾似道的敛财行为。

虽然叶梦鼎总是阻断贾似道的财路,可是鉴于叶梦鼎的声望,贾似道不敢与他正面冲突。咸淳四年,宫内举行册封度宗杨妃的典礼。在贾似道的授意下,主持仪式的官员请叶梦鼎上前叩拜。叶梦鼎闻言大怒,随手以手中的笏板向该官员打去,大声呵斥:"祖宗之法,宰相无拜礼,你怎敢如此自行其是?"事后叶梦鼎坚持要处罚这个不尊朝制的官员,贾似道再次领教了这位老臣的刚直。

后来,前利州转运使王价曾经因语触犯贾似道被罢职,后四川制置司重新启用他为参议官。王价死后,其子王朔请求照例承袭父爵为官。叶梦鼎经过调查断定王价清白无辜,就批准了他的儿子王朔的请求。贾似道认为这件事触犯了他,可是他又不敢触犯叶梦鼎,就特别恼怒,一下罢斥了数名官员,杀鸡儆猴。叶梦鼎问心无愧,心如明镜,他愤愤地说:"本人不会做第二个陈自强。"当年,陈自强靠巴结权臣韩胄而得官,被世人所唾弃,叶梦鼎又一次以辞相的方式表明自己不附权势的心志。叶梦鼎的辞相举动在朝廷中引起极大的反响,太学生们纷纷上书谴责贾似道。甚至贾似道的母亲听说了,也因此而责怪贾似道说:"叶丞相本可在家颐养天年,是吾儿坚持请他入朝,而今却要对他束手束脚。如再这样行事,吾儿定会大祸临头。为母宁可绝食身亡,也不愿与儿同受世人的指责。"在众人的压力下,贾似道不得不再次挽留叶梦鼎。而叶梦鼎越来越感到与奸臣为伍给自己带来的耻辱,就多次向度宗告老还乡,可是度宗却一直不同意。

咸淳四年,元军进犯,形势已经十分紧张。度宗乱了方寸,竟然要下诏停止地方官入京朝奏制度,并且对于那些入京参奏的官员也不接待。叶梦鼎极力上书皇帝,反对度宗的做法,他指出:"朝奏是朝廷选任和考察地方官吏人品才干的方式。君王可以当面亲自训谕他们廉洁自律、爱护百姓,并由他们把君王的爱民之心、恤民之意传达到千家万户。它不是一种简单的形式,而是重要的国家政权稳定的标志。如果他们千里迢迢来到京城,陛下却不召见,人不乱而自乱,岂不是有失先祖立法的本意吗?"两宋一向以中央集权为国家的头等大事,历经二百多年从不放松对地方的控制,作为老臣的叶梦鼎深知,在大敌当前的情况下,稳定国内形势尤其重要。可是,他多次上书给度宗,却得不到度宗答复,叶梦鼎彻底绝望了,于是就挂印走了,从此归隐山林。咸淳九年,朝廷再次宣召叶梦鼎为少傅、右丞相兼枢密使。他也再不愿与贾似道之流共事,就上书"励精图治、重振朝纲、整顿吏治、恤养百姓"十六字给度宗后,坚决不肯往京师前进一步。使者向他说明违抗皇帝的旨意利害,叶梦鼎十分生气地对使者说道:"廉耻事大,生死事小。"这次,度宗只好作罢。

后来度宗去世,恭帝景炎元年,元朝大军攻入南宋都城临安(今浙江杭州),恭帝被虏北去,益王在福建即位,召集流散四处的南宋旧臣。叶梦鼎被任命为少师、太乙宫使。在朝廷面临生死危机时,叶梦鼎接到诏书后,不顾自己年老体弱,外面形势危急,前往赴任。当时,南下的元军四处搜捕宋廷官吏,叶梦鼎几经周折,都未能绕过元军关卡。情急之下,偌大年纪的叶梦鼎居然痛哭失声,面向南方遥遥下拜,回家不久便郁郁而终。

陆游休唐婉

陆游是南宋著名的爱国诗人,字务观,号放翁,越州山阴(今浙江绍兴)人,诗文闻名于世。陆游十二岁就能吟诗作文,十八岁师从曾几,约在十二岁时,与表妹唐婉结为夫妻。陆游才华横溢,风流倜傥,唐婉秉性贤淑,爱好诗文,二人志趣相投,琴瑟相和,可谓是才子佳人,天用之合。然而,陆游的母亲却不喜欢这个儿媳,她看重了王家女儿端庄贤淑,要儿子休掉唐婉重新娶妻,陆游不愿意休掉唐婉,但是又不敢违抗母命,只得极不情愿地写了休书,骗过母亲,但暗地

陆游休唐婉

里却悄悄地置了一所别宅让唐婉居住,暗中与其幽会。然而纸里终究包不住火,没过多久,这座宅子就被陆母查到,还差得酿成乱子,到了这种地步,陆游只得与唐婉挥泪告别,之后与母亲中意的王氏成亲。而唐婉则嫁给了本地一个名叫赵士程的大户子弟。从此两人相隔异地,空余一番思念,直到十年后的一天,陆游因被秦桧罢黜出朝,郁闷之余,回到家乡闲居。在暮春的一天,出游在故乡禹迹寺南的沈家花园,恰巧遇上唐婉与其后夫也来游玩,陆游看到了唐婉,想起年少时夫妻欢乐地吟诗作对,又想到他们本是一对鸳鸯却被活生生地拆散,还有这别后十年的物是人非,不禁无限怅然,提笔写下了千古爱情名篇《钗头凤》:

红酥手、黄縢酒,满城春色宫墙柳,东风恶,欢情薄,一怀愁绪,几年离索,错,错,错!春如旧,人空瘦,泪痕红邑鲛绡透。桃花落,闲池阁,山盟虽在,锦书难托,莫,莫,莫!

唐婉见了陆游的题诗,自是更触动了她的"一怀愁绪",看看这变化无常的世事人情,想想那物是人非的昨夜之宵,她的心情久久不能平静,又和了一首《钗头凤》:

世情薄,人情恶,雨送黄昏花易落。晓风干,泪痕残。欲笺心事,独语斜阑。难!难!难!人成各,今非昨,病魂常似秋千索。角声寒,夜阑珊。怕人询问,咽泪装欢。瞒!瞒!瞒!

从此唐婉就卧病不起,整日抑郁以泪洗面,不几日,就撒手人寰了。这一幕婚姻悲剧,给诗人陆游带了难以抚平的伤痛,虽然时过境迁,可是陆游总是缠绵悲戚,多次写诗来抒发自己心头之痛。后来,陆、唐二人的这段故事又被人写成《沈园恨》《题园壁》等古戏曲到处传唱。到了现代,有人又写成地方戏,拍成电视剧上演。陆游与唐婉这一对痴情男女,让多少人为之落泪,为人感叹。人们叹息之余,对陆母让儿子陆游休掉其情投意合的妻子唐婉发出质疑,加以种种猜测,按说儿子儿媳情投意合,为什么逼着他们离婚呢?实在是让人感到匪夷所思。

翻开历史的存案,我们发现宋代文人的三则笔记:陈鹄的《耆旧续闻》,刘克庄的《后村诗话续集》和周密的《齐东野话》都曾提到过陆游与唐婉的事。其中,陈鹄曾亲自到过沈家园看到陆游题在墙壁上的《钗头凤》。但他没有说出陆游休唐婉的原因,只说是不受陆母喜爱。刘克庄认为是陆游母不满陆游儿女情长,荒废学业,出于对儿子建功立名的期待,所以逼着儿子休掉唐婉,让陆游迷途而返。周密也说是唐婉不见宠于陆游母而被休掉。三人众口一词,说明陆游与前妻唐婉是在陆游母亲的逼迫下离婚的,陆游本人并不情愿,甚至数十年后还写诗寄托悔恨之心,可问题是陆母为何要棒打鸳鸯,非要拆散儿子儿媳呢?有人说是陆母"弄孙"心切,而唐婉婚后不育,陆母听信坏人谗言,逼迫儿子休妻,这种说法源自陆游《剑南诗稿》《姑恶》诗,"所冀妾生男,庶几古弄孙,此志意蹉跎,薄命来怨言。"人们推测说这是陆游在说明,他与唐婉分手的原因,是由于母亲这样蛮不讲理,她要"弄孙",而唐婉又没有生育,所以陆母才逼陆游休妻。表面上看起来或许是这么回事,毕竟古人有"不孝有三,无后为大"之言嘛!但仔细推敲就发现并非如此,因为陆游的长兄陆淞的儿子陆绛早已出生,陆母盼孙怎能这样心切?况且陆、唐二人结婚时间不长,怎能断定唐婉生不出男孩?所以陆母"弄孙"说并不充分。

也有人认为唐婉不懂人情世故,礼节不周,自己酿成了这一悲剧,当时正逢陆游考试落榜,陆父去世,而唐婉却对公公之死悲不形于色,因而触怒了极为要强的婆婆,而这时陆母恰好遇见了温柔贤淑的王家姑娘,当即打定休掉唐婉的主意,待到唐婉明白过来,已经悔之晚矣。这种说法看似有理,其实也难自圆其说。陆游娶王氏在二十三四岁,而陆父也死在陆游再娶王氏之后,这时唐婉也早已离开陆家,不可能有遇公公死不形之于色,而触怒婆婆的事情发生。

还有一说是由于陆母发现陆、唐二人生辰八字不合而逼迫儿子休妻。这样更是笑话,南宋时期,结婚制度十分严格,双方结婚要经过用生辰八字"问卜""占卦"日期得出结果是吉,方可再往下进行"回帖""定帖""相亲""插钗""双缄""下财礼"等等,其中一关卡住都不可结婚。而生辰八字合不合是结婚之前首行先要找人看好的,怎么会等到结婚之后才发现呢? 况且唐婉是陆游的表妹,陆母怎会不知道她的生辰八字呢? 以至于婚后才发现? 这种说法说不通,于理不合。

综合以上几种说法,再结合当时的伦理观念来看,似乎是陆母怕儿子沉湎于儿女情长而荒废仕途的说法较为可信。因为陆游的父母对三儿子陆游"教督甚严",怎容得他对自己的仕途生涯有丝毫怠慢。陆游的前妻唐婉却每日只与陆游吟诗作对,不劝丈夫熟读科举经书,婚后的陆游也整日陪着妻子喝酒、赏花、写诗,只图欢乐,根本不去钻研经书,陆游的这种"不务正业",对一心希望儿子取路仕途,重振家风的陆氏父母是打击很大的。他们为了儿子的前程着想,只有令儿子休掉唐婉,令后世人叹息不已的陆唐爱情悲剧。

王安石发明趣闻

北宋时期的政治家王安石是神宗朝的宰相。他出身于仕官家庭,父亲曾做过受人尊敬的行政长官,他本人从小就受到了良好的教育,曾在神宗朝参加政事,开始变法。大家只知王安石是位优秀的政治家、文学家,却很少有人知道王安石还有许多的发明趣闻呢。

传说,圈阅文件的方法就是王安石发明的。

王安石1067年被宋神宗起用后,官至参知政事和副宰相,负责变法工作。开始,他对阅过的文件,写上一个"石"字作表示。由于公务繁忙,文件很多,他性子又急,"石"字写得很不规范,下面的口字写得像个圆圈,但圆圈又画得不圆,不是窝扁,就是画出头,颇受议论。王安石知道后,干脆将"石"字的一横一撇都去掉,只保留一个圆圈,并注意将圆圈画圆。这一方法简洁方便,其他同僚也纷纷仿效,久而久之,便成了批阅文件的习惯做法了。

毛泽东等中央首长阅读文件也用圈阅的办法,但并非来自王安石。1948年,毛泽东亲自主持制定了一个重要文件,文件下发后,要求将意见迅速上报中央。有一天,毛泽东问东北方面的反映材料来了没来,秘书胡乔木说早就来了,毛泽东说,来了为什么不及时送给我看。负责文件的叶子龙连忙去找,结果从文件堆中翻了出来,他见电文上画了许多勾勾,就对毛泽东说,这份电文你看过了,毛泽东说他根本就没有看过。当时领导人阅读完文件后习惯于在头上页上打个钩,但这勾到底是谁打的就很难辨别了。正是因为这个缘故,这份电文毛泽东漏看了。为了杜绝这种现象再次发生,叶子龙等人想了一个办法,他们在待送的电文、文件前先署好各位领导的名字,哪位领导看过了,就在自己的名字画一个圈,这样,谁看过,谁没看过,就一目了然了。这种制度一直沿用至今,就是我们所说的圈阅。

传统习俗中,新婚夫妇的新房都要贴上大红"囍"字,这个"囍"字也是王安石发明的。

王安石发明"囍"字,是他进京赶考时的事。相传,王安石20岁那年进京赶考,路过马家镇,看到马员外家的门口挂的走马灯上写着"走马灯,灯走马,灯熄马停步"的上联,显然是在征对下联,王安石觉得这上联写得很巧妙很有趣。

说来凑巧,王安石进京考试,因交头卷,文章又写得出色,受到主考官的赏识,被传去面试。面试时,主考官指着厅前的飞虎旗说"飞虎旗,旗飞虎,旗卷虎藏身",要王安石接下联。王安石马上想到在马员外门前的上联,不假思索地答道"走马灯,灯走马,灯熄马停步"。主考官听后,连声叫好。

考试完毕,王安石回到马家镇,想起"走马灯"对自己的帮助,又来到马员外门前,被马员外发现并请到家中,马员外请其对下联,王安石信手写下了"飞虎旗,旗飞虎,旗卷虎藏身"。马员外见其对得如此工巧,认为王安石才智过人,遂把女儿许配与他。

新婚之日,正当新郎新娘拜天地时,忽有探马来报,恭喜王安石金榜题名,马员外听后高兴万分,命重开酒宴,热烈庆贺,王安石喜上加喜,十分得意,乘着酒兴,带着醉意,挥笔在大红纸上写下了一个"喜"字,让家人贴在门上。大家争相仿效,从此便有了结婚贴红"喜"字的习俗。

毕昇是个锻工吗

活字印刷术是我国古代享誉世界的四大发明之一。活字印刷术的发明开辟了世界印刷史上的新纪元,促进了世界文化的交流和发展,在世界文化史上具有十分重要的意义。可是在我国古代的史料中,关于这项发明却没有过多的记载,只有沈括在《梦溪笔谈》里记载过这一伟大发明。但关于活字印刷术的发明者毕昇也没有多少记录,人们甚至不知道他的职业是什么,他又是在怎样

毕昇铜

的环境里发明了活字印刷术。对此,后人进行了种种猜测。有人说他是锻工,有人说他是刻字工人,有人说他是雕梓良工,还有人说他是士人,那么毕昇究竟是什么人呢?

王国维、胡适、冯汉庸等人,根据沈括在《梦溪笔谈》中的两处提法,都认为毕昇是锻工。第一,在《梦溪笔谈》书卷十八中,明确地记载:庆历年间,有布衣(也就是老百姓的意思)毕昇,制作出了活版;第二,在该书卷二十中,沈括又

说:祥符年间,有位名叫王捷的方士需要黄金,老锻工毕昇曾经在禁中做锻工,所以为王捷锻了一些黄金。根据这两处提法,王国维等学者认为,布衣毕昇也好,老锻工毕昇也好,他们是一个人。"布衣",即平民,是毕昇的身份,锻工则是毕昇的职业。冯汉庸还在《毕昇活字胶泥为六一泥考》一文中,否定了以往人们所认为的毕昇制活字用的是粘土的看法,他指出毕昇不是用粘土制活字,而是用一种叫"六一泥"的泥状物来制活字。他认为用胶泥制成的活字,经过火烧后会变成瓷字或陶字,都不能着上油墨来印书,而炼丹时封炉鼎用的"六一泥"并不是胶泥制品,而是由七种矿物研细和匀后,再倒入醋搅和而成的泥状物,是可以用来制活字,并且着油墨印书的。冯汉庸说在古代只有那些专门的锻工才能够掌握"六一泥"的配方及制作方法,毕昇熟知这种"六一泥",可见毕昇曾是个锻工。

有人就毕昇的身世提出了不同的看法,在刘国钧的《中国书史简编》、胡道静的《活字板发明者毕昇卒年及地点试探》、徐仲涛等编的《中国古代发明创造》、吴天恩编的《出版工作手册》等书中,他们的看法是都认为毕昇是刻字工人。而影片《毕昇》则将毕昇塑造成为一位雕梓良工。这些不同种类的说法都有充足的证据,所以这些提法也一度很站得住脚。

还有人认为,毕昇很可能是个士人。历史学家也从发明活字印刷术所必须具有的文化和资财两方面分析得出,毕昇不可能是个工人。因为北宋的工匠地位低贱,没有读书识字的机会,也不具备造字本身所需的知识。他们收入微薄、生活艰难,根本就没有大量资财和文化知识来发明活字印刷术。而活字印刷术从铸字、排捡到印刷却是有一套完整的方案的,后人模拟了活字印刷术的制作,首先制造出成千上万的单字,然后再根据每个单字使用的次数多少来决定哪些字多造,哪些字少造。造好后还要必须根据音律进行排序,只有这样排字,人们才能很快找到所用的活字。可是由于排捡的工作十分复杂,毕昇还采用了当时比较先进的"音韵分类排检法"。如果毕昇是个锻工,受到这些教育的几率几乎为零。清朝人瞿金生曾经用毕昇的方法来制作活字,他经过实践说,即便是使用工人十五个之多,也足足用了三十多年才造出泥活字十几万个。所以后人得出结论,毕昇不断试验和改进活字时,从木活字到泥活字这个修改的过程,不可能凭自己的力量单干,.而是雇用了很多工匠,花费了很多年的时间才制作成功的,而这样的测试成功没有很多资财是办不到的。所以人们得出结论,毕昇不是什么锻工,也不是什么刻字工人,更不是雕梓良工,而更有可能是一位未入仕途的士人。说他未入仕途,是因为《梦溪笔谈》中曾说他是平民百姓。毕昇虽未入仕,可是他有可能十分热心书籍的出版,是位不图仕途、献身于改进和发展印刷业的文人雅士,也有可能为了出版自著诗文,还有可能是印著有名的经史,或者有可能是印书牟利。

另外也有人对《梦溪笔谈》中关于"毕升"与"毕昇"作了考虑,他们认为沈括一向治学严谨,是不可能将一人的名字写成两个字的:"昇"与"升"。另外,从地域上看,造活字的毕昇是在沈括的家乡印刷业发达的杭州,在南方;而为王捷锻金的锻工毕升,是在汴京,居住在北方。一个南方,一个北方,相隔几千里,怎么可能是一个人呢?另外从时间上看,锻工毕升生活在祥符年间(1008 年~1016 年),造活字的毕昇则生活在庆历年间(1041 年~1048 年)。两个相差二十多年,是否为一人这也无从考证。所以毕昇和毕升不一定是同一个人。

上述的说法看起来都很正确,可是究竟哪一种是正确说法,毕昇究竟是不是锻工,谁都说不清楚。

廉希宪不理高官而礼待穷秀才

元朝初年时,有个叫廉希宪的大臣十分好客,礼贤下士。他常常害怕自己做得不够好。当他刚任中书右丞、平章政事时,江南有个叫刘整的人以宋朝要官的身份前来拜谒他,廉公毫不客气,竟不给他让座。

刘整走后,南宋有几个衣衫褴褛的秀才,袖中揣着他们写的诗文,前来求见,廉公马上请他们进来,十分客气地让座给他们,并且高兴地与他们交谈起来,引经据典,询问饮食劳苦,好像会见多年未遇的老朋友一样。

待这些秀才离开后,廉公的弟弟廉希贡问道:"刘整是个前朝的贵官,哥哥您却对他简慢无礼;秀才们不过是些穷学生,而哥哥您却对他们礼让有加,这该做何解释呢?"

廉公答道:"这就不是你所能知道的了。作为一位当朝的大臣,他的言语举止举足轻重。刘整原来的地位固然尊贵,但他是背叛了自己的国家和君主而归顺过来的逆臣;可宋朝这些秀才们又有什么罪,要将他们拘捕囚禁起来呢?现在咱们的国家刚刚从北方的荒漠中建立起来,我如果对待读书人不加以重视,那么,儒家的学术从此就要毁灭了啊,这才是最重要的事情啊。

廉希宪不愧是一位很有远见的人物,他用自己做人的规范与礼仪,为国家着想,为儒家的文化着想,为读书人着想,这才是一个国家得以良好发展的根本啊!